AGRADAR
E TOCAR

Título original:
Plaire et Toucher

© Éditions Gallimard, 2017

Tradução: Pedro Elói Duarte

Revisão: Ana Breda

Capa de FBA
Imagem de capa: «Cinderela», de Joana Vasconcelos
© Tim Ireland – PA Images / Getty Images

Depósito Legal n.º 455483/19

Biblioteca Nacional de Portugal – Catalogação na Publicação

LIPOVETSKY, Giles, 1944-

Agradar e tocar: ensaio sobre a sociedade
da sedução. - (Extra-coleção)
ISBN 978-972-44-2116-2

CDU 316

Paginação:
João Jegundo

Impressão e acabamento:
Pentaedro, Lda.
para
EDIÇÕES 70
em
maio de 2019

Direitos reservados para Portugal por Edições 70

EDIÇÕES 70, uma chancela de Edições Almedina, S.A.
Avenida Engenheiro Arantes e Oliveira, 11 – 3º C - 1900-221 Lisboa / Portugal
e-mail: geral@edicoes70.pt

www.edicoes70.pt

Esta obra está protegida pela lei. Não pode ser reproduzida,
no todo ou em parte, qualquer que seja o modo utilizado,
incluindo fotocópia e xerocópia, sem prévia autorização do Editor.
Qualquer transgressão à lei dos Direitos de Autor será passível
de procedimento judicial.

GILLES LIPOVETSKY
AGRADAR E TOCAR
ENSAIO SOBRE A SOCIEDADE DA SEDUÇÃO

Para a Léonor

«A principal regra é agradar e tocar. Todas as outras não se fizeram senão para chegar a essa primeira.»

RACINE, prefácio a *Berenice* (1670).

INTRODUÇÃO

Querer agradar, atrair a atenção sobre si, destacar-se em valor e em beleza: haverá alguma coisa mais invariável no comportamento dos homens e das mulheres? O desejo de agradar e os comportamentos de sedução (adereços, cosméticos, presentes, olhares, trejeitos, sorrisos sedutores) parecem, em certos aspetos, desafiar o tempo, parecem ser os mesmos desde que o mundo é mundo e desde que existem homens e mulheres na Terra, e até desde que as espécies se reproduzem por via sexual. Algo de universal e trans-histórico parece estruturar a coreografia da sedução.

No entanto, a sedução não é de modo algum um fenómeno que escape ao trabalho das culturas e das civilizações. Existe uma história da sedução, dos seus rituais, da sua inscrição social no todo coletivo. E, neste plano, não há dúvida de que a nossa época se distingue de todas as que nos precederam. A hipermodernidade marca uma rutura, uma descontinuidade importante na história milenar da sedução, devida à destradicionalização, à dessimbolização e à individualização das suas práticas, mas também da superfície social e da força dos poderes atractores no funcionamento do nosso universo coletivo. Esta rutura lê-se em dois planos de relevos extremamente diferentes. Em primeiro lugar, nas maneiras de as pessoas se encontrarem, de criarem um idílio, de se vestirem, de se embelezarem para agradar: ou seja, tudo o que diz respeito ao domínio da sedução erótica. Em segundo lugar, na extraordinária dilatação social das estratégias de sedução, que se tornaram um modo de estruturação das esferas da economia, da educação e da cultura. A extensão social dos poderes atractores, bem como a sua capacidade de reordenar totalmente os grandes sectores da arquitetura do todo coletivo estão na origem daquilo a que se pode chamar com razão a sociedade da sedução.

Que fabuloso é o destino histórico da sedução! Onde quer que estejamos, para onde quer que olhemos, não há domínios que escapem ao imperativo de agradar, de atrair a atenção, de se destacar. Onde começam, ou onde acabam, hoje, as estratégias, os imperativos, os territórios da sedução? Nas sociedades do passado, estes eram circunscritos, ritualizados, de importância limitada, que remetiam principalmente para as relações de corte entre os homens e as mulheres. Este tempo já passou: vivemos numa época em que os processos de sedução adquiriram uma superfície social, uma centralidade, uma força estruturante da vida coletiva e individual sem quaisquer precedentes. O princípio da sedução impõe-se como uma lógica omnipresente e transsectorial, com o poder de reorganizar o funcionamento das esferas dominantes da vida social e de reformular totalmente as maneiras de viver e o modo de coexistência dos indivíduos. A hipermodernidade liberal é inseparável da generalização e da supremacia tanto do etos como dos mecanismos da sedução.

É o tempo da disseminação social das operações de sedução, que se tornaram tentaculares, hegemónicas, destinadas à inovação permanente. Já não obrigar, ordenar, disciplinar, reprimir, mas «agradar e tocar». É aqui que o ultracontemporâneo encontra um ponto de encontro espantoso com a era clássica. Isto porque a palavra de ordem clássica, «agradar e tocar», está inicialmente ligada ao teatro, que se impôs como uma das grandes leis estruturantes da modernidade radicalizada. Esta lei funciona em toda a parte, na economia, nos *media*, na política ou na educação. «Agradar e tocar»: o princípio aplica-se aos homens, às mulheres, aos consumidores, bem como aos políticos e até aos pais; é «a lei e os profetas» dos tempos hipermodernos. Estamos na sociedade do «agradar e tocar», derradeira maneira de agir sobre o comportamento dos homens e de os governar, derradeira figura do poder nas sociedades democráticas liberais.

DESEJO DE AGRADAR E SEDUÇÃO SOBERANA

Como agradar? Como começar um idílio? No passado, as técnicas da abordagem obedeciam a regras tradicionais estritas; os encontros eram raros, pouco numerosos, vigiados pelos pais ou por todo o grupo. Atualmente, são de uma facilidade extrema, oferecendo-se em número quase ilimitado graças à explosão dos sítios *online* de encontros. Neste domínio, já quase nada é interdito, todas as liberdades são permitidas; vivemos numa sociedade de engate, livre dos limites do espaço-tempo, bem como dos controlos coletivos e das formas ritualizadas. Os modos de abordagem e as formas de agradar entraram no ciclo da destradicionalização, da desregulação e da individualização levada ao extremo.

Ao mesmo tempo, já nenhum princípio social ou ideológico faz contrapeso ao direito de todos, das mulheres, dos homens, dos adolescentes, das minorias sexuais, de realçarem os seus atrativos físicos. Ao imaginário milenar da «sedução perigosa» sucede uma cultura marcada pelas incitações permanentes a destacar-se em qualquer idade, a proliferação até ao infinito das ofertas de embelezamento de si próprio, a difusão generalizada dos produtos e dos cuidados cosméticos, a exaltação do *glamour* e do *sexy*, a expansão da cirurgia estética. Desapareceram todos os antigos limites, todos os freios que visavam alertar para os perigos da beleza sedutora. Querer agradar, embelezar a aparência, sublinhar os atrativos do corpo já não suscita críticas morais ([1]). A sedução soberana contemporânea designa uma cultura que reconhece o direito inalienável de as pessoas destacarem os seus encantos, de erotizarem a sua aparência, de eliminarem as suas imperfeições, de mudarem as formas do seu corpo ou os traços do seu rosto à sua vontade e em qualquer idade. O corpo é agora aquilo que exige ser perpetuamente melhorado numa corrida sem fim à estetização de si próprio a fim de agradar, mas também de se agradar a si mesmo. A era hipermoderna é aquela em que o direito de agradar entrou numa dinâmica de *design* de si próprio hiperbólico, em que o princípio da sedução reina com majestade.

Durante a maior parte da história da humanidade, os comportamentos relativos à sedução intersexual foram ordenados sob a autoridade de regras tradicionais imunes às mudanças. Estruturalmente ligados a cosmogonias e a crenças mágicas, os artifícios da sedução também beneficiavam de uma legitimidade total, sendo unanimemente reconhecidos e valorizados. Ao mesmo tempo, as sociedades pré-modernas desenvolveram todo um conjunto de dispositivos rituais, simbólicos e estéticos que visavam aumentar a atratividade dos seres. Nunca houve uma comunidade humana sem rituais de sedução: não houve subdesenvolvimento estético, subsedução «primitiva»; desde as mais antigas que se conhecem, as comunidades humanas aplicaram-se a intensificar o poder sedutor dos indivíduos por meio dos artifícios da aparência e das práticas mágicas.

No entanto, enquanto os adereços, as maquilhagens e as danças visam aumentar o encanto erótico dos seres, a ordem tradicional esforça-se por impedir que as atrações recíprocas desempenhem algum papel no domínio das uniões legítimas. Dirigida pelas famílias e pela lei do grupo, a formação dos casais legítimos efetua-se sem se levarem em conta as preferências pessoais: exclui da sua ordem o princípio e a força das atrações interindividuais. Em toda a parte, as instituições tradicionais estancaram, refrearam, amordaçaram os efeitos provocados pelos atrativos pessoais, embora transbordassem de imaginação para realçar a atração erótica dos indivíduos. Desde os tempos mais remotos que as sociedades foram máquinas amplificadoras do poder atrativo e, ao mesmo tempo, sistemas contra o império da sedução. Nenhuma sociedade do passado fugiu a esta contradição de princípio entre processos de aumento da força atrativa dos seres e processos de exclusão social dessa força.

Ao longo da história, a ordem tradicionalista e simbólica da sedução e as suas injunções contraditórias desvaneceram-se. Ainda que esta desconstrução só se tenha afirmado plenamente com a era moderna, o movimento vem de longe. Um primeiro patamar é transposto com o pensamento crítico e filosófico das maquilhagens na Grécia Antiga. Um segundo patamar diz respeito ao domínio das formas estéticas: constrói-se com o advento da moda a partir do fim da Idade Média e, depois, do galanteio na era clássica. Por último, um terceiro patamar impõe-se com a modernidade democrática e individualista, que estabelece a atração amorosa como princípio legítimo das uniões matrimoniais. A restrição familiar e social é substituída pelo reconhecimento social de uma esfera privada regida pelas preferências individuais e pelas «atrações passionais». Até então, a sedução estava sob controlo: doravante, exerce-se sem limites, a «todo o vapor»; já nenhuma instância exterior aos indivíduos tem o direito de lhes dirigir a vida íntima e de barrar o caminho à força das inclinações pessoais. Aos milénios de sedução reprimida, sucede o tempo da sedução soberana. A hipermodernidade assinala a saída do reino da sedução refreada e sob tutela.

Assim, as análises que se seguem propõem uma história da sedução, considerada sob o ângulo da grande duração do percurso humano. Não uma história empírica, mas uma teoria geral antropo-histórica das formas de agradar e, mais fundamentalmente, das transformações estruturais da inscrição dos mecanismos de sedução na ordem social ao longo dos milénios da aventura humana.

A EXTENSÃO IRRESISTÍVEL DO DOMÍNIO DA SEDUÇÃO

Na época hipermoderna, a sedução supera em muito o campo das manobras amorosas. Não há dúvida de que, no passado, desempenhou alguns papéis que estavam além dos empreendimentos amorosos, nomeadamente nos domínios da arte, da religião, da política, das experiências carismáticas. Mas estes fenómenos eram circunscritos, transitórios, incapazes de remodelar a ordem coletiva estruturalmente baseada na tradição e na religião. O mesmo já não se passa no tempo do capitalismo de consumo, do *marketing* político e da educação liberal. Com a segunda modernidade, as estratégias de sedução, agora omnipresentes, funcionam como lógicas estruturantes da sociedade económica e política, bem como da ordem educativa e mediática.

Nenhuma esfera concretiza com mais pregnância a soberania da lei do agradar e tocar do que a economia consumista.

O nosso quotidiano está sobressaturado de ofertas comerciais atrativas, anúncios tentadores, convites apelativos ao consumo, aos lazeres, às viagens: é por isso que o capitalismo consumista mais não é do que um capitalismo de sedução. No frontão deste, em letras maiúsculas, está escrito o novo mandamento: deixa-te tentar, sucumbe à atração dos prazeres e das novidades. O sistema do hiperconsumo é dominado pelo imperativo de captação dos desejos, da atenção e dos afetos. Em toda a parte, são lógicas de estimulação dos desejos e lógicas emocionais que organizam o universo tecno-comercial: na produção, na distribuição, na comunicação, tudo é usado para atrair os consumidores, cortejá-los, diverti-los, fazê-los sonhar, despertar os seus afetos. O capitalismo encantador também é um capitalismo emocional.

A expansão do princípio de sedução concretiza-se muito para além da ordem económica: lê-se na redefinição das esferas da política e da educação. Neste domínio, impõe-se um novo paradigma, que substitui o autoritarismo à antiga por um modelo com base na compreensão, no prazer e na atenção relacional. O objetivo central já não é disciplinar os comportamentos da criança, mas realizar o seu desenvolvimento, a sua autonomia, a sua felicidade. A vida política também é reconfigurada pelo etos e pelos dispositivos sedutores. *Marketing* político, info-entretenimento, mediatização da vida privada, vedetização dos líderes: são estratégias que visam captar a atenção dos cidadãos, atrair a simpatia de grande parte do corpo eleitoral. Já não estamos no tempo da inculcação propagandista, mas da sedução vídeo-política que realiza a dinâmica de secularização da instância do poder.

Esta remodelação completa do espaço coletivo mudou o mundo: estabeleceu-se um novo modo de estruturação da sociedade marcado pela supremacia da economia de consumo e pelo indivíduo centrado em si mesmo. A sedução-mundo redesenhou o rosto do capitalismo, arruinou as ideologias messiânicas, desagregou os enquadramentos coletivos, dissolveu a majestade do político, provocou a emergência de uma individualização hipertrófica da relação com o mundo. Longe de se reduzir ao reino das aparências, a lógica da sedução tornou-se um princípio organizador do todo coletivo, força produtora de um novo modo de coexistência, agente de uma revolução permanente das maneiras de consumir e de comunicar, de pensar e de existir em sociedade.

Num livro publicado em inícios dos anos 80, eu já sublinhara o papel dos mecanismos de sedução no funcionamento da nova fase de modernidade das sociedades democráticas ([2]). Desde então, esta dinâmica amplificou-se, mundializou-se, investiu-se de novos dispositivos e domínios. A primeira fase de expansão social dos mecanismos de sedução nasceu com a sociedade de consumo de massas, no pós-1945. A segunda coincide com o neoliberalismo, com a globalização e com a revolução das «novas tecnologias de informação e comunicação». As mudanças que ocorreram no universo comercial e no cibermundo, bem como o seu impacto sobre os modos de vida, o ambiente natural e a relação com a política são tais que me convenceram da necessidade de regressar à questão cuja centralidade estruturante é cada vez mais manifesta.

Com a reanimação do liberalismo, impôs-se um novo modelo de governação da economia e do conjunto social, que, a partir de finais dos anos 70, se difundiu em todo o planeta. Destronando a ideologia socialista, desqualificando a regulação keynesiana e defendendo o livre funcionamento do mercado e o recuo do Estado, o neoliberalismo fez-nos mudar de época. A privatização, a desregulamentação, a flexibilidade das organizações tornaram-se os credos das elites liberais. O polo atractor já não está no lado das mobilizações de classe, das utopias políticas, da ação estatal, mas no lado das empresas inovadoras, das *start-up* reativas e ágeis, que respondem às novas necessidades dos consumidores. E enquanto o crédito atribuído aos políticos não para de declinar, as opiniões atribuem grande confiança aos dirigentes das pequenas e médias empresas, elegem os agentes da economia digital, depositam as suas esperanças mais na empresa do que nos responsáveis políticos para melhorarem a vida. À fé no voluntarismo público modernizador, sucedeu, para toda uma parte da população, a sedução neoliberal ([3]).

Ao mesmo tempo, a partir dos anos 90, surgiu no mercado todo um conjunto de bens e serviços: microcomputadores, ligação à Internet, GPS, computadores portáteis, *smartphones, tablets*. Trata-se de bens cuja força de atração se deve à sua capacidade de possibilitar a interatividade, a instantaneidade, a facilidade das operações informáticas, a ligação permanente aos outros. Há também a atratividade das redes sociais digitais, que permitem estar em contacto permanente com «amigos», mas também mostrar-se, agradar, receber gratificações simbólicas, afetar os outros, ser lisonjeado pelas suas aprovações. As comunidades virtuais da Internet em nada aboliram, muito pelo contrário, a grande lei do «agradar e tocar».

SOCIEDADE SEDUTORA OU UNIVERSO ANTISSEDUTOR?

Sociedade da sedução? Esta afirmação não deixará de levantar objeções. Com efeito, desenvolve-se com frequência a ideia de que a economia de mercado, o hiperconsumo, os *media* e até a arte produzem um mundo sem alma, sem graça nem poesia. Toda a nossa época seria marcada pela regressão da parte da cultura, do sonho e do encantamento; criámos um mundo material estandardizado, sem encanto, com um poder atrativo mínimo. Num mundo que presta culto ao mercado, ao dinheiro, à eficácia, só já conhecemos a imediatidade do desejo, o descartável, a precipitação em todas as coisas. Pornografia, imagens violentas hiperbólicas, decibéis, *rap*, televisão-lixo, visualização rápida, *grunge*, arte brutalista: o capitalismo deu origem a uma cultura «neobárbara» que nos arrasta para a descivilização, que destrói o encanto das belas formas, o saber-viver e o saber-contemplar com tempo.

Que resta do encanto da sugestão e do mistério no tempo dos *tweets*, dos encontros rápidos, dos sítios de encontros *online*, do reino pornográfico onde se «mostra tudo»? Que significa fazer a corte num tempo em que os papéis do sexo são postos em causa e em que os indivíduos já não suportam esperar e ser frustrados? Acabaram os grandes mitos da sedução: em vez de *Don Giovanni*, temos o *rap*; *A Vida Sexual de Catherine M.* e *As Partículas Elementares* sucederam a *Don Juan* e às *Ligações Perigosas*. Ao universo estético que cria formas delicadas e elegantes seguem-se obras de arte que mostram o lado abjeto ou repugnante das realidades. As estruturas elementares da sedução, a lentidão, a paciência, a bela retórica e a ambiguidade perderam a sua magia anterior. É toda a época que assina a sentença de morte das delícias da sedução ([4]).

E como não ficar afligido com o espetáculo deprimente oferecido pela nossa época? As desigualdades económicas extremas aumentam em todo o mundo; o desemprego em massa faz razias; os atentados terroristas multiplicam-se nos centros das nossas cidades; as catástrofes ecológicas perfilam-se no horizonte; os meios de vigilância eletrónica ameaçam as liberdades; os partidos populistas crescem em todas as democracias; as instituições políticas inspiram uma desconfiança generalizada; o fluxo de migrantes, movidos pelo desespero, põe a Europa em estado de choque. De que utopias sociais ainda dispomos? O que é que, no mundo, ainda é capaz de nos fazer sonhar, de nos fazer esperar um futuro melhor?

Estes factos não levantam dúvidas. No entanto, não autorizam a defender a ideia de uma «antissedução galopante» e «crescente» ([5]). Nunca na história o imperativo de «agradar e tocar» se manifestou de forma tão sistemática nos domínios da vida económica, política e quotidiana. Longe de se apagar, o etos sedutor não para de ganhar terreno, de se amparar dos espíritos, das práticas individuais e organizacionais. Operações de charme que, por certo, podem dar lugar a experiências fracas, mas também a um encantamento mágico, a prazeres reais, por vezes intensos e dos quais os conceitos de alienação e de proletarização dos modos de vida não podem dar conta. De tal maneira que a modernidade radicalizada vê alargar-se o império da sedução, enquanto se alastram um imenso mal-estar, uma insegurança e uma ansiedade generalizadas.

MUDAR DE PARADIGMA

Que pensar sobre este cosmos de sedução contínua? Segundo os seus detratores, confunde-se com a universalização do reinado do engano, da manipulação e da mentira. Deste modo, estas leituras prolongam uma longa tradição de pensamento segundo a qual a sedução designa o mal, a dissimulação, o desvio. Em contracorrente desta tradição, propus uma abordagem diferente do problema tanto no plano filosófico como no plano histórico-social.

Tradicionalmente, a sedução é apresentada como um instrumento destinado a capturar o outro, uma ferramenta ao serviço de um desejo perverso de poder e conquista. Seduzir é enganar. No entanto, como ignorar o facto de que, antes de ser um estratagema, uma técnica para enganar, a sedução é um estado emocional, uma experiência primeira e universal que se confunde com o sentimento da atração: o que há de mais imediato, até na criança, do que as sensações de atração e de repulsão? No ser humano, a experiência de vida divide-se entre o que atrai e o que repele. Deste ponto de vista, ser seduzido não é ser enganado, é antes ser afetado de forma agradável, ser atraído por alguma coisa ou por uma pessoa que é fonte de representação imaginária e de prazer. Assim, a sedução enquanto experiência interior também é anterior à do prazer e da dor. A sedução é consubstancial ao ser vivo: antes de ser um artifício, um embuste, uma estratégia, é um dado imediato da experiência sensível e afetiva.

Desde Platão que as operações de sedução são sistematicamente desvalorizadas, privadas de qualquer dignidade ontológica por fazerem parte da aparência, do embuste e da falsidade. Se a sedução cria, cria apenas ilusões, falsidades, simulacros que se fazem passar por realidades. E se é uma atividade maléfica, é porque recorre à lisonja e às aparências ilusórias. Esta interpretação assenta numa moral e numa metafísica da verdade que têm de ser revistas. Não que seja inexata, mas, vista sob outro ângulo, a questão adquire uma luz totalmente diferente.

Se a sedução pode ser uma ação que esconde a verdade e a realidade, também é, e mais fundamentalmente, aquilo que estimula e «fabrica» a própria realidade do desejo. Antes de ser uma atividade produtora de falsidades, a sedução é uma emoção que está na origem de desejos bem reais, é aquilo que faz nascer e crescer o desejo. A fêmea precisa de ser seduzida para aceitar o macho. A mulher quer ser seduzida para se entregar. Seja nos animais ou nos humanos, é necessária a atração, mas também prelúdios, avanços, preâmbulos verbais e gestuais que «preparam» a união sexual. Além da extrema diversidade das técnicas de sedução observável no mundo dos seres vivos, esta lei é constante e universal. Na ordem da relação sexual, a sedução não faz parte do reino da aparência e da falsidade; temos de vê-la, desde logo, como uma força ou um instrumento produtor de desejabilidade.

Em muitos domínios, os desejos, os gostos, as paixões e as ações daí resultantes decorrem do encantamento sentido por ocasião de um encontro carregado de intensidade e de imaginário ([6]). Porque a música barroca ou o *jazz* me tocam, desejo assistir a um concerto de Haendel, procurar um álbum de Stan Getz ou de Ella Fitzgerald. No começo está a atração emocional geradora de imaginários, mas também de ações e impulsos. E todos os artifícios, os comportamentos rituais da sedução são, sobretudo, instrumentos para despertar e estimular o desejo do outro. É um erro grave reduzir a sedução a uma espécie de estado hipnótico, de sonho acordado, de ofuscamento imóvel ou de beatitude. Tanto no seu polo «passivo» (ser seduzido) como no seu polo «ativo» (querer agradar), a sedução é, antes de tudo, um poder produtor de forças de desejo e de imaginação, a mola de ações reais no mundo. Se é uma emoção sentida, constitui sobretudo a força impulsiva do desejo e do agir. Menos reino da aparência e da ilusão do que infraestrutura da vida afetiva e motor da ação. Devemos ver a sedução como força motriz, uma das grandes fontes da energia necessária para a atividade e a criatividade humanas.

Pensar a sedução requer passar do ponto de vista moral para o ponto de vista energético-dinâmico, para usar a linguagem de Freud a respeito da metapsicologia. É uma inversão de perspetiva, uma mudança de paradigma que apresenta a sedução não apenas como uma técnica ao serviço do desejo, mas como um estado afetivo primeiro que produz desejo e fantasmas. Superar a visão moral da sedução é reconhecer nesta um poder produtor de desejos, de paixões e de imaginários. Já não apenas uma atividade de dissimulação nefasta, mas uma fonte positiva de vida, um multiplicador interminável de impulsos e apetites: devemos pensar a sedução como uma afeção fonte de desejos. Deste ponto de vista, o que é primeiro não é a falta (Platão) nem o desejo mimético (René Girard), mas sim a atratividade, a força de atração que uma coisa ou alguém exerce sobre outrem. Devemos deixar de pensar a sedução como «lisonja» e técnica de ilusão. No plano da vida subjetiva, a sedução é menos um engano do que aquilo que produz desejo em qualquer idade ([7]) e em todos os domínios, sejam sexuais ou não sexuais: é mais alavanca e fabrico de desejo do que criação de aparência, mais poder de desejo do que poder de manipulação.

Produtora de desejo, a sedução também está na base da constituição do sujeito e do corpo sexuado. A criança pequena é seduzida, fascinada, pela imagem de si mesma que o espelho lhe retribui e com a qual se identifica. O «estádio do espelho» é, desde logo, uma experiência de sedução que assinala o júbilo da criança face à sua imagem especular. Esta sedução — «assunção jubilatória» ([8]) — é tudo menos anedótica: ao dar à criança a sua unidade corporal, constitui um momento essencial da construção do Eu, da passagem da indistinção infantil para a emergência do sujeito. Experiência primeira e insuperável, a sedução criada pelo espelho é uma «matriz simbólica» (Lacan) que marca a entrada no narcisismo primário, uma importante estrutura antropológica formadora da identidade e da unidade da pessoa.

E que seria o ser humano privado daquilo a que os psicanalistas chamam a «sedução maternal precoce», ou seja, os cuidados corporais, as carícias, as palavras suaves, as cócegas, os balanços, prestados geralmente pela mãe e que excitam as zonas erógenas da criança? Pelos seus carinhos, a mãe provoca as primeiras sensações de prazer, estimula e desperta «a pulsão sexual da sua criança e determina-lhe a intensidade futura» ([9]). Esta «sedução maternal precoce» apresenta um carácter universal e inevitável para a criança «se tornar um ser completo e saudável, dotado de uma sexualidade bem desenvolvida» ([10]). «A criança deve ter sido, até certo ponto, seduzida pela atividade libidinal dos pais para se tornar um ser humano normal em termos afetivos. A criança deve ter sentido o calor do corpo materno, bem como todas as seduções inconscientes de uma mãe carinhosa nos seus cuidados corporais», escrevia Helene Deutsch ([11]).

Longe de ser um acontecimento aleatório, a sedução é um fenómeno «originário» (Jean Laplanche), inevitável, estrutural, ao qual nenhum ser humano pode escapar, pois está no princípio do nascimento da sexualidade. Nesta perspetiva, a «sedução originária» remete para a assimetria da «situação antropológica fundamental» que se caracteriza pelo facto de um adulto dotado de inconsciente estar na presença de uma criança que ainda não o tem e que deve «traduzir» as mensagens «enigmáticas» que emanam dos pais quando lhe prestam cuidados corporais. Acompanhados de prazer, de divertimento, de fantasmas inconscientes na mãe, estes cuidados rodeiam-se de opacidade para a criança, e é precisamente esta dimensão de enigma que funciona como sedução ou poder atrativo para a criança ([12]), que tenta traduzir esses sinais em função das suas experiências e do seu nível de desenvolvimento psíquico. É assim que, face às excitações erógenas recebidas de outrem, se impõe para a criança um trabalho de domínio e de simbolização. Dado que a sedução originária mais não é do que «o problema do acesso da criança ao mundo adulto», deve ser pensada como processo estruturante e gerador do inconsciente, motor geral do desenvolvimento da vida psíquica, do sexual infantil, do corpo erótico. São aspetos que convidam a defender a causa de uma nova leitura da sedução. A Idade Clássica operou uma primeira forma de reabilitação da sedução através do galanteio, visto como arte de viver, cortesia e civilização dos costumes, saber-viver, respeito e valorização da mulher: com «o ar galante que tanto agrada» (Madeleine de Scudéry), afirma-se uma nova relação entre os sexos, na qual as mulheres são admiradas, respeitadas e já não desprezadas ([13]). Uma segunda forma de valorização da sedução, de tipo estético, começou com Baudelaire e o elogio moderno da maquilhagem. Devemos agora propor um terceiro tipo de revalorização, desta vez de natureza antropológica, vendo a sedução como experiência fundamental necessária à vida psíquica, desejante e ativa.

Esta perspetiva inscreve-se no prolongamento do grande movimento de reabilitação moderna da natureza humana e, mais particularmente, dos desejos e das paixões. A partir dos séculos XVII e XVIII, os filósofos começaram a dar as suas cartas de nobreza às paixões humanas, vistas como forças necessárias ao movimento da vida, ao progresso da economia e das artes, ao avanço da história, à felicidade pública e privada. Sem paixões, «não há sublime, nem nos costumes nem nas obras; as belas-artes regressam à infância e a virtude torna-se minuciosa», escreve Diderot ([14]). E não há aperfeiçoamento da razão sem a atividade das paixões, acrescenta Rousseau em *Discurso Sobre a Origem da Desigualdade*. Este processo de dignificação das paixões deve aplicar-se do mesmo modo à sedução.

Como imaginar todo um conjunto de paixões sem fenómeno de atração, sem um objeto ou um ser que agrada e toca com uma força particular o sujeito? Em muitos casos, a paixão e a atração não podem ser separadas: é preciso ser atraído por alguma coisa ou por alguém para sentir desejo e paixões. A lei de atração/repulsão é primordial, é constitutiva do mundo vivo, princípio do qual resultam as paixões. É o que faz da sedução a base, a força impulsiva, a mola da vida desejante, o que nos retira da inércia e da insensibilidade. Sem os fatores e os sentimentos de atração, do homem resta apenas uma sombra sem vida nem apetência. Esta força de atração é necessária para que nasçam o amor, o desejo, as paixões de fazer e de pensar. E as próprias paixões mais não são do que estados de sedução, modos de atração particularmente intensos.

São aspetos que levam a considerar o lugar que a sedução ocupa na existência humana. Não um jogo, um ornamento, um teatro de ilusão, mas uma experiência central consubstancial à existência, um motor, a força vital primordial que leva a agir e a pensar, tanto nas mais pequenas esferas do quotidiano como nos maiores domínios da vida. Se Hegel via nas paixões o elemento ativo que põe em movimento as ações universais, a fonte das maiores coisas humanas, temos agora de dizer, jogando com a famosa fórmula do filósofo da «astúcia da Razão»: nada de grande se faz no mundo sem sedução.

A SEDUÇÃO CRIADORA

A extensão social do princípio da sedução não deve ser resumida a uma pura operação maquiavélica destinada a enganar e manipular os indivíduos. O reino do «agradar e tocar» generalizado foi aquilo que contribuiu para a construção de uma nova arquitetura da modernidade; transformou a condição feminina, redefiniu por completo a relação com o Eu e os outros, com o corpo e a cultura, com a religião e a política. Não um simples espetáculo de ilusão e um instrumento de *marketing*, mas um operador de transformação global que concluiu o processo de individualização em ação desde há cinco séculos no Ocidente.

O mundo em que vivemos não é apenas o fruto do neoliberalismo, das novas tecnologias, da globalização da produção e das transações: é inseparável do princípio de sedução superativo nos domínios económicos, políticos e educativos, tendo por resultado o advento de um capitalismo estético ou artístico, de um poder político livre da aura de majestade e de grandeza, de uma cidadania movediça, de estilos de vida hiperindividualistas, de um modo educativo aberto e *cool*. Paralelamente à destruição criadora, devemos falar de uma sedução criadora de um novo mundo social.

Por um lado, a economia, a política e a educação remodeladas pela regra do agradar e tocar produziram um universo de autonomia humana cheio de abertura e de invenção de si próprio. Por outro, a sedução-mundo contribui para o desenvolvimento de uma economia produtiva responsável pela degradação dos ecossistemas e pelo aquecimento global, por uma nova forma de governação a curto prazo, por uma nova economia psíquica portadora de crise subjetiva, de confusão e de mal-estar. A sedução criadora também é uma ação destruidora.

PARA UMA SEDUÇÃO AUMENTADA

Não são apenas as relações da sedução e do desejo que devem ser repensadas, mas também a sociedade do «agradar e tocar». Esta, quer gostem ou não os seus atacantes, não é o mal encarnado e não se pode confundir com uma pura e simples atividade de manipulação de massas. O império da sedução hipermoderna não se assemelha ao inferno e os seus benefícios privados e públicos são tudo menos secundários. No entanto, não deixa de colocar problemas temíveis tanto para o futuro do planeta como para um ideal de vida bela e boa.

A sociedade da sedução, tal como hoje funciona, não é um modelo sustentável nem um futuro desejável: em caso algum pode representar aquilo que esperamos de melhor para amanhã. Algumas correções importantes são indispensáveis. A sociedade da sedução não precisa de ser totalmente revolucionada, mas deve ser corrigida, reorientada, desenvolvendo contrapesos ambiciosos que possam oferecer seduções mais ricas dos que as que nos governam no quotidiano. Não condenar o princípio do agradar e tocar, mas vencer as seduções «pobres» com outras seduções, mais belas, mais ricas, menos estruturadas pela oferta comercial.

Para enfrentar os desafios do futuro, os sistemas técnicos deverão enveredar cada vez mais pelo caminho de um crescimento mais respeitoso do ambiente. No entanto, por muito imperativo que seja, o desenvolvimento dos modos de produção duradouros à escala mundial não pode constituir uma cultura capaz de fazer recuar o poder das tentações consumistas. A longo prazo, só o saber e a cultura representam as forças capazes de construir uma sociedade mais florescente para os indivíduos. Não se diz que o entretenimento fútil seja a última palavra da sociedade da sedução: face à hipertrofia comercial, não precisamos de promover um etos ascético, mas sim tornar desejáveis algumas atividades mais «elevadas», mais criativas. Se a sedução é o problema, também faz parte da solução: o mundo porvir espera uma nova sociedade da sedução e não o seu desaparecimento absoluto.

Uma sociedade da sedução de alguma forma aumentada ou enriquecida, que, dando todas as oportunidades à cultura, ao saber, à criatividade, proponha às gerações futuras atrações diferentes das do cosmos comercial.

PRIMEIRA PARTE

A SEDUÇÃO ERÓTICA

CAPÍTULO I
Da sedução restringida à sedução soberana

Seja qual for o peso das suas raízes biológicas, o universo da sedução humana não deixa de ser um facto cultural que se manifesta através de ritos, de artifícios e de normas que variam segundo as sociedades e as épocas. Desde os tempos mais remotos que as sociedades dispõem de códigos e rituais que estruturam as práticas de sedução. Em todas as épocas, as sociedades humanas usaram tesouros de imaginação para aumentar a atração dos homens e das mulheres; em toda a parte, esforçaram-se por organizar e favorecer os encontros amorosos. No Paleolítico superior, surgiu uma variedade incrível de adornos, aparatos, ornamentos, danças, cantos, festas, dos quais um dos efeitos procurados era captar a atenção do parceiro desejado do outro sexo, intensificar a atração entre os indivíduos dos dois géneros.

O mais assinalável é que este trabalho de intensificação das atrações eróticas cruzou-se estruturalmente com uma dinâmica diametralmente oposta. Enquanto as sociedades pré-modernas se esforçaram por encontrar inúmeras vias suscetíveis de reforçar a atratividade dos seres, trabalharam, ao mesmo tempo, para diminuir e até anular a força dessa atratividade. Durante grande parte da história da humanidade, um jogo de duas forças opostas dominou os fenómenos relativos à sedução: enquanto uma delas levava a dar mais poder de atração aos corpos e aos rostos, a outra impedia que este se exercesse «a todo o vapor» e que dirigisse as escolhas de vida dos indivíduos. As sociedades humanas pré-modernas sopraram sobre as brasas e fizeram tudo para dominar o fogo, esforçaram-se simultaneamente por intensificar e amordaçar, incitar e reduzir, aumentar e anular o poder da atratividade sexual. Este duplo vínculo constitui a estrutura organizacional que regeu a relação das sociedades antigas com a sedução erótica. Processo duplo que, durante dezenas de milénios, construiu o reino da sedução reprimida ou restringida.

Este modo antinómico de organização da sedução já não é o nosso. A vida amorosa libertou-se do enquadramento tradicional dos comportamentos. As maneiras de se distinguir, de fazer a corte, de ter encontros e de casar libertaram-se da sujeição das tradições, das famílias e dos grupos. A sedução interpessoal libertou-se da imposição dos costumes e das tradições: se os seres se agradam, já nada lhes deve impedir a vontade de viverem como entenderem. A rutura com os dispositivos do passado é radical: vivemos na era liberal da desregulação e da individualização da sedução. Já não sendo contrariada por regras coletivas, a atração entre os seres pode funcionar, pela primeira vez, como poder soberano.

Os freios que constituíam as normas sociais tradicionais perderam a sua antiga legitimidade: já nada pode impedir as atrações recíprocas. Enquanto, na vida privada amorosa, triunfa a omnipotência das preferências pessoais, os meios de agradar, de se distinguir, são exaltados ao infinito. Produziu-se uma revolução enorme: coincide com a passagem da sedução restringida, de natureza holista, para uma sedução ilimitada de tipo individualista, liberal, sem freio nem bloqueio. Assistimos ao desaparecimento das normas antagónicas que regiam o funcionamento milenar da sedução: a era da hipermodernidade é inseparável do advento da sedução soberana.

AMPLIFICAR O PODER DE SEDUÇÃO

As sociedades humanas dispuseram sempre de inúmeros meios destinados a despertar o desejo, a aumentar a atração dos seres, a favorecer as ações e os encontros eróticos. Longe de usar apenas as atrações naturais, as coletividades humanas entregaram-se a excessos de imaginação para elaborar artifícios e técnicas corporais capazes de estimular a aproximação sexual. Jogos, danças, cantos, adornos, maquilhagem, magia: instrumentos que visam, entre outras coisas, chamar a atenção do outro sexo reforçando os poderes de atração. O fenómeno é universal: desde o início dos tempos que as civilizações se dotaram de instrumentos simbólicos e estéticos que funcionam como amplificadores da atração física das pessoas.

Festas, jogos e danças

Desde a noite dos tempos que os jogos de grupo e as festas tradicionais, onde se consome grande quantidade de alimentos e se usam estimulantes, constituem momentos privilegiados que encorajam as aventuras amorosas. As visitas rituais à comunidade, as festas, os períodos de alegria e de atividades sociais intensas oferecem oportunidades para fazer novos conhecimentos, tentar manobras de abordagem e criar idílios.

Nas festividades, a dança possibilita as exibições pessoais e favorece a aproximação sexual. Permite que os indivíduos, em particular os mais jovens, exponham os seus atrativos, se exibam, suscitem o interesse de potenciais parceiros. São rituais coletivos que, ao encorajarem a seleção, a vaidade, as paixões individuais, comportam até «riscos de rutura para a unidade e harmonia da cerimónia» ([1]). Na cerimónia Gerewol dos Fulas do Níger, os homens participam, durante sete dias, em competições de dança que funcionam como um verdadeiro concurso de beleza masculina. Pintados e adornados de joias, põem em destaque os seus traços mais atraentes, bebem diversas poções que lhes fazem «sair a beleza» e defrontam-se por intermédio de charmes mágicos para diminuir a sedução dos outros dançarinos ([2]). No fim desta festa anual, as jovens elegem os homens considerados mais belos para os tomarem como amantes.

As atividades de luta e as justas fornecem ocasiões para se distinguirem: os Massas do Chade e do norte dos Camarões entregam-se a competições de luta para mostrarem a sua força e serem admirados, não sem obterem os maiores sucessos junto do público feminino. O mesmo acontece nos concursos de penteados e de ornamentos de conchas realizados nas lhas Trobriand no Pacífico. Ao permitirem a exibição e a valorização, estas instituições funcionam como intensificadores da atração erótica. Tal como implementaram proibições e exclusões sexuais a fim de substituírem os acasos da natureza por uma ordem social, as sociedades instituíram rituais destinados a amplificar os encantos individuais.

A voz encantadora

Desde há milénios que, para ampliar o encanto erótico e atrair o interesse do outro sexo, as culturas humanas mobilizaram a visão (adornos, danças), o olfato (perfumes) e o sentido auditivo. Nas mais diversas sociedades, atribui-se um poder de sedução aos cantos. Nas ilhas Trobriand, as raparigas entoam certos cantos para assinalarem que estão prontas a receber os rapazes ([3]). Malinowski relata que, nesta região do mundo, o canto constitui um meio importante de sedução: o bom cantor fica imediatamente, em matéria de estatuto, a seguir a um bom dançarino; uma bela voz permite obter sucesso junto do belo sexo ([4]).

Na mitologia grega, as Sereias enfeitiçam os navegadores com os seus cantos melodiosos e com o som mágico das suas liras. Como as Sereias, Calipso canta com a sua bela voz para encantar e enfeitiçar Ulisses para que este esqueça Ítaca. O deus Pã toca flauta. As heteras devem ter talentos musicais: encantam os homens da alta sociedade cantando e tocando oboé nos banquetes. No Japão, a partir dos séculos XI e XII, as cortesãs, que vivem em grupo em barcas, atraem os homens com os seus cantos e as suas danças ([5]). Mais tarde, as gueixas também se distinguem pelo domínio do canto e da música.

Foi muitas vezes destacada a relação estreita existente entre a música e sedução. Para Rousseau, «o canto e a dança (são os) verdadeiros filhos do amor e do lazer» ([6]). Darwin via a música como uma forma evoluída de exibição amorosa. No entanto, explicar a origem da música pela seleção sexual choca com o facto de, desde o início da humanidade, os cantos e as músicas estarem associados a numerosas esferas exteriores ao erotismo: atos religiosos, cerimónias mortuárias, preparativos de guerra e de caça, ritos de passagem e de iniciação. Assim, nada autoriza a afirmar que os cantos e as danças tenham sido inventados apenas com o objetivo de atrair o outro sexo. A verdade é que, em toda a parte, funcionaram como meios capazes de ampliar os efeitos sedutores, encantando os ouvidos e os olhos.

Os cantos e as danças não são, evidentemente, exclusivos do homem. Em muitas espécies, os machos vocalizam, exibem os seus melhores atrativos, executam bailados para atraírem as fêmeas, sinais que são uma condição prévia necessária para a formação dos casais. Esta é a diferença com os humanos, para os quais as danças e os cantos desempenham um papel apenas contingente. Programada no património genético da espécie, a exibição nupcial animal constitui uma condição necessária para captar a atenção do parceiro sexual, seduzir e reproduzir-se: não é um mero suplemento estético ou atrativo, mas um fator indispensável, pois a sua função é assinalar a qualidade biológica dos parceiros. Isto não acontece entre os humanos, nos quais a sedução não implica «mecanicamente» este tipo de rituais amorosos: têm apenas o objetivo de aumentar o poder de atração, acrescentar sedução, ampliar o encanto e as hipóteses de sucesso, sem nunca serem as condições de possibilidade da atração entre os dois sexos.

Adornos e ornamentos

As culturas humanas nunca se contentaram apenas com os atractores sexuais naturais. Esforçaram-se por intensificar os estímulos visuais acrescentando beleza à beleza, atrativos aos atrativos, sedução à sedução, por meio de artifícios visuais. Toucas e penteados, joias, adornos de vestuário, tatuagens, pinturas corporais, maquilhagem, roupa de moda: desde o Paleolítico superior que as sociedades humanas colocaram todo o seu génio criativo ao serviço dos meios suscetíveis de erotizar a aparência dos seres, de aperfeiçoar a beleza física das pessoas, de ampliar o interesse sexual dos indivíduos do género oposto.

Por muito que recuemos na história, a intensificação da atração sexual pela alteração da aparência do corpo é uma atividade realizada em todas as sociedades. Escondendo ou acentuando certas formas do corpo, decorando-o com cores, os adornos e os ornamentos erotizam a aparência, captam o interesse do outro sexo. Em todas as sociedades em que se pratica a tatuagem feminina, esta tem a finalidade de aumentar o encanto erótico do corpo, de despertar os desejos e os fantasmas masculinos: «a tatuagem torna belo antes de ser belo», acentua a diferença dos sexos destacando certas partes do corpo e do rosto ([7]). É principalmente para ampliarem os seus atrativos que os Inuítes ornamentam o rosto das jovens com tatuagens ([8]); os Ianomâmis pintam o corpo para embelezar e acentuar a atração sexual ([9]). Graças à tatuagem, as mulheres abipones do Paraguai tornavam-se, segundo as suas próprias palavras, «mais belas do que a própria beleza» ([10]). Lévi-Strauss observa que as pinturas faciais e corporais cadiuéus «reforçam» a atração erótica das mulheres dando--lhes «algo de deliciosamente provocante» ([11]). Neste sentido, as sociedades humanas, sejam quais forem, podem ser vistas como máquinas amplificadoras da atração erótica dos seres.

Assim, os adornos e os ornamentos não são apenas uma linguagem social ou sistemas de significação: são intensificadores da sedução intersexual. Se a arte constitui uma «tomada de posse da natureza pela cultura» ([12]), esta posse não se exprime apenas pela substituição dos traços naturais por sinais culturais, mas também por uma espécie de «vontade de poder» aplicada ao domínio da atratividade da aparência dos homens e das mulheres ([13]). Devemos pensar os adornos humanos como uma das expressões da «vontade de poder» enquanto «esforço para mais poder», vontade de «ser mais» ([14]), «de se tornar senhor, de aumentar em quantidade, em força» ([15]). Por detrás das formas estético-simbólicas e do «horror da natureza» ([16]) está a recusa humana de entrega às forças da seleção sexual natural, amplificando, por meio de artifícios humanos, os poderes de sedução erótica.

Os adornos pessoais não foram criados, como por vezes se diz, para imitarem os ornamentos coloridos que encontramos em certas espécies animais, dos quais o ser humano estaria desprovido ([17]). De facto, os sinais visuais de sedução ou as «ornamentações» sexuais físicas não faltam no *Sapiens*. Muito pelo contrário, o dimorfismo entre o corpo do homem e o da mulher é mais marcado do que o que se pode observar entre os símios machos e fêmeas. No lado masculino, os músculos salientes são sinais atractivos. E ainda que a mulher não apresente qualquer sinal exterior de ovulação e de período de fecundação, não deixa de ter ornamentos sexuais (lábios coloridos, volume das nádegas, curvatura das ancas...) que a tornam atraente de maneira constante, desde a puberdade até à menopausa e para além desta.

De maneira que não se pode sustentar a tese segundo a qual os adornos artificiais teriam sido inventados para colmatar a «falta» de atractores naturais presentes em numerosas espécies animais (ornamentos esplendorosos, cores brilhantes, exuberância de pelagens e de plumagens, chifres extravagantes, órgãos hipertélicos). Na verdade, as decorações corporais nos humanos nada substituem, não colmatam nenhuma deficiência, não são impostas como substitutos de encantos pretensamente inexistentes. Surgiram como complementos, à maneira de um excedente, de um luxo visual destinado a amplificar a sinalização sexual e aumentar as hipóteses de acesso aos parceiros do sexo oposto. Os adornos da espécie humana devem ser pensados como um «mais» ou como um suplemento, que enriquece uma plenitude já existente e que se acrescenta aos atrativos da sedução natural.

Até ao fim do Paleolítico médio, a espécie humana não teve qualquer necessidade de artifícios, pois os sinais sexuais naturais eram suficientes para tornar atraentes os membros do sexo oposto. Se, mais tarde, os homens criaram artifícios, não foi nem para colmatarem uma falta, nem para reduzirem comportamentos agressivos masculinos graças a «deslocações de motivação» ([18]), mas para exprimirem uma identidade de grupo, para se diferenciarem, obterem prestígio, mas também para se embelezarem, para se tornarem mais atraentes do que os outros ([19]). Maneira de o *Sapiens* marcar simbolicamente a pertença a um grupo, os adornos foram simultaneamente instrumentos corretores da seleção natural e destinados a produzir desejo, a aumentar a atratividade dos corpos e dos rostos, a criar vantagem seletiva no jogo da competição sexual.

Por conseguinte, é muito redutor resumir a sedução à «vertigem das aparências», a um jogo frívolo, superficial, imposto pelo «princípio da incerteza», pelo secreto, pelo enigmático e pela indeterminação. Desde o nascimento da humanidade que a sedução funciona como uma marcação social do corpo, que, privada de qualquer ambiguidade, contribui para a construção da oposição distintiva dos géneros, ao mesmo tempo que produz um suplemento de atratividade erótica. De um ponto de vista antropológico, passamos ao lado do essencial quando interpretamos a forma sedutora como um jogo irónico que anula a forma produtiva ([20]). A verdade é que devemos conceber a sedução como um «sistema de produção» na medida em que é aquilo que provoca desejo e visa aumentar a atração erótica. Longe de ser um processo «imoral e supérfluo», a sedução é um «maquinismo produtivo» necessário à vida e à economia do desejo e isto, ao produzir atração, no interesse dos parceiros, da preferência sexual na competição pelo acesso aos indivíduos do sexo oposto.

Coloca-se a seguinte questão: se a espécie humana não está privada de atractores sexuais, o que a levou a criar utensílios que intensificam a atratividade sexual? Porquê acrescentar ornamentos suplementares? Não se pode compreender este fenómeno sem se levar em conta o facto de a sedução erótica se manifestar num quadro competitivo em que cada um é adversário de todos. Mesmo que existam atractores sexuais naturais, alguns indivíduos são mais atraentes do que outros: a desigualdade sedutora é um fenómeno primordial. Precisamente, os utensílios culturais da sedução permitem amplificar e diversificar as hipóteses de acesso aos parceiros sexuais.

Quando a evolução da hominização criou competências cognitivas superiores que permitiam atividades simbólicas e, sobretudo, a capacidade de autoconsciência a um nível altamente complexo, a concorrência entre os indivíduos conduziu à intensificação das armas para serem mais atraentes e triunfarem sobre os outros na «lei do combate» (Darwin) entre rivais. Com as danças, os cantos, os adornos, as maquilhagens, um indivíduo pode destacar-se de outra maneira, esconder os seus «defeitos» e obter assim uma vantagem na competição pelo acesso aos indivíduos do outro sexo. Nestas condições, e também com a magia, até os que não têm encanto físico pode obter sucessos amorosos.

Magias

Durante grande parte da nossa história, a sedução não foi considerada um fenómeno cultural e espontâneo. O sucesso em matéria de conquista amorosa é geralmente associado a uma ação deliberada, a encantamentos, objetos e técnicas capazes de agir sobre outrem e sobre si próprio. A beleza física, os enfeites e as joias não são suficientes para atrair a admiração e o interesse erótico do sexo oposto: os sucessos e os fracassos são atribuídos à ação da magia. É graças a esta que os homens podem conseguir agradar às mulheres e que estas se podem tornar irresistíveis aos olhos dos homens. Por ocasião das festas e das danças, as abluções, as decorações corporais e as aplicações de cosméticos acompanham-se de fórmulas mágicas rituais que enunciam o resultado desejado: ser belo, atraente, desejado, triunfar sobre os outros: são as «magias de amor e de beleza» ([21]). O belo homem, o bom dançarino, o bom cantor será repudiado se não tiver a ajuda da eficácia da magia; reciprocamente, os mais feios podem ter sucesso por meio dos encantamentos rituais apropriados. Em toda a parte, estes rituais mágicos têm a finalidade de fornecer um acréscimo de beleza, de destreza, de reputação.

Às práticas mágicas públicas ligadas aos grandes eventos cerimoniais acrescentam-se as ações privadas decorrentes de iniciativas individuais: são as magias de amor. Quando não há reciprocidade, para atrair o amor ou a atenção de um ser cobiçado, a magia é considerada infalível para alcançar os seus fins. Encantamentos, filtros de amor, comidas ou bebidas preparadas, charmes, perfumes, amuletos, estatuetas, talismãs, todas as culturas tradicionais dispõem destes meios ritualizados que visam conquistar o amor de alguém. Em toda a parte, está solidamente instalada a crença de que as técnicas que mobilizam os espíritos e as forças invisíveis podem permitir a um indivíduo tornar-se irresistível, aumentar o seu poder de sedução.

Os ornamentos corporais são belos em si próprios, mas são dotados do poder mágico de aumentar a atratividade sexual: nas ilhas Fiji, acredita-se que a tatuagem torna as raparigas irresistíveis; na comunidade inuíte, é dotada do poder de reforçar a sedução das raparigas adolescentes. Entre os índios Shuaras, a cor vermelha aplicada no rosto é considerada um filtro de amor: acredita-se que as substâncias vegetais ou animais incorporadas nas pinturas faciais masculinas despertam o desejo das mulheres ([22]). Nas sociedades selvagens e muito tempo depois, o universo dos ornamentos está repleto de crenças e ritos mágicos. O poder de sedução é indissociável das virtudes mágicas atribuídas aos ornamentos, às cores e aos objetos corporais.

A SEDUÇÃO SUPERLATIVA: HETERAS, GUEIXAS E ESTRELAS

Todas as sociedades desenvolveram meios que permitem aumentar a força atractora dos seres. Com o aparecimento das sociedades divididas em classes, este processo aperfeiçoou-se ao ponto de dar origem a figuras que concretizam uma sedução de algum modo hiperbólica. Nasceram assim as profissionais de alto galanteio que exercem a arte de agradar aos homens mais ricos e mais eminentes. Esta forma de sedução já não se baseia nas normas comuns: afasta-se destas, tornando-se a característica de uma categoria específica de mulheres, uma arte particular destinada a agradar à elite social e que exige uma longa formação, uma aprendizagem específica. A sedução entrou na era do refinamento elitista e da estilização extrema.

Três figuras de épocas e civilizações muito diferentes, a hetera, a gueixa e a estrela, exemplificam o último ponto deste processo especificamente humano que consiste em aprimorar, sublimar os charmes da aparência dos seres. A partir de certa altura, as sociedades criaram deusas vivas do amor e da beleza, dotadas de tais poderes de sedução que conseguiram exercer uma espécie de domínio sobre os homens.

Heteras e cortesãs

Testemunhas disto, na Antiguidade greco-romana, são as heteras, consideradas as mais nobres das cortesãs, especialistas na arte de agradar e de dar prazer. A beleza física constitui a arma indispensável das cortesãs da alta sociedade: na comédia latina, a beleza destas mulheres que enfeitiçavam os homens é objeto de elogios arrebatadores. A cortesã perfeita realça a sua beleza usando maquilhagens, cremes de beleza, perfumes da Arábia e outros artifícios de toucador: são elementos que as distinguem das esposas legítimas. Maquilham o rosto com branco alvaiade e vermelho orcaneta, usam colares, braceletes e joias valiosas. Pintam o cabelo de loiro, usam perucas, engenham penteados complexos com caracóis e frisados muito diferentes dos carrapitos severos das matronas ([23]).

No entanto, o ofício galante exige mais do que a beleza e o luxo do toucador. Para ter sucesso na carreira, a coquete de alto nível deve unir a vida dos sentidos à vida do espírito ([24]), saber manter uma conversa espiritual, tocar cítara ou oboé, «fazer a serenata», ter talentos de dançarina. A elegância cortesã exige graça, distinção, educação, uma delicadeza refinada, a prática das artes. Com as sociedades divididas em classes, tanto em Atenas como em Roma, a imagem da mulher divide-se entre a figura da esposa, mãe dos filhos legítimos e que se deseja o mais ignorante possível, e a da cortesão culta e refinada, que os homens frequentam pela sua elegância e pelo seu espírito, a sua inteligência, as suas qualidades em matéria dos prazeres do amor.

Pela primeira vez, a sedução feminina conjuga-se com o ideal estético da eloquência, da poesia e da cultura. Uma sedução refinada e distinta dirigida à rica elite social. Tal como a poesia desde Simónides de Ceos, a sedução feminina superior tornou-se uma arte que se vende. As heteras são procuradas pelos homens mais eminentes e escolhem os seus amantes entre os homens ricos e poderosos, que as sustentam, oferecendo-lhes casa, joias e criados. Algumas são muito ricas, arruínam os homens e distinguem-se pelas suas despesas extravagantes e pelos banquetes que organizam nas suas belas casas.

Se é verdade que a sedução foi sempre uma forma cultural, com as sociedades divididas em classes torna-se um ornamento distintivo para a elite social, uma manifestação de alta cultura estetizada que integra a retórica, a poesia, o bom gosto, a eloquência e as boas maneiras. Não há sedução aristocrática sem formas delicadas e refinadas, sem conjugação dos prazeres do intelecto e dos de Eros. Para se ilustrar nestes domínios, a jovem hetera recebe uma formação especializada: Aspásia terá aberto uma escola na qual eram ensinadas às raparigas as técnicas eróticas, as artes dos lazeres, a música, a poesia, a conversação e a dança.

Graças ao seu encanto, à sua delicadeza refinada e à posição social dos seus amantes, algumas heteras adquiriram uma reputação excecional. Os seus nomes aparecem nas comédias e são-lhes dedicados poemas. Mirrina é a amante de Hipérides; Aspásia é a companheira de Péricles, Laís viveu com o filósofo Aristipo de Cirene; Teódota é uma modelo para os pintores e Friné a inspiradora de Praxiteles. Entrámos na era da sedução superlativa, que permite às mulheres serem socialmente celebradas e aduladas ([25]), tornando-se até musas de homens de Estado.

A gueixa como obra de arte viva

Outras culturas também deram origem a profissionais da sedução, especialistas na arte de agradar aos homens de fortuna: as *kisaeng* da Coreia, as *xiaoshu* da China imperial e, claro, as gueixas japonesas cuja vocação é fazer os homens abastados sonharem e relaxarem graças ao prazer da conversa, da música e da dança. O termo gueixa significa literalmente «pessoa da arte» e, no Japão tradicional, é considerada uma «flor da civilização», uma obra de arte viva. A gueixa encarna um ideal estético-cultural superior, uma elegância extremamente codificada e refinada, um encanto em descrição e reserva: «as gueixas são consideradas sedutoras, artistas e espirituais, enquanto as esposas são ternurentas, terra a terra e sóbrias» [26]. Ao contrário da mulher casada, geralmente desprovida de sensualidade, a gueixa tem qualquer coisa de erótico e pode ser objeto de desejo, mesmo que não tenha a obrigação de manter relações sexuais com os seus clientes.

A aparência distinta e fortemente estetizada é primordial. Um fundo de branco cobre o rosto, o alto do torso, a nuca e o alto das costas. O rosto totalmente pintado de branco, sinal de beleza e distinção, permite distinguir as damas de qualidade das mulheres do povo com a pele bronzeada pelo sol. Só um ponto, situado ao nível da nuca, na raiz dos cabelos, escapa à maquilhagem a fim de dar um toque erótico à aparência. Com a sua tez de alabastro, os lábios pintados de vermelho, as sobrancelhas redesenhadas a lápis, os seus quimonos sumptuosos, a gueixa representa a figura mais distinta, mais refinada, mais ritualizada da sedução feminina na cultura japonesa.

No entanto, a arte da sedução exige outra coisa. As gueixas devem dar mostras de um domínio perfeito da dança, do canto e da música, devem ilustrar-se em matéria de eloquência, da arte das flores e do chá. As atitudes gestuais e verbais, a descrição e as maneiras refinadas são indissociáveis do encanto da gueixa, «mundo da flor e do salgueiro».

A aquisição destas artes exige muitos anos de formação, uma disciplina rigorosa, uma submissão total da aluna à mestre. Como o ideal procurado é a perfeição artística absoluta, a formação da gueixa requer uma vida inteira de esforços e disciplina, e cada gesto da existência — andar, sentar-se, vestir-se, falar, agarrar num leque, servir o chá — torna-se uma forma de arte. O objetivo supremo da gueixa é fazer da sua vida uma obra de arte ([27]).

As gueixas eram objeto de adulação geral e, em finais do século XIX, os adolescentes sonhavam com a atração irresistível destas criaturas. Esta sedução tinha um significado particular. A sedução da gueixa não emana de uma beleza em carne e osso, mas de uma imagem idealizada de uma aparência poetizada, que desenha uma beleza mais evocativa do que demonstrativa. É o *iki*: um estilo baseado numa estética da lítotes, uma beleza feita de refinamento, de sensualidade discreta, apenas sugerida e que se lê nos pormenores subtis dos gestos e da aparência. A sedução superlativa da gueixa é incompatível com o espetáculo da nudez, sinal de vulgaridade; exige o oculto, o sugerido, o pudor, uma sensualidade por pequenos toques, nomeadamente uma maneira de usar o quimono deixando entrever apenas certas partes nuas do corpo: o pé, o tornozelo, o punho. E a nuca maquilhada de branco deixa transparecer apenas dois triângulos de pele natural. Com a gueixa, afirma-se uma espécie de supersedução elegante e superior em sensualidade contida, matizada, sugestão e delicadeza. Assenta num ideal de perfeição estética, de elegância e de graça distintas, ignorado, durante milénios, pelas sociedades antes do aparecimento do Estado e das classes sociais.

A estrela e o glamour

Enquanto, no Oriente, a gueixa é vista como a encarnação exemplar da sedução superlativa, no Ocidente moderno, a estrela representa a sua imagem mais deslumbrante, a mais resplandecente, a mais fantástica. A partir dos anos 10 do século XX, o cinema criou, por meio da estrela, o maior arquétipo da sedução moderna, uma sedução composta de uma beleza «sobrenaturalizada» (Baudelaire), artificiada ao extremo, resultante do trabalho de todo um conjunto de profissionais da aparência. Esteticistas, estilistas, figurinistas, cabeleireiros, maquilhadores, nutricionistas, fotógrafos, cirurgiões plásticos, todos os técnicos do embelezamento são mobilizados para construírem uma imagem dotada de um prodigioso poder de atração sobre as massas. Maquilhagem, compostura, voz, roupa, fotografias, nada é deixado ao acaso para criar a imagem cativante da estrela e o fascínio máximo do grande público.

Este trabalho coletivo permite fabricar uma imagem de tal maneira «perfeita» que pode ser assimilada a uma autêntica obra de arte, na medida em que resulta de um trabalho de estetização ilimitado ou de «artialização» total do ser humano. Embora a estrela seja um «produto» da indústria cinematográfica e um «objeto de consumo», não deixa de ser uma criação especificamente artística. A «máquina de sonhos» do século XX conseguiu criar, pela primeira vez, obras de arte, meio reais, meio fetiches, aduladas pelas massas. Sejam quais forem as suas diferenças, e são muitas, a estrela e a gueixa têm em comum o facto de se apresentarem como obras de arte baseadas na estetização hiperbólica da sedução humana.

Por meio das estrelas, afirma-se com uma força excecional a capacidade das sociedades humanas, neste caso as sociedades modernas, para amplificarem o poder da sedução.

Já não são pequenos grupos ou pessoas que se pasmam, mas centenas de milhões de indivíduos que «caem» sob o encanto de alguém e mais exatamente de uma «imagem-pessoa» ([28]), pois a glória da estrela é inseparável dos instrumentos técnicos de reprodução e de difusão de imagens em grande escala: não há estrelas sem a revolução moderna da reprodutibilidade técnica das imagens, sem a distribuição maciça destas imagens ([29]). São as imagens que criam a aura que envolve a estrela e que permitem intensificar o seu poder de atração, o poder da sua aparência: «A imagem no ecrã oferece-nos, numa forma aumentada, a pessoa física do ator tal como nunca a veríamos "na natureza"» ([30]). A imagem reproduzida e difundida em grande escala está na base do poder de impacto da estrela sobre o público. Com esta, a sedução não resulta de um encontro físico entre duas pessoas, mas de uma imagem mediatizada em massa, trabalhada, idealizada, sublimada. Por intermédio da fotografia e do cinema, passámos da atração interpessoal para a sedução mediática, cinematográfica, dotada de uma força fulminante.

A força atrativa da estrela é tanto mais notável porquanto os seus admiradores não a conhecem e nunca estiveram com ela. Os fãs querem ver, aproximar-se, tocar no seu ídolo. Colecionam as suas imagens, procuram todas as informações pessoais sobre ela, vestem-se como ela, copiam os seus valores e a sua filosofia de vida. Admirada e adulada, a estrela provoca comportamentos histéricos, desencadeia emoções amorosas, fantasias e desejos eróticos sentidos com tanta ou mais intensidade quanto se sentiria se a emoção se produzisse face a pessoas de carne e osso. São aspetos que revelam, através das «imagens-pessoas», o seu poder de aumento de capital e o poder de sedução.

Enquanto a sensualidade da gueixa deve ser contida, o mesmo não acontece com a estrela, radiosa de *sex appeal* e de «glamour». No entanto, a sensualidade e a beleza ideal não chegam para criar o *glamour*, que conjuga *sex appeal* e personalidade «carismática» encenada por todo um conjunto de artifícios. Usando, como diz Sternberg, «uma magia já quase diabólica, blasfema» ([31]), a estrela fazia sonhar tanto as mulheres como os homens. O *glamour* feminino não visa fulminar de emoção apenas o público masculino, mas também o público feminino.

A beleza física da estrela é, sem dúvida, a principal causa do seu poder incomparável de sedução. Mas a notoriedade mediática que a caracteriza também desempenha um papel importante. Nathalie Heinich fala, com razão, de um «capital de visibilidade», que pode ter outros retornos que não simbólicos: nomeadamente económicos. A isto acrescentam-se as facilidades em matéria de conquistas amorosas. O estatuto de celebridade constitui por si mesmo um capital de sedução erótica: se a estrela seduz é também porque é conhecida e reconhecida por todos. A fama está no princípio do poder excecional de sedução erótica das estrelas ([32]).

Com as estrelas, a sedução soberana atinge apogeus iniguáveis. Aduladas por todos, representam um ideal de vida que é sinónimo de êxito, de beleza, de prazeres, de aventuras, de luxo, de juventude, de festas, de prazeres levados ao extremo. As estrelas, como deuses na terra, banham-se num clima de «superlativação absoluta que adquire carisma pelas massas» ([33]). Todos os seus caprichos são desculpados, todas as suas loucuras de coração e de dinheiro relatadas pelos *media* são aceites, julgadas com indulgência e contribuem até para a sua notoriedade. Expurgada de qualquer imagem negativa, permitindo todos os excessos, o *glamour* da estrela manifesta-se numa omnipotência soberana. A era democrática e mediática permitiu erigir a sedução como instrumento sem precedentes de sucesso artístico e material, como vetor de poder hiperbólico, imaginário e simbólico. Sob o signo do *glamour*, nasce uma nova potência soberana capaz de propulsionar as estrelas de cinema para o cosmos encantado dos «Olímpicos» modernos.

A SEDUÇÃO RESTRINGIDA

Enquanto as culturas humanas transbordaram de imaginação para aumentar o poder de atração dos seres, é notável que, ao mesmo tempo, se tenham esforçado por seguir uma via oposta. O vestuário tem várias funções, mas uma delas é diminuir a sinalização sexual. Até as sociedades que desfrutam de grande liberdade de costumes dissimulam a zona genital dos homens e das mulheres. Sendo o homem um «macaco nu» e mantendo-se numa posição vertical, essa zona é sempre visível, exibida ao olhar: foi para impedir ou reduzir esta sobre-estimulação sexual, refrear as «tentações» fora do âmbito do casal, que a espécie humana terá inventado o vestuário que esconde o sexo ([34]).

Este processo de «dessexualização» é particularmente manifesto no que diz respeito às mulheres, com numerosas culturas a esforçarem-se por diminuir e, por vezes, esconder drasticamente os encantos naturais do feminino. Em certas tribos, as mulheres de luto, submetidas aos tabus mais estritos, não podem perfumar-se nem exibir adornos, o seu cabelo é rapado e o corpo escurecido: devem manter-se feias para não atrair os homens. No noroeste da Melanésia, são fechadas num espaço confinado e escuro, só podem falar por murmúrios, enquanto o seu corpo não é lavado durante meses. Noutras culturas, as mulheres casadas deixam de poder ornamentar-se como as raparigas e devem renunciar a destacar-se de alguma maneira. As mulheres grávidas devem esconder os seus encantos e não podem exercer atração sobre os outros homens.

No Ocidente, durante toda a Idade Média, os pregadores atacam o «descaramento dos hábitos» e os «vãos ornamentos» do segundo sexo, as coquetes, a maquilhagem e todos os artifícios que pretendem melhorar a obra perfeita de Deus: a mulher que se maquilha e se perfuma é assimilada a uma prostituta. Nas terras do Islão, os encantos femininos são assimilados a uma fonte de discórdia, provocando os instintos mais concupiscentes e a deliquescência dos costumes: os encantos da mulher devem ser subtraídos ao olhar do homem. Ora é todo o corpo da mulher, à exceção do rosto e das mãos, que deve ser coberto; ora é o próprio rosto escondido, bem como o corpo e as mãos (o nicabe). A decência exige o desaparecimento dos ornamentos excessivos da mulher, o uso de roupas que não atraiam o olhar, o baixar dos olhos para não estimular os apetites carnais. Na tradição judaica, a mulher deve cobrir a cabeça em público: o cabelo, símbolo de erotismo, deve estar escondido, coberto por um lenço.

O casamento tradicional ou a antissedução estrutural

Contudo, o processo social de antissedução supera em muito o domínio da aparência estética. Em todas as culturas existem proibições destinadas a limitar os empreendimentos amorosos, a tornar inacessíveis certas mulheres a certos homens e vice-versa. Universalmente em vigor, a proibição do incesto e a lei exogâmica interditam as relações sexuais entre indivíduos pertencentes a uma mesma família, a um mesmo clã ou subclã. Os indivíduos de sexo oposto que fazem parte de uma mesma família ou de um mesmo clã não podem casar-se nem ter relações amorosas. Do mesmo modo, a proibição do adultério visa impedir que os homens e as mulheres deem livre curso aos seus impulsos, excluir certos idílios a fim de proteger os casamentos. O estado de promiscuidade sexual é um mito: em toda a parte, a tentação erótica enfrentou interdições e regras coletivas que impedem os homens e as mulheres de cederem aos seus desejos.

Além disso, até a uma época relativamente recente, as sociedades funcionaram com regras que impedem sistematicamente que a sedução seja o fundamento de uma das grandes instituições da vida em sociedade, ou seja, a união matrimonial. Por um lado, meios que visam aumentar a atração erótica; por outro, mecanismos sociais que têm o objetivo de impedir que a sedução exerça toda a sua influência, em particular na ocasião da formação dos casais. Durante milénios, as sociedades humanas funcionaram combinando estas duas lógicas opostas: intensificação das armas da sedução e expulsão sistemática destas armas do sistema dos casamentos.

Nas sociedades consuetudinárias, o casamento exclui o jogo das preferências e das atrações interindividuais: baseia--se em considerações de ordem material ou estatutária. As mulheres são casadas contra a sua vontade, não escolhem livremente o cônjuge, que é dado ou imposto pelos pais ou pelos irmãos. Em certas culturas, o casamento dos futuros cônjuges é combinado ainda antes de estes terem nascido. Neste quadro, a sedução é institucionalmente amordaçada, incapaz de desempenhar o mínimo papel na formação dos casais oficiais. Enquanto o poder de sedução se afirma plenamente na esfera das relações sexuais pré-conjugais e das ligações ocasionais, é expulso no que diz respeito à organização dos casamentos. Durante a maior parte da história humana, o poder dos encantos individuais exerceu-se no domínio das aventuras pré-conjugais ou extraconjugais; em contrapartida, foi banido da esfera das uniões matrimoniais.

Como se sabe, este processo de exclusão institucional da sedução impôs-se muito para lá das sociedades selvagens. Persistiu no Ocidente até ao século XIX e, em certos casos, até tempos mais recentes. No Antigo Regime, a maioria das pessoas pensa, como Montaigne, que «um bom casamento recusa a companhia e as condições do amor». Em todos os meios, o casamento de razão é a regra e realiza-se geralmente sob a autoridade dos pais: o amor e o consentimento dos jovens esposos não são o fundamento da sua união. A atração sentida pelos futuros cônjuges não é considerada boa nem necessária. No século XIX, nas famílias burguesas, as pessoas casam-se por razões de interesse e não por amor: demasiado sério para depender de uma escolha pessoal, o casamento depende da decisão dos pais. Nos casamentos camponeses, é raro que a atração física e os gostos pessoais desempenhem um papel importante. A inclinação, a juventude, a beleza são consideradas qualidades acessórias. Disso testemunham diversos ditados: «Olha para a carteira e não para o rosto»; «Mais vale dizer-lhe "Feia, vamos jantar" do que lhe perguntar "Bela, temos jantar?"». Em vastas áreas da sociedade, o cálculo e o interesse económico triunfam sobre os impulsos da atração e do coração. Tratava-se de conservar bens, defender a honra da linhagem preservar um estatuto, e não de amar ou agradar.

Esta dissociação da união sexual e do impulso atrativo é quase excecional nas espécies sexuadas, nomeadamente nos mamíferos e nas aves, em que o ato reprodutivo exige, para se realizar, atrativos sexuais (cores, feromonas, oferendas, cantos, danças nupciais). Para que haja acasalamento, o macho tem de se mostrar, ser atrativo para a fêmea, que avalia e escolhe o parceiro em função da qualidade dos sinais visuais, vocais e olfativos que ele emite. Nada disto existe nas sociedades de modelo holista, que, não reconhecendo o valor da autonomia individual, excluem radicalmente a escolha individual e a atração sedutora da organização dos casamentos. Como o sexo e a sedução estão, nestes casos, sistematicamente dissociados, a reprodução do grupo e dos indivíduos deixa de depender da atração sexual.

A anulação da sedução como princípio organizador da aliança matrimonial implica uma redução considerável do poder dos encantos femininos. No mundo animal, são as fémeas que escolhem os seus parceiros, «decidem» o seu comportamento sexual manifestando a sua disponibilidade e, por vezes, negociando a sua atração (sexualidade em troca de alimento). Com a ordem humana da regra exogâmica, esta autonomia desaparece em proveito da posse das mulheres pelos homens, que têm o poder de organizar as alianças. Os «arranjos» de uniões sexuais oficiais já não são controlados pelas mulheres, mas sim pelos pais, irmãos ou tios. O poder de atração feminina é posto de lado, pois ela está submetida às decisões matrimoniais tomadas pelos homens.

A verdade é esta: a intensificação dos sinais artificiais da sedução coincidiu com o recuo do primado da seleção sexual natural que implica, segundo Darwin, o exercício da escolha individual. Em todas as sociedades pré-modernas impõe-se uma ordem coletiva que contraria o poder de sedução, impede a escolha pessoal de estar no princípio das uniões matrimoniais, anula os efeitos do poder desigual de sedução entre os seres. A explosão criativa dos artefactos coincidiu, por um lado, com a limitação social das consequências da atratividade erótica e, por outro, com a emancipação humana em relação à seleção natural. Quanto mais os humanos aumentaram o seu arsenal de sedução, menos esta dirigiu as uniões legítimas entre os homens e as mulheres.

Do poder feminino à soberania masculina

A beleza é geralmente considerada um tema pouco digno de interesse pela antropologia fundamental. Felizmente, um livro recente veio corrigir esta tendência lamentável. O mérito inovador do antropólogo Pierre-Joseph Laurent consiste em ter conseguido dar toda a sua amplitude à questão da beleza física, partindo da sedução, no funcionamento das sociedades tradicionais ([35]).

O ponto de partida da sua análise é o facto de certas pessoas suscitarem mais atração do que outras. Todas as sociedades se confrontaram com esta «desigualdade fundamental», que mais não é do que a distribuição desigual da beleza física entre os seres. Esta situação cria insegurança social e económica, ameaça a paz e o equilíbrio da vida social, isto porque uma minoria de mulheres atraentes é capaz de dominar uma maioria de homens: umas têm todos os favores destes, enquanto as outras estão destinadas à solidão. A regra da aliança consuetudinária funciona precisamente como um dispositivo que visa anular os efeitos nefastos da repartição desigual da beleza e da sedução que exerce.

Esta instituição alcança o seu objetivo ao impedir o exercício da escolha dos cônjuges, sendo as uniões matrimoniais ordenadas pelos pais ou irmãos. Por isso, o encanto pessoal não é levado em conta nas negociações do casamento realizadas pelos pais. Sendo obrigatório «aceitar o que é dado», a beleza torna-se «inútil» e deixa de haver os esquecidos. Dado que elimina a escolha individual, este modo de organização permite, nas sociedades consuetudinárias, que os feios, os velhos, os fracos e todos os pouco graciosos recebam, apesar de tudo, um cônjuge. Cada indivíduo obtém um estatuto aceitável e encontra necessariamente um lugar da vida coletiva, estando protegido da concorrência dos indivíduos mais belos para o acesso ao sexo oposto.

Assim, a regra da exogamia seria obra tanto dos dominantes como dos dominados e, mais particularmente, das mulheres; os dois grupos cabem em estruturas de aliança que asseguram a cada pessoa um lugar estável na sociedade. A «regulação social da beleza» ou o afastamento da sedução física no domínio das operações matrimoniais tradicionais não seriam o resultado apenas das manipulações masculinas, mas também da ação dos mais fracos, que encontram vantagem na instauração de uma regra que, ao impor que «um homem vale um homem e uma mulher vale uma mulher», permite que todos obtenham um cônjuge, beneficiem de um apoio material, sejam socialmente integrados sem terem de enfrentar a rivalidade e a inveja dos outros.

É pouco duvidoso que as sociedades de aliança tenham conseguido limitar a importância da beleza física, pois esta não intervém como valor na organização das uniões matrimoniais: «A beleza existia antes, mas não tinha importância, pois os jovens não se escolhem», diz uma rapariga mossi ([36]). Não há obsessão pela beleza, não há exigência de atrair os olhares e de agradar a qualquer preço quando o casamento não é regido pelo princípio da livre escolha dos cônjuges.

No entanto, devemos observar que, apesar desta «regulação social da beleza», todas as culturas elaboraram dispositivos para aumentar o impacto visual individual e intensificar a sedução erótica. Se as regras do casamento, nas sociedades consuetudinárias, produzem equivalência entre as mulheres e equivalência entre os homens, não se pode ignorar o facto de essas mesmas sociedades «trabalharem» igualmente numa direção oposta. Desde logo, os rituais de beleza cujo objetivo é destacar-se, exibir a beleza pessoal, superar os outros em matéria atrativa. Adornando-se, cuidando do seu aspeto, pintando os lábios, depilando-se, os jovens e as jovens procuram atrair o olhar, exercer efeito, fazer-se desejar, triunfar sobre os outros. São muitas as instituições que exacerbam a cobiça, a inveja, a rivalidade pelo acesso à sexualidade das jovens mulheres; concursos de beleza, penteados, ornamentos, dança. Nestes encontros rituais em que os indivíduos exibem os seus encantos, os homens desfilam, as mulheres ajuízam a qualidade dos participantes. As sociedades consuetudinárias não se organizam totalmente no objetivo de eliminar os efeitos da beleza desigual: também exacerbam as diferenças individuais através de certos dispositivos institucionalizados. Embora, ao impor a não escolha do parceiro sexual, a ordem consuetudinária do casamento funcione como um operador de «substituibilidade entre as pessoas de um mesmo grupo» ([37]), os jogos, os adornos, os ornamentos, os cantos e as danças funcionam como vetores de singularização e de reforço da desigualdade sedutora. Pelas regras matrimoniais produz-se igualdade ou similitude entre as pessoas, por outros dispositivos de tipo competitivo e estético acentua-se a desigualdade dos encantos individuais.

É verdade que a beleza não é levada em consideração nos tipos de casamento que excluem a livre escolha. Mas é notável que estes não tenham impedido nem a valorização da beleza, nem as práticas de embelezamento de si próprio, nem os desejos de agradar. Seja qual for a organização matrimonial, os ornamentos, os adornos, as pinturas corporais funcionaram como meios de exibir, de atrair o olhar, de se destacar. Em Roma, os casamentos arranjados coabitaram com práticas cosméticas intensas e, desde a Renascença, com a teatralidade ostentatória da moda. Nenhuma instituição matrimonial acabou com as estratégias de sedução e raras são as civilizações que não admiram a beleza, mesmo quando a condenam.

Mesmo nas sociedades em que a beleza não intervém na conclusão dos casamentos, as atividades de sedução estética estão sempre presentes pelo menos em certas fases da vida. Esta universalidade está ligada a muitas razões. Entre estas, o prazer narcísico de se destacar e de realçar a imagem física. Mas também o desejo das mulheres de se mostrarem belas para agradar aos maridos ou aos amantes: no gineceu, a mulher grega maquilha-se, perfuma-se, adorna-se para se fazer desejar, conquistar o marido recorrendo aos processos utilizados pelas cortesãs e outras rivais. Sublinhe-se ainda o fenómeno das relações amorosas fora do casamento (extraconjugais ou pré-conjugais), no qual não funciona a «beleza inútil» ([38]), mas, pelo contrário, a exigência imperiosa de agradar.

Pierre-Joseph Laurent desenvolve a sua argumentação a partir do caso dos Nas dos Himalaias, onde certas mulheres não têm nenhum parceiro sexual, enquanto outras tem numerosos amantes e, por vezes, beneficiam das visitas de todos os homens da aldeia ([39]). A domesticação da beleza por meio da aliança permitiria assim evitar que as menos dotadas vivessem sem parceiro sexual e fossem rejeitadas pelos homens. No entanto, devemos observar que esta situação é mais excecional do que geral. É verdade que, nas sociedades consuetudinárias, fala-se com tanto horror da feiura que esta parece impossibilitar qualquer relação sexual. No entanto, a realidade é diferente: a repulsão suscitada pela feiura é, de facto, intensa, mas não impede as relações sexuais. Entre aquilo que os indivíduos dizem e o que fazem, o fosso é grande. Malinowski observa que, entre os Melanésios, até as pessoas mais feias têm relações sexuais, e de forma regular; as mulheres «velhas, feias, decrépitas» arranjam facilmente amantes jovens e atraentes ([40]). E «atrair um marido e desposá-lo é um objetivo alcançado por todas as mulheres kung sem exceção» ([41]). Com a humanidade tal como é, até os menos atraentes se podem emparelhar. Num contexto diferente,

Apollinaire escreve: «Todas, até a mais feia, fizeram sofrer os seus amantes» (Zone, em *Alcools*, 1913). A ideia de que a falta de beleza sedutora impossibilita o acesso ao sexo oposto está longe de ser confirmada pelos factos. Tanto mais que, nas sociedades tribais, a união matrimonial é necessária para assegurar a sobrevivência alimentar das mulheres e dos homens. Nestas comunidades, a divisão sexual do trabalho impede que cada indivíduo se baste a si mesmo em matéria de subsistência. Entre os esquimós Iúpiques, os homens caçam as focas, mas são as mulheres que se ocupam dos preparativos, cortam e secam a carne, transformam a gordura em óleo. Cada um dos sexos está dependente do outro para assegurar a sua sobrevivência material. Na sociedade inuíte, o trabalho da esposa é necessário ao caçador por causa das roupas que ela lhe confeciona: um homem tem de se casar para ser um bom caçador ([42]). Nestas condições, a valorização da beleza feminina é secundária em comparação com a valorização da atividade de trabalho: o homem não precisa de uma esposa atraente, mas de uma mulher para lhe preparar a comida e lhe fornecer os recursos vitais necessários à sua subsistência. Embora seja verdade que algumas mulheres são evidentemente menos sedutoras do que outras, isto não impede que se casem. A divisão sexual das atividades ligadas à subsistência quotidiana permite que todas as mulheres, seja qual for a sua beleza, encontrem um cônjuge. Não é a ausência de encanto que, neste domínio, é redibitória, mas a inaptidão para o trabalho. Podemos assim pensar que a repartição desigual da beleza sedutora não desempenhou o papel preponderante que Pierre-Joseph Laurent lhe atribui na organização do sistema matrimonial consuetudinário.

Também se coloca a questão de saber como é que o «projeto» de domesticação da beleza, impulsionado, segundo

Pierre-Joseph Laurent, pelas mulheres, terá sido aceite por todos, em particular pelas mulheres. É verdade que, por meio da aliança, qualquer adulto recebe um esposo ou uma esposa e, deste modo, ganha proteção e integração social. Mas isto acontece em detrimento das preferências espontâneas e das escolhas individuais. Com a exceção das mulheres com físico extremamente ingrato, o benefício está longe de ser evidente. Qual poderia ser o interesse das outras mulheres, a maioria — nem muito belas, nem muito feias —, de aceitarem tal «contrato social» que visa tornar a beleza «inútil»? Não se percebe o que teria convencido a maioria a submeter-se a uma regra que obriga a «aceitar o que é dado», quando cada indivíduo deseja e tem hipóteses de encontrar, apesar de tudo, a «pessoa certa». Tanto mais que os rituais de magia conservam a crença de que a sedução e a beleza podem ser aumentadas e, assim, garantir um epílogo feliz.

Nestas condições, temos alguns motivos para duvidar do «papel ativo» ([43]) que as mulheres teriam desempenhado no estabelecimento das regras matrimoniais consuetudinárias. Na verdade, é o «papel ativo» dos homens, e não a capacidade de iniciativa das mulheres, que é revelado nestas instituições à luz do «facto fundamental» de que «são os homens que trocam as mulheres e não o contrário» ([44]). Ao eliminarem a sedução natural do feminino do domínio da reprodução do grupo, os homens afirmaram o seu domínio social. Enquanto as mulheres são despojadas do seu poder de escolha, os homens instituem a sua posição de dominância enquanto agentes trocadores de mulheres, bens fundamentais e emblemas do estatuto do homem. O poder natural que a fémea detinha de escolher «livremente» o seu parceiro tendo em vista a reprodução cedeu o lugar à obrigação feminina de submissão às decisões tomadas pelos homens. Mesmo que a regra de aliança consuetudinária dê alguma segurança social, é sobretudo um sistema que confisca às mulheres o poder de recusar a relação sexual decidida por outros. As diferenças naturais entre os sexos transformaram-se em relações hierárquicas em que o homem ocupa a posição superior e a mulher o lugar inferior. Isto mostra para quem é feita a regra de aliança. As estruturas elementares do parentesco que neutralizam o poder feminino de sedução são uma das peças que consagram a hierarquização dos géneros, a supremacia masculina e a subordinação do feminino.

CASAMENTO POR AMOR E SEDUÇÃO SOBERANA

Só na segunda metade do século XVIII é que apareceram as primeiras críticas do casamento tradicional baseado na repressão da escolha livre dos cônjuges. Enquanto se manifestam o interesse e um certo gosto pelo amor conjugal, alguns autores fazem o elogio do casamento por amor na condição de que se efetue sem que haja desigualdade de condições. O processo prosseguiu no século XIX: face ao casamento de «conveniência», de «razão» ou de «interesse», o «casamento por inclinação» torna-se um ponto de referência cujos méritos são elogiados pelos meios burgueses ([45]). Triunfa após a Primeira Guerra Mundial, ao ponto de os casamentos de razão esconderem a sua natureza, tentando parecer casamentos por amor: tornou-se vergonhoso não conseguir encontrar um cônjuge. O casamento por amor impõe-se gradualmente como uma aspiração legítima, o grande ideal da vida privada, a norma para todos. Neste contexto historicamente novo, o casamento ideal é aquele em que os futuros cônjuges agradam um ao outro e se atraem de forma mútua.

Agradar-se, amar-se e casar-se

Depois de 1950, só há casamento legítimo se for baseado na escolha livre, no amor, no consentimento mútuo. Desapareceram todos os antigos obstáculos que impediam a sedução de dirigir as uniões oficiais. Já nenhuma regra coletiva se ergue contra os poderes da atração amorosa. Doravante, o único princípio de formação das uniões é o da atração recíproca. A atração era um fenómeno sem peso nas decisões de casamento; agora, está no centro da formação das uniões legítimas.

Com efeito, o triunfo do casamento por amor implica um novo papel da sedução. Dado que o casamento por amor mais não é do que um casamento de *inclinação*, pressupõe que os cônjuges estejam «encantados» e se agradem fisicamente. Opõe-se um pouco demasiado facilmente amor e sedução como aquilo que distingue o profundo e o superficial, o sentimento e a atração, o sério e o lúdico. No entanto, como pensar a relação amorosa, pelo menos nos seus momentos intensos, sem o laço muito íntimo que a une ao facto de se ser seduzido por uma pessoa? Se a sedução remete para processos de conquista, também significa o estado emocional de uma pessoa atraída por outra. Amar é necessariamente ser seduzido por certas qualidades do outro, que podem ser físicas [46] ou psicológicas, intelectuais ou sexuais. Em muitos aspetos, podemos ver no amor uma das formas da atração que aproxima os seres uns dos outros. Pode-se querer seduzir sem amar, mas como sentir amor sem se ser seduzido de alguma maneira pelo outro?

Não há dúvida de que o amor não se reduz à sedução efémera. E o amor pode dissociar-se do desejo ou da atração física, como acontece com os velhos casais ou no amor que se tem pelo irmão, pela irmã ou pelos pais. Estar sexualmente atraído e estar apaixonado por uma pessoa são, diz-se, duas coisas muito diferentes. No entanto, na maioria dos casos, não é o que acontece, pois o sentimento amoroso não se separa da atração física. Os amorosos agradam-se, estão «encantados», «devoram-se com os olhos»; são mutuamente atraídos e desejam-se. Cada um deles procura destacar-se, agradar ao outro, tocá-lo, seja por palavras, atenções ou gestos. E a atração física é muitas vezes o elemento desencadeador da relação amorosa. Neste sentido, é difícil não encontrar uma componente de sedução no estado amoroso. Amar e ser seduzido estão normalmente juntos. É por isso que o amor nascente pode ser considerado uma das formas do estado de sedução ou de atração interpessoal; a sua forma sentimental.

O laço entre amor e sedução é tão estreito que esta é sugerida como prioridade nos conselhos dados pelos psicólogos e terapeutas para salvar os casais inquietos por verem declinar o sentimento e o desejo. Nas revistas e na Internet, são inúmeros os artigos que oferecem conselhos de sedução para reavivar o fogo do amor e a chama dos primeiros dias: a sedução ou a via real para que o amor e o desejo no casal não desapareçam ([47]). Alterar o quotidiano, surpreender o outro, dedicar-lhe tempo, privilegiar o cumprimento em detrimento da crítica, conservar uma zona de mistério, oferecer presentes, prodigalizar as atenções, exprimir o seu amor, fazer-se desejar, jogar a carta do ciúme, cuidar da aparência física: as «soluções» propostas para reanimar o casal adormecido são diversas e relativamente «clássicas»; são operações de charme, estratégias de sedução. Esta é a ideia dominante: de forma gradual, o laço amoroso afrouxa-se e deixa de se apoiar nas bases fundamentais da sedução; para que dure, são necessários esforços permanentes de conquista e atenção ([48]). Daí a ideia muitas vezes exprimida de que a sedução é uma condição do amor duradouro.

Casamento e imperativo de sedução

A importância da sedução no casamento por amor manifesta-se de diversas maneiras. Em primeiro lugar, na tendência crescente para a igualdade dos cônjuges. Na França tradicional, um quarto dos maridos casava-se com mulheres cinco anos mais velhas e até mais. Esta percentagem caiu para 8 por cento no século XX ([49]). Hoje, é cada vez mais raro ver um homem desposar uma mulher mais velha. Esta tendência secular para a igualdade da idade dos cônjuges é interpretada por Shorter como o sinal do avanço do casamento por amor. Também podemos ver nisto a expressão do peso crescente dos atrativos físicos e da atração na escolha do cônjuge.

Outros fenómenos indicam a importância cada vez maior da sedução. A partir do século XIX, as jovens operárias avaliam com cada vez mais preocupação os seus traços físicos e dedicam mais tempo e dinheiro à sua aparência. E estas discutem entre si as atrações estéticas dos seus pretendentes. Recusam os feios, os reles, os demasiado velhos, mesmo que sejam ricos. Desejam ser seduzidas por um homem jovem e belo, um «rapaz bonito», elegante, bem vestido, que cuida da sua pessoa. A aparência física do homem torna-se o primeiro critério de seleção ([50]).

O referencial da sedução foi ganhando força e legitimidade, ao ponto de se tornar a regra geral das uniões. Doravante, espera-se do cônjuge qualidades que nos tocam e nos agradam. Estas podem variar segundo as pessoas e os géneros, mas, em todos os casos, queremos ser seduzidos antes de nos comprometermos no casamento. O fenómeno é inevitável: quando o casamento por amor se afirma como a norma geral, o papel da sedução torna-se central, os eleitos têm de se agradar mutuamente. Este novo lugar da sedução é excecional: durante milénios, esteve excluída da formação dos casais; atualmente, é pensada como a condição necessária de uma união legítima.

Por isso, nada é mais falso do que diagnosticar o desaparecimento da sedução nas nossas sociedades. Se é verdade que os protocolos da sedução clássica estão a recuar, em contrapartida, nunca a obcessão pela valorização da aparência mobilizou tantas pessoas, nunca o encanto pessoal teve tanta importância na formação dos casais, nunca a sedução teve tantas consequências para a maioria dos indivíduos, pois dirige as uniões e as desuniões dos casais. Com a consagração da norma amorosa e a dinâmica de individualização característica das nossas sociedades, a sedução tornou-se soberana.

É um novo estatuto da sedução em relação à ordem coletiva que se afirma. Por um lado, porque o grupo já não prescreve normas imperativas, as vias da sedução são seguidas num processo estrutural de desinstitucionalização; por isso, é agora apenas um assunto privado. Por outro, funciona como uma nova regra, pois a atração afirma-se como um imperativo subjetivo para a união. Quanto mais desinstitucionalizada, mais está no fulcro das uniões legítimas entre as pessoas. Foi graças a este duplo movimento que a sedução se tornou, propriamente falando, soberana: deve dirigir sem ser dirigida. Quanto menos prescritas são as maneiras de comportamento, mais o «agradar» se impõe como a condição das uniões amorosas. Quanto menos o grupo dita a sua lei à sedução, mais esta é reconhecida como devendo ser a lei subjetiva e intersubjetiva que funda a vida em comum de dois seres. Quanto menos é regulada de fora, mais dirige de dentro as relações privadas.

A sedução soberana e os seus inimigos

Em relação às uniões maritais, o princípio da sedução beneficia de um reconhecimento social quase unânime.

Testemunha disto é a viva indignação que os nossos contemporâneos exprimem face aos casamentos arranjados ou forçados que se realizam no mundo e, por vezes, até nas sociedades liberais ocidentais. O casamento forçado tornou-se sinónimo de barbárie de costumes, incompatível com os ideais da cultura individualista e humanista. Será que, no futuro, estes ideais conseguirão arruinar totalmente os casamentos forçados, fazendo triunfar o etos da sedução soberana em todo o mundo? Após reflexão, este cenário parece o mais provável, uma vez que o processo de modernização das sociedades mina a força das tradições ancestrais e o autoritarismo parental em proveito da soberania de cada um, do reconhecimento dos direitos individuais à liberdade e à igualdade. Neste domínio, a sedução soberana tem o futuro à sua frente.

E nos outros domínios? Ninguém ignora que, atualmente, a sedução soberana é atacada no que diz respeito à aparência feminina, principalmente com a questão do véu islâmico e do burquini. Ainda que a sedução soberana beneficie de uma legitimidade em massa, não deixa de suscitar críticas e rejeições por parte de certas categorias da população, que se opõem ao direito das mulheres de exibirem o seu *sex-appeal*, de destacarem o seu corpo e de disporem livremente da sua aparência. Nada nos diz que estas reprovações desaparecerão num futuro próximo, tanto mais que certas mulheres, mesmo cultas, optam por renunciar aos artifícios da sedução ([51]). Não há dúvida de que a sedução soberana é defendida pela maioria e, neste domínio, os inimigos do liberalismo cultural tornaram-se minoritários; no entanto, não desapareceram das democracias ocidentais, que sofrem as consequências da revitalização do fundamentalismo islâmico.

CAPÍTULO II
Cortejar, flirtar, engatar

As comunidades humanas não se dedicaram apenas a aumentar o poder atrativo dos seres por meio de artifícios e práticas mágicas. Também codificaram com regras variáveis as maneiras de as pessoas se encontrarem, de se frequentarem, de criarem idílios. Desde que as conhecemos, as sociedades humanas nunca deixaram agir a pura espontaneidade dos indivíduos em matéria de manobras de abordagem e de convites sexuais. O mesmo aconteceu em relação aos encontros amorosos e às uniões matrimoniais: em todas as épocas, as sociedades criaram rituais obrigatórios, substituíram o acaso por regras e exerceram controlo sobre as formas de começar uma aventura amorosa.

Ao longo da história, rituais muito diferentes regulamentaram as palavras, os gestos, a temporalidade da abordagem amorosa. O que não impediu que se tenha imposto, de maneira universal, uma divisão estrita dos papéis entre os sexos. Em toda a parte e em todas as épocas, as maneiras de comportamento nas questões amorosas foram divididas em função da oposição masculino/feminino. Os códigos da abordagem, da convivência, da relação de cortejo são sistematicamente divididos segundo o sexo. Neste quadro, cabe geralmente ao homem dar o primeiro passo, ainda que, em certas circunstâncias, algumas formas de iniciativa possam ser reconhecidas às mulheres. A isto acrescentam-se, nas sociedades de poder centralizado, diferenciações ligadas aos grupos e às classes sociais. Os senhores e os plebeus, os camponeses e os citadinos, os burgueses e os operários não obedecem aos mesmos códigos da abordagem amorosa. Desde a Idade Clássica que, nas elites sociais, apareceram formas modernas da relação de cortejo livres dos costumes seculares; mas, no mundo rural, as regras tradicionais não deixaram de reger as ações amorosas, em muitos casos até ao século XIX.

Este ponto é fundamental para a nossa tese: sempre que as comunidades foram organizadas pela ordem da tradição, as coletividades exerceram um controlo estreito sobre a formação dos casais. Os modos de encontro, as manobras de abordagem, as relações entre os rapazes e as raparigas são vigiados, supervisionados pelas famílias e por toda a comunidade. As cerimónias de sedução e as relações de cortejo não são um assunto privado: desenrolam-se sob o olhar de todos e ajustam-se a um molde que ninguém pode escolher.

Estamos agora no oposto exato deste modelo. Transformadas pela dupla revolução do individualismo contemporâneo e, muito recentemente, das tecnologias digitais, as maneiras de estabelecer uma relação e de se mostrar mudaram a uma velocidade fulgurante. No passado, os encontros eram raros, vigiados, ritualizados ao extremo. Agora são livres, fáceis, oferecendo-se quase de forma infinita no ecrã da Internet. Livres do enquadramento das tradições e das convenções sociais, os métodos de abordagem entraram na era da desregulação e do individualismo extremo: tudo está aberto, já quase nada é proibido, todas as audácias podem ter livre curso vinte e quatro horas por dia nas redes dos supermercados de encontros virtuais. Quando as formas de encontro já não obedecem a regras imperativas e podem desenrolar-se sem limite espácio-temporal, afirmam-se o reino da sedução soberana, a época hipermoderna do engate generalizado e descontrolado, hiperbólico e banalizado.

A paisagem contemporânea do encontro amoroso apresenta traços radicalmente novos. No entanto, apesar de constituir uma rutura inegável, o seu surgimento não deixou de ser «preparado» pelas grandes mudanças provocadas pela dinâmica plurissecular da modernidade individualista. Ao fazer desaparecerem todos os obstáculos antigos, acabando com os rituais «clássicos» de convivência e os diferentes dispositivos de controlo coletivo, a nova era de sedução conclui, por novas vias, o processo de destradicionalização da relação social e de individualização dos comportamentos típicos das sociedades modernas. O movimento vem de longe. Se adotarmos uma perspetiva de longa duração, distinguem-se três grandes fases que orquestram a história propriamente moderna da aventura amorosa.

A primeira começa na segunda metade do século XVIII e estende-se até meados do século XX. Durante este longo período, apareceram novos modelos de comportamento que, baseados no amor romântico e no desenvolvimento da pessoa, permitiram que os jovens casais escapassem a certos controlos coletivos, dessem prioridade à livre escolha e à inclinação pessoal em detrimento da submissão às regras comunitárias. Foi também neste ciclo secular, marcado por um «maremoto sentimental» ([1]), que nasceu o flirte, figura nova da relação moderna entre os sexos. Este ciclo constitui o momento *sentimental* da sedução moderna. A segunda fase estabelece-se depois de 1950 e desenvolve-se na sequência do movimento de emancipação dos costumes pós-68. Representa o momento *libertador* da sedução. A terceira afirma-se na viragem do século XXI, impulsionada pela revolução das tecnologias digitais e dos sítios de encontros *online*. É a fase da sedução *ligada*.

Três etapas históricas que provocaram, cada uma ao seu nível, um relaxamento dos espartilhos coletivos, uma individualização crescente das maneiras de estabelecer os contactos íntimos e de se valorizar para agradar. Chegámos ao ponto extremo desta lógica que conclui o sistema da sedução soberana.

FLIRTE E CONVIVÊNCIA MODERNA

Até ao fim do século XIX e, por vezes, até além, nas sociedades camponesas, as relações de cortejo e as maneiras de estabelecer uma relação obedecem a regras tradicionais que variam segundo os costumes locais. Nos campos, os rapazes e as raparigas encontram ocasiões de se encontrarem durante as peregrinações, as feiras, as festas locais religiosas, os bailes, os mercados ou as vigílias de inverno. Noutras ocasiões, são os pais ou intermediários que permitem que os jovens se conheçam. Em certas regiões, grupos de quatro ou cinco rapazes partem em «expedição» para ver as raparigas, também agrupadas em pequeno número. Quer seja nas vigílias, em «aulas noturnas», em bailes ou festas paroquiais, os casais não se podem formar sem a presença de terceiros. Em toda a parte, as relações entre os jovens efetuam-se sob o controlo da comunidade, são observadas, estritamente vigiadas pelos grupos de jovens, pela família e por toda a aldeia. As convivências amorosas fazem-se à vista de todos, revestindo-se de um carácter claramente ritualizado e tradicional ([2]).

No universo burguês do século XIX, os encontros entre jovens efetuam-se sob o olhar dos pais nas festas de família, nos casamentos, nas vendas de caridade, nos bailes ou nos concertos. Também se fazem por intermédio de «casamenteiras», que organizam encontros entre raparigas e rapazes do mesmo meio e da mesma condição social. Quando os jovens se apaixonam, os pais recolhem informações sobre a pessoa amada, sobre os seus rendimentos e as suas opiniões políticas, com as alianças a envolverem menos as pessoas do que as famílias. Para «fazer a corte» com vista ao casamento, o pretendente deve ser aceite pelos pais da jovem. Os encontros dos noivos desenrolam-se sob a vigilância da mãe ou de outra pessoa da família. Os encontros excluem qualquer sinal de familiaridade, as conversas são codificadas e até a correspondência direta é frequentemente interdita. Uma jovem não deve escrever ao noivo nem receber cartas deste sem passarem pela mãe ou pelo pai dela. Os rituais de sedução são discretos, muito reservados e só têm legitimidade no quadro estrito pré-conjugal.

A liberdade moderna de convivência

Um primeiro movimento de relaxamento dos constrangimentos coletivos efetuou-se a partir do século XVIII. Os demógrafos determinaram que, entre 1750 e 1850, as gravidezes pré-conjugais e os nascimentos ilegítimos se multiplicaram tanto nos campos como nas cidades. Segundo Lawrence Stone, em Inglaterra, na segunda metade do século, em certas regiões, mais de 40 por cento dos nascimentos eram concebidos antes da cerimónia do casamento; «quase todas as noivas que não pertenciam à elite social haviam tido relações sexuais com os seus futuros esposos antes do casamento» ([3]).

Para explicar o aumento destas conceções pré-nupciais, Jean-Louis Flandrin avançou vários fenómenos: as mudanças jurídicas, o encerramento dos bordéis municipais, a supressão das antigas liberdades de convívio, o desaparecimento da vigilância tradicional das jovens aldeãs, mas também o desenraizamento das jovens camponesas, que, para procurarem trabalho, tiveram de deixar as suas aldeias e ir para a cidade ([4]). Nos campos e, sobretudo, nas cidades, os modos tradicionais de convívio começaram a diluir-se. O capitalismo, o salariato e o espaço da cidade favoreceram os contactos entre os sexos, autorizaram ligações galantes mais fáceis, alargaram o campo dos encontros amorosos; provocaram o declínio da vigilância dos vizinhos e dos pais.

No século XIX, nas cidades em expansão que oferecem numerosas tentações, as ocasiões para encontros são múltiplas. As pessoas encontram-se nos locais de trabalho, mas também nos parques, nas galerias do *music-hall*, nos pequenos bares, nos jardins públicos, nos bailes populares, nas ruas cheias de gente, onde não é raro os homens abordarem as mulheres, procurando seduzi-las com cumprimentos, arengas e piadas. Livres do peso da comunidade, por vezes movidas pelo desejo de escapar à sua condição, cada vez mais jovens oferecem os seus favores a fim de romperem a sua solidão, de escaparem à monotonia das suas vidas, de beneficiarem de algumas gratificações. Cedem mais facilmente aos avanços sexuais quando estes se acompanham de promessas de casamento.

A partir de finais do século XIX, em Paris e nas regiões mineiras do Norte, os operários e os artesãos consideram que, aos dezoito anos, uma rapariga que ganhe um salário tem o direito de «se divertir» e é autorizada a ir sozinha ao baile. Este relaxamento da vigilância familiar generaliza-se nos anos 30: em todos os meios sociais, nas vésperas da Segunda Guerra Mundial, as raparigas têm o direito de sair sem escolta ([5]). A maioria das famílias tolera que as suas filhas saiam para o baile sozinhas, onde as operárias e as criadas encontram frequentemente os seus maridos. Nesta época, multiplicam-se os bailes e, depois, as danceterias, onde se dança com desconhecidos e que permitem diversificar os encontros, tentar a sorte tendo em vista aventuras mais ou menos furtivas. De forma progressiva, os comportamentos libertam-se das interdições religiosas. O recuo da autoridade eclesiástica, o gosto crescente pelos divertimentos e pela liberdade permitiram que as atividades amorosas se libertassem dos antigos sistemas de vigilância ([6]). O recuo da segregação sexual, o abrandamento dos costumes familiares, a valorização da felicidade das crianças, a legitimidade do casamento por amor fizeram cair em desuso as antigas formas de controlo dos jovens. Doravante, estes são livres de sair com quem quiserem, de conviver, de namorar antes de casar. A época é testemunha de uma primeira vaga de liberalização dos costumes ([7]), de privatização da relação de cortejo.

A *invenção do flirte*

Foi neste contexto, marcado pelo recuo dos constrangimentos coletivos tradicionais, que nasceu o flirte moderno. O termo surge em meados do século XIX nos meios abastados da burguesia e da aristocracia: designa uma «corte ligeira e sem consequência» (Paul Bourget), uma ligação amorosa fugaz com um parceiro que não o futuro cônjuge, uma aventura que não atenta contra a virtude feminina.

O flirte afirma-se como uma relação amorosa na qual os jovens se encontram em toda a liberdade sem a vigilância dos pais ou da coletividade. Neste modelo, que nasce nos países anglo-saxónicos, as raparigas podem sair sozinhas e ser beijadas, acariciadas pelos rapazes que elas escolhem.

Livre da vigilância da escolta ou da mãe, o flirte acompanha-se de novas liberdades, de atitudes e palavras outrora reservadas aos homens. Não há dúvida de que as normas de sedução ligadas aos homens e às mulheres continuam a ser profundamente assimétricas: em particular, é ao rapaz que cabe tomar a iniciativa e nunca o contrário. No entanto, a jovem namoradeira pode permitir-se certos avanços e atrevimentos, brinca com os seus pretendentes, provoca-os e foge deles. Graceja, ri, já não baixa os olhos, faz afirmações de duplo sentido: já não se cola ao modelo da jovem ingénua e apagada. Novo jogo amoroso, o flirte exprime a legitimidade das aventuras sem futuro, o prazer fugaz de agradar sem compromisso nem implicação sentimental ([8]). Revela, paralelamente ao desenvolvimento das ligações pré-nupciais, um movimento de emancipação moderna dos corpos e dos espíritos em relação aos valores tradicionais e aos antigos sistemas de vigilância.

Ainda que o flirte tenha aparecido nos estratos superiores da sociedade, deve ser pensado menos como um facto de classe do que como um fenómeno de essência moderna democrática, isto porque implica o reconhecimento de um certo direito à liberdade individual às custas dos enquadramentos coletivos. Já nada tem que ver com a sujeição à tradição e às regras comunitárias: a época do flirte é inseparável da liberdade de palavras, da liberdade de aparência e de movimento, de gesto e de convivência. O flirte não é o resultado mecânico de novas condições materiais e sociais: a cidade, os transatlânticos, as estâncias balneares, os casinos, as termas, os hotéis de «grande estilo» e a multiplicação dos bailes contribuíram certamente para eliminar a vigilância pelos pais, autorizar audácias, encontros e ligações passageiras, mas não podem explicar por si mesmos o novo código de conduta amorosa, que se impôs apenas sobre o fundo do enfraquecimento do poder da Igreja sobre as mentalidades e de uma moral sexual que se tornou progressivamente mais indulgente. Nesta perspetiva, o flirte é um fenómeno que faz parte de um conjunto maior onde figuram, entre outras coisas, o crescimento das relações pré-nupciais e dos casamentos por amor, uma maior tolerância a respeito das «falhas» femininas, das modas mais provocantes (vestido curto, maquilhagem...), das danças mais sensuais (tango): são fenómenos que ilustram a progressão de uma moral menos austera e o desmoronamento do sistema de valores tradicionais e das normas religiosas.

Não há dúvida de que esta dinâmica de libertação está longe de ser total, pois o flirte da época exclui a liberdade sexual das mulheres. Enquanto domina a desigualdade da moral dupla, as mulheres não podem exprimir livremente o seu desejo. Mas a dinâmica de emancipação em relação às normas tradicionais e puritanas não é menos real. É por isso que se pode falar, a respeito do flirte, de uma primeira etapa de emancipação das jovens e das mulheres em relação às restrições familiares e à moral religiosa, de uma individualização limitada do jogo da sedução e da relação com o sexo oposto. É uma das expressões da primeira revolução individualista democrática.

Jogo de desejo sem futuro com o único prazer de agradar, o flirte exclui a relação sexual, que continua a ser tabu antes do casamento. No entanto, isto não elimina certos prazeres sensuais, o beijo íntimo, as carícias, os toques. De tal maneira que os moralistas da Bela Época acusam a jovem namoradeira de já não ser pura, de ser apenas uma «semivirgem» (Marcel Prévost). Deste modo, o flirte é visto como um dispositivo de transição entre o ideal da pomba branca e o modelo da mulher emancipada, um elo intermédio entre moralismo dos costumes e liberalismo sexual, uma formação de compromisso que combina castidade e sensualidade, audácia e conservação das interdições, distância e aproximação, pudor e expressão do desejo.

Nascido nas últimas décadas do século XIX, o flirte generaliza-se nos anos 30: o beijo na boca, outrora reservado às elites sociais, populariza-se e é praticado por metade das gerações nascidas após a Primeira Guerra Mundial ([9]). As críticas que lhe são dirigidas pelos moralistas da Bela Época perdem o seu impacto: livre das imagens de perversidade e de perigo, o flirte torna-se um jogo amoroso dotado de uma legitimidade de massas, largamente tolerado pelos pais na condição de que os beijos e as carícias se mantenham castos. Se as pessoas se gostam, já nada interdita desfrutar dos prazeres do flirte. Como é um comportamento livremente escolhido pelos parceiros, o flirte surge como o resultado feliz de uma sedução recíproca. Os ideais democráticos de liberdade individual, o enfraquecimento da moral religiosa e as imagens do cinema possibilitaram a desdramatização deste jogo moderno da sedução amorosa.

Banalizado, o código do flirte, inicialmente burguês, difunde-se por todos os meios sociais, eliminando a grande diversidade que outrora reinava nos modelos de sedução. Em vez das práticas fortemente diferenciadas em função das regiões e das classes sociais, surge um código unificado de convívio moderno. O flirte é um fenómeno moderno porque combina a liberdade dos agentes, a desqualificação da diversidade folclórica e a prática homogénea, universal, do jogo amoroso.

No mundo rural, os rituais um pouco rudes do encontro amoroso tradicional ([10]) são rejeitados pelas exigências femininas de maneiras mais refinadas, de atenções, de delicadeza, de romance, de palavras doces. As aldeãs, tal como as citadinas, querem ser seduzidas, «acariciadas e já não sacudidas» ([11]). Ser seduzidas e seduzir também, cuidando das suas pessoas, dando mais atenção ao aspeto, tentando mostrar-se belas e elegantes. Nos campos, os costumes folclóricos são abandonados em proveito dos modelos urbanos; as mulheres casadas vestem-se como as solteiras. Após a Primeira Guerra Mundial, a moda adquire uma conotação emancipadora (saias curtas, decotes, cabelo curto, elegância). A frequência do salão de cabeleireiro difunde-se, tal como a maquilhagem vistosa e a pintura do cabelo. Com a difusão social do flirte e das novas liberdades, a sedução adquiriu maior importância nas expectativas e nos comportamentos de todos os meios sociais.

A rutura com a tradição do controlo pelos mais velhos também se manifesta, nos Estados Unidos, nos anos 20, no *dating system*, que consiste na marcação de encontros por jovens, sem escolta, em certos espaços públicos. Esta nova forma de contacto entre os sexos não é um sinal de comprometimento e não tem o objetivo de estabelecer uma relação estável ou uma união marital. Trata-se apenas de se distraírem sem formalismos e sem compromissos a longo prazo, de viverem relações de maneira frívola, sem seriedade, de dar satisfação ao desejo de agradar. Neste sistema, as raparigas que têm muitos encontros tornam-se populares porque têm sucesso entre os rapazes. As raparigas e os rapazes são valorizados pela multiplicidade dos seus parceiros. A lógica de sedução conjuga-se com a quantidade e com uma lógica de consumo aplicada aos parceiros. O *dating* acompanha-se de flirtes, de carícias livremente consentidas pelas raparigas: ilustra o novo reconhecimento de que beneficia a sedução sem compromisso, a erosão dos constrangimentos tradicionais que se exerciam sobre as raparigas, a nova liberdade dos jovens em matéria de relações entre raparigas e rapazes ([12]).

A SEDUÇÃO ANTICONVENCIONAL

A primeira fase da sedução moderna termina com a Segunda Guerra Mundial. A partir dos anos 50, começa o segundo momento da aventura amorosa moderna: é na mesma época que, em França, aparece o «engate», que substitui cada vez mais o «flirte» e a «sedução». Engatar, como sabemos, é «aliciar», abordar mulheres desconhecidas na rua ou na praia tendo em vista aventuras sem compromisso. Por isso, esta prática é reivindicada pelos homens, e muito raramente pelas mulheres: só os homens «engatam» propriamente falando. No entanto, se o engate é um termo que remete para o feminino, implica, porém, novas atitudes, novos códigos, novos valores que dizem respeito tanto aos homens como às mulheres.

O *engate*

A nova época assiste ao aparecimento ou à multiplicação de novos lugares — festas-surpresa, clubes noturnos, Club Méditerranée — que oferecem a possibilidade de se libertar das convenções antigas, de estabelecer relações mais diretas do que as permitidas pelos bailes burgueses ou populares.

Na festa-surpresa, nascida no período entre as guerras e que se difundiu bastante nos anos 50 e 60, tudo é feito para facilitar um flirte ao abrigo do olhar da sociedade e dos adultos, mas também livre dos rituais preparados. Agora, são os próprios jovens que organizam as suas festas, convidam os amigos e escolhem a sua música. Já não há necessidade de ter sido «apresentado» e de se mostrar bom falador, de respeitar as conveniências: trocam apenas algumas palavras, dançam *cheek to cheek* ao som de melodias lânguidas, beijam-se em ambientes de luzes baixas: o tempo de um *slow* basta para começar um flirte. Surge um novo universo de sedução, que funciona num tempo rápido, de maneira descomplexada e informal. Com as festas-surpresa, os parceiros do flirte multiplicam-se, por vezes até durante uma mesma noite. Já não são apenas os rapazes que se ufanam das suas aventuras; algumas raparigas contabilizam os seus flirtes e narram os seus sucessos às suas amigas. As raparigas colecionam os seus troféus e os rapazes engatam sem palavras românticas. Emancipada da cultura sentimental, a sedução é aqui visual, imediata, livre da arte da conversação.

Os aldeamentos do Club Méditerranée que nascem nos anos 50 também permitem facilitar os encontros ao abolirem, no período de férias, as barreiras do dinheiro, das classes sociais e das convenções «burguesas». Roupa de praia para todos, tratamento por tu, mesa comum, noite estudantil, o Club Med instaura o reino da convivialidade, do estilo descontraído e «divertido» nas relações interpessoais, incluindo entre homens e mulheres. Portador de uma imagem de liberdade individual, o Club apresenta-se como uma utopia realizada, o lugar ideal não só para fazer desporto e relaxar, mas também para engatar, ter encontros fáceis, livres do espartilho das conveniências e das cerimónias mundanas. Os rituais pesados da corte são banidos em proveito dos contactos «simples» e divertidos. São eliminados a roupa de domingo, os códigos da elegância, as promessas e as declarações de amor: começa o reinado democrático da sedução imediata, do engate espontâneo e relaxado. Um pouco mais tarde, o filme *Les Bronzés* (1978) popularizou esta reputação do Club como lugar povoado de engatadores *cool*, mais ou menos bem-sucedidos.

O recuo da corte clássica e dos papéis que prescreve acentuou-se na sequência da contracultura dos anos 60.

Nas discotecas, os homens já não convidam as raparigas para dançar; estas já não têm que ficar especadas à espera do convite masculino, todos podem fazer o que quiserem, ser autónomos. Os seios nus exibem-se nas praias como sinal de liberdade feminina e de consagração hedonista. Num clima emancipacionista dominado pela rejeição do conformismo burguês, os protocolos clássicos da sedução são derrubados e perdem o seu poder diretivo; os ramos de flores do pretendente, as roupas de domingo, o ritmo lento e progressivo da corte, todos estes rituais caem em desuso e tornam-se vagamente ridículos. Até os cumprimentos tradicionais são vistos como «quadrados», provocando mais o riso das mulheres do que a sua satisfação narcísica.

Doravante, nada é pior do que as formas presas e obrigatórias, as regras despersonalizantes que ofendem a individualidade singular: a sedução «nova vaga» exclui o que é convencional, cerimonial, compassado. A época assiste à afirmação de um engate pós-convencional que corresponde ao aumento das reivindicações de independência dos atores, bem como ao culto da espontaneidade do desejo e da autenticidade subjetiva. Figura da sedução soberana, o engate é uma das expressões do forte impulso de individualização das aspirações, da vida privada e dos costumes.

Ainda que, durante a primeira modernidade, exista um recuo da influência do coletivo sobre os comportamentos individuais, a moral prescreve às mulheres que resistam aos avanços que lhes são feitos e que não se atirem para os braços dos homens que lhes agradam só por lhes agradarem. Quando muito, a ausência de resistência feminina beneficia de uma certa tolerância quando a mulher se entrega em nome do amor. No entanto, conceder os seus favores sem amor, apenas pelo prazer, ainda é condenado nos anos 50. Precisamente, as sociedades liberais contemporâneas emanciparam-se tanto deste moralismo como do próprio referencial amoroso. Doravante, já nada impede que uma mulher se entregue a quem lhe agrada no momento por ela decidido: o sentimento amoroso já não é necessário para «desculpar» o ato de carne. Cada um pode fazer o que quiser em função da força de atração sentida. Já nenhum princípio moral ou religioso pode contrariar a força atrativa que aproxima os indivíduos uns dos outros: a sedução pode dominar de forma exclusiva. Livre da sujeição aos princípios morais, impõe-se como uma experiência soberana, capaz de exercer plenos poderes sobre os comportamentos individuais. Sem obrigação nem sanção moral, o poder de atração reina como majestade.

A relação com as minorias sexuais também ilustra o advento da sedução soberana. Até aos anos 60, só as relações de sedução entre os homens e as mulheres têm direito de cidade. Esta época acabou: estamos no momento em que se afirma o direito de seduzir quem quisermos, com a única exceção das crianças e dos alunos. As minorias sexuais já não sofrem ostracismo, exibindo-se abertamente nas grandes cidades ocidentais. Multiplicam-se os bares, as ruas, os clubes noturnos onde os homossexuais e as lésbicas se encontram em busca de ligações amorosas. São inúmeros os sítios *online* de encontros para homossexuais e lésbicas: existem agora tantos *sites* para homossexuais quanto para heterossexuais. A sedução entre pessoas do mesmo sexo deixou de ser reprovada. Engatar um sexo ou o outro, tentar agradar em quase todas as idades: o que há de mais normal hoje em dia? A época da sedução soberana é aquela em que o engate é livre de se exercer quase sem limites, sejam de idade ou de identidade sexual.

São transformações que exemplificam a desinstitucionalização, a desregulação e a hiperindividualização do domínio da sedução. Um processo que, aliás, é semelhante ao que funciona noutras esferas, como a religião, a família ou a alimentação. Sob o impulso dos valores individualistas e hedonistas, a sedução libertou-se das regras formalistas e das injunções morais, já nenhuma norma fixa imperativamente as maneiras de fazer e de aparecer, de dizer e de reagir: cabe aos indivíduos escolherem as regras que entenderem seguir e comportarem-se como quiserem. Por causa do esgotamento da influência das normas coletivas sobre os comportamentos privados, os efeitos da atração erótica podem ir até ao seu máximo sem provocarem reprovação nem culpabilidade: conquistámos o direito de sucumbir à tentação. A sedução já não está sob tutela e reina como soberana.

Com a desqualificação dos rituais convencionais e dos modelos padronizados, surge um novo imaginário de sedução baseado na valorização da singularidade dos sujeitos. Enquanto se desvalorizam os rituais impessoais da corte, afirmam-se a valorização da identidade singular das pessoas, a individualidade pura, como primeiro trunfo de sedução. As manobras inflamadas e as encenações de auto-ostentação são repudiadas: para agradar, asseguram os «especialistas», é preciso «ser autêntico», não «fazer demasiado», ser natural, exprimir a sua verdadeira personalidade. Já não se trata de se ilustrar em jogos de papéis complexos, anónimos e mistificadores: basta ser si próprio na sua verdade subjetiva particular. O encanto da singularidade individual é a melhor arma de sedução, e não os estratagemas que visam destacar artificialmente e que criam uma imagem falsa de si mesmo. A época da sedução soberana quer-se hipersubjetiva, pela glória da individualidade singular e «verdadeira».

A ironia é que esta regra mínima da sedução acompanha-se de um dilúvio de ofertas cosméticas, mas também de conselhos e técnicas para que as tentativas sejam coroadas de sucesso. Os artigos de imprensa sublinham-no: ser si próprio é conquistar «a audácia de ser si próprio», adquirir a confiança na sua capacidade de seduzir. A nossa época é assim testemunha de uma vaga de guias, manuais, conselhos técnicos de sedução e, agora, de treinadores para «se tornar si próprio». Ainda que, desde Ovídio, este género tenha uma longa história, manifesta-se agora de forma pletórica: às edições de manuais que, dantes, se dirigiam à elite social, sucedem as cascatas de conselhos cosméticos e estéticos, as avalanchas de pequenas técnicas práticas lidas por milhões de internautas. Enquanto as regras convencionais se tornam caducas, surge uma abundância infinita de técnicas psicológicas e estéticas que vêm responder às inquietações crescentes relativas a si próprio e às exigências de desempenho pessoal. Quanto mais se impõe a regra «natural» de ser si próprio, mais se multiplicam os profissionais e os conselhos para consegui-lo.

O HIPERMERCADO DA SEDUÇÃO

Na viragem do milénio, surgiu um terceiro momento da história da sedução moderna, desta vez impulsionado não por uma dinâmica cultural, mas pela combinação de uma tecnologia, o digital, e do mercado que multiplica os sítios de encontros na Internet. No entanto, este novo ciclo não constitui uma rutura com a fase anterior, pois a lógica *cool* do engate apenas se exacerba ao beneficiar de dispositivos que oferecem mais facilidade de contactos e maior velocidade nas interações. Reformatado pelo reino da liberalização extrema, da desregulação digital e consumista, o encontro amoroso entrou na era do *hiper*. Este momento representa a última etapa do processo de individualização da sedução.

A *explosão dos sites de encontros*

Até recentemente, o recurso às agências ou aos sítios especializados para conseguir encontros amorosos tinha um carácter vagamente vergonhoso. Associava-se este modo de ação aos falhados incapazes de encontrar um parceiro no mundo real. Esta época já pertence ao passado, pois a navegação nas redes passou a constituir uma parte muito importante dos nossos hábitos. A maioria das pessoas aceita a ideia de ter encontros na Internet, ainda que não espere encontrar aí o grande amor. As antigas reticências caíram, recomenda-se o seu uso aos amigos, fala-se sem pudor das vantagens e dos inconvenientes desta ou daquela aplicação dedicada ao engate. Segundo um estudo realizado em 2012 pelo Ifop, 40 por cento das pessoas questionadas declaravam-se dispostas a utilizar um *site* deste género em caso de celibato.

Aos espaços clássicos do encontro amoroso (local de trabalho, círculo de amigos), acrescentam-se agora os sítios de encontros *online* frequentados cada vez mais por nossos contemporâneos, de todas as idades e de todas as condições sociais. Atualmente, um em cada três solteiros subscreve ou subscreveu um destes *sites*; uma em cada três histórias amorosas terá começado na Internet e um em cada dois franceses estabeleceu uma relação na Internet. Segundo um estudo realizado em 2012 pelo Ifop, 25 por cento dos internautas declaram estar ou ter estado inscritos num sítio de encontros *online*. Nos Estados Unidos, um estudo mostrou que 35 por cento dos casais casados entre 2005 e 2012 conheceram-se por intermédio da Internet. Certos estudos estimam que cerca de 70 por cento dos jovens dos 18 aos 30 anos têm ou tiveram um perfil pelo menos num sítio de encontros.

O facto é que as pessoas procuram cada vez mais encontrar-se por meio do ecrã. Agora, os adolescentes, os idosos, os solteiros, as pessoas casadas, os homossexuais e as lésbicas ligam-se a estes *sites* por vezes durante alguns minutos, por vezes durante horas. Potencialmente, o engate envolve toda a gente, qualquer pessoa pode engatar ou ser engatada. O flirte virtual tornou-se uma prática banal, que responde às motivações mais variadas: alguns procuram «sexo simples», uma aventura de uma noite; outros buscam uma relação sentimental, séria e estável; outros ainda inscrevem-se sem uma finalidade precisa, para se distraírem, para matarem o tempo ou para se certificarem do seu poder de sedução.

Ao mesmo tempo, assistimos a uma expansão formidável deste mercado. Até então, a importância comercial desta esfera era muito limitada. Mas já não é assim. Com um volume de negócios de 16,1 milhões de euros em 2012, o *site* AdopteUnMec teve um crescimento de 237 por cento entre 2007 e 2013. Numa campanha de comunicação lançada em 2015, o «supermercado de encontros» reivindicou 10 milhões de franceses inscritos no seu *site*. Em 2014, havia mais de 2500 *sites* de encontros em França, que geravam um volume de negócios de 200 milhões de euros. A nossa época assiste à extensão do domínio comercial do engate. Entrámos na época hipermoderna da indústria da sedução.

Engate máximo, ritual mínimo

Com o universo da Internet e das aplicações móveis, surge uma nova ferramenta, uma nova maneira de ter encontros, novas formas de engatar.

Com o digital, difunde-se um modo de encontro radicalmente inédito, em que o contacto se estabelece com desconhecidos. A influência da sedução já não começa numa interação física, mas numa conversa virtual com pessoas desconhecidas: a relação virtual precede o encontro cara a cara. Pela primeira vez, as operações de charme (atrair a atenção com um perfil digital otimizado, escolher uma boa fotografia, apresentar-se com humor e originalidade) efetuam-se antes de os indivíduos se conhecerem e se encontrarem «na realidade».

Assim, o internauta pode permitir-se audácias dificilmente realizáveis na «vida real». É a época do tele-engate para todos, aberto aos tímidos, aos orgulhosos, a todos aqueles que a experiência da rejeição e do vexame impedia que se lançassem nas operações de abordagem. O sucesso maciço da sedução *online* é inseparável do conforto psicológico providenciado pelo uso do pseudónimo, pelo anonimato, pela ausência face a face corporal que a Internet possibilita.

No passado, os encontros eram relativamente raros, difíceis e de concretização lenta: graças à ferramenta digital, tornam-se fáceis, rápidos, oferecidos em grande número. Funcionando vinte e quatro horas por dia, os sítios de Internet permitem engatar de forma contínua, em qualquer altura e em qualquer local, iniciar relações, entrar imediatamente em contacto com uma multidão de homens e mulheres, estar conectado simultaneamente a várias pessoas e, assim, acelerar as oportunidades de encontro. Após a época do engate de rua e das suas operações de abordagem por vezes «arriscadas», estamos na época do engate virtual, «confortável», de altíssimo desempenho para arranjar encontros em cascata. Engatar sem se deslocar, por meio de um ecrã, obter um máximo de contactos, «correspondências» e encontros, encontrar um máximo de membros próximos da nossa posição geográfica, rentabilizar ao máximo o tempo: é a época do engate máximo, que está em fase com o culto da eficácia técnica, da velocidade, da imediatidade. Engate máximo, ritual mínimo.

Os sítios de Internet fazem sonhar e, ao mesmo tempo, abrem a possibilidade de acelerar as hipóteses de conhecer alguém. Hoje em dia, esperar passivamente a oportunidade de um encontro «ao fundo da rua», confiar no acaso, está cada vez menos em fase com a cultura individualista da hiperescolha e do prazer imediato. Para o indivíduo contemporâneo, a vida parece demasiado curta para deixá-la nas mãos do acaso. Ao multiplicarem «a programação de acasos» (Catherine Lejealle), os sítios de encontros *online* respondem à exigência hipermoderna de satisfação imediata, à nossa recusa de resignação face ao «destino». São fenómenos que explicam o gosto pelos meios *online*.

Ciberengate e consumismo

O sucesso dos sítios de encontros *online* também se deve ao facto de terem conseguido transformar a sedução numa atividade de tipo consumista, em que todos, homens ou mulheres, escapam ao peso dos rituais convencionais. O *site* AdopteUnMec.com quebrou os códigos tradicionais da sedução ao permitir que as mulheres escolham um parceiro em vez de esperarem ser escolhidas. Os homens só se podem dirigir às mulheres que já os «marcaram» e os colocaram no seu carrinho de compras virtual. Definindo-se como o «supermercado de encontros onde as mulheres fazem bons negócios»[*], o *site* dirige-se às mulheres enquanto «clientes» desculpabilizadas que, ao fazerem as suas «compras», podem encontrar bons negócios entre os «produtos regionais», as «ofertas em destaque», as «liquidações de *stock*», as «promoções do dia».

---

[*] No original, «...*où les femmes font des bonnes affaires*». [N. do T.]

Surfando a onda consumista do encontro, as novas aplicações como o Happn ou o Tinder, o Grindr ou o Blendr exploram a geolocalização dos internautas, permitindo pôr em contacto as pessoas que se situam nas proximidades. Graças ao encontro geolocalizado no *smartphone*, assinala-se um «caso» como se assinala um bom restaurante ou uma loja ao fundo da rua. O objetivo é reduzir o tempo passado em frente do ecrã, favorecer os encontros rápidos, pois os indivíduos estão geograficamente próximos. Depois de algumas mensagens, as pessoas encontram-se logo a seguir graças à proximidade física. O engatador hipermoderno já não é o homem que sabe esperar; assemelha-se ao consumidor-rei que compra o que quer quando quer, ao hiperconsumidor impaciente que, já não suportando os tempos de espera, deseja entregas expresso e comprar com um clique. Até o universo da sedução, outrora intimamente ligado à arte da lentidão, foi agora remodelado pela lógica da urgência consumista, pelas tecnologias da aceleração do mundo, da vida e do tempo.

As novas aplicações dos *smartphones* introduziram no universo da sedução a dimensão lúdica, rápida, «fácil», consubstancial à cultural consumista. Acabou a corte sofisticada e até as fichas de informações dos antigos sítios de encontros: as pessoas determinam-se exclusivamente a partir das fotografias que desfilam no ecrã. É o tempo do papel predominante da aparência física, da simplicidade dos «gostos», do divertimento da triagem pelo simples deslizamento do dedo (Tinder). Aqui, a sedução perde o seu antigo carácter sério: resta apenas uma atividade lúdica, por vezes mobilizada não para ter encontros reais, mas apenas para distrair, verificar o seu poder de sedução, tranquilizar-se narcisicamente, «encher» o ego. No espaço do encontro amoroso, Don Juan é destronado por Narciso, hiperconsumidor de si próprio.

Também é uma prática hiperconsumista, na medida em que a Internet vê generalizarem-se as práticas de *zapping* relacional, o engate-*surfing*. Protegido pelo ecrã e pelo anonimato de um pseudónimo, o indivíduo tem grande facilidade de interromper um contacto sem dar qualquer justificação, de passar para outro qualquer só porque sim ou por julgar que pode encontrar melhor através de um simples clique. Todos tendem a pensar que o próximo perfil será mais satisfatório, que estão a passar ao lado de uma aventura mais entusiasmante. Se a arte clássica de agradar se confundia com o encanto das maneiras e da linguagem, a atitude digital acompanha-se da indelicadeza dos desligamentos brutais e das práticas do «descartável» favorecidas pelo grande número de oportunidades oferecidas e pelo sentimento de impunidade conferido pelo pseudónimo. Após o *zapping* televisivo, conhecemos o *zapping* de engate, figura do etos consumista aplicado ao universo dos encontros. Na era das redes, a sedução mergulhou na era da instantaneidade, da hipermobilidade das massas.

O mesmo acontece com o sexo, como se diz hoje com frequência. Com efeito, muitas jovens multiplicam os amantes passageiros e as «relações de uma noite». No AdopteUnMec, os homens são apresentados como produtos de consumo e as «clientes» verificam nos seus perfis os seus desejos de contrato de duração indeterminada, de contrato de duração certa ou de provisório, segundo uma lógica de consumo *à la carte*. No entanto, a ideia de semelhança entre vida sexual e consumismo depressa encontra os seus limites. Isto porque os homens e as mulheres envolvem-se frequentemente de forma emocional e intensa nas suas relações erótico-amorosas, o que é testemunhado pelas desilusões, depressões e sentimentos de vazio que acompanham as separações dos casais. De facto, as relações sexuais só muito ocasionalmente se assemelham ao *zapping* do consumidor nómada: o universo do sexo não se alinhou na cultura consumista tanto quanto o do engate virtual.

Assim, não há dúvida de que o cibermundo contribui para difundir uma forma de donjuanismo. Por ser um libertino aristocrata e transgressor, Don Juan não era menos uma espécie de hiperconsumidor obcecado com a posse efémera e inconstante de novos «objetos». Don Juan ou a primeira figura, antes do tempo, do hiperconsumidor compulsivo, sem limites nem barreiras, espécie de viciado na «marca mulher», incapaz de parar de encadear conquista após conquista. Muitos engatadores da Internet têm agora a possibilidade de se assemelhar tanto a Don Juan como ao neoconsumidor volátil que corre incessantemente de uma tentação para outra.

Mas a analogia termina aqui. Isto porque Don Juan é um sedutor que adora a dificuldade da caça, que aprecia o prazer «de ver diariamente os pequenos progressos..., de forçar passo a passo todas as pequenas resistências que ela [a jovem] opõe... e de levá-la docemente onde queremos levá-la» (*Don Juan*, ato I, cena 2). Don Juan é um esteta da conquista amorosa. O mesmo não acontece com o engatador virtual, que deseja obter a vitória sem forma, sem esforço, o mais depressa possível. Ao contrário de Don Juan, o engatador 2.0 é um hiperconsumidor destilado e impaciente que, se não tiver sucesso imediato, vai procurar noutro lado. Para quê perder tempo? O charme tem de funcionar tão depressa como quando compramos um produto *online* com um simples clique. Tal como os neoconsumidores optimizadores, os don Juans hipermodernos são adeptos de um engate eficaz, racionalizado e performativo. Economia de tempo e de esforço, hiperescolha, *zapping*, «compras» comparativas: o engate *online* mais não é do que o comportamento hiperconsumista transferido para o domínio do *dating*.

Sob a revolução das redes, a continuidade

Não há nada de misterioso no sucesso formidável dos novos sítios *online* de encontros. Se fazem furor é porque se apresentam como um espaço encantado no qual as possibilidades de encontros são quase ilimitadas, rápidas e fáceis. Neste harém virtual, tudo se oferece em sobreabundância: promessas de prazer imediato, perfis disponíveis, sorrisos charmosos, belezas sedutoras, «flashs» várias vezes ao dia. Podemos encontrar aí a alma gémea ou o parceiro de uma noite. O sítio de encontros é o paraíso da exuberância das possibilidades e da aventura infinita.

Um universo «maravilhoso» que, ao mesmo tempo, pode ser uma máquina produtora de dependência. Certos indivíduos já não conseguem afastar-se do ecrã, passam noite e dia a conversar em *chats*, consultam permanentemente as suas caixas de correio eletrónico atentos a novos contactos, criam várias contas em *sites* diferentes. Porquê limitar-se a um único *site*, quando dezenas de outros multiplicam as hipóteses de encontros? Porquê fixar-se numa só pessoa, quando, na rede, existe permanentemente uma multidão de outras parceiras ainda mais atraentes, «melhores»? Todos estes contactos, todos estes perfis viciam o indivíduo, como o jogador que joga incessantemente à espera que lhe saia o número vencedor e a grande lotaria. É um vício criado pela multiplicação do campo das possibilidades, por uma oferta tentadora vertiginosa.

Se a sedução na Internet produz dependência, cria ainda mais desilusão. Este é até, segundo Eva Illouz, o principal problema referido pelos visitantes dos *sites* ([13]). Se a Internet favorece a banalização do encontro amoroso, também é um amplificador emocional graças a uma comunicação que assenta exclusivamente na palavra e na imaginação. Com os *e-mails* e os *chats*, as relações carregam-se de intensidade erótica, fantasias, projeções, idealizações mais ou menos românticas. Uma «cristalização» que, em muitos casos, é posta em causa no momento em que se produz o encontro em carne e osso. Ao aumentar a distância entre as expectativas e a experiência real, o reino da sedução soberana na Internet funciona como um instrumento de insatisfação, de desilusão e deceção repetidas.

Além disso, a ferramenta digital não conseguiu abolir as velhas «leis» da sedução segundo as quais alguns agradam mais do que outros. A desigualdade sedutora entre os seres não caducou. Como escreve Michel Houellebecq: «Num sistema sexual perfeitamente liberal, alguns têm uma existência erótica variada e excitante; outros estão reduzidos à masturbação e à solidão...» ([14]). Com toda a sua magia, a Internet não eliminou as desvantagens da velhice, da feiura, da pobreza. Os mais belos têm mais sucesso do que os outros; os homens ricos ou famosos também. Se diante do ecrã tudo é possível, a realidade é mais cruel, que assiste à multiplicação das rejeições de si próprio, das solidões, do sentimento da dificuldade de ser seduzido ou de seduzir.

A verdade é esta: a sedução continua a operar principalmente «entre si», as pessoas continuam a casar-se na mesma categoria social. Na Internet, multiplicam-se os *sites* de encontros de comunidades religiosas, que permitem que as pessoas de uma mesma confissão se encontrem e se casem. Hoje, como ontem, «quem se assemelha junta-se», a escolha do cônjuge continua ligada à posição social, os casais vêm do mesmo meio, as pessoas casam com os seus semelhantes: a abertura do campo de possibilidades só reduziu ligeiramente a tendência de fundo para a homogamia. Sob a revolução das redes, «o velho mundo não disse a sua última palavra» ([15]).

Os novos sítios de encontros revolucionaram o domínio da sedução ao ponto, dizem alguns, de serem capazes de impor a igualdade dos sexos em matéria de engate. Na Internet, florescem novas amazonas que tomam a iniciativa do encontro, mostram-se empreendedoras, audazes e tão ativas quanto os homens. Por muito inegável que seja, o facto está longe de se impor como lei geral. Nas redes, não é raro ver raparigas «libertinas» serem tratadas como «ninfomaníacas» e «putas» ([16]). Aquilo que é valorizador para um homem continua, por vezes, a ser julgado severamente para uma mulher. Na maioria dos casos, as mulheres esperam que seja o homem a enviar a primeira mensagem. Nos *sites*, são mais os homens do que as mulheres «à procura»: de tal maneira que a inscrição das mulheres é geralmente gratuita, ao contrário da dos homens. No mundo real, no bar, no restaurante, no hotel, muitos ritos assimétricos ligados aos géneros continuam a orientar o universo do engate. Em matéria de expectativas, a assimetria dos géneros é igualmente acentuada. Nos *sites*, tal como na vida «real», as mulheres, mais do que os homens, procuram um encontro «sério», uma relação amorosa, sincera e romântica. Os homens, mais do que as mulheres, dissociam sexo e sentimento, exprimem o desejo de «sexo simples», de aventuras rápidas, de encontros sem compromisso para um momento de prazer ([17]). A hipermodernidade digital não fez tábua rasa do passado milenar da disjunção dos papéis e das normas sexuadas: os códigos desiguais da sedução resistem vitoriosamente aos avanços igualitários da revolução da Internet.

CAPÍTULO III
Do gesto à fala

Modo específico de comunicação interpessoal, o ato de sedução assenta em normas sociais que permitem que os diferentes sinais emitidos sejam lidos e decifrados. Os rituais de sedução podem ser verbais ou não verbais (olhares, presentes, danças, maquilhagem, adornos...) e, em muitos casos, combinam estes dois registos de comunicação. No entanto, ao longo da história, as culturas não privilegiaram da mesma maneira os atos de fala e as atitudes gestuais: ainda que estas modalidades estejam universalmente presentes, a sua importância e o seu «peso» respetivos não são iguais em todas épocas e em todas as civilizações.

Esta questão é fundamental: permite apreender aquilo que mudou radicalmente ao longo da história milenar da sedução e, mais exatamente, aquilo que nos separa dos tempos pré-modernos da corte amorosa. Com efeito, o que caracteriza, a longo prazo, a história da sedução é a passagem do predomínio do gesto para o predomínio do discurso, e mais especificamente do discurso sentimental. Esta inversão de prevalência no modo de estruturação simbólica da sedução resume a linha central de transformação da sua história multimilenar.

É com o século XVII e o advento da cultura galante que esta grande inversão tem o seu primeiro grande desenvolvimento. A partir da Idade Clássica, conversar com espírito e graça, saber falar de amor, encontrar as palavras que tocam o coração tornaram-se sinónimos da arte de agradar, da «bela galantaria». Encantar passa por palavras ternurentas e doces, conversas íntimas, cumprimentos galantes, uma retórica epistolar rebuscada. Doravante, a vantagem está do lado do «bom falante», que sabe dirigir galanteios. É uma estética do discurso que, ao exigir delicadeza e refinamento do sentimento, exclui a pressa e a precipitação: trata-se de fazer fletir, vencer a resistência feminina, dando provas de persuasão e de paciência. A sedução dos Modernos manifesta-se por uma coreografia marcada por um ritmo lento. Os homens declaram o seu amor, as mulheres resistem: é em torno do par galantaria/coqueteria que se constrói a sedução da Idade Clássica.

Daí as questões levantadas pela nossa época dominada pela hiperaceleração dos contactos e das ações amorosas. O que são os valores galantes na época democrática dos *sms*, do *speed dating*, da pornografia, do *rap*, da sexualidade livre? O que resta dos protocolos clássicos da sedução numa sociedade que comprime o tempo em todos os domínios, que privilegia a imediatidade, a satisfação rápida e sem limites?

NO PRINCÍPIO ERA O GESTO

Durante milénios, no domínio da corte amorosa, os discursos sentimentais eram raros, as formas utilizadas eram rituais e estereotipadas. Era principalmente pela linguagem corporal e por uma gestualidade convencional que se efetuavam as primeiras abordagens. Em toda a parte, as primeiras formas da sedução coincidiram com a preponderância da comunicação gestual sobre a relação verbal e a retórica sentimental.

A corte silenciosa

Nas sociedades ditas selvagens, o primado da cultura gestual manifesta-se por meio de jogos de corpo que oferecem aos rapazes e às raparigas a possibilidade de «flirtarem» e, depois, de terem encontros galantes. No jogo de cócegas a que os Achés se entregam, os homens e as mulheres podem facilmente escolher-se, encontrar um parceiro, e isto sem troca de palavras: «o *tô kybairu* é o festival do corpo» ([1]). Nas ilhas Trobriand, muitos jogos que implicam o contacto físico e, por vezes, a brutalidade permitem que os dois sexos se aproximem, deem as mãos, se toquem: são comportamentos de extrema proximidade física que oferecem pretextos para gracejos e constituem preliminares para as ligações amorosas. Às vezes, os jogos e as provocações prolongam-se por práticas claramente mais agressivas. Por exemplo, o *kimali*, uma forma de avanço feminino, consistia em bater no rapaz desejado, em feri-lo, arranhá-lo até sair sangue, cobri-lo de cortes por vezes profundos feitos com um instrumento cortante. Provas de sucesso junto das mulheres, estas feridas eram aceites pelos rapazes, que delas se orgulhavam ([2]).

A dança constitui outro meio de favorecer o início de uma relação. Enquanto dançam, os homens Na coçam a palma da mão da mulher que desejam: se ela não recolher a mão, é sinal de que consente estabelecer uma relação amorosa. Nas culturas tribais, as danças raramente apresentam um carácter abertamente sexual, mas permitem exibir, destacar-se, «flirtar» de maneira discreta, mas eficaz. Uma vez capturada a atenção, um pequeno gesto, duas palavras bastam, «vem, linda!», para que a aventura comece ([3]).

Nas sociedades consuetudinárias, as táticas de abordagem e as maneiras de fazer a corte mobilizam pouco a linguagem. As observações etnográficas dizem-nos que os avanços sexuais não seguem por caminhos sinuosos: uma palavra, um gesto simples de convite e o caso está iniciado. As intrigas amorosas começam sem romance, sem expressão sentimental, sem discurso idealizado. Durante o *karibom* melanésio, a abordagem erótica é direta e corporal: o rapaz que caminha atrás de uma mulher cobiçada pode apertar-lhe os seios, pôr sob o seu nariz ervas aromáticas que têm um forte efeito erótico ou até «levantar a franja da sua saia e introduzir um dedo na vulva» ([4]). Aquilo que caracteriza as primeiras formas da abordagem amorosa é a importância reduzida das palavras e o primado da comunicação não verbal.

Prova disso é também o prestígio que rodeia as proezas e outras façanhas dos homens. Nos períodos festivos, os jogos, concursos e justas permitem que os jovens, ao rivalizarem em força e destreza, se façam notar pelas mulheres e conquistem os seus favores. Entre os Tupi Guaranis, as mulheres procuram os grandes guerreiros, que beneficiam de um prestígio considerável e do direito de ter várias esposas: a captura e morte de um inimigo são uma condição de acesso ao casamento. Nenhum homem dos Nagas pode ter a esperança de casar sem exibir troféus guerreiros. O grande guerreiro e o bom caçador são valorizados, admirados e desejados: nos grupos Caxinauás do alto Amazonas, os caçadores mais talentosos podem ter mais parceiras sexuais ([5]). Durante dezenas de milénios, a bravura, a força e a destreza foram grandes vetores do sucesso masculino junto das mulheres.

A cultura do gesto prolongou-se muito além das sociedades tribais. Na Idade Média, os cavaleiros rivalizam em proezas nos torneios para agradarem à Dama. Bater-se corajosamente é a prova de que se ama e a bravura é uma condição essencial para conquistar os favores da amada. Em finais do século XII, André Le Chapelain exprime o laço estreito existente entre proeza cavalheiresca e amor cortês: «É sobretudo a valentia masculina que suscita normalmente o amor das mulheres e mantém a vontade de amar.» Quatro séculos depois, encontramos uma afirmação semelhante em Brantôme: as mulheres «gostam mais dos homens de guerra do que de todos os outros, e a violência deles suscita-lhes mais apetite» ([6]).

A longevidade histórica da abordagem gestual é impressionante, pois as suas manifestações ainda são visíveis nas culturas camponesas dos séculos XVIII e XIX. Ainda que tenhamos todas as razões para pensar que o sentimento amoroso era conhecido e sentido pelas camponesas e pelos camponeses, estes faziam a corte em silêncio. Os corpos tocam-se sem palavras: apertam os dedos, torcem os punhos, dão grandes palmadas no ombro. Na Gasconha, fazem a corte com fortes empurrões e simulacros de luta. O jovem lavrador atira pedrinhas, belisca os braços de uma rapariga e está tudo dito. As maneiras de expressão das intenções passam principalmente por uma linguagem simbólica corporal ([7]).

Os folcloristas sublinharam como, nas sociedades rurais, a corte assenta em rituais em que a expressão verbal do sentimento é muito limitada. Os discursos amorosos são raros, cortejam sem abrir a boca ou usando frases breves e fixas. A espontaneidade individual e a exterioridade da sensibilidade afetiva não têm qualquer lugar, nenhuma retórica sentimental ou romântica acompanha o encontro amoroso camponês. É através de uma linguagem gestual simples e rápida, por vezes um pouco rude ou até brutal, que se exprimem os desejos, as intenções, a atração mútua ([8]).

O facto de a prevalência do gesto ter persistido nas altas civilizações históricas indica que se trata de uma «opção» cultural ou simbólica e não do fruto de uma humanidade «atrasada» movida pelo instinto. Na verdade, a cultura da gestualidade está relacionada com a instituição holista das sociedades que, marcadas pela predominância do coletivo sobre o individual, reconhecem apenas uma margem de iniciativa reduzida aos indivíduos nas suas interações. Só depois de o reinado da tradição consuetudinária ter perdido a sua influência organizadora é que os discursos que exprimem o ego pessoal e emocional substituíram a abordagem gestual tradicional.

O presente amoroso

Universalmente praticada, a oferta do presente amoroso é uma constante nos rituais de sedução. Nas sociedades camponesas tradicionais, o ato de sedução não passa pela declaração de amor, mas pela oferta muda de pequenos presentes: o gesto é sempre preferido à fala ([9]). O presente alimentar é um dos comportamentos mais antigos e mais utilizados para obter os favores da mulher cobiçada: ao oferecer caça, o caçador caxinauá toma a iniciativa de abordar uma mulher tendo em vista uma aventura sexual. Um jovem inuíte exprime o seu interesse por uma mulher oferecendo a presa que caçou à família dela e ajudando o futuro sogro a consertar um caiaque ou a construir um iglô. Não há efusão nem declaração idealizada ou poética: o presente exprime melhor do que as palavras o que se quer dizer, lisonjeia a vaidade da jovem e exprime sem ambiguidade o desejo do pretendente. É no silêncio de palavras que a relação de corte se efetua.

Como sabemos, a oferta de pequenos presentes para obter favores não é exclusiva do género humano: muitas espécies animais têm comportamentos de oferta alimentar do macho à fémea durante a parada nupcial, no acasalamento ou durante a postura e o choco. Tal como no universo animal, esta prática, nos seres humanos, é muito mais masculina do que feminina. É o homem quem tem a iniciativa dos presentes amorosos ([10]): aquele que não oferece presentes à sua amante é visto como avarento e esta reputação fecha-lhe a possibilidade de novas conquistas.

O princípio que domina é este: no universo da sedução, são os homens que dão presentes e não o contrário. E esta lógica vigora até nas sociedades onde as mulheres desfrutam de grande liberdade sexual. O presente amoroso obedece a esta regra porque, segundo Lévi-Strauss, funciona como a «contrapartida de um facto universal: o laço de reciprocidade fundado pelo casamento não é estabelecido entre homens e mulheres, mas entre homens por meio de mulheres, que são apenas a sua principal ocasião» ([11]). Um grupo de homens recebe de outros homens uma mulher, mas esta não recebe nada, pois é o próprio objeto da troca. A regra de reciprocidade que rege tão profundamente o ciclo das dádivas exclui aqui o elemento feminino. É para compensar este facto que a relação sexual é concebida como um serviço prestado ao homem pela mulher, que, a este título, deve receber presentes dele ([12]).

Nas comunidades tradicionais, o presente não é uma escolha, mas uma obrigação social que obedece a regras coletivas. Convém acrescentar que, até nas sociedades modernas dominadas pela cultura individualista, a troca de presentes continua a obedecer a normas convencionais. Os presentes continuam a ser oferecidos por ocasião de festas fixadas pelo calendário: Ano Novo, aniversário, São

Valentim. Dependem igualmente de códigos ligados à divisão social dos sexos: um homem oferece flores ou um anel a uma mulher; o contrário é muito mais raro. Os convites para jantar fora são feitos mais pelos homens do que pelas mulheres. De forma evidente, no seio das sociedades individualistas, perpetua-se o ritualismo imemorável do presente amoroso em conformidade com normas coletivas.

É uma continuidade trans-histórica que não deve ocultar a rutura provocada pela cultura democrática dos indivíduos. Com efeito, vivemos numa época em que o presente de sedução tende a libertar-se das normas tradicionais em proveito de um modelo marcado pelo selo da individualidade. As pessoas oferecem presentes por ocasião de momentos personalizados: a data de nascimento ou do começo do romance. Ao presente de aniversário junta-se o presente de recordação, mas também o presente impulsivo oferecido sem razão definida, de maneira puramente circunstancial. Ainda que os códigos sociais e económicos (o preço de compra) estejam longe de ser caducos, valoriza-se cada vez mais a escolha individual, a originalidade, a singularidade do presente, que remete para a personalidade de quem dá ou para a do sujeito que recebe o presente. Neste contexto, o presente é menos uma imposição social do que uma escolha pessoal regida pelas lógicas do prazer e da sentimentalidade. Deste modo, o presente de sedução combina agora continuidade e descontinuidade histórica, ordem ritual e ordem individualista.

O MODELO GALANTE

Ao longo da história, o modo de sedução que assentava no predomínio da comunicação corporal foi-se desvanecendo. Uma revolução das maneiras de cortejar instituiu o primado da fala e da expressão amorosa. No século XVII, a mudança estava plenamente consumada pelo menos no mundo aristocrático ([13]). Esta inversão no sistema das lógicas simbólicas marca o começo da cultura moderna da sedução. Esta não se realizou de forma brutal. Foi precedida de momentos que prepararam a soberania da arte de falar de amor. A Antiguidade Grega e, depois, Romana constitui os seus primeiros elos.

As palavras que acariciam

Os Gregos não ignoravam nada da força atrativa da palavra. No panteão grego, a deusa Peito tem o poder de encantar dando às palavras a sua doçura cativante. Peito, que dispõe dos «sortilégios com palavras de mel», é a figura mítica que ilustra o encanto da voz, a magia das palavras acariciadoras e doces, a sedução da fala. Quando Hera quer fazer nascer o desejo amoroso em Zeus, não conta apenas com o brilho da sua beleza, das joias e de outros adornos, e suplica a Afrodite que lhe dê o poder omnipotente de «lisonjear por palavras». Na «fita bordada» de Afrodite onde residem todos os encantos, encontram-se, ao lado da ternura e do desejo, «as conversas amorosas com frases sedutoras que enganam o coração dos mais sábios» ([14]).

No século VI a.C., aparece a poesia elegíaca, associada à evocação da paixão amorosa. Tanto na época arcaica como na época helenística, os poemas homossexuais vibram de declarações de amor. Safo dirige a raparigas os seus poemas de amor carregados de paixão sensual. Os poemas de Íbico e de Anacreonte cantam o amor dos jovens. Filénis (século IV a.C.) terá sido a autora de uma obra que descrevia as técnicas de sedução, explicando como fazer avanços, seduzir pela lisonja: não há dúvida de que Ovídio se terá inspirado nela para o seu *Ars Amatoria*.

Na Roma augustana, Ovídio escreve *A Arte de Amar*, uma compilação didática que dá aos leitores o saber necessário para amar e ser amado, conquistar o ser amado e prendê-lo. A obra apesenta-se como uma iniciação à arte da sedução, fornecendo aos homens e às mulheres as armas indispensáveis para terem êxito na atividade amorosa.

Entre estes meios figura a arte de utilizar as palavras. Mesmo privado de beleza física, um homem pode agradar se souber mostrar-se bom falador e representar a comédia do amor. «Podes ter a certeza de que não há mulheres que não se possam vencer, e serás vencedor: basta que estendas as tuas redes... apresenta-te ao combate com a certeza de vencer; e, em mil mulheres, só uma te poderá resistir...» ([15]). Para conquistar uma mulher, convém, em especial, saber enganar, verter lágrimas, prometer, simular sinceridade, acompanhar os gestos com «palavras doces». Daí a necessidade de estudar as artes liberais, de saber falar bem grego e latim, o que permite compor versos e oferecê-los como presente amoroso, dizer as palavras que tocam, as belas palavras que encantam os ouvidos. O coração das mulheres conquista-se por «palavras que acariciam», pelos elogios à amada, na condição de que sejam oferecidos num estilo simples e terno, sem excesso, sem expressão pedantesca. Para obter os primeiros favores ou para conservar o amor, os cumprimentos que lisonjeiam o orgulho, o disfarce dos defeitos da pessoa amada, as súplicas e as promessas são de uma importância fundamental. Para agradar, é preciso saber falar com ternura, aliciar, escrever cartas de amor repletas de louvores, orações e juramentos. A sedução silenciosa primitiva cede o lugar à retórica do elogio, ao encanto da eloquência, à poesia das palavras amorosas ([16]).

Relativamente às primeiras formas da sedução tradicional, a *Arte de Amar* marca uma rutura na medida em que a obra não remete nem para as regras consagradas pela ordem tradicional anónima nem para alguma relação com as divindades. Os princípios de sedução apresentados retiram o seu valor apenas da experiência amorosa pessoal do autor ou da experiência mais livresca decorrente dos textos poéticos e dos manuais técnicos: «É a experiência que me dita esta obra: ouçam um poeta instruído pela prática», escreve Ovídio ([17]), reivindicando o estatuto de *praeceptor amoris* cuja experiência pessoal do amor permite dar conselhos sobre como encantar as mulheres. Não há qualquer inspiração divina: apenas a experiência vivida do poeta, transformada em preceitos de sedução com valor universal. Tampouco há relação com o sagrado, com a magia ou com as tradições ancestrais, mas apenas conselhos práticos livres das origens e adequados à Roma augustana rica e bela, nos antípodas dos tempos arcaicos, rústicos, incultos, dominados pela brutalidade e pelo rapto de mulheres. Aquilo que Ovídio preconiza é uma conquista amorosa distinta, baseada na cultura e na eloquência, sinal de uma era refinada e resplandecente ([18]).

O *espírito cortês*

A Idade Média, a partir do século XII, constitui o segundo grande movimento que conduziu ao abandono da sedução tradicional. A mudança efetuou-se por meio do amor cortês, simbiose de etos cavalheirescos e de poesia provençal. Nos meios aristocráticos, afirmam-se a exaltação da dama soberana, o culto da paixão pura e absoluta fora do casamento, fazendo triunfar uma cultura erótica refinada, em contrapé dos costumes brutais de certos senhores e de uma sexualidade que visa apenas a satisfação do corpo. Numa cultura apaixonada pela idealização e pelo lirismo, o amor cortês define-se, segundo a expressão de André Le Chapelain, como «um embelezamento do desejo erótico». Daí um código amoroso que, composto de subtilezas, de regras de delicadeza, de poesias cantadas, preconiza a fidelidade e o respeito pela mulher.

Nas cortes, os poetas medievais e os trovadores compõem versos para a dama do castelo e inventam uma nova arte de viver e de amar. A época assiste ao nascimento das famosas *cortes de amor*, em que as mulheres nobres se excedem em jogos de espírito e em análises amorosas refinadas. Com o *fin'amor*, o jovem cavaleiro deve respeitar a vontade da dama amada, conquistar o seu coração demonstrando-lhe um amor marcado por contenção, paciência e delicadeza. O universo cortês construiu-se por meio de códigos destinados a idealizar os desejos, a enaltecer os méritos da Dama, a marcar uma distância radical em relação aos vilões rejeitados para o reino da brutalidade e da incultura, da animalidade e da grosseria.

Este trabalho de superestilização encontra uma nova expressão no Renascimento através do ideal do perfeito cortesão, de quem Castiglione faz o retrato. Em O *Livro do Cortesão* (1528), a sedução já não é uma operação específica da aventura amorosa: é apresentada como uma maneira de ser que deve impregnar todos os comportamentos de corte. Para agradar, convém não seguir regras estritas, mas acompanhar todos os comportamentos com delicadeza, descontração e desenvoltura despreocupada. A condição de toda a sedução é fugir da afetação e dos excessos de zelo, ou seja, dando mostras de *sprezzatura*. Esta qualidade deve marcar todas as atividades: as maneiras de andar, de vestir, de tocar música, de pintar, de brincar, de rir, mas também de conversar e de fazer a corte às damas. A mulher deve ter «gestos simples e naturais, sem mostrar afetação ou preocupação em ser bela». E o homem de corte ideal deve falar sem ostentação, sem exibir erudição, sem mostrar vaidade nem puerilidade tola. Ao prestar homenagem à retórica da delicadeza, esta estética está nos antípodas do «grosseirismo» popular, e Castiglione foi o primeiro a fazer do *bel parlare* a condição da relação galante ([19]).

O estilo galante

A partir da Itália, o ideal da sedução elegante e refinada propagou-se a toda a Europa. Difundindo-se da corte para a cidade, da aristocracia para a burguesia de província, o modelo brilha intensamente no meio da Idade Clássica. Com a ascensão da sociedade de corte e dos salões desenvolveu-se, no mundo das letras e na prática do comércio amoroso, aquilo a que no século XVII se chamou a galantaria. Designando a maneira refinada e mundana de escrever poemas, romances, peças de teatro, a galantaria não se reduz a uma escola literária, mas remete para um etos infiltrado nas mentalidades, em todos os domínios da vida privada, nos códigos do saber--viver, no vestuário, na sociabilidade, nas conversas, nas relações amorosas. Iniciada em inícios do século XVII, triunfando no salão da marquesa de Rambouillet onde se pratica a arte delicada da conversa e onde exerce, como verdadeiro mestre dos jogos e das palavras, a «alma do círculo», Vincent Voiture, esta revolução estética tem o seu apogeu em meados do século, transbordando depois para toda a vida mundana, tanto na cidade como na corte, da segunda metade do século.

Ao exprimir a nova influência das mulheres na formação do gosto e na determinação dos comportamentos, a galantaria permitiu unificar os costumes da corte ([20]) e criar, pela primeira vez, uma verdadeira sociedade da sedução que se dirige às elites mundanas. Ainda que, no mundo rural, a cultura do gesto não seja de modo algum eliminada, impõem-se valores culturais e atitudes que constituem um universo mundano estetizado inédito. As maneiras de agradar já não se distinguem apenas em função da oposição masculino/feminino, mas também em função de normas de classe que afetam os jogos de linguagem, a arte de escrever (a carta de amor) e de conversar com delicadeza e distinção. Temos aqui o universo social da sedução sistematicamente dividido e hierarquizado: a uma sedução vulgar e popular opõe-se agora uma sedução nobre, delicada e culta.

Paralelamente a esta clivagem das normas, o fenómeno da sedução recebe um sentido radicalmente novo. A época clássica da galantaria marca, a este respeito, uma rutura, um momento crucial na história cultural moderna da sedução. É verdade que esta continua intimamente associada ao mal, ao vício, ao desencaminhamento. Mas, ao mesmo tempo, adquire um novo significado social enquanto elemento portador de civilização, que se confunde com o saber viver, a delicadeza, a suavidade, a arte de viver e de amar. A sedução era sinónimo de poder maléfico, mas passa também a ser vista como aquilo que abrilhanta e suaviza os costumes. Em *Paralelo dos Antigos e dos Modernos*, Charles Perrault define assim a galantaria: «Aquilo que distingue particularmente as pessoas belas e honestas do povo miúdo; aquilo que a Elegância Grega e a Urbanidade Romana começaram e que a delicadeza dos últimos tempos levou ao mais alto nível de perfeição» ([21]). Como a galantaria é inseparável da ideia de um progresso da civilização, a sedução deixa de ser portadora de um valor exclusivamente negativo. Doravante, paralelamente à «má» sedução, é reconhecida uma «boa» sedução, que, honesta, bela, feliz, se mostra civilizadora da relação entre os sexos ([22]).

Se a escrita galante cultiva a delicadeza, o refinamento do estilo, a elegância mundana, também é dominada pelo espírito de divertimento, pelo escárnio de si mesmo, pela ironia, pelo «espírito de alegria»: a partir de 1650, «toda a gente descobre uma súbita vocação para a alegria» ([23]). Ao permitir introduzir distância em relação às coisas sérias, o estilo galante é animado por um espírito lúdico e comedido, pela procura do entretenimento e pela vontade de agradar, não fazendo rir, mas fazendo sorrir por meio de um estilo agradável e alegre. Segundo Mademoiselle de Scudéry, «não há maior prazer no espírito do que essa habilidade galante e natural, que sabe introduzir um não sei quê que agrada nas coisas menos capazes de agradar e que mistura nas conversas mais comuns um encanto que satisfaz e diverte». Colocando-se sob o signo da ligeireza e da variedade, do entretenimento e do prazer, a escrita galante assenta numa estética da surpresa e da renovação. Espírito de alegria ([24]) que constitui um dos principais traços da galantaria enquanto arte e vontade de agradar.

Modo de criação artística, a galantaria também é arte do comportamento e das belas maneiras, arte de agradar às damas com espírito e delicadeza. No universo galante, são proscritas todas as formas de intimidação e de violência em relação às mulheres. Convém conquistá-las sem exercer pressões, sem as forçar, progredindo simplesmente no coração delas. Daí a necessidade de o conhecer, em todas as suas matizes e dobras: o romance galante desenha, com Madeleine de Scudéry, o famoso mapa do Reino da Ternura, que ela insere na sua *Clélie*, cartografia simbólica da demanda amorosa e, ao mesmo tempo, verdadeira análise psicológica que penetra e pormenoriza as zonas mais secretas do coração.

O aprofundamento do conhecimento do sentimento é o garante da subtileza da expressão que o vai traduzir. A lei absoluta da relação galante consiste em tomar apenas aquilo que a mulher concede de boa vontade. O homem galante deve submeter-se ao desejo da mulher, não lhe mostrar qualquer sinal de falta de respeito, dar provas de paciência, conquistar-lhe o coração, obter os seus favores através de maneiras amáveis e delicadas, nunca contar os seus sucessos amorosos. Assim, cabe ao amante «praticar três virtudes difíceis e austeras: a constância, a discrição e a submissão» ([25]). Deste modo, a sedução galante faz parte do grande movimento de autolimitações, aquilo a que Norbet Elias chamava «a civilização dos costumes».

A atitude galante não interdita apenas as violências físicas, mas também as violências verbais, as conversas e maneiras de soldados, as piadas obscenas e outras vulgaridades suscetíveis de envergonhar, incomodar ou humilhar as mulheres. Ao banir tudo o que é grosseiro, o estilo galante «desbrutaliza» os homens (Madame de Rambouillet), que devem depurar a sua linguagem, suavizá-la, falando às mulheres com delicadeza e tato. O que não exclui os cumprimentos carregados de subentendidos, uma erotização do discurso, a sexualização da troca verbal numa forma sublimada ou desviada ([26]). Com o modelo galante, afirmam-se o primado da sedução do verbo, a linguagem encantadora como instrumento principal da corte amorosa. A sedução já não se separa da arte da falar com elegância e espírito às mulheres: tornou-se a arte do saber dizer, do saber falar com delicadeza e ligeireza. Doravante, o jogo da sedução assenta no primado do espírito, da virtuosidade verbal, das subtilezas da conversa especificamente amorosa.

No domínio da corte amorosa, a cultura tradicional do gesto, pobre em palavras, é destronada por uma cultura da linguagem graciosa, do gracejo espirituoso que utiliza perífrases e metáforas, toda uma retórica da alusão, da lítotes, do eufemismo agradável. Trata-se de seduzir dando mostras de espírito delicado, conversando de maneira alegre, sorridente e agradável. Assim é o gracejo galante cujo espírito de brincadeira dá à conversa um aspeto encantador e divertido. Nos meios mundanos, afirma-se um novo modelo de sedução que substitui o maneirismo petrarquista, o estilo lamentoso e sério por uma corte marcada pela ironia, pelo humor, pela ligeireza dos gracejos finos e encantadores. O gracejo divertido, o espírito lúdico, a tendência para brincar com tudo tornaram-se as novas vias da arte moderna de amar. Madeleine de Scudéry vê aqui a forma mais delicada da galantaria: «Quero [...] que se saiba tão bem a arte de desviar as coisas que se possa dizer uma galantaria à mulher mais severa do mundo; que se possa contar agradavelmente uma bagatela a pessoas graves e sérias» ([27]).

Com a estética galante, a figura do apaixonado transido e lacrimejante aos pés da bela é suplantada pela figura do belo espírito capaz de imaginar uma boa palavra num tom jocoso e de falar com subentendidos agradáveis. «Para agradar as mulheres, é preciso um certo talento diferente, que lhes agrada muito mais: consiste numa espécie de alegria de espírito que as diverte porque parece prometer-lhes a cada instante aquilo que só se pode dar-lhes durante intervalos demasiado longos», escreve Montesquieu nas suas *Cartas Persas* ([28]). Com o gracejo, a ligeireza frívola e divertida entrou no campo da sedução, libertando-a dos seus códigos sérios e convencionais anteriores.

O gracejo, o culto da linguagem elegante e alusiva que sugere o erotismo e o desejo, prosseguiu após a Idade Clássica, mas não sem algumas transformações do sistema cultural. No século de Luís XIV, o virtuosismo galante funciona como sinal de distinção aristocrática; constitui uma das maneiras que permitem ser reconhecido como uma pessoa de qualidade e integrada nos círculos mundanos da elite social ([29]). «Esse não sei quê de galante que é comum em qualquer pessoa que o possui, no seu espírito, nas suas palavras, nas suas ações, é aquilo que faz as pessoas honestas, que as torna amáveis e que as faz amar», escreve Madeleine de Scudéry ([30]). No século seguinte, Montesquieu analisa o ar galante a partir de uma teoria dos prazeres indissociáveis da busca da felicidade. Já não parecer e agradar tendo em vista a distinção social, mas sim para escapar ao tédio e fazer renascer continuamente os impulsos do desejo. Porque se coloca sob o signo da variedade e das sugestões delicadas, do imprevisível e da subtileza encantadora, a sedução galante é fonte de uma infinidade de prazeres, de multiplicação das sensações, de gozos sempre novos.

Sustentada por este subjetivismo hedonista, a época das Luzes levou o código da galantaria ao seu ponto extremo ao casar o desejo de agradar com os excessos estéticos refinados e com um sensualismo exuberante: Don Juan, o homem que gosta, antes de tudo, de seduzir, dá lugar a Casanova, mais preocupado com a presa do que com a caça. Segundo Paradis de Moncrif, a galantaria caracteriza-se então por «esta mania de querer agradar a todo o custo, o gosto da sedução, desprezando todas as regras da amizade ou da autoestima» ([31]). A moda, bem como os quadros de Watteau, de Boucher ou de Fragonard ilustram este triunfo da ligeireza galante que confere sabor e encanto aos mínimos pormenores da vida mundana. O século que erige o desejo de agradar em prioridade absoluta caracteriza-se pela «arte de adornar o frívolo e de embelezar os nadas» (cardeal de Bernis).

Impôs-se assim na Europa uma forma exemplar da sedução moderna. Nos antípodas da sedução primitiva dominada pela gestualidade corporal, o espírito galante celebra a variedade e a mistura, as bagatelas engenhosas, um certo irrespeito pelas regras convencionais. Baseada na liberdade inventiva e nos prazeres da renovação, na procura do sabor e da espontaneidade, ilustra o processo moderno de individualização que remodela a arte de agradar. Já não a obediência fiel às regras tradicionais, mas a liberdade de espírito e de desvio, uma certa desenvoltura a respeito dos códigos estabelecidos, um menor respeito pelas convenções. Para além dos excessos por vezes implicados numa prática sistemática desta galantaria reduzida a novas convenções galantes e a uma moda que deve ser absolutamente seguida — e Molière não se privou de gozar com isso —, parece realmente que nasceu um modelo moderno de sedução de tipo distanciado, não convencional e não sério: e somos forçados a observar que esse modelo continua a ser o nosso.

DA CORTE SENTIMENTAL À SEDUÇÃO RELAXADA

Desde a época clássica, o modelo galante nunca deixou de ser objeto de críticas enquanto atividade fútil, homenagens falsas, arte de agradar baseada na dissimulação, na hipocrisia e no engano. No entanto, estas denúncias de tipo moral ficaram no plano teórico, em nada mudaram a estrutura da relação de corte baseada nas atenções galantes e na expressão do sentimento amoroso.

Só no século XX é que surge uma rutura importante. A partir dos anos 60–70, o novo estado dos costumes, dominado pelos valores hedonistas e individualistas, levou a que se pusessem em causa os princípios essenciais da arte de agradar «clássica»: o sentimentalismo, a lisonja, a paciência, a reserva feminina. Levando ao extremo os valores da emancipação, a época assiste ao nascimento de um modo de sedução inédito, desprovido de formalismo e de sentimentalismo.

A sedução pós-romântica

Com a passagem da cultura do gesto para a cultura do verbo, a retórica sentimental ganhou uma posição central no universo da sedução. Fazer a corte é exprimir o amor, a paixão, convencer a amada da sinceridade dos seus sentimentos. Testemunha disto é o sucesso da carta de amor, cuja importância não para de aumentar entre o Renascimento e o Iluminismo: «A partir do segundo terço do século XVII, a carta de amor torna-se o paradigma do gesto amoroso» ([32]). Na relação amorosa, escrevem-se cada vez mais cartas doces, inspiradas nos modelos epistolares oferecidos pelos *Secrétaires* e pelas compilações de cartas dos grandes autores. A linguagem afetiva, os lamentos, as promessas de felicidade, as emoções pessoais invadem a correspondência amorosa, seguindo a forma dos modelos encontrados nos *Manuais Epistolares*. Aos rituais gestuais sucedem a linguagem do sentimento e das emoções, a efusão afetiva, as declarações concertadas de um amor eterno. Com a época moderna construiu-se o «jogo da sedução terna» ([34]), que combina lirismo romântico e convenções em vigor, palavras afetivas singulares e respeito pelos códigos estritos, expressão individual dos sentimentos e estereótipo das fórmulas amorosas.

Como escreve Boris Vian, «Dantes, para fazer a corte / Falava-se de amor / Para melhor provar o seu fervor: oferecia-se o coração» (*Complainte du progrès*, 1955). A explosão de expressões das emoções que impulsionou o romantismo fez da manifestação sentimental um dos principais instrumentos da sedução. As cartas abrem-se às efusões do coração, às ternuras, às declarações de amor «até à morte»; fazem sonhar, atiçam o desejo e podem ser uma espécie de fetiche de que se saboreia o perfume. As «adoráveis linhas» são como carícias do corpo, mas, como observa Cécile Dauphin, o encanto da «carta-carícia» prende-se ao facto de acariciar mais o coração do que o corpo ([34]). Neste contexto, para muitas mulheres, a pureza dos sentimentos masculinos torna-se o elemento essencial da relação de sedução. Aquilo que deve encantar uma mulher não são os cumprimentos galantes nem as qualidades físicas do homem, mas os seus sentimentos honestos e delicados.

Esta valorização do coração foi posta em causa com a corrente da libertação dos costumes. Em 1977, Barthes sublinha que «já não é o sexual que é indecente, mas o sentimental»; o sentimento amoroso tornou-se «antiquado», «obsceno», mais obsceno até que Sade ([35]). Neste contexto, passa a ser inútil e até contraproducente dizer «amo-te» para derrubar a resistência das mulheres: a conquista amorosa emancipou-se da declaração de amor e dos seus lugares comuns. Os grandes devaneios líricos, como meios de sedução, caíram em desuso. A época tornou-se alérgica à corte poética, às suas frases ternurentas, mas previsíveis e convencionais. O amor expressa-se apenas após os primeiros tempos do encontro, quando o casal já está constituído. Aquilo a que podemos chamar a era relaxada da modernidade coincide com a disjunção das manobras de sedução e do código amoroso. Entrámos na época da sedução desssublimada, despoetizada, pós-romântica, que exprime a nova cultura individualista dos atores.

O eclipse da retórica amorosa acompanha-se menos do recuo da cultura do verbo do que da valorização de novos tipos de discurso que usam a originalidade e a diferença subjetiva (³⁶). A partir de 1975, os pequenos anúncios da rubrica «Amo-te, querido» do jornal *Libération* oferecem uma ilustração admirável desta espiral na ostentação da singularidade. Já não são as frases inspiradas pelo coração que constituem a fala sedutora, mas as da personalidade individual, capazes de criar surpresa e interesse. Numa cultura hiperindividualista, as formas convencionais, estereotipadas e ritualizadas são vistas como «pirosice», o que é valorizado já não é o respeito pelas regras comuns, mas o estilo pessoal, original, da abordagem. As maneiras de estabelecer uma relação, de conversar, devem evitar todas as fórmulas já feitas que ofendem a individualidade singular: nas sociedades hipermodernas, o ideal é uma sedução desrritualizada, não formalizada e personalizada.

Foi neste contexto do abandono do sentimentalismo dos começos que o humor adquiriu uma importância especial. A partir dos anos 60, as sondagens assinalam que o «sentido de humor» faz parte das qualidades que as mulheres preferem num homem. Atualmente, muitas mulheres declaram que apreciam mais o humor do que o físico do seu companheiro. À gravidade romanesca da corte burguesa sucedeu a fantasia, à seriedade dos protocolos, o prazer descontraído do riso, do espírito, do pouco sério. Fazer rir, ser engraçado e espirituoso: a cultura hedonista do consumo contribuiu para fazer cair em desuso o aspeto engomado da corte sentimental em proveito de um tipo de engate recreativo, lúdico, *fun*.

O declínio da corte sentimentalista não significa o eclipse do papel da palavra. Com o desenvolvimento dos sítios de encontros *online*, dos fóruns de discussão, do correio eletrónico, a comunicação verbal volta a desempenhar um papel essencial, ao ponto de agora se evocar o regresso dos «encantos das máscaras e do estilo afetado» (³⁷). Nos sítios de encontros, as pessoas escrevem-se antes de se verem fisicamente;

daí a preponderância das palavras, de uma correspondência amorosa que, por vezes, pode mobilizar muitas horas do dia e da noite, estender-se por longos períodos e até criar uma espécie de adição à conversa virtual. A corte eletrónica e todas as fantasias que favorece voltaram a pôr na moda, diz-se, a centralidade dos jogos de amor e de linguagem.

Uma andorinha não faz a primavera. Tenho alguma dificuldade em acreditar que se assiste a uma nova «ebriedade literária», quando, ao mesmo tempo, muitas mulheres se queixam da pobreza das conversas, da banalidade dos discursos dos ciberpretendentes, da sua velhacaria, do copiar-colar, dos convites sexuais diretos. Redescoberta do estilo afetado nos adolescentes? Longe das subtilezas da linguagem refinada, da galantaria delicada e preciosa, o que domina a comunicação eletrónica são antes as abreviaturas, os acrónimos, as interjeições, os *smileys/emoticons*, uma pontuação descuidada, uma gramática deficiente. É verdade que, num mundo *online* e móvel, os jovens e os menos jovens escrevem cada vez mais. Mas também cada vez mais depressa. O que se afirma é menos o prazer do estilo afetado, o cuidado e a elegância da expressão dos sentimentos do que o gosto pela ligação permanente, a sedução da tolice e a instantaneidade das comunicações.

A *pós-coqueteria feminina*

O modelo da sedução galante assentava em princípios estruturalmente divididos segundo o sexo. Cabe aos homens tomarem a iniciativa, mas também mostrarem-se pacientes, saberem esperar, não saltar as etapas a transpor de acordo com uma ordem e uma temporalidade regulamentadas. As mulheres, por seu lado, devem dar mostras de virtude resistindo sempre ou durante o mais tempo possível aos avanços masculinos. No entanto, outra atitude feminina, muito diferente, impôs-se há muito nas relações de sedução, a saber, a coqueteria feminina, que consiste em excitar o desejo masculino e, ao mesmo tempo, mantê-lo à distância, em «opor alternadamente uma aceitação alusiva a uma recusa alusiva, em atrair o homem sem deixar que as coisas cheguem ao ato decisivo e em repeli-lo sem lhe retirar todas as esperanças» ([38]). Conjugando aceitação e recusa, proximidade e distância, a coqueteria é um «jogo instável entre o sim e o não», «uma mistura misteriosa de sim e não» ([39]), uma arte especificamente feminina que «aumenta ao extremo a atração do ter fazendo jogar previamente a ameaça do não ter» ([40]).

Em nome da autenticidade do desejo, do direito ao prazer, da liberdade individual, a coqueteria deixou de ser um comportamento largamente praticado. Hoje, as mulheres já não têm de se mostrar coquetes dando um passo em frente seguido de um passo atrás. O ideal do prazer imediato arruinou este código durante muito tempo associado ao eterno feminino. Para uma mulher, já não é indigno «ceder» sem fazer esperar o pretendente. Nestas condições, o intervalo de tempo existente entre as primeiras abordagens e a «passagem ao ato» reduziu-se consideravelmente: a sedução já não é contrária à velocidade da concretização do desejo.

Neste novo contexto, só resta uma questão: devem as pessoas ir para a cama na primeira noite? É uma questão cuja resposta já não depende de uma norma coletiva, mas de uma decisão pessoal. Esperar um pouco ou nada tornou-se um assunto privado que só diz respeito a cada pessoa. À regra da espera ditada pela moral social sucedem as sensações, as emoções íntimas, as vontades individuais variáveis ([41]). Cabe agora a cada mulher determinar o momento oportuno, fixar a sua regra de conduta sem qualquer tipo de enquadramento coletivo. De qualquer modo, em geral, as mulheres já não se fazem esperar durante meses intermináveis. Sob o peso da cultura hedonista e individualista, a arte da coqueteria deixou de ser um dos grandes meios femininos para atiçar o desejo masculino.

A GALANTARIA TEM FUTURO?

Flirte *online*, *speed dating*, direito da mulher à iniciativa, eliminação do tempo lento da corte, eclipse da retórica sentimentalista: são muitos os sinais que sugerem a mutação da paisagem da sedução. É uma nova coreografia da relação galante que se apresenta nas sociedades da hipermodernidade. No entanto, qual é a profundidade desta transformação? Terá tudo, no universo das regras galantes, sido esmagado pelo rolo compressor da Internet e da cultura democrática-individualista?

Perpetuação da desigualdade sedutora

O jogo galante assentava na repartição regrada das atitudes dos dois sexos: o homem tem a iniciativa, a mulher resiste e, algum tempo depois, acaba por ceder. Como vimos, este modelo milenar já não é evidente. Doravante, as mulheres já não têm de ficar «passivas» e esperar o avanço masculino. Nos sítios de Internet, são muitas as jovens mulheres que declaram preferir escolher a ser escolhidas, dar o primeiro passo, propor um novo encontro com um homem. No *site* AdopteUnMec.com, são as mulheres que «fazem compras», colocando os homens que lhes agradam no carrinho de compras. Existem até *love coachs* cuja uma das tarefas é desenvolver as iniciativas femininas em matéria de encontros amorosos. Em paralelo, a evolução dos jovens homens sobre esta questão é notável, dizendo que as mulheres têm razão em «atirar-se à água», que não há nada de chocante no facto de uma rapariga engatar o homem que lhe agrada. Para uma mulher, já não é ilegítimo fazer avanços a um homem.

No entanto, devemos observar que as mulheres empreendedoras não são muitas, são mais minoritárias do que maioritárias. Apesar da legitimidade de que beneficia o fenómeno, este é raro, ainda que esteja a crescer. Segundo uma sondagem recente realizada pelo *site* de encontros eDarling, as mulheres desejam que os homens perpetuem a tradição e continuem a fazer-lhes a corte: 73 por cento das mulheres questionadas preferem que o homem dê o primeiro passo; só 14 por cento têm opinião diferente e ousam engatar abertamente o homem da sua escolha. A verdade é que as mulheres continuam a preferir que a iniciativa venha dos homens, dando assim razão a Ovídio, que escrevia: «Um homem conta demasiado com as suas vantagens físicas se esperar que a mulher comece a fazer os avanços. Cabe ao homem começar, dizer palavras que supliquem, e a ela cabe acolher as súplicas de amor.» ([42])

Será isto um arcaísmo em vias de extinção? Ninguém ignora que, se as mulheres estão pouco dispostas a abordar os homens e a «atacar», isto prende-se com o facto de temerem ser mal julgadas e de adquirirem a reputação de mulheres fáceis. Mas também há razões mais positivas: ser engatada é agradável e valorizador. Também é confortável, pois não correm o risco de sofrer uma recusa humilhante. Por último, mesmo que, neste caso, a mulher tenha um papel passivo, isto não arruína de modo algum a sua liberdade de escolha. É por isso que, longe de funcionar como uma simples sobrevivência arcaica, a tradição assimétrica do avanço sexual se prolonga enquanto código compatível com as exigências individualistas contemporâneas: autonomia individual, autovalorização, prazer narcísico. Porque dá gratificações ao ego feminino sem perda de soberania individual, a lógica desigual dos primeiros passos e do avanço sexual não está em vias de extinção.

Apesar das grandes mudanças tecnológicas e culturais que marcam a sedução relaxada, temos todos os motivos para pensar que o futuro não estará sob o signo da igualdade da sedução ([43]). Devemos observar que as manobras de abordagem estão longe de ser a única manifestação da recondução da disjunção sexual dos papéis de sedução. De facto, todo o universo da sedução continua a estar dividido segundo o sexo. Neste domínio, a diferença dos papéis de cada um dos sexos exprime-se em toda a parte: na linguagem, nas atitudes, nas formas de se vestir, de se embelezar e de se valorizar. Quase nada é semelhante. Apesar dos valores igualitários das nossas sociedades democráticas, a diferença de sedução é tão estrutural quanto omnipresente: é evidente que não acabámos com a divisão sexual dos papéis da sedução.

A que se deve esta permanência? Aquilo que impede a igualdade de sedução entre os sexos tem o seu princípio num constrangimento universal, de tipo antropológico, pois não conhecemos nenhuma sociedade em que os códigos de sedução não estejam marcados com o selo da divisão sexual. Desde o início dos tempos — e também no mundo animal — que a sedução se apoia em mecanismos diferenciados segundo o sexo. Em toda a parte e em todos os tempos, os códigos da sedução masculina e da sedução feminina são sistematicamente assimétricos. A meu ver, este funcionamento universal só pode ser explicado pela exigência de encontrar a via que permite que os fenómenos de atração intersexual se efetuem com o máximo de «eficácia». Se os homens e as mulheres obedecem a códigos diferentes é porque estes têm os efeitos mais eficazes em matéria de acentuação do desejo do outro sexo. Aquilo que atrai o desejo é a diferença e não a semelhança: daí a universalidade da desigualdade sexual dos códigos da sedução. Ao mesmo título que as outras culturas, as sociedades individualistas hipermodernas não podem escapar a esta lei trans-histórica da sedução.

Não iremos analisar a recondução das regras desiguais entre os sexos como uma simples indumentária do poder masculino, uma ferramenta ao serviço do domínio masculino. Por vezes, esta é apresentada como o alfa e o ómega, a razão derradeira das formas culturais da sedução. Esta interpretação não me convém. No plano antropológico, não há justificação para ver as lógicas de sedução como simples auxiliares do domínio social masculino. Se este é uma realidade universal ([44]), os códigos de sedução não o são menos. As relações de sedução não se deduzem de outra lógica social: são uma realidade antropológica primordial, irredutível. À escala da aventura humana, as estratégias de sedução são tão originais quanto as estratégias de poder e as lógicas de dominância do masculino sobre o feminino. A diferença de sedução ainda presente nas nossas sociedades traduz a autonomia trans-histórica das lógicas de sedução que respondem ao imperativo de marcar a diferença masculino/feminino e de aumentar o interesse sexual dos indivíduos do sexo oposto. A divisão sexual dos códigos de sedução está menos ao serviço do domínio de um sexo sobre o outro do que da própria sedução, pois permitem intensificar a força atrativa dos indivíduos do outro sexo.

Tato, delicadeza e ligeireza

A perpetuação da desigualdade sexual dos papéis de sedução não impede, obviamente, a transformação das regras que regem as maneiras de agradar dos dois sexos. Como vimos, a coqueteria feminina é uma norma que já não está realmente em vigência. Será que podemos dizer o mesmo da galantaria masculina? Hoje, é frequente dizer-se que a galantaria, a educação, a delicadeza e a cortesia estão a desaparecer: que pode restar disto numa sociedade baseada na igualdade entre os sexos?

A ordem galante prescrevia respeitar as mulheres, nunca humilhá-las, rodeá-las de atenções, de gestos solícitos. Ora, que vemos? Numerosas sondagens assinalam a degradação da condição das raparigas nos bairros desfavorecidos vítimas do isolamento comunitário. Nestas, os rapazes exprimem posições machistas sobre as roupas das raparigas, as suas maquilhagens e locais frequentados. Num espaço público recentemente confiscado pelos homens, as raparigas sem véu correm o risco de ser insultadas, de sofrer agressões verbais e até físicas. Em vez da relação galante, aumentam as relações agressivas, as relações sexuais forçadas, as interdições de saída e de qualquer frequentação masculina, o imperativo da virgindade até ao casamento e, em certos casos, os casamentos forçados. A tradição de doçura e de miscigenação que acompanha a galantaria é quebrada em benefício de uma miscigenação recusada, do encerramento das raparigas, de um controlo social exercido pelos homens sobre as mulheres, de comportamentos machistas marcados pela violência.

A galantaria não é apenas ameaçada pelos jovens de famílias imigradas. É também «do interior», em particular nas correntes feministas radicais, que a norma galante é posta em causa. Ao veicular os estereótipos de sexo, consolidando as desigualdades de género, a galantaria é uma armadilha estendida pelos homens para melhor submeterem as mulheres. Instrumento do domínio masculino, a galantaria é estigmatizada como uma forma de sexismo paternalista que ofende os ideais da democracia igualitária moderna ([45]).

O fosso com a cultura galante ter-se-á então tornado intransponível? A realidade é mais contrastada. Segundo diferentes sondagens (*L'Internaute Magazine*), as mulheres continuam maciçamente a apreciar a galantaria: em 2007, só 4 por cento viam a galantaria como um arcaísmo e, em 2011, 71 por cento viam nisso um «sinal de respeito» pelas mulheres. Maupassant definia a galantaria como a arte de amar as mulheres «com ligeireza, encanto, espírito, ternura e respeito». Que mulher é que hoje não espera esta atitude por parte do homem que a corteja? Apesar de todas as mudanças, a circunspeção masculina, a discrição, o humor, as atenções, a delicadeza das maneiras e das afirmações continuam no centro da arte de agradar. A galantaria construiu-se contra os costumes grosseiros e a brutalidade masculina: como pode ser obsoleta? Em 2015, 75 por cento das mulheres francesas declaravam que a atenção e a gentileza eram os dois critérios que mais lhes suscitavam o desejo.

As mulheres queixam-se frequentemente de sofrer a insistência dos engatadores grosseiros: é um sinal de que o ideal de elegância e de ligeireza consubstancial à cultura galante não está enterrado. Ontem como hoje, a atitude sedutora proscreve a vulgaridade, as manifestações indecentes, as alusões grosseiramente sexuais, o avanço sexual direto. Tudo isto é visto pelas mulheres como falta de respeito, uma forma de violência. Sob formas menos ostensivas, menos desiguais, menos ritualizadas, alguma coisa da norma galante subsiste nas maneiras de agradar da hipermodernidade.

É significativo que, apesar do liberalismo sexual triunfante, o discurso de sedução não deixa de excluir as alusões sexuais. O sexo já não é tabu, mas não se fala de sexo no início de uma relação: a evocação do libidinal continua a ser inconveniente, «interdita». Quando estão a iniciar uma relação, as pessoas podem falar de tudo, menos «disso». Poucas coisas mudaram: para se ter alguma hipótese de agradar, continua a ser necessário banir o discurso grosseiramente libidinal. Sobre este ponto, a continuidade com o passado triunfa sobre a descontinuidade.

Os espíritos pesarosos e os nostálgicos de um passado mítico lamentam a brutalidade da nossa época, a sua obscenidade pornográfica, a sua falta de delicadeza, o falar mal, o eclipse da cultura sentimental. Ainda que estes factos inegáveis existam, não podem justificar as hipóteses avançadas sobre a cada vez maior ausência de sentimentalismo dos meios. Onde está o eclipse da cultura do coração? As mulheres continuam a sonhar com o príncipe encantado. As canções, os filmes, as séries de televisão, os romances, os inquéritos e os artigos de revistas mostram-no abundantemente: o amor, mais do que nunca, é uma expectativa dos casais contemporâneos, sejam ou não casais heterossexuais ou homossexuais: tornou-se o único fundamento legítimo do casal.

A ausência de sentimentalismo do mundo moderno é um mito. Os casais apaixonados oferecem-se presentes para festejarem o aniversário da sua relação. Quase metade dos Franceses com 18 anos ou mais declara festejar o São Valentim e ter a intenção de oferecer um presente ao parceiro ou parceira. Por esta ocasião, os homens, mais do que as mulheres, declaram ter vontade de oferecer um presente à parceira. E as mulheres, mais do que os homens, esperam um gesto da parte do parceiro, em perfeita continuidade com aquilo que era prescrito pela cultura galante.

O modo de encontro nos sítios de Internet é inegavelmente novo. Mas a conversação é aí central, no prolongamento da tradição moderna do primado da linguagem. Não há, como se diz muitas vezes, um processo de dessimbolização das operações de sedução. A verdade é que nunca tantas pessoas passaram tanto tempo em trocas de palavras (telefone, sms, correio eletrónico, diálogo *online*...). Se o jogo galante, as suas circunvoluções de linguagem e as suas manifestações mais mundanas parecem em desuso, o mesmo não acontece com o princípio de fundo que o anima: agradar ao outro pelas palavras e atenções. Continuamos a ser seus herdeiros diretos.

A cultura galante construiu-se celebrando o acordo dos sexos, a cortesia, a suavidade e a delicadeza fina que, como se dizia, só se adquirem na relação com as damas. Neste sentido, a galantaria estava ligada à ideia de um progresso da civilização. Hoje, pelo contrário, cresce o sentimento de que assistimos a uma dinâmica de «descivilização», de «brutalização» dos costumes, de que são testemunhas os comportamentos machistas agressivos, o assédio sexual, as violências contra mulheres, a regressão sexista nos «bairros». A tradição galante desmorona-se sob os golpes da violência sexista e do banimento da coexistência amável e alegre dos sexos.

Ninguém contesta a realidade destes factos. Contudo, assinalam um fenómeno que está longe de ser global, que diz respeito a bairros relativamente bem delimitados, a meios sociais desfavorecidos, a jovens «excluídos». Nada autoriza a afirmar que se assiste a uma vaga de fundo que pode pôr em causa o domínio do processo de civilização dos costumes analisado por Elias, bem como os códigos da delicadeza e da moderação.

O facto é este: ainda que as violências contra as mulheres e os ataques à miscigenação suscitem enorme indignação, a cortesia e as boas maneiras beneficiam da adesão da maioria das pessoas. A pornografia e a cultura da espontaneidade desformalizada não provocaram a desqualificação das palavras amorosas. Se há inegavelmente minorias machistas agressivas, não devemos perder de vista que existe sobretudo uma maioria da população que adere à igualdade dos géneros, respeita a autonomia feminina e rejeita qualquer forma de exclusão das mulheres. Uma parte importante da cultura galante continua a alimentar-nos, ainda que livre das suas formas mais codificadas. Apesar da rutura impulsionada pela ordem hiperindividualista, o primado da palavra e o ideal das atenções à mulher continuam a existir de forma irresistível.

CAPÍTULO IV
O *adorno e a artialização** *dos corpos*

Uma longa tradição moral, filosófica e religiosa vê na sedução uma manobra censurável que, por meio de diferentes ratoeiras, desencaminha as pessoas. *Sedução* vem do latim *seducere*, que significa desviar, atrair, desencaminhar. Na Idade Média, a sedução é vista como obra do diabo, um vício que assenta na vaidade das mulheres e no seu desejo de agradar. Ainda na Idade Clássica, a sedução é associada ao engano, à imoralidade das mulheres e dos homens que abusam das pessoas. De Eva às figuras da mulher fatal, de Don Juan a Valmont, a sedução, na cultura ocidental, tem uma conotação pejorativa que deixa um cheiro a enxofre.

No entanto, se adotarmos uma abordagem antropo-social, a questão apresenta-se sob uma luz muito diferente. Desde o início da humanidade que os meios da sedução se afirmam principalmente através de diferentes artifícios destinados a realçar a aparência dos seres. Antes de ter que ver com o estratagema maléfico, a sedução remete para as decorações corporais ou artefactuais que visam aumentar o

---

* No original, *artialisation*, termo cunhado por Alain Roger (*Court traité du paysage*, Paris, Gallimard, 1997), que, de um modo sucinto, designa um processo de recriação pela arte que transforma a terra em paisagem.

impacto visual e a atratividade dos homens e das mulheres. Vista nesta perspetiva, a sedução não tem que ver com a indignidade moral, mas com atividades «artísticas» que intervêm sobre o corpo a fim de lhe aumentar o encanto erótico.

É assim que se apresenta a sedução à escala temporal da enorme duração da aventura humana: não uma perversidade individual, mas ações de encenação do corpo codificada segundo normas e rituais sociais ([1]); não comportamentos reprovados, mas práticas legítimas de ornamentação corporal que favorecem a preferência erótica e intensificam a competição sexual. Antes de ser um dom mais ou menos misterioso (o encanto inefável do «não-sei-quê»), a sedução afirma-se através das atividades artefactuais, dos objetos de adorno, dos ornamentos corporais que desempenham um papel de exibição e de atractores sexuais.

Ao longo das dezenas de milénios da história do *Homo sapiens*, surgiu uma variedade incrível de adornos, aparatos e ornamentos. Esta grande diversidade de formas, porém, não impediu que um mesmo sistema de atitudes e de atividades simbólicas tenha prevalecido em todas as latitudes nos povos antes da escrita e do Estado. Dos caçadores-recolectores do Paleolítico superior às tribos do Neolítico, construiu-se um capítulo da história da sedução humana com uma duração excecional, o mais longo que alguma vez existiu. Fosse qual fosse a criatividade de que deram provas as culturas humanas tradicionais desde há mais de 30 000 anos, o seu modo de organização da sedução não deixou de obedecer a uma lógica geral notavelmente similar e estável.

Resumindo ao extremo, este período multimilenar das aparências assenta em quatro lógicas estruturais. Em primeiro lugar, as maneiras de adornar o corpo não estão sujeitas às transformações deliberadas dos homens: recebidas dos antepassados ou dos deuses, manifestam-se sob a lei hegemónica do passado e são transmitidas sem alterações notáveis durante imensos períodos segundo o espírito da tradição. É claro que podem surgir mudanças, mas todos os instrumentos culturais servem para as conjurar, de maneira que os ritmos da mudança só podem ser extremamente lentos e raros. Este dispositivo de estrutura construiu desde as culturas do Paleolítico superior e, depois, das sociedades neolíticas, e muito para além em todas as culturas tradicionais, aquilo a que se pode chamar a idade da sedução primitiva ([2]).

Em segundo lugar, o costume e as convenções tribais ditam aos homens e às mulheres, de forma precisa e por vezes muito pormenorizada, as vias a seguir para se adornarem e se mostrarem para ganhar vantagem. Não há dúvida de que existe uma parte individual, mas a sua importância é pequena se comparada com aquilo que autorizam as sociedades modernas.

Em terceiro lugar, durante estes longos milénios, os artifícios da sedução escapam a qualquer forma de censura e de reprovação social. Beneficiando de um pleno reconhecimento social, em lado nenhum são objeto de escárnio, não sofrem nenhuma crítica, nenhuma rejeição moral ou estética. A admiração é de regra: em todas as tribos, os adornos e os ornamentos corporais em vigor são considerados os mais belos de todos. As formas da sedução primitiva são consensuais, totalmente legítimas. As únicas críticas ou admoestações que existem e que são numerosas dizem respeito aos adornos dos vizinhos, das outras etnias: a sedução primitiva é etnocêntrica.

Por último, as práticas de sedução manifestam-se segundo rituais codificados portadores de sentido coletivo e de valores simbólicos: são a obra de um «pensamento selvagem» que, em toda a parte, exprime a ordem cósmica e social. A sedução primitiva é indissociavelmente simbólica e estética, social e ritual, mágica e terapêutica.

Ao longo da história, a ordem da sedução primitiva desfez-se. Se adotarmos o ponto de vista da grande duração, os princípios estruturantes deste modelo foram abalados em dois momentos que transformaram o universo tradicional da sedução. O primeiro surgiu na Grécia com a reprovação moral das maquilhagens: esta rutura é analisada no capítulo V. O segundo aparece no fim da Idade Média com o advento da moda (capítulo VI). Com o advento do capitalismo de sedução e a espiral da individualização, foi transposta uma nova etapa, que significou o desmoronamento global da ordem da sedução primitiva: toda a ordem das aparências entrou no campo da sedução soberana.

A ARTIALIZAÇÃO DO CORPO

Se hoje se admite que a sedução é um fenómeno trans-histórico observável em todas as sociedades, nem sempre foi assim. No século XIX, autores como McLennan ou Spencer avançaram a hipótese de que o rapto e a guerra constituíam os principais meios pelos quais os homens da Idade da Pedra obtinham as mulheres. Dada a raridade das mulheres, o casamento por rapto ou captura de prisioneiras era a forma mais conhecida de selar uma união. A título de prova, os antropólogos evolucionistas avançam a prática amplamente partilhada de simulação de um combate no início da cerimónia de casamento, combate interpretado como uma sobrevivência do casamento por rapto ou captura. Ainda em inícios do século XIX, o autor de um manual de sedução escreve que, «nas épocas pré-históricas, o homem, tal como um animal no cio, apoderava-se pela força de uma ou várias mulheres quando tinha a necessidade natural de satisfazer os seus instintos de macho. [...] Os homens mais fortes iam à caça... de mulheres» ([3]). Nesta perspetiva evolucionista, o começo da aventura humana coincide com um estado de violência que ignora a arte da sedução.

Esta tese já não é admitida pelos especialistas da pré-história, que sublinham que os sítios arqueológicos anteriores à revolução do Neolítico têm poucos vestígios de violência guerreira ([4]). Não há dúvida de que devemos abster-nos de pintar um quadro idílico de um estado original desprovido de violência e de relações de força: provavelmente, a violação existe desde a origem da humanidade e a captura de mulheres é um motivo frequente de guerra entre os povos caçadores-recoletores e, de um modo mais geral, nas sociedades selvagens ([5]). Mas temos todas as razões para pensar que o rapto não era o meio principal para obter mulheres. Por falta de provas materiais, nunca saberemos com certeza que formas de organização matrimonial prevaleciam nas primeiras sociedades do Paleolítico superior. Em contrapartida, a etnologia fornece-nos dados preciosos sobre os modos de casamento em vigor nos povos sem escrita, incluindo os caçadores-recoletores que vivem em condições semelhantes às do início do Paleolítico superior. Em todas estas sociedades, para se casar, o futuro genro tem de fornecer bens ou serviços ao pai da futura esposa. Na antropologia social, este sistema chama-se «o preço da esposa». Mesmo nas tribos de caçadores-recoletores nómadas, em que os bens materiais duradouros não desempenham qualquer papel, o futuro marido deve prestar *serviços* ao sogro durante um tempo determinado: dádiva dos produtos da caça, corveia de madeira e outros trabalhos. Entre os Pigmeus, os Sans, os Alacalufes, os Negritos da Malásia e muitos outros, este é o único modo de prestação matrimonial normal e regular ([6]). Para obter uma esposa, o genro tem de se colocar ao serviço do futuro sogro como um criado, durante meses e, por vezes, até anos.

Também podemos avançar a hipótese muito provável de que o facto mais geral terá sido a troca regulada das mulheres. Nietzsche tinha visto bem: como o «homem é o animal estimador por excelência», o ser que «estima valores, que aprecia e avalia» ([7]), é provável que, desde o início do Paleolítico superior, os casamentos tenham sido organizados segundo uma lógica de troca e de regras de aliança que instituíram a apropriação pacífica das mulheres pelos homens. Não relações de força, mas processos de avaliação e modos de equivalência, prestações matrimoniais, formas de «pagamento» prescritas pela ordem consuetudinária.

Por isso, a guerra ou o rapto de mulheres nas tribos inimigas não foi realmente uma prática habitual ou o meio mais corrente de arranjar esposas. Para dar apenas um exemplo, os Ianomâmis não faziam a guerra para capturar mulheres: o rapto destas não era o objetivo das atividades guerreiras. Em expedição, era raro preocuparem-se com mulheres. Entre os caçadores-recoletores, os jovens têm de conquistar a esposa concedida pelos pais, não pela força, mas pela sedução ([8]).

Além disso, as danças, os cantos, os instrumentos musicais, bem como os adornos, os ornamentos, as pinturas corporais, alguns dos quais existem desde o Paleolítico médio, contradizem a ideia de uma humanidade primitiva composta de seres brutos e selvagens que ignoram o gosto estético e a relação de sedução. Longe das ideias feitas de uma Idade da Pedra dominada pela violência permanente, a pré-história foi testemunha de uma revolução cosmética ([9]) e, de um modo mais geral, de uma revolução artística que se manifestou através das roupas, dos objetos de adorno, das tatuagens, dos penteados, ligados, de alguma forma, aos rituais da sedução erótica. As joias e as primeiras pérolas do Paleolítico revelam «uma competição acrescida entre ou no interior das sociedades humanas, uma competição que se jogava mais no plano socio-simbólico do que no da violência física» ([10]). Neste sentido, a sedução não é uma atividade tardia que terá aparecido depois da captura violenta de mulheres. A verdade é que os raptos, as violações e os roubos coabitaram sempre com práticas rituais de sedução. Da mesma maneira que a aliança é uma estrutura elementar do parentesco, a sedução é uma estrutura elementar e original da relação erótica com o sexo oposto.

A sedução como ornamentação

Desde os tempos mais remotos que a sedução se ilustra através de artifícios e de diferentes «técnicas do corpo» (Mauss) como o modo de andar, o olhar, a dança e o canto. Em todas as sociedades, a gestualidade feminina e masculina, as maneiras de se mover, o ritmo do andar, o movimento de certas partes do corpo, as maneiras de olhar permitem criar efeitos de sedução segundo regras locais socialmente codificadas ([11]). Seduzir é destacar-se, atrair o olhar, estimular o interesse erótico do sexo oposto: isto passa por uma gestualidade codificada, olhares e trejeitos ritmados.

Se o homem que seduz pela dança, pela música e pelo canto é um «animal ritmado» ([12]), também é um animal ornamentado. O corpo de sedução é um corpo vestido, adornado, decorado, colorido, modificado por intervenções de tipos «artísticos», mesmo que sem artistas profissionais. Com o *Homo sapiens*, a sedução tem o elemento característico de não deixar de mobilizar as artes do corpo: implica aquilo a que Mauss chamava uma «ornamentação», que funciona como uma tecnologia de encantamento do corpo e do rosto.

Mauss distingue a «ornamentação direta» ou «cosmética», que engloba as práticas de «beleza acrescentada ao corpo» (deformações, escarificações, penteados, tatuagens, maquilhagens, pinturas do corpo), da «ornamentação indireta», que inclui adornos, roupas e joias ([13]). A primeira diz respeito à decoração direta do corpo, a segunda «ao acrescento de ornamentos no corpo» ([14]). A ornamentação pode ser duradoura e indestrutível (escarificações, tatuagens, deformações...) ou temporária (folhagens, plumas, pinturas), mas, em todos os casos, é vista como uma operação estética ou uma forma de arte associada à beleza e ao jogo, ao luxo e à «alegria sensual». Por isso, para Mauss, o adorno é uma forma de embelezamento: «O vestuário é mais um adorno do que uma proteção» ([15]). Do mesmo modo, Lévi-Strauss, acerca da tatuagem dos Cadiuéus, fala de uma «cirurgia pictórica (que) opera uma espécie de enxerto da arte sobre o corpo humano» ([16]). Como «o homem procurou sempre acrescentar-se como algo de belo à sociedade, incorporar-se nela» ([17]), a ornamentação mais não é do que uma artialização ([18]) do corpo. Uma artialização que, durante dezenas de milénios, funcionou sem sujeito criador, sem inovação deliberada, sem procura de originalidade, sem rutura com as formas herdadas do passado.

A ornamentação cumpre funções mágicas, religiosas, mas também estéticas e eróticas. Entre os Inuítes, uma mulher sem tatuagem é objeto de escárnio ([19]). Nas ilhas Marquesas, não ser tatuado é apresentar um corpo vergonhoso. Em muitas etnias, o natural é chocante e inadmissível, a nudez sem intervenção etnocultural inspira horror. A aparência anatómica é insuficiente para suscitar a atração: só pela decoração corporal é que a pessoa recebe a sua dignidade humana-social, só então é vista como um ser «civilizado» capaz de atrair o desejo. Só coberto de signos simbólicos é que o corpo é capaz de seduzir: entre os Samburus do Quénia, são consideradas belas e desejáveis as mulheres cujo pescoço está totalmente coberto por colares de pérolas. Mesmo que os artifícios não se destinem exclusivamente a aumentar a atratividade pessoal, constituem uma condição necessária da sedução: não são suficientes, mas sim indispensáveis. É por isso que, em certas tribos africanas, para atraírem as raparigas, os homens solteiros podem ter de dedicar um tempo considerável a confecionar os seus adornos [20].

A divisão sexual das aparências

Ao mesmo tempo, a ornamentação é inseparável do princípio imemorial e universal da diferenciação sexual. As pinturas faciais, as tatuagens, os penteados, os adornos, as técnicas do corpo estão marcados pelo selo da diferença sexual. Sempre e em toda a parte, os meios de agradar e a decoração dos corpos assumem formas diferentes no masculino e no feminino. O mesmo acontece com as práticas de sedução e as outras atividades sociais: são divididas em função do sexo.

De facto, durante a pré-história e a história, mais vezes do que a mulher, o homem encarnou com mais brilho as estratégias e a teatralização das aparências: «O primeiro objeto decorado é o corpo humano e, em especial, o corpo masculino» [21], observava já Mauss. Entre os Baruías, os homens são o belo sexo, diz Maurice Godelier: usam plumas de aves coloridas, enquanto as mulheres só têm direito a adornos descorados. Entre os Masas e os Musseis de África, «o homem é o ponto de mira da estética corporal», o género que concentra todas as atenções relativas à estética corporal [22]. Nas tribos Shuaras, as tatuagens mais elaboradas são geralmente as exibidas pelos homens ([23]). Em todas estas comunidades, os instrumentos de sedução mais espetaculares (danças, pinturas, roupas, joias) são masculinos.

Por isso, é pelo menos surpreendente ler, em Jean Baudrillard, que a sedução é um fenómeno de essência feminina: «Sedução e feminilidade confundem-se, estão sempre confundidas» ([24]). Na verdade, são muitos os dados etnográficos e históricos que desmentem contundentemente esta afirmação. Exibir-se, pavonear-se, destacar-se, atrair a atenção do outro, isto nada tem de especificamente feminino: são atividades que dizem respeito aos dois géneros. A sedução, por via dos artifícios corporais, não é uma atividade de essência masculina; é um fenómeno sistematicamente dividido segundo o género. Para realçarem o seu encanto, os homens e as mulheres não utilizam os mesmos sinais codificados: este é o fenómeno primordial e universal. As decorações corporais e artefactuais, bem como as técnicas do corpo, são assimétricas; as danças, os modos de andar ([25]) não são semelhantes. Os universos da sedução masculina e da sedução feminina não seguem as mesmas vias: são sistematicamente diferenciados não só como instrumentos de identificação social, mas também como meios de provocar o desejo do sexo oposto.

Adornos e agência

As decorações corporais ou artefactuais não têm a beleza e a sedução como únicas finalidades. Nas culturas tradicionais, os adornos dos corpos exprimem o estatuto social, a classe etária, o estatuto marital, o estado de nubilidade, a pertença ao clã, à tribo, ao género masculino ou feminino. Podem tornar invencíveis os guerreiros, proteger contra o mau-olhado, favorecer a fecundidade, assegurar os laços com o sagrado, e são executados com fins profiláticos, terapêuticos e mágicos. Os adornos e os ornamentos do corpo não constituem uma esfera estética autónoma: encastrados no todo coletivo, integrados em sistemas de sentido que estruturam o mundo, usados para diversos fins, servem para exprimir a ordem cósmica e social.

No entanto, se os adornos corporais são expressões que participam na ordenação do mundo e estruturam as relações do homem com o cosmos, não se confundem com sistemas semióticos puros que significam identidades, idades, acontecimentos ligados aos antepassados dos tempos míticos: visam ter uma ação ou uma «agência» ([26]), ou seja, ser agentes. E nomeadamente, embelezar a aparência corporal, atrair a atenção do sexo oposto, criar uma beleza erotizada, reforçar a atração do corpo. É através do corpo adornado que os indivíduos procuram destacar-se: seduzir é mostrar, exibir cores, ornamentos esplendorosos que funcionam como estímulos sensoriais atrativos, mas também símbolos de prestígio e de riqueza capazes de estimular o desejo do outro sexo. Foi isto que levou Flügel a apresentar a sedução sexual como a função principal do adorno ([27]).

Entre os Tuaregues, pintar a pele, os lábios e as roupas de azul é uma maneira de civilizar os seres, mas também de os embelezar, realçar algumas partes do corpo, dar elegância ao aspeto ([28]). Para os Maisins da Papua-Nova Guiné, a tatuagem núbil é obrigatória para participar nos primeiros encontros amorosos, dançar com as jovens, fazer livremente amor. Lévi-Strauss observava que, com as pinturas faciais e corporais das mulheres cadiuéus, «o efeito erótico das pinturas nunca foi tão sistemática e conscientemente explorado» ([29]). Na festa do mel, os homens das tribos Achés depilam as sobrancelhas, rapam o cabelo no alto do crânio e ornamentam-se com uma touca de pele de jaguar para serem belos e cortejarem as raparigas ([30]). Os homens e as mulheres procuram realçar a sua aparência física, não numa perspetiva semiótica pura, mas a fim de estimular o desejo do sexo oposto, erotizar a sua aparência, estabelecer relações amorosas.

Ao realçarem a beleza dos corpos e sublinhando as diferenças de género, os adornos desempenham um papel de atractores sexuais não só por intensificação «direta» do impacto visual, mas também pelo seu valor simbólico enquanto sinais de riqueza, poder e estatuto social. Com o *Homo sapiens*, os meios da sedução já não seguem necessariamente a via dos efeitos visuais ou dos estímulos sensoriais, mas sim a via mais abstrata dos sinais prestigiosos e do registo sociossimbólico ([31]). Aquilo que seduz são os símbolos e não apenas as qualidades estéticas dos adornos.

100 000 anos de sedução

Os artifícios destinados a realçar a aparência exterior do corpo estão atestados no universo humano desde os tempos mais remotos. Os vestígios arqueológicos mais antigos de utilização de cosméticos à base de pigmentos vermelhos remontam a 300 000 a.C. em África: são as primeiras pinturas corporais. Os Neandertais usaram ocre e outros pigmentos minerais há 250 000 anos em África e, depois, na Eurásia. Estes traços pintados são objeto de controvérsias científicas, mas podemos pensar que terão servido para aumentar o efeito visual dos que exibiam esses sinais ([32]). Modificar a aparência do corpo a fim de torná-lo mais impressionante ou intimidante para os inimigos, mas também mais atraente para aumentar as hipóteses de acesso ao outro sexo: temos todos os motivos para pensar que estes procedimentos já eram usados nas interações sociais dos nossos antepassados distantes do Paleolítico médio.

Os elementos mais antigos de adorno permanente que hoje conhecemos (pérolas, conchas furadas usadas como colar) datam de há 82 000 (gruta dos Pombos em Marrocos) e de há 75 000 anos (gruta Blombos na África do Sul). No entanto, só com o homem de Cro-Magnon é que os artifícios variados e complexos da sedução (roupas ornamentadas, penteados, escarificações, tatuagens) aparecem em grande número. Prova disso são as estatuetas do Paleolítico superior. A Vénus de Hohle Fels, datada de há 35 000 anos, apresenta escarificações e tatuagens nos braços e no corpo ([33]). A Dama de Brassempouy (23 000 anos) tem no rosto estrias ou escarificações que evocam tatuagens ou uma maquilhagem; a grelha de incisões perpendiculares que ornamenta a sua cabeça sugere um cabelo entrançado. A Vénus de Lespugue, datada de há 22 000 anos, apresenta um cabelo bem penteado, representado por estrias paralelas; as suas coxas estão cobertas por uma espécie de tanga triangular, o que atesta uma técnica de tecelagem. Tatuagens, escarificações, pinturas corporais, penteados e roupas elaboradas, objetos de adorno pessoal, todos estes fenómenos cumprem um grande número de funções ([34]), entre as quais a ostentação, a valorização da aparência individual a fim de suscitar o desejo nos parceiros potenciais do sexo oposto.

São adornos que mudam no espaço e no tempo e que já não dependem de modificações genéticas ou de novas causalidades ecológicas. Enquanto a cultura dos Neandertais se manteve inalterada e homogénea durante dezenas de milhares de anos — os seus utensílios são praticamente os mesmos em regiões do mundo muito afastadas entre si —, o universo que começa com o Cro-Magnon caracteriza-se por uma forte diferenciação cultural. As maneiras de suscitar o interesse sexual do outro já não seguem um estilo universal, já não são comportamentos invariáveis e partilhados em toda a parte, já não são o produto automático de determinações biológicas. A partir do Cro-Magnon, as práticas de sedução manifestam-se segundo tradições locais, códigos culturais diversos, estilos particulares tributários de tradições locais. A sedução entrou na sua era moderna, ou seja, cultural, marcada por uma enorme variedade intraespecífica cujos traços se transmitem de geração em geração por via não genética. A espécie *Homo sapiens* manteve-se a mesma, mas não parou de inventar adornos e artifícios singulares, ritos de corte, critérios de beleza extremamente variáveis. A excecionalidade da sedução humana por via dos artifícios é inseparável da sua diversidade cultural.

As intervenções sobre a aparência física não apareceram em toda a parte na mesma época pré-histórica, mas nenhum continente nem nenhuma etnia as ignoraram. Desde há cerca de 40 000 anos, modificar a aparência do corpo, adorná-lo, colori-lo, aumentar a atração sexual por meio de artifícios estéticos é uma constante antropológica, uma disposição invariante consubstancial à espécie humana. Não há humanidade sem o corpo adornado, sem diversos artefactos que permitem dar-se a ver, valorizar-se, suscitar um aumento de interesse do sexo oposto. Embora existam povos nus, nenhum ignora a ornamentação, que podemos ver como específica do homem e um dos grandes meios de sedução intersexual.

O ADORNO E A EXCEÇÃO HUMANA

Como pensar esta abundância de adornos, de artifícios e de ornamentos pelos quais se efetua a sedução? O fenómeno está em continuidade ou em descontinuidade com aquilo que se observa no mundo animal? Devemos ver nisso um facto de cultura típico da humanidade ou um facto biológico enraizado na nossa origem animal? A questão pode parecer ingénua ou supérflua, pois há um grande consenso em torno da ideia de que só o homem fabrica roupas, se ornamenta e modifica artificialmente a sua aparência corporal. Da Bíblia até ao pensamento greco-romano e às ciências humanas, o acordo a este respeito é profundo: o adorno é pensado como uma marca distintiva do homem, que o separa da sua pertença ao mundo animal ([35]).

No entanto, hoje em dia, biólogos, etnólogos e filósofos contestam a ideia de que as roupas e os ornamentos corporais sejam um sinal distintivo do género humano. Construiu-se um novo paradigma que, ao superar a oposição natureza//cultura, animalidade/humanidade, defende o facto de um adorno especificamente animal, bem como a natureza biológica da sedução humana. Nesta perspetiva, os signos humanos de sedução são colocados em continuidade profunda com os dos animais. Se o homem se adorna não é porque se separa da animalidade, mas sim porque é um «animal humano» ([36]). Se procurarmos uma descontinuidade, só a encontraremos na possibilidade humana de acumular os símbolos de terror ou de sedução, de dar à arte de matar ou à arte de amar... um refinamento específico à nossa espécie» ([37]). Teria assim chegado o momento de «desantropologizar o adorno» ([38]), de desconstruir o antropocentrismo que rege a nossa leitura da ornamentação.

A questão está em aberto desde Darwin, que sublinhava a importância extrema, no jogo da competição sexual, dos belos e ricos «ornamentos» que os machos possuem, dos seus atrativos destinados a atrair as fémeas. Os machos oferecem o espetáculo de um uso extraordinário de ornamentos, de uma profusão de cores luxuriantes, de adornos exuberantes, de órgãos hipertélicos que têm as suas raízes nos mecanismos da «seleção sexual» e que permitem aos indivíduos providos dos trunfos mais resplandecentes terem uma vantagem decisiva no acesso às fémeas. Nesta perspetiva, o mundo do ornamento não começa com o homem, mas com o animal decorado de adornos esplendorosos; neste ponto, a cultura mais não faz do que copiar ou prolongar o que a natureza produziu ao longo da evolução.

Assim, se o homem se valoriza e procura seduzir a mulher por meio de diferentes ornamentos, isto nada tem de especificamente humano, pois estes comportamentos enraízam-se na nossa origem animal. Nesta ótica, as decorações corporais ou artefactuais existentes nas sociedades humanas não têm qualquer estatuto de exceção: resultantes da nossa base genética, ilustram a animalidade do homem, a continuidade entre o humano e o não humano. Porque se destinam a intensificar a sedução intersexual, os adornos contribuem para a sobrevivência e reprodução da espécie humana. Assim, «a estética da roupa e do adorno, apesar do seu carácter totalmente artificial, é um dos traços biológicos da espécie humana mais profundamente ligados ao mundo zoológico» ([39]), escreve Leroi-Gourhan, explicando ainda que «nenhuma diferença fundamental separa a crista e o penacho, o esporão e o sabre, o canto do rouxinol ou as vénias do pombo e o baile campestre» ([40]).

Nesta mesma via, o zoólogo Claude Gudin escreve: «Quando seduzimos, como distinguir a nossa animalidade da nossa cultura? [...] Afinal de contas, porquê opô-las? [...] Que diferença há entre o flamingo que declara o seu amor à fêmea e o apaixonado transido que oferece um ramo de flores à dama que ele cobiça? Que diferença há entre a mala de pele de crocodilo que oferecemos e a mosca envolta em seda que o macho oferece à aranha?» (⁴¹) Por conseguinte, nada vemos na sedução humana senão o que existe no mundo zoológico: exibir, cantar, dançar, oferecer presentes, tudo comportamentos comuns aos homens e aos animais. Os humanos não apresentam o seu teatro de sedução por serem humanos, mas por serem animais como os outros.

Além disso, os animais, em especial os machos, não exibem apenas ornamentos naturais luxuriantes: alguns confecionam artefactos destinados a seduzir as fêmeas. Entre as aves-jardineiras da Nova Guiné e da Austrália, os machos constroem estruturas decoradas a partir de ramos de arbustos, flores, penas, tiras, tampas de garrafas, para fazerem a corte a uma fêmea: esta instala-se nesta espécie de «sala de espetáculo» e observa o macho a executar a sua parada nupcial. Estas realizações poderiam ser o sinal de uma sensibilidade estética nos animais (⁴²). É a prova, para alguns biólogos e filósofos, de que os artifícios estéticos usados nos comportamentos de corte não são exclusivos do género humano: os não humanos são capazes de «produção estética», nomeadamente para atrair uma bela e obter vantagem na competição sexual. Comportamento estético que não se manifesta apenas nos machos: «a atenção despragmatizada» de que dão provas as aves-jardineiras fêmeas quando observam a parada do macho revelaria um comportamento estético aparentado ao dos humanos (⁴³).

Não há dúvida de que os estudos zoológicos nos ensinam muito sobre aquilo que devemos às nossas origens animais (⁴⁴). Seja, mas bastará isto para preencher o fosso que existe entre o homem e o animal não humano? Sublinhemos o facto essencial que, no mundo animal, não encontramos decorações acrescentadas ao organismo corporal. Nenhum animal transforma a sua aparência por meio de objetos ou de sinais, nenhum animal se adorna ou se maquilha procurando ser «outro» ao avaliar o efeito produzido nos outros. Os chimpanzés são capazes de confecionar, com pedaços de cascas, uma espécie de chinelo para subirem às árvores espinhosas, mas trata-se de um meio de proteger os pés e não de um adorno decorativo ou simbólico. O caranguejo decorador cobre-se de vários organismos marinhos, mas apenas com o objetivo de se camuflar. Quando alguns grandes símios, durante as fortes chuvas, cobrem a cabeça com folhas de bananeira, este comportamento não se relaciona com um parceiro eventual: é assimilável à confeção de um abrigo, de uma espécie de «chapéu de chuva», e não a um comportamento de sedução ([45]). Frans de Waal assinala que «os orangotangos põem vegetais na cabeça para observar o efeito produzido» e certas fêmeas chimpanzés «chegam a pendurar plantas trepadeiras ao pescoço para se embelezarem» ([46]). No entanto, como observa Joëlle Proust, nada prova que tenham a intenção de produzir um efeito visual desse género. Talvez se trate apenas de uma brincadeira ou de um prazer individual sem procura de sedução ([47]).

Podemos admitir a ideia de «adornos» animais, mas estes pouco têm que ver com aquilo que os homens confecionam: o conceito de adorno, nos dois casos, não tem o mesmo sentido. Nada vem desmentir o que Gottfried Semper escreveu em 1869: o facto de adornar «pertence exclusivamente ao homem e é talvez a coisa mais antiga de que ele faz uso. Nenhum animal se adorna. A gralha que se exibe com plumas de outros pássaros é, como se sabe, uma quimera. O ornamento constitui o primeiro passo significativo para a arte» ([48]).

É inegável que os animais manifestam uma multidão de ornamentos destinados a seduzir os seus parceiros sexuais. A maioria dos pássaros machos corteja as fêmeas fazendo paradas, exibindo cores exuberantes. E as aves-jardineiras edificam «casas de recreio» (Remy de Gourmont) ricamente decoradas para seduzir uma bela. Mas como estabelecer alguma continuidade entre as decorações corporais humanas e sinais de animais que estão tão longe da nossa linhagem evolutiva? A este respeito, não podemos ver as ricas plumagens do pavão ou da ave-do-paraíso como as primícias dos adornos humanos.

Adornos e amor-próprio

Além disso, adornar o corpo não tem o mesmo significado que decorar um local exterior para servir para a transmissão dos genes. Segundo a teoria da evolução, os ornamentos animais estão ao serviço do processo de reprodução: têm a função de assinalar a qualidade dos genes do parceiro, favorecer a maximização do sucesso reprodutor, transmitir os genes à maior descendência possível para assegurar a sobrevivência da espécie. O mesmo não acontece nos humanos, nos quais as ornamentações não servem para detetar os melhores reprodutores, mas para exprimir identidades sociais e lisonjear o narcisismo dos indivíduos. O facto de se adornar tem que ver com motivações «egoístas», dizia Simmel, pois os ornamentos pessoais permitem «fazer realçar aquele que os usa», aumentar o seu amor-próprio: «O adorno aumenta ou alarga o efeito da personalidade, na medida em que age, por assim dizer, como uma radiação desta. [...] Pode-se falar de uma radioatividade do ser humano. [...] As radiações do adorno, a atenção sensual que suscita, conferem à personalidade uma tal extensão, ou até um tal crescimento da sua esfera, que ela *é* por assim dizer mais quando está adornada» ([49]). Se as decorações animais são auxiliares da reprodução anónima da espécie, as dos humanos estão ligadas à busca de gratificações individuais, a uma vontade de adquirir poder sobre o outro: ao criarem uma espécie de suplemento de ser, funcionam como meios de tornar o indivíduo mais «sensível e fortemente presente» ([50]).

É por isso que a invenção dos adornos na pré-história deve ser ligada às capacidades cognitivas do homem anatomicamente moderno e ao seu alto nível de complexidade, que permitem a autoconsciência reforçada, a capacidade do «si autobiográfico» ([51]), a faculdade de dizer «eu», de atribuir estados mentais às outras pessoas, de se reconhecer como um indivíduo singular, semelhante, para além das variações de sensações e dos diferentes momentos da vida. Isto porque, quando há consciência de si, afirma-se o desejo de se valorizar, de se mostrar, de ganhar a estima do outro: «Cada um começou a ver os outros e a querer ser visto, e a estima pública tinha o seu preço; o mais belo, o mais forte, o mais destro ou o mais eloquente tornava-se o mais considerado, e este foi o primeiro passo para a desigualdade» ([52]).

Com a capacidade de consciência de si e o pensamento simbólico, surgem a comparação com os outros, o interesse em diferenciar-se e em cuidar do aspeto para ganhar vantagem. Estas novas competências cognitivas não se mantiveram «abstratas»: provocaram efeitos, paixões, em particular o «furor de se distinguir» (Rousseau), de mostrar o valor, nomeadamente através dos sinais do parecer. Os adornos pessoais não foram criados, como por vezes se diz, para imitarem os ornamentos coloridos que encontramos em certas espécies animais, mas como uma maneira de aumentar os poderes de sedução e o sentimento de si, reforçar o amor-próprio. O adorno corporal não pode ser resumido a uma expressão simbólica da ordem coletiva e às necessidades da identificação comunitária. No princípio do adorno está também a busca da valorização individual, de uma espécie de aumento do poder de si que excede a inscrição puramente coletiva. Com o adorno corporal, a sedução já não está apenas virada para potenciais parceiros sexuais; também é autossedução narcísica, maneira de se «engrandecer», de agradar pela imagem aumentada de si. Adornar-se dá um prazer em si mesmo ao mesmo título que a dança, observava Mauss: «A dançarina vê-se a dançar e tem alegria nisso» ([53]). As ornamentações pessoais foram alimentadas pelas paixões narcísicas possibilitadas pelos progressos cognitivos e pelo desenvolvimento de uma representação de si individualizada sem equivalente no mundo animal.

Os nossos primos símios

Teremos mais hipóteses de descobrir uma continuidade entre as práticas sedutoras dos humanos e dos não humanos se considerarmos os primatas superiores (símios e grandes símios), que constituem um grupo ao qual estamos aparentados no plano da evolução? Os bonobos, por exemplo, cujos pontos comuns com o homem são pouco duvidosos. É uma espécie na qual a sexualidade já não está diretamente ligada ao processo de reprodução, pois serve nomeadamente para fazer baixar os níveis de agressividade, para acalmar as tensões sociais. A copulação efetua-se muitas vezes face a face. Como as fémeas estão com o cio durante quase todo o ano, podem acasalar mesmo quando não estão recetivas: a maioria dos atos sexuais não tem um fim reprodutivo. Mas, ao mesmo tempo, as estratégias de sedução são sumárias; desprovidos de ornamentos e de paradas, os bonobos iniciam rapidamente e sem «maneiras» as relações sexuais. Os jogos da sedução são pouco subtis e reduzem-se ao mínimo estrito; os bonobos, tal como os chimpanzés, não confecionam artefactos ornamentais.

É verdade que os babuínos e os chimpanzés fêmeas exibem de maneira flagrante aquilo a que por vezes se chamam «ornamentos sexuais» (intumescências vistosas e cores dos órgãos genitais), mas são manifestações estritamente fisiológicas programadas nos genes e que têm apenas o objetivo de assinalar a recetividade sexual da fêmea. Só se notam em períodos de cio, ao contrário da ornamentação das «fêmeas humanas», que é independente dos ciclos de ovulação e de qualquer transmissão genética. Neste plano, em relação aos chimpanzés, estamos de algum modo numa situação inversa: dissimulação da ovulação, mas recetividade sexual mais ou menos constante da mulher e «ornamentos» sexuais múltiplos e vistosos.

As paradas nupciais dos símios são rápidas e muito sumárias: começam por inspeções mútuas, investigações olfativas dos machos, manipulações das partes genitais. Quando se trata de uma fêmea com cio, estas atividades duram menos de um minuto. Quando está pronta a acasalar, a fêmea assinala-se pelo inchaço e cor dos seus órgãos genitais, que funcionam como chamamento para os machos, que se aproximam e a cobrem de imediato. Entre a maioria dos outros símios, a ovulação é escondida, mas os comportamentos de corte também se manifestam sem artefactos. Em termos de sedução, há mais descontinuidade do que continuidade com o mundo animal, isto mesmo nas espécies em relação às quais estamos mais geneticamente próximos. Ainda que, nas espécies animais mais evoluídas, a sedução e o ato sexual devam muito às aprendizagens, aos jogos, à imitação dos adultos, e embora partilhemos 98 por cento do património genético dos grandes símios, só a espécie humana inventou os artifícios da aparência como instrumentos de sedução, características, entre outras, da singularidade humana. São aspetos que fundamentam a ideia de excecionalidade do adorno humano.

O ADORNO E A ARTIALIZAÇÃO DOS CORPOS | 153

Sedução e poder humano de negação

Embora decorem os seus lugares nupciais, as aves-jardineiras não ornamentam o seu próprio organismo. Algumas espécies de aves, como o abutre-barbudo, coloram deliberadamente a sua plumagem banhando-se regularmente em águas ou lamas ferruginosas. Mas esta coloração é um sinal de territorialidade, que também permite a proteção contra os parasitas e o desgaste da plumagem. Não se trata de sedução. Só o homem modifica a sua aparência corporal, só ele procura embelezar-se para conquistar um parceiro ou uma parceira: se é um «macaco nu», também é o único a ser um macaco vestido, decorado, «metamorfoseado». Se é verdade que os grandes símios antropoides são capazes de autorreconhecimento diante da imagem do espelho, nenhum deles procura melhorar a sua aparência como fazem os humanos, que cortam o cabelo, penteiam-se, barbeiam-se, maquilham-se e tatuam-se. As práticas de sedução dos animais não se acompanham de nenhuma ação transformadora intencional do rosto e do corpo. Além disso, não requerem o concurso de outros indivíduos. Só o homem mobiliza outros seres para aperfeiçoar a sua imagem, realçar a sua beleza por via de decorações, tatuagens, pinturas e outras incisões.

Embora o homem receba o seu corpo da natureza, não deixa de modificar certos aspetos desse corpo, de o remodelar, de o artializar. A mudança do corpo ilustra esta dimensão específica do homem: o poder de se transformar, de agir sobre si, ao ponto de contrariar, de negar o desenvolvimento natural do corpo, como mostram a redução dos pés das mulheres chinesas, o alongamento do pescoço das mulheres-girafas birmanesas, os pratos labiais das Mursis, as deformações do crânio dos nobres Kwakiutls, dos Mangbetus, dos Olmecas, dos Chinookans. A este respeito, a ornamentação, tal como a moral, deve ser pensada como um fenómeno *antinatural* que, opondo-se ao desenvolvimento biológico, cria um efeito de rutura ([54]). É aquilo a que Patrick Tort chama «o efeito reversivo da evolução»: os comportamentos selecionados pela evolução voltam-se contra a seleção natural ([55]). Os instrumentos da sedução não prolongam os mecanismos biológicos da sedução natural: inventam outro corpo, um corpo culturalizado, resultante da capacidade humana de negação e de autonegação do dado natural herdado ([56]).

Nesta perspetiva, a ornamentação não se diferencia da atividade artística, que efetuando-se sempre «às custas do mundo natural exterior» ([57]), é definida por Baudelaire como «sobrenaturalismo», «ensaio permanente de reformação da natureza». A arte não é imitação da natureza, mas deformação, enobrecimento, transfiguração da natureza: por isso, a sua essência é essencialmente antinaturalista. O mesmo se diz dos artifícios do adorno. Através das pinturas do corpo, das roupas, das mutilações, das tatuagens, a ornamentação mais não é do que uma das formas da negatividade artística especificamente humana, que, aplicada ao corpo, toma posse da natureza pelos sinais da cultura. Nas ilhas Marquesas, todo o corpo do homem, incluindo as pálpebras, a boca, a língua e as gengivas, era coberto de desenhos verdes e azul índigo, e não esqueçamos o desgosto dos Cadiuéus pelo «indivíduo biológico estúpido» ([58]). Maneira de «arrancar a natureza à sua natureza» ([59]), de substituir os traços naturais por traços culturais, de ocultar os traços da naturalidade física, a artialização do corpo é uma desnaturalização das formas humanas. Porque «traveste» ([60]) o corpo natural e o remodela, a ornamentação marca uma descontinuidade radical com as formas naturais da sedução animal.

As teses contemporâneas que tentam «desantropologizar» o adorno não são convincentes. Ninguém discordará de que o teatro da sedução humana não deixa de estar ligado àquilo que podemos observar no universo animal. Tanto na natureza como na cultura, trata-se de atrair a atenção, de exibir, de se pavonear para obter uma vantagem na competição pelo acesso aos parceiros do sexo oposto. No entanto, se há continuidade com a condição animal, também há descontinuidade, pois os dispositivos de sedução no homem constituem fenómenos que apresentam características qualitativamente diferentes das existentes em todas as outras espécies. O facto de haver continuidade não basta para sustentar a tese do fim da «exceção humana» ([61]).

Em muitos aspetos, o adorno ilustra mais a descontinuidade natureza/cultura do que os utensílios, a exogamia e a proibição do incesto. Com efeito, os chimpanzés fabricam e utilizam utensílios. E certas «interdições» sexuais, ou mais exatamente, o que pode corresponder a isso, já estão de certo modo presentes nos primatas mais próximos do homem. Por exemplo, nos chimpanzés e nos bonobos, as fémeas na puberdade deixam o seu bando natal; outros mecanismos biológicos ou sociossexuais também permitem «o evitar do incesto» entre os primatas. De maneira que a proibição do incesto poderia constituir não um «Big Bang», uma rutura absoluta com a natureza, mas uma transformação de mecanismos já presentes em certas espécies de primatas. Nestas condições, a proibição do incesto seria uma regra que ilustra «uma transformação contínua e, ao mesmo tempo, descontínua entre a animalidade e a humanidade» ([62]).

Contudo, no que diz respeito à ornamentação humana, não encontramos esse «enraizamento» natural, nem nos primatas mais próximos do homem. Transmitindo-se de maneira não hereditária, sem função utilitária no processo de transmissão dos genes e voltando-se contra a própria ordem natural, as modificações artificiais e estéticas do corpo, ao mesmo título que as pinturas rupestres, representam uma forte descontinuidade com a ordem da natureza, uma figura exemplar de excecionalidade humana que obedece a outros mecanismos que não os da evolução natural.

São atividades negadoras que, de natureza consciente e intencional, pressupõem a linguagem articulada e a capacidade de pensar simbolicamente. A atividade sedutora dos animais manifesta-se sob a influência dos mecanismos biológicos da reprodução: «mais do que se exibirem, de se adornarem ou de se esconderem, parece que os animais são exibidos, adornados ou escondidos pelos seus comportamentos selecionados ao longo da evolução» [63]. Não há nada disto no homem, no qual a sedução se apoia no pensamento simbólico, assenta em crenças, representações, estratégias conscientes e intencionais. Querer seduzir é pensar que os artifícios utilizados têm o poder de nos embelezar e de aumentar as nossas hipóteses de agradar ao outro. Ao mesmo tempo, os sinais emitidos, para existirem como tais, devem ser compreendidos e apreciados pelo destinatário da mensagem. Por isso, a relação de sedução necessita da cognição, da consciência, de uma disposição intencional, da aquisição de um código de signos e de valores convencionais. A sedução é um modo de comunicação que usa processos cognitivos ligados à própria estrutura cerebral e que visa intensionalmente modificar o comportamento ou o estado de espírito do outro: os fatores genéticos são sistematicamente mediatizados pelo simbólico, pelo cultural e pelo psicológico. Como há elementos animais ou não humanos na sedução humana, Boris Cyrulnik tem razão em afirmar: «Quanto mais descubro os mundos animais, mais compreendo a condição humana» [64]. No entanto, seria ainda mais justo dizer: quanto mais conhecemos os animais, mais vemos o que há de único nos rituais amorosos humanos.

SINAIS HONESTOS E SEDUÇÃO ENGANADORA

Se existe uma diferença irredutível entre a sedução humana e a dos animais não humanos, isto deve-se também ao fenómeno da sinalização dispendiosa ou «honesta» típica dos rituais da sedução animal tal como analisados pelos zoólogos e etólogos contemporâneos. No mundo animal, os comportamentos de corte mobilizam atividades de comunicação ou de construção que implicam um investimento considerável de tempo e energia (danças, paradas, vocalizações, arquiteturas decorativas). Ora, estes sinais são desvantajosos para a sobrevivência do portador: a cauda longa e extravagante do pavão impede-o de fugir quando surge um predador. Se, porém, para atrair as fêmeas, a evolução selecionou comportamentos tão pouco económicos, é porque revelam o valor biológico efetivo (*fitness*) do macho, a qualidade extraordinária dos seus genes ([65]). Estas estruturas fisiológicas são de tal modo dispendiosas que, aos olhos de investigadores como Amotz Zahavi, são necessariamente bons garantes de qualidade biológica, pois só um animal potente e geneticamente «superior» pode permitir-se tal investimento. Se o pavão é capaz de exibir uma cauda tão desvantajosa, é porque possui efetivamente as qualidades que esse atributo assinala. Assim, as paradas e as ornamentações sexuais não enganam: porque dispendiosas, são intrinsecamente fiáveis e «honestas».

O mesmo não acontece nas operações humanas de sedução. Desde logo, quando se baseiam na linguagem oral, que é um sinal não dispendioso, é extremamente fácil dizer o que não verdade. A fim de aumentar as suas hipóteses de sucesso, o sedutor não hesita em mentir, lisonjear, dissimular os seus sentimentos e as suas verdadeiras intenções. Depois, os adornos e as pinturas permitem corrigir as imperfeições, embelezar-se artificialmente, enganar o parceiro. É esta dimensão de «engano» que, para Platão, caracteriza a atividade cosmética: os sinais de sedução fazem parte do engano e da ilusão. Ainda que os humanos, à semelhança dos animais, invistam muito tempo e energia para atrair o olhar do outro, separam-se deles devido à sua capacidade de emitir e produzir sinais enganadores que escondem ou falsificam a realidade. Através deste poder de negação-falsificação-desnaturalização, a sedução humana manifesta a sua irredutível diferença com a dos animais.

No entanto, é verdade que os sinais ditos «enganadores» não faltam no mundo da comunicação animal, que têm a capacidade de induzir em erro os congéneres e os predadores. Mas será o mesmo engano que o exercido pelos seres humanos? Lacan sublinhava que «o engano da fala» distingue-se do «fingimento» e dos chamarizes usados pelos animais: «um animal não finge fingir» ([66]). Para desenvolver esta perspetiva, limitar-me-ei à análise de dois pontos.

Em primeiro lugar, se os sinais enganadores (camuflagem, *bluff*, simulação, imitação de uma espécie não consumível) são numerosos nas relações presas/predadores, são mais raros no campo da sedução, pois as pressões da seleção sexual levam a assegurar a predominância da sinalização honesta. Ninguém ignora que não é isto que acontece com os humanos, nos quais os discursos galantes se acompanham de mentiras, exageros, astúcias, lisonjas e bazófias. Enquanto, em muitas espécies animais, o engano sedutor é relativamente excecional, o dos humanos é frequente, por vezes sistemático, e isto porque se apoia nos recursos da linguagem.

Em segundo lugar, muitos enganos animais são sinais estereotipados, idênticos em todos os representantes da espécie: biologicamente determinados, são inatos e não são modificados por nenhuma forma de aprendizagem. Quando o ninho é ameaçado por um predador, o borrelho-grande-de-coleira simula uma asa partida para afastar o predador do ninho: o fingimento é real, mas efetua-se, ao contrário daquilo que se produz nos humanos, sem intenção consciente, apenas como um comportamento automático elaborado ao longo da evolução da espécie. Não é o que acontece noutras espécies animais, como os primatas não humanos, que parecem capazes de manipulações ou de enganos que usam capacidades cognitivas. Entre os babuínos-sagrados, uma fémea pode afastar-se do macho dominante e esconder-se atrás de uma rocha para acasalar com outro macho, como se soubesse que não deve ser vista pelo macho alfa. No entanto, este comportamento não implica necessariamente um engano intencional baseado na capacidade de perceber os estados mentais do outro e na vontade de os modificar ([67]). Na verdade, os grandes símios não procuram saber o que o outro pensa, mas apenas prevenir ações, neste caso as represálias do macho dominante. Isto levou muitos investigadores a verem estes comportamentos animais não como uma atividade enganadora, mas como associações puramente motrizes, comportamentos adquiridos por aprendizagem.

Existem outras diferenças de fundo com o que se produz nas interações humanas, nas quais se coloca sempre a questão da credibilidade e da veracidade dos discursos. Os sinais sedutores são uma coisa, a sua «autenticidade» é outra para o recetor humano da mensagem. Face aos discursos encantadores do sedutor, a mulher interroga-se e por vezes mostra-se perplexa. Será que todas essas belas promessas, todos esses cumprimentos são «verdadeiros»? A fémea da ave-jardineira aprecia ou não a arquitetura decorada que o macho confecionou, bem como a parada que este executa. É ou não atraída, e mais nada intervém na sua escolha e no seu consentimento para acasalar. A mulher, por seu lado, pode apreciar os discursos lisonjeadores que lhe são dirigidos, mas, geralmente, isso não basta ([68]): ela tem de acreditar na sua veracidade. Os animais conseguem enganar, mas os humanos possuem a capacidade representacional, a de formar meta-representações que lhes permitem colocar a questão muito refletida: aquele que se dirige a mim pensará realmente o que diz ou será uma astúcia, uma parada galante enganadora?

Subjugada pelos cumprimentos superlativos de Don Juan, Charlotte não deixa de exprimir dúvidas: «Senhor, apraz-vos dizer isso, e não sei se zombais de mim» (*Don Juan*, ato II, cena 2). O engano da palavra sedutora raramente escapa à distância reflexiva, ao questionamento interpretativo da destinatária. De tal maneira que a linguagem de sedução só «funciona» se conseguir convencer o outro da sinceridade das suas afirmações: uma adesão íntima, subjetiva, que não pode resultar de uma atração «mecânica». O resultado é tão pouco garantido que o sedutor, para alcançar os seus fins, volta à carga, procura novas palavras, insiste na sinceridade da sua paixão. Estamos nos antípodas dos sinais enganadores animais, como o falso presente nupcial do macho da aranha-teia-de-berçário. Não basta utilizar os bons códigos: é preciso conseguir convencer consciências capazes de reflexão. Inseparável da interpretação subjetiva dos sinais e de uma atividade reflexiva, a simulação humana marca uma descontinuidade em relação ao fingimento animal.

Os primatas são, inegavelmente, capazes de atos de engano. Estudos recentes revelaram que 17 por cento dos nascimentos entre os macacos-gelada têm origem em machos não alfa. Para não sofrerem as violências dos machos dominantes, os casais enganam, recorrem ao «engano tático», nomeadamente abstendo-se de soltar os gritos característicos do acasalamento. No entanto, nestes casos, não é a atividade sedutora que se rodeia de dissimulação, mas o facto do acasalamento a fim de escapar aos «castigos» físicos do macho alfa. Os humanos, por seu lado, usam formas de engano do próprio parceiro para suscitar o seu desejo e vencer as suas resistências. Enquanto os animais escondem a sua ação a um terceiro, os sedutores humanos enaltecem-se, mentem, «contam histórias» ao próprio objeto do seu desejo.

Contudo, os humanos não se limitam a tentar agradar: falam dos seus sucessos e insucessos, comentam-nos, vangloriam-se deles ou escondem-nos. Os homens tendem a aumentar o seu palmarés de caça, declarando ter tido mais parceiras do que as que tiveram na realidade; as mulheres, pelo contrário, declaram menos do que os que realmente tiveram. Homens e mulheres escondem a verdade não só para provocar um comportamento físico desejado por parte do outro, mas tendo em vista a imagem positiva de si mesmos que desejam impor. Os primatas dissimulam as suas ações para evitar uma «punição» física; os humanos, em certos casos, procuram manipular o saber do outro sem daí esperarem benefícios físicos imediatos, sem retirarem outra vantagem que não psicológica e simbólica.

Os animais sabem enganar, fingir, a fim de provocarem comportamentos de que tiram partido. O mesmo se passa nos humanos, mas estes também podem manter uma relação mais complexa com a oposição verdadeiro/falso. A mulher maquilhada exibe uma tez falsa, cores falsas, mas, ao mesmo tempo, o artifício é visto como tal. Ninguém é enganado: o objetivo não é enganar, mas agradar, por vezes tendo em vista apenas o prazer de agradar. A este respeito, poder-se-ia falar de engano verdadeiro-falso, pois o meio que visa modificar o estado de espírito do outro é perfeitamente reconhecido: longe de se esconder, o falso é exibido e muitas vezes valorizado. Trata-se de um trabalho de dissimulação sem dissimulação que é difícil de atribuir ao mundo animal.

CAPÍTULO V
A beleza tentadora

O facto é largamente reconhecido: a característica que seduz mais imediatamente numa pessoa é a sua beleza física. Desde a Antiguidade que se admite que o desejo, a atração e o amor nascem do olhar lançado sobre a beleza. Para Platão, «a maioria dos amantes apaixona-se pela beleza do corpo antes de conhecer o espírito e as outras qualidades» ([1]). Do mesmo modo, os provérbios medievais colocam o acento tónico no papel da visão: «Onde está o amor, está também o olho» (século XIII). Mais tarde, no século XV, Tomás de Kempis escreve: «Olhar a beleza é uma tentação.» E Marsílio Ficino: «O amor é um desejo de desfrutar da beleza.» Seja a do corpo ou do rosto, a beleza é o primeiro facto que desencadeia o «amor à primeira vista» e, mais geralmente, o interesse mútuo dos homens e das mulheres.

Esta observação é comprovada em todos os lugares e em todos os tempos. Como a beleza é desejável e se faz logo amar, a aparência física constitui uma força atrativa de primeiríssimo plano. O papel central da aparência elogiosa no sucesso das relações amorosas é reconhecido desde o início dos tempos. Nas mais diversas culturas, a feiura é muitas vezes associada à malícia, à estupidez, ao monstruoso:

causando repulsas e vexames, inspira o riso, alimenta escárnios por vezes ferozes. No exato oposto, a beleza é assimilada à bondade e à riqueza, à saúde e à juventude: fascinante, suscita a admiração e o desejo erótico. Em muitas sociedades tribais, a beleza corporal, e as suas promessas de recolher os favores do outro sexo, recebe elogios vibrantes, dá lugar a cantos, diz-se com um vocabulário rico e variado, alimenta as narrativas dos mitos, das lendas e dos contos.

No entanto, em muitas comunidades, a beleza física, em particular a das mulheres, é considerada enganadora e perigosa. A mulher agradável de se olhar esconde a preguiça, a avareza, um mau carácter. Desde a Antiguidade que a beleza feminina é objeto de suspeita, denunciada como armadilha, emboscada e engodo. Para os Doutores da Igreja, o corpo atraente e sensual da mulher é um logro que nos desvia de Deus, esconde a ignomínia do pecado e a natureza pérfida das filhas de Eva: «A beleza de uma mulher é a maior das armadilhas», declara Crisóstomo. Além disso, são violentamente condenadas as maquilhagens, os artifícios, os «vãos ornamentos» que as mulheres utilizam para se embelezarem e cativarem os homens. Até inícios do século XX, no mundo rural, são muitos os provérbios que alertam para os perigos e as tentações dos encantos femininos. Dado que a beleza feminina enfeitiça os homens, é preciso denunciar os seus efeitos devastadores e erradicar os meios que a fazem ressaltar. Durante mais de 2000 anos, no Ocidente, perpetuou-se uma tradição misógina de hostilidade e de suspeição em relação aos atrativos femininos e às técnicas cosméticas.

A este respeito, a nossa época marca claramente uma rutura profunda. Por um lado, não há dúvida de que a nossa cultura prolonga a tendência secular que, desde o Renascimento, celebra a supremacia estética do feminino através das artes e das letras. Mas, por outro, a cultura do individualismo contemporâneo não deixa de constituir uma forte rutura em relação à outra face da relação tradicional com o «belo sexo»: a da sua diabolização. Ainda que certos princípios culturais hostis à valorização dos encantos femininos continuem presentes em certas frações da sociedade, já não são estruturantes da relação simbólica e imaginária com o corpo feminino contemporâneo. Às ameaças da «beleza perigosa» sucedeu a glorificação desenfreada da beleza sedutora: o corpo feminino exige agora ser perpetuamente melhorado numa corrida perpétua à estetização de si. Enquanto o imaginário da beleza, as suas representações ideais e os seus ícones reinam em toda a majestade, a indústria da beleza conhece um desenvolvimento formidável em todo o mundo. Através da questão da beleza feminina, é outra face da sedução soberana que triunfa, uma sedução que serve o enaltecimento infinito dos encantos físicos, bem como a proliferação desenfreada das práticas estéticas de si.

A BELEZA SEM LIMITES

Um cosmos inédito de sedução caracteriza as sociedades consumistas contemporâneas. É marcado pela oferta abismática dos meios capazes de embelezar os seres, bem como pela desqualificação dos obstáculos simbólicos, sociais e religiosos que serviam para reduzir o poder dos encantos do feminino. Ao precipitarem a ruína do cosmos que desacreditava e travava o florescimento da beleza (imaginário da beleza diabólica, raridade dos produtos cosméticos, condenação da maquilhagem e das roupas provocantes), as nossas sociedades abriram um novo capítulo da história da sedução. O estádio da sedução soberana corresponde ao momento em que o imaginário do belo sexo se emancipa da sua dimensão satânica, em que já nada se opõe à otimização da beleza, em que a oferta estética constitui um mercado com um desenvolvimento vertiginoso.

Da beleza ambivalente à beleza positivada

Ainda que, ao longo dos milénios passados, a beleza feminina fosse admirada, não deixava de ser objeto de desconfiança e de medo. Por detrás da aparência encantadora de Pandora, esconde-se a armadilha lançada por Zeus aos mortais; o seu belo corpo de virgem esconde o engano e a astúcia. Portadora de maldição, a beleza feminina é perigosa, precipita a humanidade na desgraça. Helena é uma beleza fatal suscitada por Zeus para que os homens se matem uns aos outros. Ainda no século XVII, a feminilidade é indissociável de representações antinómicas, com a sua fachada a esconder um «monstro horrível», uma «maldade» que é fonte de pecados.

Esta imagem da beleza pecaminosa prolongou-se nas culturas rurais, por vezes até ao século XX. Numerosos provérbios associam a beleza física a aspetos negativos e nefastos: «Bela mulher, má cabeça»; «A mulher é como a castanha, bela por fora e vermes por dentro». Em finais do século XIX e inícios do século XX, multiplicam-se, na literatura e nas artes plásticas, as figuras da mulher fatal, bela e «desumana», as criaturas sem alma cujo encanto irresistível provoca sofrimento, drama e morte. Através da *vamp*, o cinema continuou a alimentar a imagem da «beleza cruel e malévola», de uma sedução feminina inseparável do vício e da perdição do homem.

Este universo simbólico da beleza já não é o nosso. A mudança na esfera do imaginário e do simbólico é considerável. Com a espiral da cultura democrática, individualista e consumista, o medo e a desconfiança que a beleza inspira já só afetam alguns grupos ultrarreligiosos da sociedade: os avisos tradicionais contra os encantos femininos foram abandonados, as representações ambivalentes do belo sexo foram destronadas pelas de uma beleza plenamente positivada. Os antigos provérbios que assimilavam a beleza feminina a uma fonte de desgraças chocam-nos pela sua violência misógina. Quem, à exceção de alguns fundamentalistas religiosos, ainda dá crédito à ideia de que a beleza feminina é uma «calamidade desejável» e representa um perigo perpétuo para os homens? Em vez das representações das mulheres totalmente impregnadas de malícia, temos as imagens radiosas de *top models*, o *glamour* das estrelas, as *miss* celebrizadas nos concursos de beleza nacionais e internacionais. Adulamos a beleza sedutora, já não a consideramos uma força suspeita ou o agente do diabo. Vivemos numa cultura em que os encantos físicos do feminino são vistos como uma qualidade sem sombra nem perversidade, um «capital» de sedução emancipada de qualquer relação com o vício, a astúcia ou a morte. No cosmos individualista-consumista, a beleza feminina já não é considerada ontologicamente perigosa, perdeu a sua dimensão negativa, a sua ambivalência milenar quando era, em simultâneo, objeto de louvores e de desconfianças.

Se existe um aspeto negativo da beleza, tem que ver com o drama do seu emurchecer devido ao tempo e já não com os seus efeitos nocivos sobre os homens. Nas culturas democráticas, a mulher já não é considerada uma «má rés maldita» e a sua beleza só tem uma faceta negativa para a própria mulher (a «tirania da beleza» e os seus efeitos psicológicos nefastos). A cultura hiperindividualista consagra o reinado do após-mulher fatal, de uma sedução feminina liberta da sua simbólica maléfica e devastadora ([2]).

A *consagração do direito de agradar*

Ao mesmo tempo, o desejo de agradar, as técnicas de embelezamento de si e as belezas tentadoras deixaram de ser fontes de juízos reprovadores. Hoje, os corpos de sonho, o sensual, os rostos encantadores, exibem-se profusamente na rua, no cinema, na imprensa feminina: vivemos no tempo da sobre-exposição mediática das imagens *glamour* que alimentam os sonhos de todos. Em vez das críticas moralistas, o que se vê são avalanchas de conselhos e de técnicas estéticas, as incitações perpétuas a aumentar a beleza, as mega-superfícies de cosméticos, novos templos consagrados à beleza e à sedução. Na época do capitalismo consumista, a sedução soberana funciona em modo hiper: hiperescolha, hiperconsumo, hipersolicitação, hiperpersonalização, hipermediatização, hipervelocidade (*self-service*, compras *online*). Entrámos na era hiperbólica da beleza sedutora.

Os meios estéticos mobilizados para agradar são profusamente enaltecidos e estão à disposição de todos. Emancipadas do referencial moral, justificadas em nome do prazer e do bem-estar subjetivo, as práticas de embelezamento de si beneficiam de uma legitimidade de massas: os corpos desnudados e os rostos maquilhados só já chocam as minorias ultrarreligiosas. A sedução soberana é aquela em que o direito de seduzir já não tem obstáculos culturais e se mostra em todos os sentidos através dos mais diversificados meios. Às estigmatizações e limitações do desejo de agradar sucederam as críticas das normas que limitam o direito das mulheres a destacarem a sua beleza (véu islâmico, burkini). Querer agradar já não é considerado uma manobra censurável. A época da sedução soberana confunde-se com o direito absoluto da pessoa se embelezar, de realçar os seus encantos, de mudar de aparência sem limites nem restrições.

A BELEZA TENTADORA | 169

O direito de se valorizar adquiriu tal legitimidade que se estendeu aos homens. Já passou a época em que os cosméticos eram reservados exclusivamente às mulheres. Hoje, os homens fazem dietas e exercícios para perder peso, compram cremes hidratantes e produtos antirrugas, pintam o cabelo, põem implantes capilares, utilizam autobronzeadores, têm prazer em se «mostrar belos», em cuidar da sua aparência ([3]). Ainda que a imagem da virilidade continue a excluir a maquilhagem, agradar-se a si próprio e aos outros através de artifícios da aparência tornou-se legítimo no masculino, mesmo num sistema que prorroga a desigualdade sexual dos papéis estéticos. O princípio de sedução não para de eliminar os obstáculos que lhe eram opostos; conseguiu vencer a «grande renúncia» masculina à sedução das aparências. Na época da sedução soberana, aperfeiçoar a aparência deixou de ser um tabu masculino.

A espiral das técnicas da beleza

Ainda no século XIX, as atividades cosméticas estavam longe de ser praticadas por todas as mulheres. Só com a industrialização em massa dos produtos de beleza, no século XX, é que se generalizaram as práticas de embelezamento de si. As práticas de beleza do corpo e do rosto multiplicam-se todos os dias. O uso de produtos cosméticos deixou de ser um privilégio de classe: tornaram-se artigos de consumo de massa ligados a uma oferta comercial pletórica, incessantemente renovada. Atualmente, 95 por cento dos Franceses compram produtos de beleza; quase um quarto dos Europeus utiliza diariamente pelo menos dois produtos de maquilhagem; 90 por cento das raparigas utilizam todos os dias um produto de limpeza da pele; 90 por cento das mulheres perfumam-se diariamente. Cremes depilatórios, produtos contra a queda do cabelo, branqueadores para os dentes, antirrugas, produtos hidratantes e bases são artigos de consumo corrente, tal como os produtos de cuidados da pele. O mesmo fenómeno manifesta-se com uma evidência particular no domínio da cirurgia estética. Desde há algumas décadas que esta deixou de ser uma prática marginal e tende a banalizar-se. Cada vez mais mulheres e homens recorrem à cirurgia estética para melhorar a aparência, corrigir os efeitos do envelhecimento ou eliminar um complexo estético. Nas nossas sociedades, as antigas inibições e censuras relativamente às intervenções estéticas desapareceram. Assim, um número crescente de homens e mulheres reconhecem sem vergonha nem incómodo ter recorrido à cirurgia estética. Agora corrente, é vista como um direito fundamental: o de dispor livremente do próprio corpo. É claro que nem todos os atos de cirurgia plástica são feitos tendo em vista uma beleza ideal, mas, em toda a parte, multiplica-se a procura da correção física por motivos puramente estéticos de sedução ou, pelo menos, de autossedução.

Na época da sedução soberana, toda a gente se sente proprietária e responsável pelo seu corpo. Este já não é um dado a suportar e a aceitar, mas a corrigir, modificar, melhorar à-vontade. Esta transformação cultural da relação com o corpo deu origem a uma explosão do cuidado estético de si, a uma exigência crescente de sedução e de autossedução em todas as idades. Agora, é preciso eliminar todas as imperfeições, ser belo, jovem, esbelto, atraente; cada pessoa é mais julgada pelo seu corpo do que pelo seu vestuário. Com a dinâmica de individualização extrema típica da hipermodernidade, as atitudes de submissão à natureza e às morais de aceitação tornaram-se caducas: uma pessoa já não suporta as suas imperfeições não só porque quer agradar aos outros, mas também porque quer sentir-se bem «no seu corpo e na sua mente». Quando o corpo se torna uma «coisa» que nos pertence, tudo deve poder ser feito para que nos devolva uma imagem que nos agrade e que agrade aos outros.

A sedução em qualquer idade

A legitimação do desejo de agradar também se exprime no reconhecimento social da estetização de si em todas as faixas etárias. Atualmente, as mulheres europeias com mais de 60 anos representam 34 por cento do mercado dos cuidados com o rosto. Em média, compram duas vezes mais produtos cosméticos do que as mulheres com menos de 25 anos. Enquanto o mercado dos cosméticos direcionados para as «peles maduras» conhece um crescimento muito acentuado, um em cada dois produtos cosméticos, segundo um estudo realizado pela Bayard Publicité em 2011, é comprado por uma mulher com mais de 50 anos.

Desde a Antiguidade greco-romana que as obras satíricas escarnecem da velha mulher pintada, que se esforça por dissimular os efeitos do tempo. No Renascimento, na época barroca e até ao século XIX (Goya), multiplicaram-se os retratos cruéis da mulher velha, feia e maquilhada. Esta tradição machista de troças dirigidas à «mulher pintada» já morreu. Lutar por todos os meios contra as rugas e outros estigmas da idade já nada tem de ridículo numa época que enfatiza o princípio: «a sedução não tem idade». Estamos numa era de injunções de *marketing* à sedução, que não para de dar conselhos estéticos e de saúde, de lançar produtos novos dirigidos às mulheres na menopausa.

As práticas de sedução já não conhecem limites ligados à idade: até as idosas devem tratar da sua aparência, manter o seu capital de beleza e juventude e tentar parecer «mais jovens do que a sua idade». A grande maioria das mulheres de 50-60 anos ou mais sente uma necessidade crescente de manter o seu capital de beleza e de juventude. A vontade de agradar ou, pelo menos, de não desagradar já não deve ser travada pelo avanço da idade. Na cultura da sedução soberana, o «direito a envelhecer» tende progressivamente a desaparecer: toda a gente deve envelhecer jovem, ativa, «agradável à vista».

No outro extremo do tempo de vida, os produtos cosméticos são utlizados cada vez mais cedo. Até aos anos 70, os pais de todos os meios velavam escrupulosamente para que as suas filhas não parecessem «latas de tinta». Este rigorismo moral diluiu-se e muitas são as adolescentes que começam a maquilhar-se aos 12 anos. Uma sondagem britânica dos anos 2000 mostra que 90 por cento das adolescentes de 14 anos maquilham-se regularmente; 63,5 por cento das raparigas dos sete aos dez anos de idade põem batom nos lábios e 44,5 por cento usam *eyeliner* ([4]). Em França, 50 por cento das raparigas com 18-20 anos começaram a maquilhar-se antes dos 16 anos (sondagem *Madame Figaro*-CSA 2014). Existem aulas de maquilhagem para adolescentes. Na Internet, abundam os vídeos que mostram como as adolescentes se podem maquilhar para ir para a escola. Alguns especialistas de *marketing* sonham poder instalar máquinas distribuidoras de cosméticos nas escolas. Nos Estados Unidos e em França, nasceu o conceito do Mini Kid Spa, verdadeiro instituto de beleza que propõe serviços (massagem, manicura, depilação, conselhos de beleza) para crianças com menos de 15 anos.

A dinâmica de sedução tende até a conquistar o mundo da infância. O grupo americano Walmart lançou uma linha de cosméticos, *Geo-Girl*, dirigidos às raparigas dos oito aos doze anos. Nos anos 90, surgiram os concursos de beleza para meninas, que cativam um largo público: todos os anos, cerca de 250 000 raparigas americanas participam em quase 5000 eventos deste género. A maioria destas raparigas tem entre cinco e onze anos, mas algumas são ainda mais novas. Nas passarelas desfilam lolitas de salto alto, roupas ou vestidos de noite sensuais, maquilhadas como adultas com batom nos lábios, *gloss*, pestanas falas, unhas falsas, autobronzeadores e perucas. Seduzir pelo embelezamento é um desejo imemorial nos adultos. No entanto, com as «pequenas *miss*», surgiu algo de inédito, uma vez que são as próprias crianças que, por influência dos pais obcecados com o ideal de sedução, se encontram em competição para serem eleitas rainhas ou reis de beleza. Seduzir em qualquer idade já não é um *slogan* publicitário: começa desde os primeiros anos de vida. O culto da sedução conquistou a esfera da infância. Com a hipermodernidade, entrámos na era da sedução infinita.

No entanto, é verdade que, neste estádio, as denúncias da cultura sedutora voltam à superfície. Muitas são as vozes que exprimem indignação face ao espetáculo da hipersexualização das meninas arranjadas, penteadas e maquilhadas como Barbies em miniatura; em vários países, os concursos de mini-*miss* provocam escândalo. Desde 2013 que o direito francês proíbe os concursos de beleza para as crianças menores de 16 anos. Será que se pode falar de uma reanimação de princípios e valores antinómicos com a ordem da sedução soberana? Nada disso. É que esta assenta no direito de cada um se embelezar e de se realçar como entender. Contudo, neste caso, precisamente, não é o direito que está em questão, mas a «loucura» de pais que impõem à criança que se conforme à sua própria obsessão de celebridade. O direito de seduzir não é criticado nem posto em causa: o que está em causa é uma deriva parental que, ao obrigar os filhos a desempenharem um papel erótico-estético atribuído aos adultos, pode ameaçar o equilíbrio, a identidade e a saúde mental das crianças.

A CONSAGRAÇÃO DEMOCRÁTICA DA MAQUILHAGEM

Entre os artifícios que permitem aumentar a beleza feminina, a maquilhagem ocupa um lugar privilegiado. O uso de cosméticos é atestado desde a pré-história, bem como nas civilizações mesopotâmicas e egípcias. No Egito dos faraós, a maquilhagem é inseparável de uma teogonia: mulheres e homens usam maquilhagens, óleos perfumados e unguentos por razões medicinais, religiosas, mágicas, mas também estéticas. Esta prática não é objeto de nenhuma condenação moral, de nenhum julgamento depreciativo; nas sociedades tribais, durante milénios e nas mais diversas áreas culturais, os rituais nunca foram associados a comportamentos repreensíveis e imorais.

As condenações da maquilhagem

Esta relação consensual com os artifícios da sedução altera-se com a Antiguidade greco-romana. Este momento histórico marca uma rutura importante em relação às épocas em que o embelezamento não se dissocia dos ritos religiosos, mágicos e cosmológicos.

Na Grécia, só as mulheres e, sobretudo, as cortesãs se maquilham. Isto porque pintar a cara é indigno de um homem. Em Roma, o homem que se maquilha é considerado um ser efeminado: ridicularizado, atrai críticas e escárnios. A arte de se maquilhar já só visa remediar defeitos físicos, agradar e embelezar-se. Ainda que o valor mágico atribuído às pinturas e ao seu uso na cara se tenha conservado, a utilização dos cosméticos torna-se, pela primeira vez, uma prática ilegítima, fora da ordem da Cidade e do cosmos. A maquilhagem é criticada pelos eruditos, médicos e filósofos: a legitimidade dos produtos de beleza deixou de ser evidente, tornando-se objeto de riso, de reprovação e de críticas filosóficas. Com o mundo greco-romano, a sedução entrou pela primeira vez num ciclo de reflexão racional.

Os médicos gregos distinguem estritamente a arte da *toilette* da arte da maquilhagem. A *toilette*, cujo objetivo é a higiene pessoal, é visto como uma parte da medicina. Nesta categoria, incluem-se não só os banhos, mas também os cremes, as águas perfumadas, os unguentos que visam proteger a pele, conservar o mais tempo possível o seu brilho natural. Se não há nada de condenável no uso destes produtos, o mesmo já não acontece com a arte de se maquilhar, cuja finalidade é o prazer de agradar. Os cuidados e produtos de beleza são considerados nocivos porque, longe de conservarem a qualidade da pele, fazem-na correr riscos, a deterioração pelos elementos tóxicos que entram na sua composição. Os cuidados cosméticos tornaram-se práticas prejudiciais que deviam ser banidas.

Técnicas associadas à sedução feminina, os produtos cosméticos são criticados como meios que enganam o olhar dos homens, escondem os defeitos físicos, dissimulam o verdadeiro rosto. Platão associa estes meios à técnica da «adulação», que inclui «a retórica, a maquilhagem, a sofística e a cozinha» ([5]). Adulação porque «ludibria os insensatos, que convence do seu altíssimo valor» ([6]). A maquilhagem é «uma coisa malfazeja, enganadora, vil e indigna de um homem livre, que ilude com aparências, cores, um verniz superficial» ([7]). Movida apenas pela atração do prazer, a sedução criada pela mulher maquilhada volta as costas ao cuidado com a verdade: é astúcia, falsificação, dissimulação, ou seja, técnica de engano e de ilusão que nos faz tomar o falso pelo verdadeiro.

As maquilhagens são simulacros que subvertem a ordem da Cidade e são nefastas para a harmonia do lar: Juvenal escreve que uma «mulher compra perfumes e loções tendo o adultério em mente». São nocivas e erróneas porque não têm outro fim que não o próprio prazer. Arte de ilusão associada às cortesãs e às mulheres de «pequena virtude», a maquilhagem baseia-se em prazeres insensatos, enraíza-se na paixão passiva do parecer e no desejo insaciável de agradar ([8]). Se a maquilhagem é vista de maneira negativa é porque acompanha excessos. Excessos estéticos das tintas berrantes e dos contrastes violentos de cores contrárias à natureza; excesso ou desmesura do gosto de agradar: ser a mais bela, parecer mais nova, mais bela do que é por natureza. Os produtos de beleza (maquilhagens e perfumes) decorrem do *pharmakon*, que não significa apenas «remédio», mas também uma cor, um tom artificial, um veneno, uma droga, em suma, tudo o que, vindo do exterior, engana, altera a natureza de um corpo, induz em erro. Ao designar a cor e o perfume, o *pharmakon* enfeitiça e transforma «a ordem em adorno, o cosmos em cosmética» ([9]).

A era cristã intensificou a desacreditação dos cuidados de beleza. Perfumes, cremes, máscaras e maquilhagens são banidos pelas gentes da Igreja por constituírem uma ofensa à ordem divina: ao falsificarem a obra de Deus, lançam um desafio à perfeição da criação. Manifestação da vaidade feminina, o uso de maquilhagens tornou-se pecado, tentação diabólica que incita à luxúria, meio utilizado por Satanás para levar as mulheres honestas à perdição. Os moralistas e pregadores atacam o gosto imoderado pelos adornos e pelas maquilhagens, considerado inerente à condição feminina. Para Tertuliano, os adornos, os ornamentos e os cosméticos não passam de «falsa sedução», são crimes contra a lei divina: «O que é artificial, portanto, é obra do diabo. Acrescentar à obra divina as invenções de Satanás, que crime!» ([10]) Os Doutores da Igreja reconhecem a necessidade que as mulheres têm de cuidados particulares para o seu corpo e rosto, mas a maquilhagem é uma coqueteria supérflua, um luxo condenável e ridículo: «A mulher que é naturalmente bela não precisa de processos artificiais; quanto àquela que é feia, o uso da maquilhagem é nefasto, pois poderá recorrer a mil artifícios para se tornar bela, mas não se tornará bela.» ([11])

É verdade que as condenações religiosas e morais dos produtos cosméticos não impediram de modo algum, desde o fim da Idade Média, o seu desenvolvimento nos estratos mais abastados da sociedade. No domínio da aparência, a cultura aristocrática triunfou manifestamente sobre os valores religiosos. Os moralistas nunca conseguiram conter a maquilhagem nos limites do mundo da prostituição. A partir do século XVII e, depois, na Paris iluminista, o uso de maquilhagens chega às esferas burguesas, que compram perfumes, maquilhagens e pós para o cabelo em numerosas lojas de luveiros e perfumarias. A vida da corte e as lógicas de competições de classes deram origem a um começo de democratização dos produtos cosméticos, que tendem a ser vistos como produtos de necessidade e artigos de luxo.

A maquilhagem invisível

No entanto, as condenações higiénicas e morais da maquilhagem não desapareceram. Em particular, a partir da segunda metade do século XVIII, multiplicam-se as críticas que denunciam o carácter nocivo das maquilhagens e a sua dimensão de falsidade. «As mulheres que se sentem acabadas pela perda dos seus encantos, querem obviamente recuar à juventude; e procuram enganar os outros! [...] ouso garantir, pelo contrário, que [as maquilhagens] estragam a pele, provocam-lhe rugas, alteram e arruínam a cor natural do rosto; acrescento que há poucas maquilhagens no género do branco que não sejam perigosas.» ([12]) A crítica burguesa estigmatiza o uso insistente de maquilhagens, que são assimiladas a um embuste elegante feito de fingimentos e artifícios inautênticos.

Afirma-se uma nova estética que rejeita os excessos cromáticos, os rostos branqueados, o uso do batom; os olhos devem ser apenas ligeiramente pintados, os lábios pouco coloridos. Os livros de beleza condenam o uso excessivo de maquilhagens tanto por razões higiénicas — estragam a pele — como morais. Enquanto «as preparações brancas, neutras, transparentes» são louvadas, a maquilhagem forte é associada às mulheres da «má vida». A cosmética burguesa valoriza a discrição, deve ser quase impercetível. As burguesas aplicam pó de arroz para obter uma tez com aspeto puro e casto. Para conservar uma pele bonita, recomendam-se a temperança, o exercício e o asseio. Para ser «como deve ser», convém banir o excesso, o exagero, a violência dos contrastes de cor: a moda é a simulação do natural. À maquilhagem carregada sucede a moda do «natural», da leveza, da simplicidade. A ostentação cosmética tornou-se sinal de vulgaridade.

A maquilhagem como arte

A cultura burguesa da discrição cosmética, por outro lado, faz sobressair a originalidade do elogio da maquilhagem feito na mesma altura por Baudelaire. Embora literária, a interpretação baudelairiana não deixa de constituir uma viragem na história da sedução enquanto primeiro gesto simbólico do processo moderno de legitimação dos cosméticos. Após séculos de depreciação, a maquilhagem é dignificada enquanto arte, da qual é uma das componentes: «[...] quem não vê que o uso do pó de arroz tão ingenuamente anatemizado pelos filósofos cândidos [...] aproxima de imediato o ser humano à estátua, ou seja, de um ser divino e superior?» ([13]) Longe de ser uma vã superfluidade, a maquilhagem é «sintoma do gosto do ideal», «esforço para o belo»: de essência artística, é «um dos sinais da nobreza primitiva da alma humana». Devemos ver na maquilhagem uma prática que visa transformar a mulher em obra de arte viva.

Segundo Baudelaire, trata-se de «vingar a arte da *toilette* das ineptas calúnias que sofre por parte de certos amantes muito equívocos da natureza» (p. 903). Nesta, tudo é horrível: «tudo o que é belo e nobre é resultado da razão e do cálculo» (p. 904), do artifício e da arte. Daí a rejeição do culto moderno da simplicidade e do natural. Se a maquilhagem «não deve ser usada com o fim vulgar, inconfessável, de imitar a bela natureza», é porque, por essência, é aquilo que permite à mulher «superar a natureza», acrescentando «a um belo rosto feminino a paixão misteriosa da sacerdotisa». Não importa a astúcia e o logro se servirem a beleza, se permitirem que a mulher encante, «subjugue os corações», «pareça mágica e sobrenatural». Graças a este antinaturalismo e a este artificialismo estético, «a maquilhagem não deve ser escondida, não deve evitar deixar-se adivinhar; pode, pelo contrário, expor-se, se não com afetação, pelo menos com uma espécie de candura» (p. 906).

Por ser ídolo, «a mulher deve dourar-se para ser adorada». Assim, ela está «no seu direito, e até cumpre uma espécie de dever esforçando-se por parecer mágica e sobrenatural», indo buscar «a todas as artes os meios de se elevar acima da natureza» para agradar e impressionar os espíritos. O que faz a atração não reside no corpo natural ou nos traços do rosto, mas sim nos artifícios que os corrigem, os transfiguram, os tornam «mágicos». Não há sedução sem «deformação sublime da natureza», sem «esforço permanente e sucessivo de reformação da natureza», sem «a majestade superlativa das formas artificiais» (p. 904). Para falar como Bataille, aquilo que nega a animalidade, aumenta os atrativos, seduz e desperta o desejo: «quanto mais irreais são as formas, menos claramente estão sujeitas à verdade animal... melhor respondem à imagem muito difundida da mulher desejável» ([14]). Só o artifício antinaturalista ou «sobrenaturalista» é sensual, belo, erótico: a sedução opera-se por artialização do corpo e do rosto, por desnaturalização e excesso, intensificação e exageração.

A maquilhagem desculpabilizada

A consagração moderna da maquilhagem não se limitou ao círculo dos textos estéticos e filosóficos. Nos anos 20, quando se afirma a moda da *Garçonne*, a maquilhagem torna-se vistosa e carregada. As sobrancelhas são depiladas, redesenhadas finas e muito altas com lápis preto; as pestanas são generosamente engrossadas com máscara; os olhos são pintados com *khol*; o contorno dos lábios é claramente desenhado; a boca é colorida com vermelho escuro. A maquilhagem marcada contrabalançou a menor sofisticação da roupa e da nova silhueta feminina «andrógina»: tem a função de recompor uma imagem de feminilidade ostentatória, que tende a desvanecer-se na roupa e no corte de cabelo moderno.

A maquilhagem carregada prolongou-se nos anos 50 com os batons brilhantes, os olhares carvoentos, os «olhos de corça» desenhados com *eyeliner* preto, as pestanas falsas, as bocas de cor de coral. A feminilidade já não está obrigada a seguir as vias da aparência virginal: pode mostrar-se sedutora e provocante. A era modernista ouviu os desejos de Baudelaire: a maquilhagem pode ser exibida sem vergonha enquanto artifício puro, decoração glamorosa, espetáculo estético antinaturalista.

E hoje? Por um lado, são numerosos os artigos das revistas femininas que aconselham a evitar a multiplicação das cores, o abuso das bases e do *blush*, a maquilhagem demasiado «pesada», sinal de «falta de gosto»: a maquilhagem «bem feita» rima com discrição, subtileza, delicadeza. Por outro, a maquilhagem que atrai o olhar e que irradia brilho nas festas ou na noite nada tem de indigno. De tal maneira que os estilos de maquilhagem mais opostos têm direito de cidade: a maquilhagem sóbria, natural, nua para o dia; uma maquilhagem mais carregada para a noite, para as festas, para as «grandes» ocasiões. Os mais diversos *beauty looks* são legítimos: o nu e o irradiante, o simples e o sofisticado, o discreto e o cintilante, o sóbrio e o «flashy». É possível acentuar uma parte do rosto e não outra: para certas mulheres, os olhos; para outras, os lábios ou a tez. Cabe a cada mulher escolher as cores que mais embelezam e que a valorizam. Na época da sedução soberana, a maquilhagem tornou-se uma questão de *look* personalizado, uma escolha individual ligada à personalidade, ao momento, às disposições, às roupas que se usa.

No entanto, a maquilhagem carregada continua a ser objeto de críticas. A maquilhagem vistosa já não é condenada, mas a ideia de «má» maquilhagem associada ao excesso e ao exagero persiste. Será o sinal da persistência de uma cultura moralizadora do feminino e da imutabilidade artística da valorização do conceito de natureza? Segundo Bruno Remaury, a maquilhagem continua, no fundo, a ter que ver com o natural: «sejam quais forem os meios de que se dote, a maquilhagem, com efeito, tem por vocação natural exprimir o natural, [...] seja qual for a definição que a época dê a este» ([15]). Por isso, a rejeição universal da maquilhagem exagerada.

Esta abordagem é pouco convincente. Desde logo, não faltam as épocas e as civilizações em que a pintura do rosto é feita, pelo contrário, para negar o aspeto natural da mulher, inventar uma beleza artificial radical. Coberto de uma base branca que elimina as imperfeições naturais da pele, o rosto da gueixa deve assemelhar-se a uma boneca de porcelana. Tez de alabastro, sobrancelhas depiladas e redesenhadas no alto da testa, este tipo de maquilhagem não é realizada tendo em vista «a expressão do sentimento» e do natural, mas, pelo contrário, para mascarar os sentimentos pessoais e representar «a mulher perfeita» em conformidade com os ideais da cultura japonesa.

Por outro lado, atualmente, a maquilhagem carregada não é criticada pelo seu artificialismo ou pelo seu afastamento do natural: as lantejoulas, o dourado, as cores brilhantes e o *fun* já nada têm de ilegítimo. O excesso não é rejeitado porque «a beleza é sempre natural» ([16]), mas porque, a partir de certo momento, o «excesso» de cores transforma a mulher numa caricatura de si mesma; com maquilhagem excessiva, a mulher parece usar uma máscara no rosto a ponto de a tornar grotesca e ridícula. Apreciamos todas as formas de maquilhagem na condição de que permitam que a pessoa «continue a ser ela mesma», valorize os traços da sua individualidade. O bom uso da maquilhagem personaliza a mulher, o mau uso despersonaliza-a. A crítica dos excessos de maquilhagens não decorre de um princípio moralista, nem do culto do natural, mas de uma lógica individualista-estética que, sem ser a *sprezzatura*, continua a valorizar a elegância, o domínio das aparências, a fim de ser «mais» si mesmo. Já não é uma falta carregada de sentido moral, mas uma pura e simples «falta de gosto» que cria uma aparência patética do feminino privado de personalidade e de graça estética.

Rosto, publicidade e cinema

No século XX, o processo moderno de legitimação da maquilhagem impôs-se de forma maciça, sustentado pela industrialização dos produtos cosméticos, pela publicidade, pelas revistas de moda, pelo cinema e pela ascensão dos valores individualistas: são fatores que permitiram construir uma nova relação com os produtos de beleza e com a sedução, criar uma cultura cosmética livre dos seus antigos valores negativos.

A partir dos anos 20, nos Estados Unidos, surgem novas formas de anúncios que, visando desculpabilizar o uso de cosméticos, incitam as mulheres a embelezar-se, a maquilhar-se, a parecer jovens. Mais do que um direito, a ação cosmética é apresentada como uma obrigação para as mulheres desejosas de manter a união do casal: a fim de agradarem aos maridos, as mulheres devem tratar da sua aparência; a solidez do casamento é apresentada como a «recompensa da beleza» assegurada, por exemplo, pelo uso do creme de noite Pompéi. «O primeiro dever de uma mulher é ser atraente»: as críticas à maquilhagem cederam o lugar às injunções publicitárias para se adornar, realçar a beleza do rosto e do corpo: «como 999 em cada 1000 mulheres, deve usar base e batom» ([17]). Dado que, numa longa linhagem de tradição cultural, a mulher é vista como o ser cuja natureza é agradar e encantar, tem o dever de aumentar a sua beleza pela utilização de cosméticos. No século xx, a ordem comercial apoiada pela publicidade e pelas revistas femininas foi o grande operador da dignificação social do uso de cosméticos.

O novo estatuto social da maquilhagem também deve muito ao cinema. A partir dos anos 10–20 do século xx, a beleza resplandecente das estrelas faz sonhar o púbico das salas escuras. Esta epifania cinematográfica da beleza resplandecente não pode ser dissociada da maquilhagem. No ecrã, os rostos imensamente ampliados apresentam olhos e bocas com maquilhagem. Nos Estados Unidos, Max Factor impõe-se como o «mago de Hollywood», o maquilhador artista das estrelas com os rostos metamorfoseados por pestanas falsas, pelo *gloss*, pelos corretores, pelas maquilhagens para as pálpebras e pelas bases. É uma beleza artificialista, «maxfatorizada», fabricada pela sétima arte: elevou esta ao «nível de uma beleza superior, radiosa, inalterável» ([18]). Ao contribuir para criar deusas laicas, criaturas de sonho, a maquilhagem mudou de sentido, deixando de ser vista como uma prática vulgar e venenosa de mulheres de pequena virtude e passando a ser considerada um instrumento de sublimação da pele, do rosto e da beleza.

No ecrã, a maquilhagem «vistosa» já não pertence ao demasiado ou ao excesso; pertence à perfeição sublime. Quer faça ressaltar uma beleza angélica (Mary Pickford), «fatal» (Marlene Dietrich) ou uma *pin-up* (Marilyn Monroe), a maquilhagem perde todas as conotações de vulgaridade: faz do rosto uma obra de arte, uma iluminação, uma arquipresença surreal criadora de sonho, de admiração e de afetos. Artializa o rosto.

A propósito do rosto no cinema, Deleuze fala de uma «imagem-afeição», que ele associa ao grande plano: «a imagem-afeção é o grande plano, e o grande plano é o rosto.» ([19]) Há muitas variações do grande plano, mas, em todos os casos, «o grande plano tem sempre o mesmo poder de arrancar a imagem às coordenadas espácio-temporais para fazer surgir o afeto puro enquanto exprimido» ([20]). No entanto, no cinema, o clima emocional não resulta apenas dos traços expressivos das vedetas; também decorre da beleza do rosto, vetor de encantamento. A beleza da estrela contribui para criar um laço afetivo com o filme. Não é apenas o grande plano que permite a leitura afetiva dos filmes, mas também o encanto das estrelas, ligado em parte à magia da maquilhagem.

Para além do verdadeiro e do falso, a maquilhagem no cinema é aquilo que idealiza e transfigura o rosto, aquilo que constitui a aura estética e magnética da estrela. Ao fazer passar da beleza para a «extrema beleza» ([21]), a maquilhagem é um dos elementos visuais que permitiu elevar a estrela ao nível de imagem ideal, de ídolo mediático, de mito moderno «desencadeador de emoções», de fervor e adoração. O cinema contribuiu para mudar a perceção social da maquilhagem porque esta foi uma das peças que conseguiu moldar uma imagem afetiva das estrelas, uma beleza que cria «um universo de sentimentos tão fortes que, por vezes, são insustentáveis» ([22]). Assim, o *glamour* irresistível das estrelas e o amor de que são objeto desempenharam um papel que não pode ser subestimado no processo moderno de valorização da maquilhagem.

Sentir-se mais si mesmo

Desde há milénios que a utilização dos produtos cosméticos assenta no desejo de agradar e na crença de que a maquilhagem aumenta a atratividade física da mulher. Esta intuição feminina é confirmada por diversos estudos de psicossociologia. Com efeito, os homens consideram as mulheres mais atraentes quando estão maquilhadas. E enquanto as mulheres pensam que são consideradas mais atraentes se estiverem maquilhadas, subestimam o seu poder de sedução quando não estão maquilhadas ([23]).

Ainda que estas crenças se perpetuem, a relação com os produtos de beleza alimenta-se, desde o terceiro terço do século XX, de novas motivações mais autocentradas, hedonistas e sensualistas. Cada vez mais mulheres declaram gostar de se maquilhar mais para si mesmas do que para seduzir. Numa sondagem realizada em 2014, 50 por cento das mulheres afirmam que se maquilham para ganhar confiança em si mesmas e só 16 por cento dizem que o fazem para agradar e seduzir. O desejo de sedução é acompanhado pelo cuidado de si, a busca da autoconfiança, o prazer de cuidar da própria aparência. Muitas mulheres dizem que se «põem belas» menos por obrigação social do que por prazer e vontade de estabelecer uma harmonia. Já não a ideia de ser «preciso sofrer para ser bela», mas para se sentir melhor, gostar de si mesma, ter prazer em escolher a aparência que melhor corresponde à sua personalidade, mudando de *look* em função das suas disposições e dos momentos. As práticas da aparência já não visam apenas melhorar a imagem que se quer dar de si, mas também sentir-se de acordo consigo mesmo. A indústria moderna dos produtos de beleza e a vaga de individualização das nossas sociedades criaram uma cultura subjetivizada das práticas cosméticas.

Na época da sedução soberana, as mulheres querem embelezar-se já não apenas para agradar ao outro, mas também a si mesmas: a sedução da relação consigo mesmo fez recuar a supremacia anterior da relação com o outro. «Pôr-se bela» dá às mulheres a satisfação de se ocuparem de si mesmas, de serem ativas, de terem um certo poder sobre a sua aparência, de corrigirem as suas «insuficiências». Doravante, o princípio de sedução junta-se ao princípio de autossedução que exprime o impulso hipermoderno da individualização dos seres e da relação com o corpo.

Entretanto, a evolução da relação com o perfume obedece à mesma tendência de fundo. O perfume-sedução dirigido ao outro é destronado pelo perfume-prazer centrado na relação de si a si. O uso do perfume já não decorre de uma lógica distintiva de classe — estar de acordo com as normas do bom gosto, do chique e das conveniências — mas de uma procura de se sentir melhor, de sensações íntimas, de volúpia por si. Esta deslocação é uma das manifestações de uma nova cultura de tipo sensível e estético. Depois do perfume apreendido como instrumento de purificação, de proteção, de decoro, de sedução, eis o tempo do perfume intimizado e virado para o bem-estar subjetivo. Através do perfume, exprime-se a aspiração a um estilo de vida mais sensível e estético. Quanto mais imaterial se torna o nosso mundo, mais se assiste ao desenvolvimento de uma cultura hiperindividualista que valoriza o bem-estar subjetivo e a qualidade das sensações estéticas. Os novos usos do perfume são um dos sinais da estetização contemporânea da existência. Até recentemente, o perfume era visto como um instrumento que permitia conservar a paixão do bem-amado, fascinar ou cativar o outro; agora, é o perfume que deve agradar às mulheres.

O «NÃO SEI QUÊ» E A SEDUÇÃO SINGULAR

Desde há muitos séculos que a atração erótica está ligada à beleza física definida por normas coletivas reconhecidas.

Esta abordagem ainda está presente no Renascimento, em que as listas de cânones estéticos definem estritamente o que é a «bela mulher». Para agradar, é necessário possuir essas qualidades «exteriores». Uma pessoa é considerada mais sedutora se beneficiar de um físico que corresponda aos cânones «oficiais» da beleza corporal.

Esta cultura «objetivista» da sedução impôs-se durante milénios nas mais diferentes culturas. Será preciso esperar pelo Renascimento e, sobretudo, pelo século XVII para que apareçam uma abordagem e uma sensibilidade diferentes. Com a Idade Clássica, os critérios da beleza física mantêm-se, mas, ao mesmo tempo, afirma-se um novo imaginário de sedução no qual esta deixa de remeter para traços claros e distintos da aparência exterior. Para o padre jesuíta Bouhours, teórico do «não sei quê», o encanto é mais e outra coisa do que a beleza, pois «podemos ser bem feitos, espirituais, alegres e tudo o que agrada, mas se o não sei quê faltar, todas essas qualidades são como mortas». O que encanta é uma irradiação misteriosa, indefinível, inexplicável. Este é o famoso «não sei quê» inefável e inapreensível que define o encanto, essa graça «ainda mais bela do que a beleza» (La Fontaine) e que repugna à definição [24].

É o «não sei quê» que distingue um corpo perfeitamente belo, mas morto, da beleza encantadora, magnética, animada pela graça da vida e do espírito. Nas suas *Entretiens d'Ariste et Eugène* (1671), o padre Bouhours vê no encanto uma «luz» que embeleza e transforma os seres, «algo de tão delicado e tão impercetível que escapa à inteligência mais penetrante e mais subtil» [25].

Obviamente, isto não impede de modo algum que exista todo um conjunto de condições estéticas normativas para que o encanto opere. No entanto, a beleza «objetiva» baseada apenas nos atributos exteriores acompanha-se de um modelo de beleza perturbante ou emocional que encanta porque exprime a interioridade da alma. Aquilo que seduz é o acordo entre o dentro e o fora, a «beleza expressiva», a que, animada pelo espírito, evoca os sentimentos, as emoções, a vida interior. Afirma-se a ideia de que é possível seduzir mesmo sem grande beleza física. É pela aprovação do espírito que as pessoas seduzem: «estou convencido de que não é impossível estar muito apaixonado por uma mulher que não é nada [bela], desde que não seja horrível» ([26]). No *Ensaio Sobre o Gosto*, Montesquieu exprime a mesma ideia, afirmando que uma mulher sem encanto físico pode agradar mais do que uma beldade que não surpreende. É possível apagar a feiura física pelo brilho do olhar cheio de espírito, pela singularidade, o encanto e a delicadeza da expressão pessoal ([27]).

Com os Modernos, a relação com a sedução torna-se mais complexa, mais afetiva e personalizada, colocando o acento na interioridade dos sujeitos, na delicadeza, no inesperado, no «pequeno mistério» (Bouhours). Uma estética da graça irregular, do «encanto secreto» e invisível substitui o elogio da regularidade, da codificação, da abordagem objetivista da beleza. Aquilo que atrai e que dá prazer é o que surpreende, a graça irregular, as belezas «picantes», «interessantes», «singulares», «tocantes», «atraentes». O reinado moderno da sedução personalizada começou a sua aventura, constituindo uma das peças da revolução do indivíduo. O pensamento da sedução entrou na cultura moderna e plural que celebra a singularidade individual, os encantos da graça irregular, os prazeres da variedade e do inesperado.

Somos os herdeiros da estética do «não sei quê». Ao mesmo tempo que são cada vez mais denunciados os padrões de beleza artificiais impostos pelos *media* e pela publicidade, a maioria das pessoas pensa que a beleza feminina não se reduz aos critérios da sedução física. O verdadeiro encanto de uma pessoa manifesta-se para além dos ditames dos modelos dominantes. Uma pessoa agrada por aquilo que é, pela sua «densidade de ser» e não por aquilo que parece. O encanto do atípico e da personalidade é a base da sedução, e não a imagem de um corpo e de um rosto perfeitos [28]. Seduzir é menos estar conforme aos cânones da aparência exterior do que ser singular, ser si mesmo. Agora, a maioria aprova a ideia de diversidade da beleza feminina, num tempo em que as antigas «imperfeições» do rosto já não são escondidas, mas apresentadas como trunfos de sedução. Esta declina-se no plural: é menos pensada como conformidade a um ideal estético do que como o efeito da personalidade singular. A cultura da sedução regista frontalmente a ascensão da nossa relação subjetiva com o mundo, da era do si, do individualismo personalizado hipermoderno.

O paradoxo é que, ao mesmo tempo, difunde-se em todo o planeta uma norma única de beleza física que celebra o corpo magro, firme e esguio. Ao pluralismo dos ideais estéticos do rosto opõe-se um modelo hegemónico de beleza corporal. A nossa época assiste ao triunfo do corpo *sexy* e longilíneo, que exige dietética e exercício físico. Apesar dos hinos à diferença subjetiva e cultural, difunde-se por todo o planeta um modelo de sedução cosmopolita, estandardizado, esbelto, jovem e com *sex-appeal*. Quanto mais celebramos o encanto das belezas singulares, mais se afirma um modelo estereotipado da beleza corporal.

Não há dúvida de que agora vemos anúncios que exibem mulheres mais maduras. E algumas revistas decidiram renunciar às manequins profissionais filiformes para se oporem à ditadura da magreza. No entanto, estas experiências revelam-se limitadas e de pouca duração. Irresistivelmente, o modelo da magreza intensifica-se, como se pode ver na proliferação das dietas, no sucesso dos ginásios e da lipoaspiração, nas novas *mommyrexics*. Ainda que se afirme que a beleza é uma coisa singular, dominam os esforços para seguir o modelo único da «linha». É duvidoso que os combates atuais em nome do reconhecimento da diversidade e da singularidade possam fazer desaparecer a estética da magreza, que traduz, na relação com o corpo, a onda da cultura moderna do indivíduo, da eficácia, da recusa da fatalidade natural, da plena posse de si próprio ([29]). Nestas condições, tudo leva a pensar que a sedução irá continuar durante muito tempo a apoiar-se num modelo físico uniforme, ainda que afirmemos que nada tem que ver como a atração da beleza viva.

A SEDUÇÃO INTERDITA

Se o espírito liberal em relação à sedução feminina se tornou, pelo menos nos nossos países, dominante, está longe de ser unanimemente partilhado por todos os países do mundo. Nas sociedades islâmicas assentes numa interpretação absolutamente restrita e moralista do Corão, as correntes fundamentalistas afirmam que qualquer manifestação de sedução, de coquetaria, deve ser estritamente interdita às mulheres. Para se manter «digna e modesta», a mulher deve esconder o corpo, cobrir o cabelo, usar o hijabe (o véu islâmico), e, para as correntes mais radicais, deve cobrir integralmente o rosto e o corpo (o nicabe), esconder qualquer expressão de feminilidade, ser invisível no espaço público a fim de não despertar a concupiscência dos homens. Como o homem é fraco, incapaz de controlar os seus impulsos, e dado que a beleza da mulher é uma tentação, é imperativo que ela dissimule os seus encantos, se abstenha de se embelezar, se esforce por se subtrair ao olhar, esse «correio da luxúria».

Na interpretação literalista do Corão, a atração feminina é considerada um perigo, uma fonte de problemas que geram a desordem dos costumes. Daí o medo da «fitna» (a «bela forma»), a interdição das roupas «indecentes», a obrigação de esconder a beleza devastadora do feminino. Força destruidora da ordem social, a sedução do feminino é um poder maléfico que é imperativo restringir. Em conformidade com uma tradição milenar e em oposição à modernidade liberal--democrática, trata-se de conjurar o poder de sedução da beleza feminina por meio da dessexualização da aparência.

Esta atitude conquistou agora certas frações das populações das nações ocidentais. Uma sondagem realizada pelo IFOP a pedido do Institut Montaigne revela que, em França, 65 por cento dos muçulmanos dizem-se favoráveis ao hijabe e 24 por cento ao nicabe. Trata-se de uma aprovação que não conduz necessariamente a uma prática em conformidade com essa posição de princípio: com efeito, duas em cada três muçulmanas não usam o véu. A verdade é que 35 por cento das mulheres muçulmanas usam o véu, 23 por cento usam-no sempre, 7 por cento fora do trabalho ou da escola e 5 por cento usam-no raramente. Segundo esta sondagem, só 6 por cento das mulheres que usam o véu declaram fazê-lo por obrigação ou por imitação das outras. É uma percentagem provavelmente inferior à realidade se levarmos em conta o que dizem as mulheres muçulmanas que não usam o véu: 27 por cento consideram que o uso do véu se faz por mimetismo e 34 por cento dizem que é por coação. Seja como for, contrariamente a uma opinião dominante segundo a qual os homens impõem a sua visão conservadora e rigorista às mulheres, o uso do véu é mais rejeitado pelos homens muçulmanos (26 por cento) do que pelas mulheres (18 por cento). E os homens também tendem mais que as mulheres a afirmar que «cada um faz o que quer». São dados que indicam que a coação masculina está longe de explicar por si só uma prática que assenta na adesão ideológica de grande parte da população feminina, que se declara até mais favorável ao véu integral (28 por cento) do que os homens (20 por cento) ([30]).

Não há dúvida de que uma percentagem importante das mulheres é obrigada a adotar o véu por pressão da família, do marido ou do ambiente comunitário. No entanto, o hijabe também é usado não por submissão ou conformismo, mas por convicção, adesão religiosa e reivindicação identitária. Vetor de pertença comunitária e religiosa, o véu, neste caso, é uma autoafirmação de islamidade, uma maneira de exibir a identidade e orgulho de ser muçulmana. Deste modo, exprime menos uma sujeição de tipo arcaico do que uma força contemporânea de autoafirmação, de implicação subjetiva, que passa pela reivindicação pessoal de códigos coletivos herdados do passado. De tal maneira que, por detrás dos traços da ordem tradicionalista é, na verdade, uma forma de «hipermodernidade muçulmana» ([31]) que se afirma; a aparência da mulher já não tem que ver com a recondução passiva das formas do passado, mas com uma reapropriação pessoal, voluntária, de uma herança milenar.

Quer seja usado por imposição masculina ou de maneira voluntária, o véu islâmico não deixa de prolongar o universo tradicional da alteridade radical dos géneros, da diferença de natureza entre o homem e a mulher, tendo cada um direitos e deveres diferentes. Como o feminino é uma tentação perigosa para o homem, é preciso impedir a visibilidade dos atrativos da feminilidade, impor às mulheres o pudor no vestuário, interditar tudo o que possa provocar o desejo. No centro da hipermodernidade liberal é reafirmada a lógica desigual e pré-moderna da diferença radical dos sexos, que se acompanha da imagem misógina da mulher impura e maléfica. Face à cultura liberal da sedução soberana, erguem-se agora grupos e mulheres que rejeitam a cultura moderna de igualdade entre o homem e a mulher, ou que mobilizam o princípio da liberdade para reivindicar os códigos tradicionais de injunção ao pudor feminino, de neutralização do corpo a fim de não despertar os desejos masculinos.

Sustentada pela visão tradicional da mulher fatal, a roupa islâmica fundamentalista também é a expressão de uma conceção puritana das relações entre homens e mulheres. Ao obrigar as mulheres a cobrirem integralmente o corpo e os cabelos, o islão rigorista priva as mulheres do prazer de poderem individualizar a sua aparência e captar o olhar dos homens. Esconder o corpo e o cabelo e proibir as roupas sugestivas significa impedir as mulheres de fazerem sobressair os seus atrativos, de amplificar a atração que exercem sobre os homens: trata-se de reduzir o mais possível o poder de sedução das mulheres. A sedução interdita ou a via salafista da conjuração do poder feminino de sedução. É uma máquina puritana que tem também o efeito de privar as mulheres do prazer de se «porem belas», de se metamorfosearem, de exibirem os seus encantos, de procurarem agradar. Enquanto a excisão visa anular o prazer sexual feminino, a roupa islâmica estrita impede os prazeres femininos da coquetaria e da sedução.

Embora o esforço negador da sedução feminina se ilustre nas restrições de vestuário particularmente severas, afirmam-se outras tendências que tentam conciliar islamidade, coquetaria e moda contemporânea. Fala-se hoje de «moda islâmica», de «hijabistas» (combinação de «hijabe» e de «fashionistas»), com mulheres que combinam a prática religiosa e o interesse pela moda, o véu e a tendência, a roupa muçulmana e a maquilhagem. Na Internet, bloguistas muçulmanas rejeitam a ideia de que o uso do véu por uma mulher significa renunciar a mostrar-se bela e sedutora: tentam reinventar o véu, associando-o a *jeans* e a saltos altos, maquilhagem e joias. A islamização do vestuário já não é necessariamente oposta à moda, à sedução, às maquilhagens, à individualização das aparências ([32]). Na época da hipermodernidade individualista, o princípio liberal de sedução não pode declarar-se vencido: tanto no Ocidente como em vários países muçulmanos, consegue introduzir-se até nos sinais mais tradicionalmente hostis à aparência tentadora do feminino.

TIRANIA DA SEDUÇÃO?

Se, nas nações ocidentais, os meios que permitem o embelezamento das mulheres conquistaram direito de cidade, não deixam de ser fortemente estigmatizados por muitas mulheres e, mais particularmente, pelas correntes feministas. São inúmeras as críticas dirigidas aos ditames da beleza; abundam os livros e os artigos que fustigam a alienação feminina à sedução, a persistência dos estereótipos de género, a atribuição do papel estético às mulheres. Para as feministas, a sedução já não é apenas uma cilada em que os homens caem, mas uma armadilha lançada às mulheres pelas sereias do mundo comercial. Sob o signo da mulher emancipada, é, na verdade, uma soberania do mercado que triunfa, engendrando a ditadura do *look*, a opressão das mulheres, o aprisionamento destas no seu papel tradicional de objetos decorativos.

As críticas políticas da beleza destronaram as críticas morais tradicionais: são denunciadas as pressões que as mulheres sofrem por parte do mercado, bem como as normas que quebram tanto o seu equilíbrio como a sua autoestima. São alvo de críticas as injunções publicitárias, os ideais inalcançáveis, os estereótipos de género, a celebração absoluta da beleza-magreza-juventude, que reduzem as mulheres à sua aparência e criam uma forte autodesvalorização. Nesta ótica, a era da sedução soberana confunde-se com a tirania hipermoderna da beleza.

Não há dúvida de que a crítica feminista acerta no alvo ao denunciar um sistema em que as múltiplas injunções à beleza alimentam a autodesvalorização das mulheres. Quanto mais são as imagens, as escolhas e as promessas estéticas, mais aumenta a exigência de conformidade ao modelo do corpo jovem, esbelto, desportivo. A consequência é a obsessão com a «linha», o olhar crítico sobre si próprio e a prática das dietas de emagrecimento, que se acompanham normalmente de «recaídas» e «depressões». Visto como estando ao serviço das mulheres, o triunfo da beleza e dos seus artifícios tem um preço muito alto.

Embora aponte para realidades inegáveis, a análise da sedução soberana em termos de despotismo da beleza não deixa de ser uma leitura redutora e unilateral. Isto porque existem outros aspetos do fenómeno cuja importância não deve ser subestimada. Em primeiro lugar, o culto contemporâneo da beleza já não significa a relegação da mulher para a esfera doméstica. Atualmente, a procura da beleza física é considerada compatível com os estudos superiores e com o acesso das mulheres a cargos de responsabilidade nas empresas e na esfera política. As mulheres investem tempo e dinheiro na sua aparência, mas, ao mesmo tempo, já não há atividades outrora destinadas aos homens que lhes estejam institucionalmente vedadas. A sedução soberana rompeu os laços com a cultura do «sê bela e cala-te». Não é verdade que a influência das normas da beleza condene as mulheres a existirem apenas pela e para a sedução. À disjunção tradicional entre beleza feminina e envolvimento profissional e político sucede a conjunção destas ordens. A este respeito, é menos o avanço do que o recuo da tirania da beleza que caracteriza a época da sedução soberana.

Em segundo lugar, as críticas radicais da sedução soberana ocultam demasiado sistematicamente a dimensão de prazer que acompanha as diversas práticas de estetização de si próprio. Nem tudo se reduz a processos de alienação, nem tudo se resume a conformismo inquieto e a injunções opressivas: também há o gozo de atrair o olhar, de beneficiar da aparência, de agradar ao outro e a si próprio. Ainda que a sedução soberana prolongue uma lógica de desigualdade entre os papéis estéticos dos dois géneros, isto não faz desaparecer o benefício subjetivo representado pelas encenações de si.

Não devemos perder de vista que o desejo de agradar e de se valorizar é consubstancial aos seres humanos desde o início dos tempos. Não é a ordem mediática-comercial que se impõe «de fora» às mulheres vítimas: isto só ocorre sobre o fundo de uma exigência antropológica sem dúvida insuperável, fonte de prazeres narcísicos. Neste plano, devemos ver nas estratégias de sedução mais do que uma tirania da imagem ou da aparência física que impõe uma feminilidade estereotipada. Sob o «bombardeamento» das normas estéticas, funciona não só a dissemelhança imemorial dos papéis sexuais, mas também o prazer e o direito de «se pôr bela» para os outros e para si própria, fortemente reforçados, é verdade, pela cultura hiperindividualista e comercial contemporânea.

CAPÍTULO VI
O feitiço da moda

A atividade de sedução assemelha-se a um jogo teatralizado em que os atores procuram mostrar-se em seu benefício a fim de atrair o interesse e o desejo do outro. Neste dispositivo, a encenação do corpo pelo espetáculo dos artifícios desempenha um papel de primeiríssimo plano. Desde os tempos mais remotos que as tatuagens, as pinturas corporais, as joias, os ornamentos, os materiais ricos e as cores resplandecentes foram elementos essenciais do espetáculo da sedução entre os homens e as mulheres. Não há teatro de sedução sem corpo modificado por artifícios, sem corpo adornado, ornamentado, colorido, em conformidade com as normas da tradição.

No entanto, a partir do Renascimento, surgiu uma nova coreografia da sedução, que foi trazida pelo sistema das aparências a que chamamos moda. É verdade que esta continua a servir, entre outras coisas, para captar o olhar, mas faz isto de maneiras tão inéditas que constitui uma verdadeira revolução na história milenar dos dispositivos sociais da sedução. Após a rutura do momento grego, o da moda funciona como o segundo grande momento de desconstrução do sistema imemorial da «sedução primitiva», ou seja, consuetudinária. A cenografia da sedução tornou-se estruturalmente moderna.

A ATRAÇÃO DA INCONSTÂNCIA

Se, desde o Paleolítico superior, os adornos corporais fazem parte da aventura humana, o mesmo não acontece com a moda, cujo aparecimento histórico é relativamente recente, que só vê a luz no fim da Idade Média. Não se sabe exatamente quando apareceram as primeiras roupas, mas, em contrapartida, conhecemos o momento histórico em que as «loucuras» da moda começaram a criar um regime das aparências sem precedentes na história ([1]), um regime em que a parte dedicada à sedução erótica aumentou fortemente.

Com a moda, impôs-se uma lógica inédita das aparências, que marca uma descontinuidade com a organização imemorial do vestuário baseada na repetição fiel dos modelos consuetudinários. Durante milénios, a ordem do vestuário funcionou ignorando a temporalidade acelerada característica da moda: as mudanças são excecionais e, quando se produzem, transformam-se logo em estrutura estável e permanente. Ao invés, na ordem da moda, a mudança é a regra e a invariância é a exceção. Os penteados, as roupas, as cores, os ornamentos, tudo se modifica e se reinventa incessantemente, sendo objeto de paixões passageiras. Baseada na renovação perpétua dos modelos e, por isso, na própria negação da ordem da tradição, a moda é um sistema de essência moderna.

Enquanto o vestuário tradicional se mostra sob o signo da continuidade consuetudinária e da fidelidade estrita aos modelos herdados do passado, a moda vive da rejeição da herança, conhecendo apenas a lei imperiosa da temporalidade do presente: um presente triunfal, infiel, enfático. Analisou-se muitas vezes a moda como um sistema orientado pelas estratégias de distinção social. Isto é verdade, mas não esgota a questão. Isto porque se a moda é inegavelmente um sistema de signos que implica a rivalidade social e a despesa honorífica demonstrativa, também é um sistema de «destruição criadora», de inovação perpétua que quebra a homogeneidade da herança ancestral intangível. Nisto reside precisamente um dos encantos da moda.

A moda é esta organização da aparência que encanta pelas suas mudanças e reviravoltas, pela sua variabilidade perpétua, que, por ser imposta de fora, possui o encanto intrínseco da novidade e do imprevisível. O advento histórico da moda coincide com a invenção da sedução-movimento. A moda é o sistema que funciona com a desorientação, com a força atrativa da mudança e do novo. Por isso, a moda pôde ser interpretada como coação tirânica e, ao mesmo tempo, como magia das aparências. Por um lado, as suas mudanças bruscas impõem-se de maneira mais ou menos obrigatória: é a parte «despótica» da moda. Por outro, esta não é menos atraente pela novidade perpétua, pela inconstância e pela infidelidade ao passado que a habitam.

Sob o reinado da moda difunde-se, como observou Tarde, um novo regime de imitação social, a atração dos modelos estrangeiros que substituem a fidelidade aos modelos autóctones. Na ordem consuetudinária, o que não é nosso é considerado feio, «bárbaro», ridículo. Pelo contrário, a partir do século XV, em Florença ou Veneza, reina a paixão por tudo o que vem de França ([2]). No Renascimento, Beatriz d'Este obtém os desenhos das roupas da rainha de França a fim de introduzir o seu estilo na Lombardia. As mulheres elegantes enviam emissários ao estrangeiro em busca dos tecidos e dos modelos necessários à criação de modas novas ([3]). Segundo Fitelieu, o corpo da moda «é composto de diversos povos para fazer um monstro. É espanhol até à cintura. Da cintura para baixo é italiano, e para saber se é francês, basta atentar na sua mescla de cores» ([4]). Durante o século XVII, os homens e mulheres galantes de toda a Europa vestem-se cada vez mais «à francesa». Enquanto se aceleram as influências internacionais, a moda seduz pelo seu cosmopolitismo do vestuário.

O laço da moda com a mudança não diz respeito apenas ao domínio do estilo de vestuário, mas também à relação consigo próprio; a moda permite mudar frequentemente de aparência, desfrutar desta com um prazer sempre renovado. É aqui que se encontra uma das grandes fontes da atração que exerce, em particular sobre as mulheres. «A experiência quotidiana demonstra-nos [...] que metade da humanidade pode estar entre as fetichistas da roupa. Quero com isto dizer que todas as mulheres são fetichistas da roupa», escrevia Freud a Abraham ([5]). No entanto, a paixão das mulheres pela moda não tem o seu princípio numa qualquer natureza feminina, na falta fálica e na castração simbólica, como leva a pensar a psicanálise ortodoxa. Prende-se com o facto de a moda possibilitar a modificação da aparência de si, que ocasiona o prazer de uma «aventura sem risco» ([6]). Como as mulheres foram confiadas aos papéis da vida doméstica, os horizontes abertos da existência foram-lhes fechados pelas normas, pelos valores e pelas instituições androcêntricas da ordem social. A moda funcionou como um dos raros meios à sua disposição para desfrutarem de uma «aventura confortável» ([7]), do prazer da mudança rápida de si próprias através do jogo da aparência pessoal.

O artifício, o frívolo e o esplendor

O que agrada na moda não são apenas os modelos estrangeiros, mas também o trabalho sobre as aparências que cria um corpo de ficção, irreal, um «corpo vestido eloquente» ([8]).

O nascimento da moda não coincide, como foi dito, com uma visão anatómica do corpo humano, mas, pelo contrário, com a sua remodelagem hipertrófica. A moda é inseparável de uma maneira de vestir marcada pela artificialização extrema, por todo um conjunto de excrescências, exageros, protuberâncias, adelgaçamentos, que, no século XVII, levaram a ver nela uma «uma espécie de loucura» (Fitelieu), um fenómeno composto de incoerências e extravagâncias, de excessos e disfarces, nos antípodas da razão e da verdade natural do ser.

Enquanto, na ordem consuetudinária, os adornos e os ornamentos são «evidentes» e parecem, como a linguagem, não arbitrários, «naturais» (Benveniste), os signos da moda são logo vistos como fantasias decorativas desprovidas de qualquer necessidade, um teatro artificial sem motivo, mais ou menos gratuito, admirado por certo, mas também estigmatizado como afetação e engano, disfarces grotescos, formas lascivas, impudicas, ridículas, negação da natureza. É precisamente esta artificialidade extrema, esta comédia das aparências que está no princípio do encanto da moda.

Longe de ser fiel às linhas naturais do corpo, a moda remodela tudo por meio de um trabalho de redução ou de amplificação das silhuetas. O corpo da moda surge como uma espécie de ficção: a sua sedução assenta na magia do irreal exibido pelo seu espetáculo. Ao contrário do vestuário da tradição, o da moda torna irreal a aparência dos seres, com esta a tornar-se um teatro feérico composto de formas luxuriantes e de profusões decorativas.

Esta é a magia da moda, que, movida pela sua dimensão de jogo e de inutilidade, faz evaporar a ordem do sentido. Ao contrário dos ornamentos rituais, o vestuário da moda é arbitrário, surge bruscamente, sem verdadeira razão, como um capricho, um jogo estético puro, uma «loucura» contingente.

Podemos aplicar à moda aquilo que Baudelaire diz da vida: «A vida só possui um verdadeiro fascínio, o do jogo» (*Escritos Íntimos, Projéteis*). Livre de todos os pesos tradicionais, de toda a necessidade simbólica ou utilitária, a moda é magia das aparências, luxo lúdico, espetáculo ostentatório da inutilidade. É daqui que vem a sua atração: do seu perfume de superficialidade atraente, da abolição do sentido que se efetua num excesso de gratuitidade estética. A moda não significa a insignificância do parecer; estetiza num espetáculo enfático, numa espécie de festa de signos fúteis que abandonam tudo o que está conotado com o negativo, o árduo, o sofrimento. O encanto da moda é indissociável do seu estetismo, da sua luxúria decorativa, da sua dimensão de jogo, que providencia o prazer de «nos desembaraçar do peso da nossa própria responsabilidade» ([9]).

Encantamento do jogo estético ou decorativo que se exerceu durante seis séculos apenas por meio da sumptuosidade dos ornamentos, da policromia do vestuário, da riqueza das sedas, dos bordados e das joias. A atração da moda não se dissocia do espetáculo das roupas faustosas, que pode fazer esquecer a feiura do rosto e excitar o fervor amoroso. O esplendor da moda permite transcender as imperfeições do corpo natural e até rivalizar com sucesso com a beleza corporal. Quando se exibem as roupas douradas, os tecidos de prata, os panos de seda guarnecidos de pérolas e pedras preciosas, escreve Brantôme, «o fervor, o contentamento aumentam, e certamente mais do que numa pastora ou noutra mulher de qualidade semelhante, por muito bela que seja» ([10]). Nos séculos que nos precederam, não se concebe beleza e encanto femininos sem os artifícios da moda, que têm mais poder de atração do que o do corpo de carne.

A INDIVIDUALIZAÇÃO DA APARÊNCIA

A organização tradicionalista do vestuário é aquela em que a regra coletiva se impõe com tal força que as escolhas pessoais são extremamente reduzidas, permitindo apenas diferenças muito pequenas. Estas não decorrem de iniciativas criativas ([11]) e só são legítimas na medida em que os atores selecionem elementos que fazem parte de um reportório cultural fechado, determinado e conhecido. Nestas condições, em nenhuma parte pode a aparência individual separar-se ostensivamente da dos outros. Do mesmo modo que o sistema consuetudinário é «contra o Estado» (Pierre Clastres), também é contra a singularidade das aparências.

Relativamente a este sistema, a moda constitui uma rutura radical. Aquilo que era estruturalmente excluído, a saber, a singularização da aparência, é reconhecido nos círculos superiores da sociedade. Já não é «interdito» diferenciar-se, destacar-se soberbamente dos outros, atraindo o olhar pelo brilho e pela originalidade dos sinais de vestuário. A partir do Renascimento, afirma Burckhardt, «já ninguém tem medo de se fazer notar, de ser e parecer diferente dos homens comuns» ([12]). O que seduz na moda é o facto de oferecer o prazer de apresentar ostensivamente o espetáculo do *uomo unico*.

Entretanto, a personalização da aparência manifesta-se de forma extremamente variável. Ora uma individualização moderada e subtil, que se limita aos pormenores dos adornos. Ora a excentricidade, o exagero, a extravagância do vestuário dos pequenos marqueses, janotas, peraltas, peralvilhos e outros *dandies* em busca de visibilidade ostentatória: na moda, o *uomo singolare* afirma-se não sem um certo exibicionismo. O universo da moda deu origem à cultura da originalidade e da singularidade individual, uma cultura em que se procura agradar pela diferenciação pessoal, pelo novo e pelo picante, pela encenação enfática de si próprio. Implicando o direito de procurar e exibir uma diferença pessoal, a moda possibilitou uma sedução de tipo individualista.

O reinado do look

A partir do fim da Idade Média, o sistema da moda combina uma lógica de individualização da aparência e uma lógica de demonstração de classe. Através da moda do vestuário, os indivíduos procuram agradar, mas também distinguir-se socialmente, exibir um estatuto, uma posição social, um estado de fortuna. Durante séculos, a moda funcionou como um sistema simbólico de classificação que permitia tornar visível a hierarquia das classes sociais. Este modelo de funcionamento já não é o nosso. O objetivo principal já não é exibir a pertença a uma elite social, mas afirmar uma identidade individual, uma imagem pessoal. As mulheres já não usam a última moda para significar um estado de fortuna ou um estatuto na pirâmide social, mas para se destacarem individualmente, para se «mostrarem jovens», exprimirem um gosto, uma sensibilidade estética. Passámos de uma cultura do chique distintivo para uma cultura do *look* personalizado: uma transformação que traduz um aumento de individualização da relação com a moda e com a sedução. Não se compra o último grito «porque está na moda», mas porque se gosta dele e «nos fica bem». Doravante, é menos a moda em si mesma que nos seduz do que aquilo que corresponde aos nossos gostos e valoriza a nossa individualidade. O que se evidencia já não é a moda como instrumento de distinção social, mas a moda como vetor de sedução, maneira de agradar, mas também de agradar a si próprio. Como observava

Yves Saint Laurent: «As pessoas já não querem ser elegantes, querem seduzir.» ([13]) A função principal da moda era marcar distâncias, exibir uma superioridade de classe, criar barreiras, classificar socialmente os indivíduos na ordem social. Já não é assim: agora, a sedução e a autossedução comandam a relação com a moda.

O objetivo de sedução na moda libertou-se da canga do «como deve ser», da «classe», das normas homogéneas e consensuais do chique elitista. A partir dos anos 60–70, a moda deixou de ser um universo piramidal assente em normas unanimistas impostas por um centro organizacional (a alta costura) e por uma elite social. Já não há apenas uma moda, mas uma multiplicidade de tendências igualmente legítimas, baseadas em critérios estéticos por vezes radicalmente diferentes. Graças a esta rutura e a esta proliferação das referências, cada um pode compor a sua aparência, mudá-la à-vontade, destacar-se em função dos seus gostos, das suas vontades e das suas disposições. Às épocas da moda «despótica» que ditavam a maneira ideal de vestir, sucede um sistema de aparências disperso, que permite *looks* extremamente variados: *sexy, bon chique bon genre*, desportivo, casual, cabedal, adolescente, étnico, *vintage*. Para se destacarem e atraírem o olhar do outro, os indivíduos têm agora à sua disposição uma grande escolha de estilos e *looks*. No passado, os indivíduos só podiam escolher alguns pormenores da sua aparência (ornamentos, cores, joias): agora, adotam o *look* global que lhes convém e mudam-no à-vontade.

Dado que as tendências mais díspares têm direito de cidade, é um regime de sedução opcional e desregulada que marca a moda contemporânea. O que agrada nesta já não é a imagem de distinção que dantes oferecia, mas a possibilidade de escolher a aparência em função da imagem que queremos dar de nós próprios. Vivemos na época da sedução hiperindividualista gerada pela nova organização policentrada e balcanizada da maneira de vestir.

É verdade que o valor sedução continua a sofrer um recuo ou uma inversão desde há algumas décadas, com a irrupção de modas que se inscrevem deliberadamente sob o signo da antissedução: *punk*, *grunge*, *look* de vagabundo, Rei Kawakubo, Martin Margiela. São correntes *neo-dandies* que rejeitam a sexualização da aparência e os valores da elegância e da sedução. No entanto, estas panóplias de vestuário, que procuram mais impressionar, provocar ou desagradar do que seduzir o olhar, não podem ser dissociadas de uma época marcada pela generalização social dos signos do *sexy*, do corpo emancipado, dos desejos de agradar pela roupa. Porque estes emblemas de vestuário se banalizaram, puderam aparecer novos códigos em rutura, que permitem exibir uma maior singularidade individual, uma diferença pessoal mais ostensiva. Neste sentido, a rejeição da moda da sedução surge como o sinal de uma sociedade em que os signos da sedução do vestuário se difundiram e banalizaram em todo o corpo social.

A EROTIZAÇÃO DAS APARÊNCIAS

O laço que une a moda à sedução também se prende com dois fatores mais explicitamente eróticos. A partir da revolução do vestuário da Idade Média, que instituiu a oposição da roupa fechada masculina à roupa aberta feminina, a moda acompanhou-se de uma forte acentuação do dimorfismo sexual. A roupa masculina curta e justa exibe a forma das pernas estreitamente apertadas em calças compridas; o gibão estofado acentua o tórax; os sapatos desmesuradamente compridos têm uma conotação fálica; as braguilhas hipertrofiadas desenham uma virilidade vistosa. A moda feminina, por seu lado, adelgaça a silhueta, molda o tronco, sublinha a curvatura do busto e a forma do peito, descobre os ombros, mostra a garganta, deixa entrever os seios ([14]). A moda impõe-se como um espetáculo que chama a atenção sobre certas partes do corpo, desperta os sentidos, joga com o desejo do sexo oposto. Porque intensifica o efeito visual da diferença dos sexos e se carrega de alusões eróticas, a moda desperta a curiosidade sexual, atiça os desejos e as fantasias. Atraindo irresistivelmente o olhar, provocando-o, a roupa da moda afirmou-se desde o início como um instrumento de tentação e de ostentação erótica.

No Ocidente, a teatralização do dimorfismo sexual pelos artifícios da moda apoiou-se principalmente em três tipos de mecanismos. Em primeiro lugar, os jogos do mostrar/ /esconder; em seguida, o ajustamento ao corpo; por último, o excesso, a amplificação, a hipertrofia dos corpos. Com o advento da moda no Ocidente, os decotes e os ombros desnudados aparecem ao mesmo tempo que as roupas ajustadas que sublinham os encantos femininos, enquanto os escondem ao olhar. Ao substituir as túnicas compridas e largas, a roupa da moda exalta as formas femininas, sugere o corpo sem o mostrar, incita ao voyeurismo deixando adivinhar as partes escondidas do corpo. A roupa da moda erotiza a aparência feminina, revela escondendo, desnuda sem realmente mostrar, tornando-se um meio de sedução pelo seu poder de secretismo e de sugestão, de devaneio e de mistério, de fantasia e de provocação.

É também pelo jogo dos seus excessos em volumes, pela hipertrofia das suas formas, pelos processos de ajustamento, contração e estreitamento da silhueta que a roupa da moda erotiza o corpo, captura o olhar e a atenção. A partir do século XVI e durante quatro séculos, a aparência feminina não se concebe sem o espartilho, que, com as suas barbatanas e a sua armação, impõe uma cintura delgada ao segundo sexo. Redução de cintura que é contrabalançada por acessórios (crinolina, balão, rodilha ou tambor em redor das ancas) e vestidos franzidos que aumentam as dimensões do corpo: a crinolina faz ressair a cintura justa e esta as ancas largas femininas. A erotização da silhueta feminina acentuou-se no século XIX com a anquinha ou «cul de Paris», que, ao estrangular a cintura e cavar a região lombar, esculpe uma mulher calipígia cujos encantos do traseiro despertam as fantasias e os desejos masculinos.

No entanto, é inegável que a exibição da diferença sexual está longe de ser sempre traduzida pela erotização da aparência. Segundo os momentos e em função da severidade dos costumes, a aparência feminina pôde apresentar-se sob um aspeto sério, austero, rígido, oposto a qualquer efeito voluptuoso. Assim, no século XVI, afirmou-se uma feminilidade protocolar de aparência altiva, virtuosa, que, deixando a descoberto apenas o rosto e as mãos, fazia desaparecer todas as sugestões sexuais. Durante séculos, a erotização da aparência foi contida em limites estreitos por normas morais, por regras de decoro, pelo imperativo de exibição de uma aparência nobre, distinta e autodisciplinada.

O sexy

Neste plano, o século XX marca uma rutura. Durante o século e, em particular, após 1950, a imagem sexualizada do feminino acentuou-se fortemente. A partir dos anos 40, surgem as *pin-up* com formas «explosivas», que exibem as suas pernas longas, as suas nádegas torneadas, os seus peitos generosos num erotismo desinibido. A pouco e pouco, as mulheres ofereceram aos olhos de todos o espetáculo das suas costas, das suas pernas, do seu umbigo, das suas coxas. Nas praias, a dinâmica de desnudamento intensifica-se com o bikini, depois como o monokini e o fio dental. Nos anos 60, a minissaia acaba com a interdição de mostrar as pernas e o princípio das coxas. As calças de ganga ajustam-se à pele do corpo, sublinhando a forma das ancas, das pernas e das nádegas: criam uma sedução «jovem», táctil e direta, menos etérea e mais sensual. E hoje são inúmeros os elementos que constituem a paleta do *sex-appeal*: calções curtos, *bodies*, *leggings*, roupas justas, pulôveres, calças e *t-shirts* justas, *collants*, mini-coletes, camisas atadas ao nível do umbigo. A moda do século XX erotizou como nunca a silhueta feminina.

Ao quebrar os antigos tabus do pudor, a moda moderna acompanha-se de sugestões sexuais cada vez mais diretas. Livre do culto da aparência virginal e do «como deve ser», a moda feminina pode mostrar-se mais provocante e «agressiva». Aquilo que era vilipendiado porque portador de uma imagem de «mau género» e vulgar tornou-se tendência e *glamour*. Tal é o *sexy*, que se define por um estilo provocante e descomplexado, uma erotização assente no corpo liberto das antigas condenações morais. Lançando desafios incessantes ao olhar masculino, a moda feminina moderna e contemporânea é inseparável de uma desidealização ou dessublimação da aparência feminina, de uma multiplicação dos sinais com conotação moral portadores de um poder de atração mais vaporoso, mais «atrevido», mais «direto».

É verdade que nem todas as interdições sobre o desnudamento e a sexualização da aparência desapareceram. Nos Estados Unidos, o desnudamento em direto de um seio da cantora Janet Jackson num canal de televisão provocou um escândalo. E vários Estados americanos adotaram leis que proíbem as calças de cintura baixa. No entanto, embora persistam algumas reações pudibundas, já não são, pelo menos na Europa, as que predominam. Assim, na Internet, são inúmeros os sítios e fóruns de conselhos para se vestir *sexy* sem cair na vulgaridade. A aparência *sexy* já não é associada à vida dissoluta das mulheres fáceis: é apenas uma falta de gosto quando uma mulher «exagera». Na época da sedução soberana, já não é em nome dos valores morais que se denuncia o *sexy* excessivo, mas em nome do referencial estético. Se há limites que não devem ser transpostos, isto deve-se à própria sedução, que falha em ser si mesma quando os meios utilizados são excessivos.

O encanto do minimalismo

Se a época modernista promoveu o estilo *sexy*, também fomentou, no exato oposto, um tipo de sedução que, ao combinar-se com o funcional e confortável, tende a apagar a sensualidade do corpo feminino.

A partir de inícios do século XX, a moda feminina regista uma revolução profunda dos seus códigos tradicionais. Em 1906, Paul Poiret liberta a mulher do espartilho e assina vestidos tubulares que, ao dissimularem as ancas, celebram uma silhueta feminina esguia, fluida, pouco curva, em oposição à mulher em «S». Os anos 20 assistem ao sucesso da aparência «garçonne», de cortes direitos, linhas geométricas, vestidos curtos, formas achatadas, cabelos curtos em nome do conforto, do movimento, da liberdade das mulheres. Com o estilo «school boy» e depois «school girl», a moda faz desaparecer as formas sinuosas especificamente femininas. Ao mesmo tempo, a moda desportiva acompanha-se de roupas já não apenas elegantes, mas funcionais e simples, destinadas ao golfe, ao ténis, ao esqui, à natação: «A silhueta desportiva é o chique absoluto», dizia Patou. Afirma-se uma nova estética da elegância, que, menos rígida, menos decorativa, visa uma mulher ativa e móvel, desejosa de se sentir à-vontade na sua roupa. Todo um conjunto de novidades de moda é assim centrado nas exigências da vida prática das mulheres. Com a cultura modernista, a moda deve agradar primeiro às mulheres, mesmo que contra as fantasias eróticas dos homens.

Durante os séculos aristocráticos e burgueses anteriores, o encanto da moda não se dissocia do luxo ostentatório, dos excessos de roupas, da profusão de tecidos finos, das rendas, faixas e outras passamanarias. Toda a moda «aristocrática» assenta na exuberância das fantasias, no refinamento dos artifícios, que constroem uma poética da ornamentação. Foi contra este primado da decoração ornamental que se afirmou a moda moderna, repudiando os berloques, as cerimónias e outros floreados: nasceu o teatro depurado ou minimalista da sedução feminina.

Promovido em particular pela Chanel, o estilo modernista prosseguiu nos anos 50 com a Balenciaga (o «vestido saco»), depois com a Yves Saint Laurent (a linha «trapézio») e, sobretudo, com a Courrèges, que, com os seus modelos arquitetados e pouco sofisticados, criou uma moda resolutamente jovem, «adolescente», livre de qualquer conotação romântica. Com as mulheres a usarem calções e *collants*, vestidos curtos em forma de trapézio, roupas lisas e geométricas, o «lady look» desaparece em proveito da silhueta tónica da jovem erigida como protótipo da moda.

O recuo da sedução esplendorosa e faustosa prolonga-se hoje através do estilo minimalista ilustrado por diversos criadores: Jil Sander e Helmut Lang, Raf Simmons e Chalayan, ou ainda Ann Demeulemeester, Martin Margiela, Stella McCartney. É verdade que, ao apresentar um *look* sóbrio, intemporal, por vezes austero e até «monacal», o estilo minimalista pode ser visto como uma rejeição ostensiva do desejo de agradar. No entanto, os laços com a sedução não são rompidos. Desde logo, embora o minimalismo cultive a simplicidade funcional e o chique depurado, não é sistematicamente desprovido de sensualidade: seria mais exato falar de uma sensualidade não sexualizada, abstrata e moderada. Ao rejeitar o *glamour* ostentatório em benefício dos cortes claros e das roupas monocromas, a moda minimalista rodeia-se paradoxalmente de um encanto sofisticado, baseado no «less is more».

Em segundo lugar, o estilo opera uma inversão nos alvos da sedução. Os sinais frívolos da sedução tradicional eram virados para os homens. Os do minimalismo, pelo contrário, desenham uma feminilidade liberta do peso do olhar masculino. Já não uma sedução para o prazer do homem, mas uma sedução para a mulher serena, segura de si mesma, e que se veste principalmente para si mesma. Em vez do *sex-appeal* ostentatório da mulher que habita os sonhos masculinos, uma sedução para si mesma. Afirma-se uma nova forma de sedução que, sem elementos supérfluos ou pomposos, cria um encanto depurado, composto da beleza do essencial e que encanta as mulheres, que recusam usar os seus encantos físicos e aceitar o papel de objeto sexual que a sociedade lhes continua a atribuir.

SEGUNDA PARTE

A SOCIEDADE DA SEDUÇÃO

Nas comunidades humanas, os processos de sedução nunca ficaram acantonados nos limites do domínio da conquista amorosa. Ao contrário do mundo animal, a sedução, na ordem humana social, supera em muito o campo dos mecanismos de atração que visam a reprodução sexual: afirma-se em toda a parte como um fenómeno plural, multidimensional, polimorfo. Desde os tempos mais remotos, as ações de sedução concretizaram-se em atividades sociais diversas que, sem ligação com a relação amorosa, se relacionavam com as forças sobre-humanas, as vias da salvação, os domínios da política e da arte. Em todas as culturas, paralelamente às maneiras de criar idílios, houve dispositivos e figuras de sedução de tipo extra-erótica.

SEDUÇÕES EXTRA-ERÓTICAS

Desde o início dos tempos que existem operações de sedução dirigidas a animais ou a potências sobre-humanas. Os Inuítes devem seduzir os animais que eles caçam com roupas que tenham qualidades estéticas que os atraiam: é assim que os animais se deixam apanhar, que se entregam aos caçadores que lhes agradam ([1]). Em toda a parte existem rituais que visam seduzir as forças invisíveis (os mortos, os antepassados, as divindades, os espíritos). Muitos sacrifícios religiosos visam agradar às divindades, atrair as suas boas graças, obter os favores dos espíritos ou dos deuses, assegurar a sua aliança. As oferendas, as danças, os cantos e, por vezes, as mutilações são efetuadas para agradar aos mortos, apaziguá-los, pacificar as suas atitudes em relação aos vivos. O princípio da sedução também não é estranho às religiões monoteístas, nas quais as almas devotas tudo fazem para agradar a Deus e obter assim alguma esperança de conquistar a eternidade do paraíso.

Nas diferentes épocas, impuseram-se também indivíduos que, dotados de um magnetismo de natureza «extraordinária» ou carismática, conseguiram exercer um tipo de domínio livre das regras sociais. Nas «comunidades emocionais» criadas pelo carisma, Max Weber sublinha o papel fundamental desempenhado pelas vias «especificamente irracionais» do entusiasmo, do arrebatamento, da adoração, ou seja, as relações interpessoais carregadas de uma atração intensa. Uma sedução carismática que se pode exercer em diversas esferas da vida social por meio das figuras do profeta, do xamã, do sábio, do «salvador» ([2]), do herói guerreiro.

O domínio carismático tem aqui a característica de não fazer parte da ordem do quotidiano: de natureza especificamente «extraordinária», «só existe, por assim dizer, na pureza do tipo ideal, como *statu nascendi*» ([3]). O que faz com que seja «levado, na sua essência, a mudar de carácter: torna-se tradicional ou racional» ([4]). Com a estabilização das relações com os adeptos, discípulos e partidários, ou com o desaparecimento do portador de carisma pessoal, produz-se um processo de rotinização, de tradicionalização ou de racionalização/legalização. Significa que, nos domínios em que se manifesta o domínio carismático, a sedução não se exerce segundo mecanismos permanentes, institucionalizados ou quotidianos: manifesta-se como um «poder revolucionário», mas, como tal, transitório, destinado à «rotinização».

Num domínio completamente diferente, a arte representa um dos grandes continentes da sedução extra-erótica, na medida em que visa fascinar os sentidos, provocar sentimentos e emoções, encantar-nos pela beleza das formas, das harmonias, das cores e dos ritmos. A arte não é imitação da natureza: a sua essência é corrigi-la, «acrescentar beleza» (Alberti), enobrecê-la, «transfigurá-la», criando um «milagre de idealidade» (Hegel). Tal como a retórica, a arte pretende «agradar e tocar» pela sua eloquência: a arte seduz através da graça das obras e da elegância do estilo, de um ganho de prazer sensível produzido pela beleza das formas estéticas. Assim, não há obra de arte sem aquilo a que Freud chama «um princípio de sedução ou um prazer preliminar», que mais não é do que o prazer propriamente estético ([4]). Mas é também o jogo com a realidade, a recriação de um mundo imaginário, que engendra o arrebatamento do público. A magia da arte é inseparável da sua capacidade de nos fazer sonhar com um mundo ficcional que faz eco aos sentimentos e às emoções felizes.

Sedução da arte dotada de tal poder que dará origem, no início da modernidade e no momento da Contrarreforma, a uma verdadeira política da Igreja. Esta, ameaçada pelo cisma protestante, decide instaurar uma política de luta contra a Reforma e de reconquista das almas. O concílio de Trento, entre 1545 e 1563, elabora assim uma estratégia em que a arte é tanto mais solicitada porquanto a importância que lhe atribui contraria as teorias iconoclastas da Reforma, oposta ao luxo, à volúpia, às paixões e, por isso mesmo, à arte, expressão do orgulho humano. Opondo-se ao ascetismo protestante, o concílio decide «mobilizar» a arte, utilizando por seu intermédio todos os recursos da afetividade e dos sentidos para fomentar um impulso do coração capaz de promover a fé. Para que a emoção estética seja a mais intensa possível, a arte deve ser espetáculo, luxo, encantamento: deve agradar, atrair, seduzir. Daí as arquiteturas religiosas espetaculares, as fachadas teatralizadas, os coros sobredecorados, os mármores policromos, as naves sobrecarregadas de ornamentos sumptuosos.

Seduzir para melhor persuadir: a arte recupera as virtudes da retórica, que é reconvocada pela ordem nomeada para empreender esta política de sensibilização e de reconquista: os jesuítas. Ao mesmo tempo que se tornam construtores e que a sua companhia de Jesus em Roma marca o ponto de partida do vasto domínio que irá cobrir a Europa com novas igrejas, construídas no estilo barroco feito para seduzir e atrair as multidões, abrem um pouco por toda a parte escolas onde os exercícios retóricos se tornam a própria base do ensino, alargando-se até o teatro de colégio que aí se desenvolverá e que terá, por exemplo, uma forte influência formadora sobre o jovem Corneille. De facto, com a Contrarreforma, o barroco adquire valor de estratégia de sedução. Os virtuosismos técnicos das cúpulas de Borromini, os efeitos de iluminação do caravagismo, as decorações ilusionistas, as hipérboles formais da poesia, os encantos da ópera, que visa ostensivamente ser uma arte total, geram admiração, emoção, surpresa, espetáculo: maravilhar, dizia Bernini, este é o segredo da arte. E o termo tem toda a força de sedução quase mágica contido na «meraviglia».

Além das artes visuais e musicais, a sedução extra-erótica manifestou-se na elaboração das técnicas da arte oratória. No mundo grego, dominado pelo prestígio do discurso, a sofística e a retórica surgem como técnicas secularizadas que permitem a um indivíduo tornar-se um orador brilhante, um cidadão influente, um homem hábil a falar nos debates públicos ou nos tribunais. O objetivo é ensinar a persuadir os homens, a agir sobre os espíritos e as emoções, adulando os auditórios pelos recursos do estilo e do jogo das argumentações. Ao descobrirem o poder de sedução da palavra, os mestres da retórica ensinam a arte de tornar irresistíveis os discursos, os meios de defender convincentemente os pontos de vista contrários. Rodeados de discípulos e de admiradores fascinados, conhecem, no século V a. C., um sucesso extraordinário e enriquecem-se com a venda das suas lições a bom preço: tornam-se os primeiros profissionais do ensino do «bem falar» e da sua magia sedutora. Em Roma, os sofistas mais famosos vivem faustosamente, afirmam-se como artistas do discurso, que, ao demonstrarem o seu virtuosismo, seduzem o povo e os poderosos.

No Livro I da *Retórica*, Aristóteles define a retórica como «a faculdade de descobrir especulativamente aquilo que, em cada caso, pode ser bom para persuadir». Para alcançar eficazmente este objetivo, é necessário assentar em três pilares: o *logos*, o *ethos* e o *pathos*. O *logos* designa o raciocínio e a argumentação do discurso; dirige-se ao espírito racional e lógico do interlocutor. O *ethos* refere-se à imagem que o orador dá de si mesmo, a atitude que deve adotar para inspirar confiança, atrair a benevolência do público. O *pathos* remete para as emoções, para as paixões que o orador tem de provocar para convencer. Neste sentido, Cícero pode escrever, em *Do Orador*, que a retórica consiste em «demonstrar a verdade do que se afirma, obter a benevolência dos ouvintes, despertar neles todas as emoções úteis à causa» (Livro III).

O mundo romano assistiu a uma produção importante de tratados especializados e manuais sistemáticos. Em particular, Cícero esforçou-se por definir a eloquência, a arte e os fins da retórica. O grande orador é aquele que consegue alcançar três objetivos fundamentais: instruir (*docere*) — informar, argumentar, demonstrar a verdade daquilo que se afirma; agradar (*delectare*) — encantar pela construção e pela musicalidade das palavras, pelos efeitos rítmicos, pela entoação da voz, pelas figuras de estilo, que são fatores que provocam efeito estético no auditório; por último, tocar (*movere*) — tentar comover o auditório, inspirar-lhe sentimentos por gemidos, lágrimas, manifestações de admiração, explosões de raiva. «*Docere debitum est, delectare honorarium, permovere necessarium*», escreve Cícero em *De Oratore* (I, 3): instruir é uma obrigação, encantar é um ofício gracioso, comover é uma necessidade. Isto porque as provas demonstrativas e as qualidades estéticas do discurso não bastam: é necessária paixão para obter a adesão final do auditório. É preciso perturbá-lo, inflamá-lo suscitando emoção, agindo sobre as suas paixões, excitando os corações pela teatralização veemente do discurso e pela vivacidade da expressão e os gestos. «Assim, é eloquente quem fala de maneira a encantar, a fletir. Provar é a parte da necessidade; encantar, da aprovação; fletir, da vitória: com efeito, esta última é a que, mais do que todas, pode fazer ganhar as causas» (*Do Orador*, XXI, 69). O impacto desta perspetiva retórica foi tal que ainda vemos a sua influência nos autores clássicos do século XVII.

Por conseguinte, não há dúvida de que, nas sociedades pré-modernas, os dispositivos de sedução se estenderam muito para além das manobras amorosas. No entanto, temos de explicar que, no quadro de uma superfície social limitada, os domínios da economia, do parentesco, da religião, da sociabilidade e das relações interpessoais obedecem à ordem da tradição, com as suas formas fixas, os seus códigos coercivos, os seus rituais obrigatórios. Os processos de sedução nunca são criadores de formas novas; manifestam-se segundo uma ordem predeterminada, regras rígidas e imperativos que remetem para um fundamento exterior, heterónomo, seja religioso ou cultural. Domínios inteiros — em particular, a economia — estão encastrados nas tradições, nas religiões, nas relações sociais: por isso, escapam aos projetos deliberados de redefinição, de revisão e de inovação. Manifestando-se em espaços-tempos circunscritos e descontínuos, os fenómenos de sedução «holista» são socialmente herdados, predefinidos e, como tais, imunes ao poder transformador das iniciativas individuais.

A SEDUÇÃO EM REGIME CONTÍNUO

Vivemos noutro planeta. E isto desde há pouco tempo. Os sinais da mudança são tão profundos que nos autorizam a formular a hipótese de que a nossa época constitui uma rutura decisiva na história milenar da sedução e, mais precisamente, do seu lugar institucional em todo o coletivo. Ocorreu algo de fundamental que abriu um novo capítulo da organização e da inscrição social das maneiras de agradar.

O quadro geral apresenta-se esquematicamente da seguinte maneira. Num período de meio século, passámos da era da sedução limitada para a da sedução soberana de dimensões infinitas: vivemos na época da sedução global e hegemónica, tentacular e destradicionalizada. A sedução em toda a parte e em todos os momentos do dia e da noite, nas ruas e nos ecrãs, no universo dos objetos e no da comunicação, da política e da cultura. O nosso mundo é o mundo da sedução omnipresente e multiforme, planetária e multimediática. É o tempo da «explosão dos limites», da multiplicação, da hiperaceleração e globalização das ofertas tentadoras. Motor de mudança em tempo de crise, a sedução carismática nas eras pré-modernas acabava por ser rotinizada: isto já não acontece no universo contemporâneo comercial e mediático, em que a sedução é contínua e deve ser criativa, reinventando-se de forma permanente. Na sociedade hipermoderna, a regra do agradar já não está associada aos excessos do vício e da transgressão moral: afirma-se através de operações racionais, operacionais e comerciais. Surgiu uma galáxia de hiperseduração, generalizada, racionalizada, sistematizada, cuja expansão e poder não param de crescer.

Hoje, onde começam e acabam as estratégias de sedução? Cada vez mais, estas conquistam novos territórios, infiltram-se num número crescente de sectores de atividade social, dos objetos às imagens, do cibermundo aos lazeres, do corpo ao «desenvolvimento pessoal», do ensino à retórica política. A lógica de sedução saiu dos «pequenos» universos dos salões, do mundo da arte, dos cosméticos e das manobras amorosas: identifica-se com uma lógica global e omnipotente que reorganiza por completo o funcionamento do «grande» mundo, o do consumo, dos *media*, da educação, da política. Tornou-se o princípio organizador da economia do consumo, do espetáculo mediático, da comunicação política, da maneira de educar as crianças. Outrora encerrada nas esferas estreitas da vida coletiva, funciona agora como um processo global que prolifera para além das fronteiras, restruturando os sectores fundamentais da vida económica e política, social e cultural. É o tempo do omniatraente, da disseminação e da extensão infinita do paradigma da sedução: a intenção de agradar passou do mundo fechado para o universo infinito.

A sedução estava principalmente relacionada com os costumes, as manobras de abordagem, os artifícios estéticos variáveis em função dos povos: é agora um universo concreto, uma hipercultura transnacional, um cosmos industrializado e mediatizado em massa. Esse antigo universo desapareceu numa época em que as operações de sedução reorganizam a produção e a comunicação, a distribuição e o consumo, a religião e a arte, a educação e a política. A sedução já não pode ser reduzida a uma superestrutura de sinais e de operações de charme que se usam no domínio da vida amorosa: é um sistema organizador, uma lógica global, produtiva, comunicativa e comercial, que reconfigura o ordenamento do nosso universo coletivo. Para além das esferas das relações individuais, a sedução hipermoderna é aquilo que constrói um novo género de civilização, uma civilização do agradar em transformação perpétua. Após as sociedades de religião, de tradição e, mais tarde, de organização disciplinar, testemunhamos o advento das economias e das sociedades de sedução que radicalizam o processo moderno de autodefinição e de autoprodução do mundo social por si mesmo.

Nas sociedades do passado, as manobras e os artifícios da conquista amorosa constituíam o epicentro do mundo da sedução. Já não é assim. Vivemos numa altura em que o fulcro da sedução é o capitalismo armado com as suas estratégias de conquista dos consumidores que se multiplicam de forma ilimitada. A sociedade da sedução é aquela em que a economia constitui a atividade social dominante, em que a lógica da venda e da compra molda quase toda a existência: não se separa da sociedade do mercado. De repente, o consumidor tornou-se o sujeito mais cortejado do planeta: nenhuma mulher, nenhum homem foi alguma vez tão solicitado neste mundo. Na época da hipermodernidade comercial, Don Juan foi vencido, ultrapassado, eliminado; comparado com o poder, a criatividade e o apetite insaciável do *marketing*, parece um sedutor artesanal e provinciano. A conquista dos consumidores impulsionada pela razão comercial destronou as transgressões e os excessos libertinos. Acabou a época em que a sedução se limitava essencialmente às relações de charme entre particulares. Vivemos no tempo em que a sedução é o princípio que ordena o funcionamento dos principais sectores do nosso mundo, um dispositivo estratégico multipolar ao serviço da eficácia e da rentabilidade económicas.

Chegadas ao topo do seu poder estruturante da ordem coletiva, as estratégias de sedução registam uma expansão social prodigiosa. Num número cada vez maior de domínios, tudo é mobilizado para agradar e tocar os indivíduos. Para aonde quer que olhemos, dos produtos comerciais à sociabilidade digital, dos *media* ao engate, da estética corporal ao *design* comercial, da educação ao *marketing* político, dos museus ao ordenamento das cidades, a nossa época é marcada pela inflação, pela disseminação, pela mercantilização das atividades de sedução. É o triunfo da sociedade da sedução, que mais não é do que a generalização da axiomática do agradar e tocar.

Agora sem fronteiras, «sem limites», os processos de sedução no centro da ordem produtiva entraram em pleno na era da destradicionalização generalizada, da dessimbolização sistemática governada pela busca da rentabilidade e do etos racionalizador moderno. A sedução obedecia a prescrições coletivas mais ou menos intangíveis; agora, é inventada, reinventada, fabricada de forma racional e estética. Nesta perspetiva, é menos «desencaminhamento» do que invenção perpétua de vias inéditas, de pensamentos e cálculos para captar a atenção e os desejos humanos com fins económicos. Não poder de despossessão subjetiva, mas instrumento criador de valor económico e, mais geralmente, forma inédita de afirmação do poder da sociedade sobre si mesma, que não para de pôr no mercado novos objetos de desejo e de tentação.

O que se aplica ao mundo económico também se aplica à educação, à política ou à cultura: nestes domínios, também somos governados por uma sedução destradicionalizada e dessimbolizada. Um processo de rutura com a tradição que transpôs um novo limiar ao libertar-se dos mecanismos modernos da disciplina como os cartografados por Foucault. Onde a disciplina fabricava corpos domados e uma docilidade automática, a sedução exacerba os desejos, multiplica os apelos ao prazer. O mundo disciplinar afirmava-se como uma «mecânica do poder» através de regras austeras, «processos de punição, de vigilância, de castigo e de coerção» ([6]). O mundo da sedução generalizada dirige-se aos desejos, às emoções, ao corpo de prazer: trata-se de incitar e motivar, ouvir e solicitar, agradar e tocar. Em toda a parte, as injunções uniformes e autoritárias cederam o lugar a um universo de comunicação e de solicitações dispersas, que abrem o espaço da escolha e das iniciativas individuais. Mais a desejabilidade do que a sanção, mais a atração do que a obrigação, mais a compreensão e a livre expressão do que a coerção: foi assim que o império da sedução acabou com o modo de socialização disciplinar dos corpos.

Não é apenas uma rutura com o poder disciplinar que se difunde. Com efeito, a governação atual não funciona por meio da força, do direito, da moral ou da religião. Não visa aterrorizar as populações, impor leis coercivas, inculcar a verdade, apoderar-se dos espíritos, estabelecer o reino de Deus na Terra. Funciona pela incitação, pela tentação, pelo encantamento dos prazeres imediatos, pela escuta das aspirações, pela captação da atenção e dos desejos de viver melhor. Não há sanções, referências transcendentes, poderes majestosos ou imposições de cima: a nova governação é horizontal, puramente atrativa. A sedução foi sempre uma forma de poder, mas, hoje, tornou-se dominante em muitas esferas. A segunda modernidade é testemunha da consagração social da governamentalidade sedutora.

São mecanismos e normas que só se impuseram na medida em que surgiram como intimamente ligados ao sistema referencial do mundo moderno democrático, como instrumentos que permitem a realização plena dos princípios constitutivos da sociedade dos indivíduos: a autonomia dos agentes, a felicidade e o florescimento de todos, o poder político como emanação da sociedade. Se a sociedade da sedução é filha do capitalismo de consumo, também descende da era democrática e individualista.

«AGRADAR E TOCAR»

Ainda que o imperativo generalizado de «agradar» se tenha afirmado na segunda parte do século XX, a sua carreira histórica começou muito antes do desenvolvimento dos meios de comunicação de massa, das indústrias do consumo e do divertimento. Com efeito, desde a era clássica que a estética galante e os grandes dramaturgos se esforçaram por legitimar o princípio da sedução no espetáculo teatral, defendendo, contra os moralistas e os devotos, os doutos e os teólogos presos à tradição agostiniana, a exigência imperiosa do prazer. Neste ponto, Corneille, La Fontaine, Perrault, Molière e Racine são parecidos: o respeito pelas regras ortodoxas não importa e só conta o prazer sentido pelo público. Uma peça de teatro não deve ser julgada em função da sua conformidade às regras, mas em função do efeito produzido sobre os espectadores: o seu sucesso torna-se o único critério da sua qualidade. Pela voz de Dorante em *A Crítica à Escola de Mulheres* (1663), Molière declara: «Não sei se a grande regra de todas as regras não será a de agradar; e se uma peça de teatro que alcançou o seu objetivo não terá seguido um bom caminho.» «A principal regra é agradar e tocar. Todas as outras não se fizeram senão para chegar a essa primeira», declara Racine no seu prefácio a *Berenice* (1670). E Boileau, no seu *Arte Poética*, ratifica este primado da sedução em matéria teatral: «O segredo é, desde logo, agradar e tocar» (*Arte Poética*, III, v. 25, 1674). A arte de agradar não é apenas legítima na vida do cortesão, cujos traços de civilidade fixam desde o século XVI as regras, por vezes até aos mínimos pormenores: conquistou as suas cartas de nobreza na arte teatral em nome do prazer dos espectadores.

Para os autores clássicos, é uma estética do prazer e da sensibilidade que deve comandar a criação teatral; assim, o importante — a fórmula, constantemente repetida, adquire quase valor de regra — é «agradar e tocar», respondendo às expectativas de divertimento e de deleite de um público delicado e civilizado. Mesmo que insista na utilidade moral do teatro, Corneille, em 1660 no seu *Discurso Sobre a Utilidade das Partes do Poema Dramático*, retoma, para aprová-la, a ideia de Aristóteles segundo a qual «a poesia dramática tem como objetivo apenas o prazer dos espectadores». A obra não se destina a ser contemplada de forma desprendida e distanciada, mas de maneira emocional. E o prazer estético que o público sente no teatro não resulta de uma impressão de ordem e de harmonia, mas das paixões, da perturbação da alma, de um «tormento agradável», diz La Mesnardière. Todo o encanto da tragédia vem da excitação das paixões, do «prazer de chorar e de ser comovido» (Racine). O objetivo da tragédia não é moral nem didático, mas hedonista: trata-se de fascinar o espectador arrancando-lhe lágrimas, provocar emoções perturbadoras e agradáveis, dar o prazer de provocar choros. «Tocar» o público tornou-se um fim em si mesmo e a emoção é vista como um prazer autossuficiente e intrínseco ([7]). Com a estética hedonista dos clássicos, a sedução do público por via das emoções começou a adquirir as suas cartas de nobreza: tornou-se o princípio legitimador da arte dramática. Através da questão do teatro, a era clássica construiu o quadro simbólico que podemos ver como o primeiro elo do processo moderno de consagração social do paradigma da sedução.

«Agradar e tocar»: que fórmula resume melhor os objetivos e as vias agora seguidas pelas indústrias consumistas e mediáticas, pela comunicação política e pela educação liberal? Em toda a parte, o objetivo é agradar e comover, criar a tentação, solicitar as emoções, captar os desejos e os afetos. Vemos assim que a era clássica soube exprimir, na relação com o domínio limitado da arte teatral, aquilo que viria a ser o princípio geral de funcionamento das sociedades liberais. O teatro foi o primeiro domínio em que se instituiu a lógica da sedução soberana, que, três séculos depois, se generalizará ao universo da economia, da política e da educação.

CAPÍTULO VII
O *capitalismo de sedução*

Nenhum fenómeno ilustra melhor a supremacia das estratégias de sedução nas nossas sociedades que o desenvolvimento, desde os anos 50, do capitalismo de consumo. A partir desta época, surgiu um novo tipo de economia baseada no incitamento permanente ao consumo, no melhoramento contínuo das condições de vida, na difusão social do conforto material e no acesso aos lazeres para todos. Nas democracias avançadas, desenvolveu-se aquilo a que se costuma chamar a sociedade de consumo de massas, que é inseparável de uma expansão sem precedentes das operações sedutoras no universo da produção e da comunicação, da distribuição e da cultura. Sedução do «sempre novo», sedução do progresso que deve ser hiperbólico, sedução do bem-estar material, do lazer e do divertimento: a economia consumista afirmou-se essencialmente como um capitalismo de sedução de massas.

É sob o signo da tentação contínua e omnipresente que se manifesta o capitalismo consumista. As montras resplandecentes de cor e de marcas estimulam os desejos de compra dos jovens e dos menos jovens. As férias e os destinos turísticos fazem sonhar. Os saldos, as promoções, os «brindes», as ofertas e outros descontos relançam regularmente a líbido compradora. As imagens radiosas da publicidade invadem as ruas, os *media* e as redes de Internet. As revistas exibem com profusão a beleza e o *sex-appeal* dos corpos. No centro do nosso cosmos comercial, a sedução dos produtos surge como o sol que nunca se põe no império do capitalismo consumista.

Este não é apenas um modo de produção da vida material: surge como uma utopia realizada, um «Jardim das Delícias» onde tudo se oferece em abundância, onde tudo convida a ceder à tentação. Através da acumulação dos objetos e dos aparelhos, da luxúria dos templos do mercado, o universo consumista fascina pelo espetáculo da vitória sobre a escassez, pela abundância material ao alcance da mão, pelos seus convites perpétuos à evasão, ao divertimento, aos prazeres imediatos. O capitalismo de consumo não produz apenas em massa bens necessários à subsistência material; consegue aliciar os compradores com uma oferta permanente de bem--estar, de diversões e de prazeres. Para além do espetáculo da plenitude material, a força atractora do consumismo reside na magia da festa do supérfluo e do prazer prometido em toda a parte. Já não os apelos à renúncia tendo em vista a outra vida, mas as sereias do prazer imediato, as ofertas multiplicadas de felicidade mercantilizada a colher sem demora. É pelas suas infinitas tentações materiais que o cosmos consumista consegue exercer a sua atração irresistível sobre os povos de todo o mundo.

A INDUSTRIALIZAÇÃO DA SEDUÇÃO

A hegemonia do processo de sedução na organização do mundo mercantil é um fenómeno novo. Nos períodos anteriores, só as produções de arte e de luxo destinadas aos privilegiados de nascimento ou de fortuna estavam ligadas à exigência de agradar à clientela. Fragmentados, enquadrados pela regulamentação das corporações, os mercados estéticos ligados à produção artesanal eram locais, de dimensão muito reduzida e dirigiam-se apenas a um público de elite. No seio das economias pré-industriais, as operações de sedução desempenhavam um papel limitado, pois estavam circunscritas às criações de arte, aos objetos artesanais de luxo, aos artigos de moda.

Só a partir da segunda metade do século XIX é que a sedução comercial começa a adquirir uma nova posição económica e social. Os grandes armazéns, a publicidade, a embalagem, a decoração das montras e, pouco depois, o cinema, o *design* industrial, a música gravada, dão o sinal de partida para a era moderna da tentação comercial. No entanto, durante quase um século, esta teve uma dimensão limitada e dirigia-se pouco às classes desfavorecidas. Seria preciso esperar pelo fim da Segunda Guerra Mundial para que se afirmasse pela primeira vez uma economia global voltada para a captação sistemática dos públicos de massa. Nesta nova configuração, a sedução comercial deixa de remeter para uma esfera periférica: torna-se princípio geral de organização da economia industrial, mediática e cultural, agora baseada na incitação à compra, no estímulo dos afetos, no divertimento, na moda, no perpetuamente novo.

Deste modo, o capitalismo consumista pode ser definido como o modo de produção e de transação em que o sistema das atividades económicas é profundamente reorientado e reestruturado pelas operações de captação e de estímulo dos desejos: confunde-se com a industrialização, a mediatização e a mercantilização do agradar e tocar tendo em vista o desenvolvimento indefinido do consumo em massa. Ao criar novas maneiras de produzir e de vender, de comprar e de se divertir, o capitalismo fez dos sinais atrativos e distrativos um universo industrializado e mediatizado em massa, um cosmos quotidiano e, ao mesmo tempo, um princípio essencial do funcionamento da vida económica e cultural.

A economia consumista instala-se plenamente e avança a passos de gigante a partir dos anos 50 nos Estados Unidos e na Europa ocidental. O novo sistema implementa em grande escala o princípio de sedução, que se concretiza nos objetos correntes, nos aparelhos, na televisão, na publicidade, nos lazeres, na solicitação quotidiana dos desejos. Corresponde à era da sociedade de consumo em massa, à «sociedade do espetáculo», assente numa ordem mediática que institui um tipo de comunicação unilateral, sincronizada, vertical, e numa produção industrial estandardizada. Ao combinar organização, modo da oferta e produção em massa de produtos estandardizados, este sistema chamado «fordiano» constitui a primeira fase do reinado do capitalismo de sedução.

A aventura da sedução comercial generalizada não se ficou por este estádio. A saturação dos mercados de bens manufaturados e, depois, a revolução das técnicas provocaram, após 1975, uma verdadeira mutação do sistema produtivo, fazendo a economia consumista entrar numa nova fase da sua história. Sustentado pela organização pós-fordiana da produção e pela revolução das tecnologias de informação e comunicação, o sistema comercial da satisfação das necessidades tornou-se uma economia de hiperconsumo ([1]) baseada na proliferação da variedade, na personalização dos produtos, na segmentação extrema dos mercados e nas redes digitais. De um regime de «crescimento extensivo» baseado na produção de séries repetitivas e nas economias de escala, passámos para um regime de «crescimento intensivo» centrado na inovação e na renovação acelerada das novidades. Uma economia pós-fordiana funciona agora através de dispositivos que visam amplificar, intensificar e individualizar as operações de sedução. Contemporâneo do triunfo das marcas e do *marketing*, da diversificação da oferta, da estetização absoluta dos produtos e dos mercados, mas também da economia digital, um novo capitalismo assumiu os comandos daquilo a que podemos chamar hipersedução. Com a comercialização exponencial das experiências vividas, a individualização da oferta comercial e a digitalização das transações e do comércio, a organização aliciante do mundo alcançou um novo limiar: à abundância em massa sucedeu a profusão personalizada, à sedução estandardizada seguiu-se a sedução individualizada, deslinearizada, dessincronizada. Esta é a segunda etapa do capitalismo de sedução.

Com as lógicas de diferenciação da produção, de inflação das novidades e de «marketização» quase integral dos modos de vida característicos do capitalismo de hiperconsumo, assistimos à invasão total do modo mercantil da satisfação das necessidades, da vida mediática e quotidiana pelas tecnologias industriais de sedução. O que escapa ainda às sereias do *marketing* tentador? Incessantemente, novos domínios ou novos espaços (o desenvolvimento pessoal, a comunicação, os jogos, os desportos, os encontros amorosos, os museus, os estádios, as estações ferroviárias, os aeroportos) são anexados e remodelados por operações de sedução comercial. A época do hiperconsumo é marcada pela individualização crescente da oferta e pela proliferação das estratégias de captação dos consumidores em todos os domínios, em todas as experiências vividas, em todos os locais e em todos os momentos da vida. O capitalismo de sedução funciona em modo hiperbólico.

Enquanto a invasão tentacular das estratégias de sedução comercial raramente é contestada, já o é frequentemente por negar os seus efeitos de arrebatamento sobre os consumidores. Segundo diversos teóricos, sejam hipercríticos ou nostálgicos do passado, as nossas sociedades só já conhecem uma pseudossedução, e a expansão formidável das estratégias de captação dos públicos acompanha-se de uma sedução «mole, fria, mínima» ([2]). «A comercialização da sedução é a sua mortalha» ([3]): com a sua obsessão pelo real e pela transparência, a economia comercial é sinónimo de uma sedução «difusa, sem encanto, sem causa» ([4]). Nesta perspetiva, a difusão máxima das estratégias comerciais e a intensidade mínima dos seus efeitos sedutores andam de mão dada. Cada vez menos cultura, prazer, atração, o capitalismo só pode estar ao lado da atrofia do sensível, do empobrecimento do sentido, do declínio da aura.

Devemos contestar esta ideia de perda do encanto das «coisas». Não há dúvida de que o capitalismo hiperconsumista faz desaparecer o prazer da expectativa e priva a sedução da sua aura de mistério. No entanto, a sedução não assenta exclusivamente nestas bases: em particular, não é verdade que o mistério seja necessário para o encantamento das coisas e das experiências. O capitalismo criou outros dispositivos atraentes. Na verdade, não é uma sedução pobre ou fraca que se manifesta, mas uma justaposição de seduções de intensidades muito variáveis. Ainda que a força de atração exercida pela publicidade e por muitos programas televisivos seja geralmente fraca, para não dizer nula, o mesmo não acontece com as marcas, com as férias, com o turismo, com os «canais», com os novos objetos de comunicação. Os mecanismos que a ordenam — novidade, diversidade, velocidade, estética, divertimento, jogo — estão dotados de um verdadeiro poder de atração. O capitalismo não cria uma sedução nem prazer menores: o ódio e a crítica da sociedade de mercado perdem-se ao ocultarem o seu verdadeiro poder de atração. Devemos pensar o fenómeno da dilatação inaudita das operações e dos meios de sedução voltando as costas ao paradigma da «estética do desaparecimento» (Paul Virilio).

ECONOMIA DE MERCADO E CONQUISTA DOS CONSUMIDORES

O capitalismo consumista pode ser definido como o sistema que conjuga a ordem da racionalidade económica com estratégias de sedução de massa dirigidas aos consumidores. Nesta configuração económica, as empresas entregam-se a uma concorrência sem piedade para conservarem ou conquistarem partes do mercado através de produtos, imagens e serviços que, sempre renovados, são concebidos tendo em vista a sua suposta força de atração. Enquanto as marcas rivalizam para conquistar os consumidores, os clientes cortejados estão em posição de escolha entre as diferentes propostas do mercado. A expansão do campo da sedução nas nossas sociedades não pode ser dissociada da pressão concorrencial na economia de mercado, onde a maioria da população dispõe, pela primeira vez, de um poder de compra discricionário, que lhe permite consumir para além da simples satisfação das necessidades vitais.

Com o advento da sociedade de consumo em massa, o sistema produtivo esforçou-se por integrar cada vez mais sistematicamente as operações de sedução na sua oferta a fim de conquistar os favores dos consumidores. Este primeiro momento do capitalismo de sedução coincide com a proliferação das necessidades ditas «artificiais» e com a multiplicação dos métodos ditos de «persuasão clandestina». Enquanto se manifesta a «obsolescência programada» dos produtos, a publicidade enaltece os prazeres do conforto, das férias e dos lazeres. É como uma imensa «conspiração da moda» infiltrada em todo o universo do consumo que se cria a *affluent society* nascente.

Esta mutação não pode ser separada de um estado de concorrência que leva as empresas a criarem incessantemente novos produtos, a diferenciarem a sua oferta face à dos seus concorrentes. É assim que, tal como o sedutor ou a sedutora, as empresas concorrentes usam o charme e a criatividade inovadora para atraírem os favores dos consumidores. Entre o capitalismo de consumo e a sedução, os laços são consubstanciais, na medida em que não se trata de coagir, de impor comportamentos, mas de responder às preferências dos clientes, criar atração, suscitar desejo, agradar e tocar. Ao excluir a coerção e a rotinização, o capitalismo de consumo é um capitalismo artista que funciona de forma racionalmente calculada para a sedução seletiva. É o Grande Atractor no seio do mundo desencantado da racionalidade comercial.

Numa economia marcada por uma oferta pletórica, pela superabundância dos bens materiais e imateriais, a conceção dos produtos, a comunicação e a comercialização das marcas exigem operações atrativas que se tornaram estratégicas num ambiente cada vez mais concorrencial. Conjugando em grande escala comércio e inovação, tendo em vista a captação dos desejos, a economia consumista apresenta-se como uma imensa engenharia da sedução. Vivemos na época da sedução comercial omnipresente que pretende, nos mercados hipercompetitivos do consumo, despertar os desejos, tocar as sensibilidades, captar a atenção dos compradores. Dado que, numa época de produção pletórica, a atenção se torna o recurso mais raro e mais procurado, o capitalismo de sedução não para de multiplicar os dispositivos que visam capturá-la. Seduzir é atrair o olhar e a atenção: a novidade do momento é que este processo imemorial é agora usado à escala macroscópica das tecnologias industriais e mediáticas. Assim, o capitalismo de sedução apoia-se numa «economia da atenção» ([5]), no poder mágico de captar a atenção dos indivíduos consumidores (centro comercial, audiência, cliques digitais) através de ofertas de experiências atrativas.

No capitalismo de sedução, a oferta comercial tem o objetivo de atrair os consumidores: tudo é usado (preço, *design*, embalagem, nome de marca, grafismo, publicidade, *merchandising*, espaços de venda) para tornar os bens comerciais cada vez mais atraentes, suscitar a atenção do cliente final, incitar à compra. Em toda a parte, o capitalismo de consumo tenta cortejar o público com uma oferta aliciante de preço, de bem-estar, de novidade, de qualidade, de distração, de estética. Embora orientada pela fria e seca razão instrumental, a economia consumista assenta em processos que, destinados a atiçar os desejos, não deixam de mobilizar o domínio da *aisthesis*, a sensibilidade, o desejo e os afetos. É aquilo a que chamámos, com Jean Serroy, o *capitalismo artista*, que mais não é do que a economia racional de sedução sistematicamente baseada nos processos estéticos e nas tecnologias da *aisthesis*, que visam agradar aos consumidores, tocar-lhes, provocar a evasão, emoções e experiências de prazer ([6]). Já não se trata apenas de produzir bens materiais para assegurar a sobrevivência, mas de torná-los desejáveis junto das massas por meio de dispositivos atraentes, despertar os afetos e os imaginários, fazer sonhar e divertir. Operador global de atração, regime de solicitação do desejo, o capitalismo de sedução constrói um universo de tentação generalizada, perpetuamente renovada.

Assim, ao nível macroscópico, o capitalismo de sedução é aquele que liga a racionalidade calculista aos afetos, que alia o cálculo financeiro e o emocional, o mercantil e o afetivo. Há uma nova regulação sistémica que se apoia na exploração comercial das emoções e dos gostos através da produção de produtos e serviços concentrados no «agradar e tocar». Incorporando as instâncias do hedonismo e do emocional na sua dinâmica de conjunto, a governação artista é a que visa a sedução doce dos «afetos felizes» ([7]), o resplendor das mercadorias, os convites à fruição do presente. Sob o regime da «jaula de ferro» do cálculo racional inerente ao universo capitalista, a sedução tornou-se um princípio organizador generalizado, pedra angular do império mercantil, regra das regras do cosmos comercial hipermoderno.

O reinado da abstração monetária, da aplicação do cálculo racional à atividade económica não anulou de modo algum a consideração das dimensões hedonistas, imaginárias e emocionais; pelo contrário, incorporou-as de forma sistemática na ordem produtiva, como novo eldorado dos negócios, ferramenta incomparável de estímulo e de renovação ilimitada dos desejos de consumo. Assim, o mundo do «cálculo egoísta» transformou-se paradoxalmente em sistema sedutor, produtor e distribuidor de prazeres, de sonhos, de encantamento das massas. O capitalismo consumista visa menos o *Homo oeconomicus* do que o *Homo sentiens*, uma vez que não para de solicitar, mobilizar, fazer sonhar e vibrar através das seduções do consumo comercial. Movida pelo cálculo frio dos interesses, a racionalização económica do mundo conseguiu criar um universo de sedução generalizada. Neste domínio, a razão calculista não constitui qualquer obstáculo ao prazer dos sentidos, às vibrações emocionais, aos arrepios das imagens e ficções, às vertigens das atrações: é o seu principal operador sistémico. O capitalismo consumista é o sistema económico em que a medida e o cálculo erigem a regra emocional do agradar e tocar como princípio hegemónico.

Qualificou-se o capitalismo contemporâneo como «capitalismo imaterial» ([8]); esta expressão significa o papel primordial agora desempenhado na economia pelas tecnologias digitais, bem como pelos serviços, o «capital humano», o «capital de conhecimento», o «capital de inteligência». Estamos numa economia imaterial na medida em que a criação de valor assenta em fatores imateriais, como os conhecimentos, as qualidades de comportamento, a inovação e a invenção. O ponto a sublinhar é que quanto mais «imaterial» se torna o capitalismo, mais este se confunde com um capitalismo encantador. O que significa que o capitalismo imaterial não designa apenas um «capitalismo cognitivo» centrado nos algoritmos, nos dados digitalizados, nos saberes abstratos e matematizados, mas também um sistema que trabalha para estimular os desejos, as emoções, os sonhos, e cujo objetivo é criar e renovar produtos e serviços que agradem aos consumidores e lhes toquem (histórias, músicas, lazeres, divertimentos, estilos...). Deste modo, paradoxalmente, o capitalismo imaterial também é um capitalismo artista e emocional.

Um capitalismo consumista cujo objetivo é relançar infinitamente o consumo, atiçar cada vez mais a procura através de toda uma panóplia de meios reais, imaginários e simbólicos. Não há fim superior, nenhuma transcendência coletiva, apenas instrumentos de desenvolvimento e de rentabilidade económica. Neste sistema, a guerra das marcas substitui os grandes desígnios, a inovação permanente substitui as cruzadas políticas, o desempenho contabilizado substitui a emancipação dos homens. Agradar e tocar não em vista de uma exigência ideal, mas para fazer negócios e lucros, triunfar sobre os concorrentes, adaptar-se aos condicionalismos da globalização. O capitalismo de sedução não é movido por uma finalidade ideal: funciona como uma máquina que obedece a uma lei implacável e anónima ditada pela concorrência económica mundial que ninguém domina nem pode ignorar, e que ninguém sabe onde conduzirá.

Desprovido de ideal transcendental grandioso, o capitalismo está, porém, dotado de um tal poder de sedução que conquistou todos os povos do planeta. Já nenhuma região do mundo escapa às sereias consumistas, todos os homens são movidos pela mesma paixão e guiados pela mesma vontade de melhoramento do nível de vida. Uma sedução que não resulta da política, do sagrado ou da ideologia, mas de uma oferta concreta, multiforme, sempre diferente, que se dirige ao indivíduo privado e aos seus prazeres: a sedução político--ideológica foi substituída por uma sedução privatizada e experiencial centrada no primado da relação do indivíduo consigo mesmo. Uma força atractora sustentada não pelo imaginário de um futuro melhor da humanidade, mas pelas promessas de gozos imediatos dos indivíduos. Esta sedução extra-político-ideológica nada tem de vertiginoso, mas é constante, quotidiana, descentrada, que abrange todos os gostos, todos os apetites, todas as dimensões da vida material e distrativa. Foi assim que o reinado encantador da mercadoria conseguiu mudar muito mais o mundo e os homens do que as ideocracias demiúrgicas.

O capitalismo de sedução criou um novo mundo. Eliminou a força das antigas formas de pertença colectiva, arruinou as ideologias revolucionárias e as morais sacrificiais. Alterou por completo as maneiras e as razões de viver, dissolveu as últimas estruturas tradicionais da ordem colectiva, deu a prioridade aos valores de felicidade e de bem-estar privados, concluiu a dinâmica de individuação dos comportamentos e das aspirações. Chegou até a converter o planeta à economia de mercado, apesar das críticas fortes que continuam a denunciar os seus desregramentos, os seus horrores e as injustiças flagrantes. Esta revolução global não se efetuou pela força das ideias abstratas nem pela violência política. Resulta da captação dos desejos pela ordem comercial, do poder de sedução da oferta comercial, cujas instâncias devemos agora analisar de forma mais pormenorizada.

A MAGIA DO NOVO E DA VARIEDADE

As economias de sedução são, em primeiro lugar, economias de inovação viradas para «a satisfação do consumidor final». A oferta comercial tem a especificidade de ser composta de inovações, incrementais ou disruptivas, novidades incessantes que dizem respeito à vida quotidiana. Objetos, lazeres, desportos, espetáculos, *media*, espaços de venda, já nada escapa ao processo de renovação perpétua dos produtos, das imagens e dos programas. As indústrias manufatureiras, tal como as indústrias culturais ([9]), são agora governadas pela aceleração dos ritmos e da mudança, o sempre novo, aquilo a que se chama a obsolescência programada. Todos os sectores são marcados pela renovação extremamente rápida da oferta, pela aceleração do lançamento de novidades e a redução da duração de comercialização dos produtos.

Deste modo, a economia consumista revela-se uma ordem governada pela lógica efémera típica do sistema da moda. É o tempo das economias industriais da sedução, que funcionam estruturalmente com o descartável, o perpetuamente novo, a inconstância sedutora da moda ([10]). O encanto da diversidade já não se limita ao domínio da roupa, mas funciona no universo global do consumo. Novos produtos, novos jogos, novas músicas, novo estilo, mas também lojas efémeras (*pop--up store*), renovação perpétua dos espaços comerciais, dos bares, dos hotéis e dos restaurantes: a sedução comercial coincide com o modo de reconfiguração das esferas da produção e da distribuição. Em toda a parte, triunfa a atração do *cool*, da moda, a atração irresistível do novo. Uma sedução que funciona no tempo curto do sucesso, das tendências, da paixão passageira. Sob o reinado da «destruição criadora» do capitalismo, opera em conjunto uma *sedução destruidora*: um sucesso afasta o outro. O capitalismo de hiperconsumo generalizou e levou ao seu extremo o modo de sedução que assenta no «transitório, no fugaz, no contingente» (Baudelaire).

Princípio estrutural da oferta comercial hiperconsumista, o Novo funciona como um forte operador atrativo. Não só porque deve providenciar um «progresso», criar «melhor», mas também porque é em si mesmo fonte de prazer. Como observava Freud: «[...] a novidade constitui sempre a condição do prazer» ([11]). Ao quebrar a rotina e o tédio, a novidade atiça o desejo, suscita a curiosidade: faz sonhar. Associado ao desconhecido e ao risco, o novo pode assustar, mas, no universo comercial, atrai geralmente os consumidores. Todo o sistema consumista se apoia na sedução do Novo.

Retrato de Don Juan como consumidor

Através das novidades, já não são tanto os bens e as riquezas honoríficas que se procuram, mas as sensações e experiências de prazer. Agora, a novidade comercial tem menos um valor estatutário do que um valor emocional, lúdico e distrativo. A atração do consumismo prende-se com a sua capacidade de providenciar sensações indefinidamente renovadas: por isso, a compra do novo confunde-se com uma estética do consumo.

Num contexto dominado pelo culto dos prazeres efémeros, cada um tende a tornar-se «um colecionador de experiências» ([12]), à espreita de intensidades novas, de mudança, de sensações inéditas vividas como pequenas «aventuras» que animam o universo do quotidiano. Aquilo que atrai no consumo é menos a dimensão do *ter* do que os prazeres fornecidos pela mudança, o refrescamento do vivido, o arrebatamento das pequenas transformações, que são começos sem risco. Zygmunt Bauman exprimiu bem isto: «A vida do consumidor é uma sequência interminável de *novos começos*.» ([13])

A compra-prazer funciona assim como uma das vias que permitem mais ou menos sair da rotina dos dias, escapar à perpetuação do mesmo, sentir novas emoções, conhecer novos «princípios». A sedução do consumismo reside precisamente neste poder perpétuo do começo, pois nada seduz mais do que os momentos de começo: «As inclinações nascentes, afinal de contas, têm encantos inexplicáveis, e todo o prazer do amor está na mudança» (*Don Juan*, Ato I, cena 2). Cada consumidor contemporâneo comporta-se como o Sedutor de Sevilha: formidável vetor de prazeres efémeros, máquina de experiências múltiplas, a economia consumista gerou um donjuanismo generalizado, banalizado, que, obcecado com sensações novas e aventuras incessantes, se manifesta muito para além do domínio da conquista amorosa. A figura paradigmática do donjuanismo contemporâneo já não é o «pretendente do género humano», mas o consumidor móvel, emocional, dos tempos hipermodernos.

Variedade, escolha e personalização

O processo de mudança perpétua acompanha-se de um processo de diferenciação sistemática da oferta comercial,

com as economias de solicitação do desejo a esforçarem-
-se para que os produtos nunca se apresentem como tipo
único: tudo deve ser oferecido numa profusão de modelos,
de opções, de diferenças grandes ou pequenas. Pondo em
causa o modelo fordiano baseado na produção de grandes
séries repetitivas, o capitalismo de hiperconsumo tende para
a individualização dos produtos, para a declinação de varian-
tes, para a proliferação industrial da variedade. Enquanto,
durante os Trinta Gloriosos, a massificação homogénea triun-
fava sobre a variedade, agora dominam a personalização dos
produtos, as séries curtas, a multiplicação dos modelos. Com
a hiperssegmentação dos mercados, a sedução do diverso
impôs a sua lei à ordem da produção industrial massificada.

O capitalismo de sedução deu origem a uma economia
da variedade tanto no domínio da manufatura como no
domínio da distribuição e da cultura. Cada vez mais ofertas
de produtos utilitários e de variações, cada vez mais canais de
distribuição, mas também filmes, séries, tendências da moda,
estilos díspares: o capitalismo de sedução apresenta-se como
um imenso supermercado com uma oferta prolífera e não
estandardizada, que responde à diversidade dos gostos e dos
desejos individuais. O princípio da sedução concretiza-se na
lei da diversificação crescente ([14]). Não devemos subestimar o
poder de atração detido pela comercialização da diversidade:
embora, em certos casos, a hiperescolha possa criar angústias
no consumidor, não deixa de estar no centro da atratividade
consumista. A variedade comercial e a escolha dos consumidores que ela torna possível funcionam como um dos grandes
mecanismos de atração do capitalismo consumista.

Graças às novas técnicas de conceção e de produção infor-
matizadas, os meios de abordar e atrair a clientela ganham
eficácia. Hoje, certos artigos industriais podem ser fabricados a pedido; o produto único ou à medida tem um custo

equivalente ao de um produto estandardizado. No capitalismo de hiperconsumo, as empresas tentam seduzir os seus clientes propondo satisfazer de forma cada vez mais precisa as necessidades dos particulares graças a produtos personalizados: após a *mass-production*, afirma-se a *mass-customization*, a personalização em massa, novo dispositivo da economia pós-fordiana.

O processo de personalização vai muito além do domínio da produção industrial. Também conquista o domínio do *marketing* através das recomendações personalizadas possibilitadas pelo *big data* e pelos cálculos algorítmicos. Graças aos diversos traços digitais dos internautas, as empresas podem agora dirigir sugestões personalizadas aos consumidores, referências do seu catálogo que, em princípio, correspondem aos gostos particulares de cada pessoa. A profusão da oferta na Internet tornou-se tão grande que muitos consumidores perdem-se nela: daí o sucesso dos serviços de recomendação. Na competição económica, a hiperescolha não é suficiente: o que faz a diferença e seduz os consumidores é a abundância enriquecida pelas recomendações previsíveis. O segundo momento do capitalismo de sedução já não funciona com o *marketing* em massa, mas com o estímulo personalizado, com o direcionamento à medida, com as propostas hiperindividualizadas dos sistemas de sugestão.

No seu *Ensaio Sobre o Gosto*, Montesquieu escrevia: «Se é preciso haver ordem nas coisas, também é preciso variedade, pois, sem esta, a alma enfraquece»: então, para dar prazer aos homens, basta procurar variar e multiplicar as sensações. Foi assim que o capitalismo de sedução integrou no seu funcionamento a ideia moderna de que «o tédio nasceu um dia da uniformidade». Retirou daqui todas as consequências à escala industrial. Para agradar, é preciso acabar com o tédio do repetitivo, multiplicando os prazeres da surpresa, do diverso e da escolha, ainda que cada vez mais esclarecida pelos algoritmos de personalização.

LAZERES E ENTRETENIMENTO

Se o capitalismo de sedução fabrica em massa objetos materiais, também produz uma profusão de bens culturais (espetáculos, músicas, jogos, percursos turísticos, filmes, programas de televisão), que são essencialmente produtos recreativos de massa.

No centro das economias de sedução estão as indústrias culturais e criativas, as do espetáculo e do entretenimento, que se situam no cruzamento dos lazeres, da cultura e do negócio. Surgiu uma cultura mediático-comercial cujo objetivo são os prazeres distrativos da maioria das pessoas. Já não artes dirigidas às elites sociais e tendo em vista a sua elevação espiritual, mas «artes de consumo de massa» ([15]) permanentemente renovadas, acessíveis a todos os públicos de todos os continentes e que, para serem apreciadas, não precisam de nenhuma formação particular e erudita. Em toda a parte, as indústrias criativas propõem programas que alimentam os gostos do grande público, um tipo de cultura «fácil», efémera, espetacular, que participa em pleno no desenvolvimento do consumismo de massa. O capitalismo de sedução é o sistema em que os lazeres, o jogo, o divertimento captam o tempo e a atenção das massas e ocupam um lugar cada vez maior tanto na oferta como na procura de consumo.

Videojogos, multiplexes, parques de lazer temáticos, cruzeiros, circuitos turísticos, clubes de férias, museus, festivais: na época do capitalismo de sedução, os lazeres e os entretenimentos já não designam um domínio marginal; constituem um sector económico gigantesco, uma indústria em forte expansão, criando cada vez mais imagens, programas e atividades de entretenimento. A civilização do objeto, a dos Trinta Gloriosos, foi suplantada por uma «economia da experiência» dominada pelos lazeres, pelo turismo, pelos jogos e pelos espetáculos. Passámos do capitalismo produtivista orientado para o fabrico industrial de bens materiais para um «capitalismo cultural» ([16]) centrado nos mercados da experiência que constituem os filmes, as séries, as músicas, o turismo ([17]), os jogos ([18]) e os parques de atrações ([19]). O centro de gravidade das nossas economias está agora nas indústrias da experiência, as que criam evasão, recreação, sensações novas ([20]). Aquilo que é produzido e comprado é menos valor de uso e valor estatutário do que prazer e distração. O capitalismo de sedução confunde-se com o desenvolvimento dos mercados de entretenimento e o reinado do «capitalismo exponencial».

Durante o século XX, as indústrias culturais desenvolveram-se com o apoio de tecnologias radicalmente inéditas: cinema, televisão, disco de vinil, cassete, CD, DVD, videojogo. Esta dinâmica está longe de ter acabado. Em breve, é provável que uma nova tecnologia, a realidade virtual, venha a criar novas maneiras de diversão, de sentir, de jogar (com capacete de realidade virtual), de comprar, de comunicar (o Facebook está a trabalhar num projeto de rede social animada na realidade virtual). Em breve, as emoções do jogo já não dependerão de um ecrã, mas de mundos de realidade virtual. Já há filmes, visitas a *sites*, mergulhos no oceano, pornografia em realidade virtual. Ao criar uma imersão total em 360 graus, oferecendo sensações intensas e desconcertantes, dando a impressão de sermos transportados para outros lados, a realidade virtual irá constituir um novo vetor de atratividade do capitalismo experiencial.

Extensão do domínio do entretenimento

A sociedade de sedução de massa apresenta-se como uma acumulação imensa de espetáculos exibidos sob os auspícios do sensacional e do divertido, do lúdico e do recreativo. O notável é que aquilo que até agora escapava à lógica do entretenimento está a entrar progressivamente nesta órbita.

A começar pelos próprios centros comerciais. A fim de atrair os clientes, desenvolveu-se uma tendência designada nos Estados Unidos por *fun shopping* ou *retailtainment*, que visa transformar o ato de compra em «viagem» relaxante, em momento de descontração e de prazer. O ponto de venda já não deve ser um espaço neutro de transações comerciais: deve ser atrativo em si mesmo, funcionar como um espaço de experiência de lazer. Teatralizar os centros comerciais, imaginar encenações espetaculares, oferecer animações interativas, campos de jogos, restaurantes temáticos modernos: são dispositivos que têm a missão de reanimar o consumo, fazer os clientes viverem experiências originais para que sucumbam mais facilmente à tentação.

Desde há muito que a publicidade apostou na extravagância dos desenhos, das imagens e dos *slogans*. Mas a lógica espetacular continuava submetida ao imperativo de destacar os méritos objetivos e psicológicos dos produtos. A partir dos anos 80, este limite desapareceu em proveito de uma publicidade-espetáculo que visa sobretudo divertir, surpreender, fazer sonhar: em suma, seduzir como o cinema, mobilizando os recursos do «grande» espetáculo. Esta era a «star strategy» cara a Jacques Séguéla, que não hesitava, por exemplo, a fazer descolar um Citroën GTI de um porta-aviões. Ainda que, a partir dos anos 80, tenham surgido críticas contra a hipertrofia de um espetáculo vão, temos de admitir que o entretenimento publicitário não deixou de prosseguir o seu rumo, que tende a aparecer sob o signo de uma cenografia espetacular à base de efeitos especiais, de um espetáculo por vezes desenfreado e louco. Por outras palavras, um puro divertimento baseado em retóricas múltiplas: o *kitsch*, a autoironia, o humor absurdo, o sarcasmo, a distração, o *pastiche* ([21]). São registos que estão na base daquilo a que os anglo-saxónicos chamam precisamente *advertainment*. A sedução e o espetáculo substituíram as estratégias da «demonstração», da repetição e da valorização dos produtos. Com o capitalismo de sedução, toda uma parte da publicidade procura surpreender, entreter, divertir o público, meios privilegiados para reter a atenção dos neoconsumidores hedonistas bombardeados por anúncios.

O espaço urbano também regista o crescimento irresistível do entretenimento. O capitalismo de consumo contribuiu para transformar os centros das cidades em espaço de passeio, de lazer e de prazer consumista. Os sinais desta mutação são numerosos: ruas pedonais, reabilitação e estetização da paisagem urbana, bairros burgueses-boémios, animações festivas, remodelação dos locais patrimoniais, transformação dos portos industriais em locais de passeio e de fábricas desativadas em parques de lazer. São aspetos que ilustram o advento da cidade lúdica que visa responder às novas necessidades ligadas ao turismo, aos lazeres, ao festivo. Enquanto, nos centros históricos, se multiplicam as lojas franchisadas, os bares, os restaurantes e as lojas da moda, o consumo, o turismo, o recreativo triunfam sobre as outras atividades urbanas.

Até o mundo dos museus é restruturado pelo princípio da sedução-lazer. Em toda a parte, as cidades em busca de atratividade dotam-se de museus com arquiteturas inovadoras, nos antípodas dos antigos museus neoclássicos que exibem massas simétricas e proporções intimidantes para criar uma atmosfera «sagrada». O museu era um local de recolhimento que permitia um percurso ascensional até aos cumes da arte eterna: agora é um destino turístico de massas, um espaço cultural virado para o consumo visual e hedonista das multidões itinerantes. Já não museus com objetivos educativos, mas museus atrativos e recreativos. Ao museu-templo sucedeu o museu-sedução, cuja arquitetura atrai mais o olhar do que as obras expostas e cujas cenografias permitem visitas interativas, distrativas e lúdicas.

Televisão e entretenimento

Até aos anos 50, o cinema representava a distração de massas por excelência: em 30, quase todos os Americanos iam uma vez por semana ao cinema ([22]). Associado à saída tradicional em família e à sala, a «fábrica de sonhos», pelos seus dramas, pelas suas comédias, pelas suas estrelas, arrancava o público da banalidade dos dias, suscitava os sonhos e os risos do grande público. Esta época já passou. No seio do universo do entretenimento, desde há meio século que a televisão ocupa a posição dominante.

Atualmente, a televisão capta a maior parte do tempo de lazer dos Europeus e constitui o segundo maior volume de negócios dos mercados culturais e criativos franceses. O tempo passado pelos Franceses diante do pequeno ecrã era estimado, em 2016, em 3 horas e 44 minutos em média cada dia, quer em escuta linear, quer por escolha, gravando os seus programas ou utilizando os serviços de *replay*. É verdade que a prática da Internet e as atividades digitais ocupam cada vez mais o tempo do público, em particular dos jovens. No entanto, não é certo que, como por vezes se diz, esta evolução das práticas signifique o «desaparecimento» da televisão. Embora os jovens abandonem o canal de televisão, não deixam de consumir programas televisivos, séries, filmes e documentários nos seus *smartphones* ou nos seus *tablets*. A cultura televisiva não está em vias de extinção: a diferença é que se consome noutros ecrãs.

A fim de maximizarem a sua audiência, as cadeias de televisão difundem um fluxo crescente de programas cuja vocação não é educar, elevar os espíritos e o nível de consciência do público, mas essencialmente diverti-lo. Na famosa trilogia «informar, cultivar, divertir» que fixava as missões da televisão de serviço público, é manifestamente a última que triunfa: a televisão «dedica-se exclusivamente a divertir o seu auditório», incluindo quando se trata de «coisas sérias» (política, cultura), escreve Neil Postman ([23]). É uma televisão que funciona como meio de sedução através de uma oferta crescente de séries, filmes, jogos, variedades, *talk-shows*, telerrealidade, tendo apenas o *entretenimento* como objetivo.

Criar o espetáculo e o sensacional, privilegiar o distrativo em detrimento da seriedade da informação: para reter a atenção do público e ganhar a corrida às audiências, tudo deve ser espetáculo e até hiperespetáculo. O divertimento, o riso, os jogos são os grandes vetores da sedução televisa.

A *atração irresistível da preguiça*

As distrações exerceram uma grande força atrativa em todas as sociedades porque oferecem a possibilidade de esquecer momentaneamente as preocupações do presente, de esquecer as tensões que sofremos, de aligeirar a vida quotidiana. Este ponto é essencial. No entanto, não é suficiente para explicar o facto de, nas nossas sociedades, o desejo de entretenimento se concretizar principalmente no consumo de imagens televisivas e não noutros tipos de lazeres que podem produzir os mesmos efeitos de evasão. Por que é que o espetáculo televisivo ocupa a maior parte do tempo de lazer da maioria da população? Por que é que nos tornámos tão viciados na televisão, por que razão ligamos a televisão antes de consultar os programas, por que é que continuamos a ver programas que nos aborrecem e por que preferimos mudar de canal a desligar o aparelho ([24])?

A resposta adequada a estas questões exige, segundo Olivier Ferrand, que se compreenda o facto de a atratividade do espetáculo visual assentar noutras bases que não o hedonismo individualista do público. No plano mais profundo, a atração da televisão é inseparável da sua capacidade de criar um laço social na sociedade individualista, de «nos ancorar em pensamento à sociedade», de apresentar uma dimensão pública ou coletiva que deixou de ser interiorizada pelos indivíduos privatizados. Com efeito, é inegável que a televisão destinada a todos os públicos assume, numa sociedade de solidão generalizada, um papel de laço social ([25]). Dado que vejo programas que sei que são vistos por uma massa de indivíduos, a televisão constitui uma forma de laço social numa época ameaçada pela fragmentação social e pelo isolamento. No entanto, será mesmo uma necessidade de laço social, de recuperação do coletivo, que leva os telespectadores a verem televisão durante horas e, geralmente, todos os dias?

Porquê esta preferência maciça pelo audiovisual? Afinal de contas, não faltam os sinais da nossa inscrição numa comunidade social: oferecem-se em abundância na língua, na alimentação, nas canções, nos objetos do quotidiano. A televisão está longe de ser a única a dar como espetáculo os sinais do «nós». Acrescente-se que a dimensão pública da oferta televisiva não permite explicar por que é que o público escolhe os programas mais «fáceis», os mais espetaculares, os mais divertidos, os mais aliciantes, e evitam maciçamente os programas «sérios». Porquê o TF1 e não o Arte? Porquê os jogos de telerrealidade e não os programas literários?

A verdade é que não vemos televisão para ter o sentimento de participar numa sociedade, mas sim para não termos de fazer, durante algum tempo, os esforços (trabalho, pensamento, responsabilidade) exigidos pela vida coletiva. O que seduz é o lazer espetacular e passivo, estranho ao universo do sentido: para o telespectador, o que conta é o esquecimento dos problemas da vida séria, a neutralização das dificuldades quotidianas, a suspensão dos esforços que esta implica e, nomeadamente, os da reflexão, da atividade intelectual. A sedução televisiva consagra o triunfo da preguiça mental, que pode chegar à passividade total. A força de atração considerável da televisão reside no facto de não mobilizar nenhum esforço, nem físico nem mental. As imagens do pequeno ecrã seduzem tanto mais quanto menos implicarem algum trabalho, algum esforço reflexivo; alimentam a preguiça mental, o prazer de não ter de pensar, de nos libertarmos das responsabilidades, de não fazer nada, de não ter de pensar em nada. Embora a televisão venda «tempo de cérebro humano disponível» (Patrick Le Lay) destinado a preparar o espectador para receber as mensagens publicitárias, oferece sobretudo programas que dão a satisfação da inatividade mental.

Não é o sentido social da televisão que nos «cola» ao ecrã, mas a sua facilidade, os seus jogos, as suas ficções e as suas tolices. A respeito do povo e das massas que se tornaram «público», Baudrillard observava que «dão-lhes sentido, querem espetáculo [...] idolatram o jogo dos sinais e dos estereótipos, idolatram todos os conteúdos desde que se resolvam numa sequência espetacular» ([26]). Tal como o jogo, a televisão «liberta-nos temporariamente da história das nossas ações, liberta-nos da obra da liberdade, providencia-nos uma irresponsabilidade que experienciamos com prazer» (27). Mesmo quando os programas não apaixonam, a televisão continua a exercer uma certa sedução: a da preguiça (28), da passividade espetacular, a de não ter de prestar contas, de não fazer nada, de não precisar de refletir.

Não há manipulação nem mistificação das massas sem cérebro, mas a exploração de uma aspiração fundamental do ser humano: o gosto do menor esforço, aceder a momentos ligeiros, não fazer nada, fugir ao peso do sentido, ficar livre de toda a carga mental. A ligação ao pequeno ecrã não resulta do facto de permitir ouvir falas públicas e de estar ligado aos outros (29), mas do facto de constituir o meio mais fácil de esquecer, no imaginário, os problemas da vida social. Não é o polo público que seduz, mas a desconexão privada.

ESTILIZAÇÃO E EROTIZAÇÃO DA MERCADORIA

Paralelamente às indústrias do entretenimento, o capitalismo pós-fordista tem a característica de se esforçar por tocar a afetividade dos consumidores, amplificando o desempenho emocional das imagens e dos produtos comerciais. Para agradar e se diferenciar, é necessário lançar produtos portadores de emoções, de prazeres estéticos, de valor afetivo. A emoção impõe-se como o grande instrumento da atenção e o fator predominante da tomada de decisões dos compradores. Quanto mais domina a racionalidade instrumental e comercial, mais os mercados de consumo solicitam a sensibilidade do consumidor. Neste contexto, a experiência estética, no sentido da experiência afetiva, tornou-se um dos principais meios de cortejar os consumidores: o capitalismo de sedução afirma-se assim como um «capitalismo artista», um «capitalismo emocional» (30) ou «afetivo» (31).

O design *do mundo comercial*

Daí a generalização da «criação estilo» no seio da oferta comercial. Se falamos de um capitalismo de sedução é porque funciona ao incorporar o valor acrescentado do estilo na ordem da produção, da distribuição e da comunicação, tendo em vista um primado de prazer sensível. Na época da industrialização da sedução, o capitalismo ambiciona encantar os objetos e os locais comerciais, mesmo que sejam os mais correntes; em toda a parte, surge um trabalho de *design* da oferta comercial, de mobilização dos recursos do estilo e do espetáculo. A imagem, o *look*, a decoração e a beleza impõem-se cada vez mais como grandes imperativos estratégicos das marcas. O capitalismo de sedução coincide com a encenação total do nosso quadro de vida ordinária, com a expansão ilimitada da artialização do mundo dos objetos e dos signos. É o modo de produção industrial que investe a aparência das coisas a fim de suscitar o desejo e de captar a atenção dos consumidores ([32]).

Como a «feiura se vende mal» (Raymond Loewy), já não há objeto que não seja concebido e realizado sem uma operação de *design* que mobilize os prazeres estéticos, sensíveis ou lúdicos. O mais pequeno *bibelot*, o mínimo logo é obra do *design process*, e já nada escapa ao processo de estilização generalizada. Até os artistas de vanguarda são solicitados para decorar montras de lojas, realizar anúncios publicitários, conceber coleções de produtos. *Design* de produtos, embalagem, *merchandising*, criação de ambiente, arquitetura interior das lojas: o capitalismo de sedução baseia-se no valor acrescentado afetivo e estético usado pelos estilistas e arquitetos, pelo *design* visual e sonoro, táctil e olfativo.

Até os objetos mais utilitários procuram exibir uma faceta «tendência», misturando tecnicidade, estilo e ludismo:

os utensílios de casa de banho, os ténis, os óculos, os relógios de pulso, as malas de viagem já não são apenas produtos «técnicos», mas acessórios de moda com marca e apresentados em coleções sazonais. Em toda a parte, é preciso seduzir por um *look* tendência, criar efeitos engraçados, jovens, «simpáticos», modernos. A sedução consumista tende para a hibridação da indústria e da moda, da alta tecnologia e da criação de *design*, do racional e do lúdico, do tecnológico e do glamoroso.

Para além da funcionalidade, do carácter prático, da ergonomia, o *design* esforça-se por tocar os consumidores suscitando emoções positivas, particulares, por vezes únicas, através do estilo, das formas, das cores dos produtos. Ao *design* inaugural regido pela procura da variedade funcional e universal do objeto, sucedeu um *design* sensível voltado para o valor afetivo, para as experiências emocionais e sensoriais. Já não basta oferecer conforto técnico e funcionalidade racional, nem sequer ornamentação e decoração pura: a ambição é criar um «ambiente», uma imagem, veiculando emoções e experiências sensíveis positivas. Trata-se de «agradar e tocar» por meio de uma oferta com um alcance afetivo e sensitivo, por meio de uma forte identidade visual emocional.

Arte destetizada e quotidianidade estilizada

Objetos ordinários, aparelhos, locais de venda, espaços de descontração: o esforço de sedução está presente em todos os domínios do quotidiano. Este fenómeno é tão notável que a arte moderna, desde Cézanne, enveredou por um caminho radicalmente oposto. O que é a obra das vanguardas senão um trabalho de transgressões dos cânones da beleza, do bom gosto, dos imperativos estéticos erigidos pela tradição clássica?

As vanguardas históricas esforçaram-se por dissipar a ilusão representativa, deformar as «belas formas», desconstruir a perspetiva euclidiana e o ilusionismo pictórico. A arquitetura e o *design* modernistas também entraram em guerra contra o ornamento, as decorações graciosas, as gratuitidades sedutoras da estética burguesa. Sobre este ponto, a arte contemporânea seguiu a mesma via, ultrapassando a fronteira entre arte e não arte, quebrando as regras e os ideais da arte em proveito do conceptual e do minimal, do trivial e do detrito, da insignificância e do «horrível», do mórbido e do imundo. Já não se trata de encantar o público, de oferecer uma «sedução primeira», mas de apresentar o «conceptual», *performances* e instalações críticas, «filosóficas», experimentais. Com o processo de destetização da arte ([33]), esta afirma-se para além da beleza e da feiura, para além do encanto e da sedução do olho e do ouvido. Toda a arte moderna e ainda mais a arte contemporânea podem ser pensadas como rejeição, negação da sedução imediata das formas.

No entanto, enquanto a sedução imediata é banida do espaço da arte, esta está presente nos objetos comerciais. A nossa época assiste ao triunfo da sedução, à exceção do domínio no qual, durante séculos, se ilustrou com brilho, ou seja, a própria arte. Quanto menos encanto se encontra na arte contemporânea, mais as marcas procuram voltar a encantar o mundo comercial. Agora, é o capitalismo artista que se impõe como o grande sedutor ao construir um cosmos comercial totalmente concebido para agradar e tocar.

Publicidade, beleza e erotismo

O imperativo estético-emocional do capitalismo de sedução também se encarna, e desde há muito tempo, no domínio da comunicação publicitária. Para atrair o olhar, agradar e tocar os consumidores, a publicidade não para de usar imagens de beldades femininas resplandecentes. Beldades jovens, magras, maioritariamente de pele branca; beldades irreais, retocadas, graças à utilização de programas informáticos que permitem corrigir certas partes do corpo dos modelos; beldades conhecidas, famosas, como as estrelas e as vedetas atraentes. Trata-se de seduzir os consumidores por meio de modelos igualmente atraentes, que tendem a favorecer a avaliação positiva dos produtos elogiados e a aumentar assim a eficácia da publicidade ([34]). Diversos estudos mostraram que a memorização da marca, a atitude a respeito de certos tipos de produtos (em particular os que se destinam a reforçar a beleza física) e as intenções de compra são mais elevadas quando as imagens remetem para celebridades atraentes ([35]). A aparência sedutora das manequins e das estrelas melhora a imagem de marca e fazem vender: é por isso que é tão explorada nas operações de comunicação do capitalismo artista.

Estratégia de sedução também por via da erotização ostensiva e crescente das imagens do corpo feminino. São inúmeras as imagens publicitárias que apresentam mulheres em poses e cenas com conotação sexual. Para captar a atenção e «excitar» os sentidos, a celebração das mercadorias tende a envolver-se de uma aura erótica carregada. Com o capitalismo artista, todo um conjunto de anúncios publicitários se constrói numa ótica de sedução erótica, com os atrativos da mulher a tornarem-se um argumento de venda para todos os géneros de produtos sem que haja qualquer relação entre estes e o ser feminino. A máquina sedutora do capitalismo artista dirige-se às emoções eróticas, funciona por meio do jogo das sugestões sexuais vestindo/despindo o feminino, pondo em cena as fantasias do Eros masculino. Como observou muito cedo Edgar Morin, a mulher da economia sedutora é vista como uma «provocadora permanente» ([36]).

MARKETING, FICÇÕES, REDES SOCIAIS: O IMPÉRIO DA AFETIVIDADE

Para além da indústria manufatureira, a indústria cultural, para atrair os consumidores, recorre aos afetos e esforça-se por provocar emoção. Enquanto «o novo espírito do capitalismo se apoia numa mercantilização da comunicação afetiva» ([37]), o emocional surge cada vez mais como a via privilegiada da sedução comercializada. Agradar e comover: os princípios cardinais da arte oratória impõem-se agora como os mecanismos essenciais do funcionamento do capitalismo pós-fordista.

Toda a economia cultural se constrói como uma economia da afetividade. Filmes, séries, telerrealidade, música, tudo produções de valor emocional que visam tocar o público de massa. Desde há um século que o cinema, indústria de sonhos e de emoções, usa os sentimentos e as paixões humanas. Nas salas escuras, as pessoas riem, choram, assustam-se, comovem-se: os afetos são incessantemente mobilizados. Graças às suas histórias romanescas, aos seus romances, aos seus grandes frescos, a sétima arte transporta o público ao criar um ambiente de encantamento mágico. Do mesmo modo, o carisma das estrelas gera amor, uma atração imensa e, por vezes, adulação nos fãs. O capitalismo cultural recorre à produção e à solicitação dos afetos.

Tanto ou até mais que o cinema, a indústria musical ilustra a expansão considerável da oferta emocional. Desde há muito que o laço íntimo do musical e do emocional foi sublinhado. Aristóteles já observava que «a música tem o poder de dotar a alma de um certo carácter» ([38]); segundo Descartes, o fim da música é «agradar e gerar em nós paixões variadas» ([39]); e para Rousseau: «Parece que, tal como a fala é a arte de transmitir as ideias, a melodia é a arte de transmitir os sentimentos» ([40]). Graças à indústria fonográfica e, agora, às plataformas musicais e aos serviços de audição *online*, o poder emocional da música é comercializado a uma escala enorme, ao ponto de inundar o quotidiano e de acompanhar os indivíduos em todo o espaço e tempo. Vivemos agora num ambiente musical com uma oferta abismal: mais de 30 milhões de títulos estão acessíveis em *streaming* no Spotify. Alguns podem criticar o «declínio do gosto» na era das «mercadorias musicais estandardizadas», do fetichismo consumista e da infantilização dos ouvintes, que precipita a perda de todo o juízo crítico ([41]). A verdade é que a música gravada difundiu fortemente na sociedade a sedução musical e a sua capacidade de fazer ressoar estados afetivos nos indivíduos ouvintes. Através da indústria musical, o capitalismo de sedução apresenta-se como uma fábrica industrial das emoções, uma economia que cria, solicita e generaliza estados afetivos que são fontes de prazer.

O marketing emocional

Depois do cinema e da música gravada, agora é o *marketing*, a publicidade e o *branding* que concentram toda a atenção na dimensão afetiva. Desde os anos 80, a análise do comportamento dos consumidores evoluiu profundamente, sobretudo ao instituir modelos já não centrados no cognitivo, mas no aspeto afetivo. Sob a influência da abordagem experiencial proposta por Holbrook e Hirschman ([42]), desenvolveu-se o estudo das reações afetivas na análise do consumo.

Agora, as emoções sentidas nas experiências de consumo são consideradas um fator preponderante. Este primado reconhecido aos estados afetivos levou muitas marcas a usarem uma abordagem de «*marketing* afetivo», que consiste em acionar alavancas suscetíveis de «tocar» o consumidor no sentido emocional do termo. Para seduzir os hiperconsumidores saciados, aumenta a exigência de inspirar emoções, de fazer as marcas serem amadas, de estabelecer relações afetivas com os clientes inculcando-lhes sentimentos e sensações, jogando a carta do afetivo. Aos discursos concentrados nos produtos e na empresa, sucedem mensagens centradas nas pessoas, no vivido, nos sentimentos: as marcas devem ter uma forte ressonância emocional. Assim é o «*branding* emocional», que já não vende produtos concretos, mas afetos, emoções, experiências. Para cortejar os consumidores, conquistar-lhes o coração, «deem-me um sentimento, e não estatísticas ou listas de números», escreve Marc Gobé ([43]). Gerar emoções, criar um laço afetivo, passou a ser o caminho real da sedução das marcas.

É neste contexto que se desenvolvem o *storytelling* e o *celebrity marketing* como estratégias que já não recorrem à argumentação racional, mas ao elemento afetivo. Através de uma história sedutora ou da imagem de uma estrela, pretende-se dar um valor acrescentado à marca. Ao suscitarem sentimentos, apego, amor, as marcas procuram captar a atenção dos consumidores e conquistar os mercados.

Nesta mesma via, muitos anúncios publicitários exploram a dimensão emocional dos públicos visados. É verdade que continua a existir uma publicidade dita informativa, persuasiva ou funcional, que se dirige ao homem racional elogiando os méritos do produto. No entanto, desde os anos 70–80 que a publicidade adota cada vez mais um «estilo emocional» baseado nos recursos do humor, da provocação, do sonho, da ironia, do espetacular, da surpresa. Desenvolveu-se um novo espírito publicitário que se dedica a criar participação afetiva, a instaurar uma relação de simpatia, de cumplicidade, de conivência com o consumidor. Divertir, espantar, surpreender: o registo emocional tornou-se um dos grandes recursos da sedução publicitária.

Já não se trata apenas de «dar a saber» (informar para aumentar a notoriedade), mas de se dirigir ao coração, comover, usando como base as emoções positivas (felicidade, amor, amizade, partilha). Daí a multiplicação das campanhas publicitárias baseadas no casal feliz, na família unida, nos avós, nas crianças, na amizade, na partilha. São temáticas que visam ativar a «corda sensível», fazer os consumidores sentirem emoções positivas.

Para combater o desafio crescente dos clientes e construir uma fidelidade duradoura, a comunicação das marcas tende a libertar-se do modelo do *marketing* de produto e dos argumentos racionais (preço, qualidade) investindo nos campos emocionais e sensoriais, esforçando-se por criar laços afetivos ou amorosos com os consumidores. «Fazer amar» a própria marca, unir o consumidor e a marca já não de forma racional, mas emocional: é nesta perspetiva que Kevin Roberts fala de «love-mark», uma marca que, além da relação de fidelidade, gera amor e respeito junto dos clientes. «Love is in the air»: o capitalismo de sedução aposta no afetivo e no emocional.

As redes sociais como plataformas emocionais

Não é apenas a comunicação comercial que está centrada no afeto, mas também as plataformas digitais, cujos dispositivos incitam os utilizadores a exprimir a suas emoções, a revelar as suas preferências e os seus gostos íntimos. Ao contrário do Google, onde os internautas procuram informações «objetivas», o funcionamento do Facebook baseia-se em práticas carregadas de dimensões afetivas: conversar com os pares, partilhar dados pessoais, reencontrar velhos amigos, aproximar as pessoas, colmatar o sentimento de solidão ou de aborrecimento, exprimir emoções subjetivas. O seu sucesso é inseparável da possibilidade de exprimir estados afetivos, sentimentos e paixões na esfera das relações privadas. Centenas de milhões de pessoas de todo o mundo esforçam-se quotidianamente por se mostrar, encantar os amigos, projetar uma imagem de si mesmas, atrair a atenção sobre si, tendo em vista «likes» que lhes elevem o ego. Algumas pessoas chegam a reconhecer-se tristes ou magoadas quando não recebem comentários positivos, outras confessam premir no botão «like» para receber outro de volta. A explosão das operações de exposição nas plataformas relacionais não se deve à intenção de «fazer» novos amigos, mas de aumentar a autoestima. É uma busca generalizada de sedução, não orientada para a conquista do outro, mas centrada nas necessidades emocionais de si próprio. A utilização de ordem emocional do Facebook está no princípio da sua força de atração.

Exprimo o que gosto e os meus amigos fazem o mesmo ao acionar o famoso botão «gosto», bem como outros *emojis* ou *emoticons* que evocam estados afetivos: riso, alegria, espanto, tristeza, raiva. O importante é receber «likes» de aprovação e exprimir as suas emoções sem ter nada de particular a dizer sobre o assunto. «Gosto», «isso agrada-me», e é tudo. É verdade que as mensagens negativas também são possíveis, mas não estão «institucionalizadas»: não existe um botão «não gosto» no mural da famosa rede social. Com esta ausência deliberada, a plataforma está organizada a fim de favorecer a expressão da empatia, das reações afetivas positivas, das ações de sedução, daquilo que nos toca e nos agrada. Foi assim que o Facebook criou um espaço emocional dominado pelo «agradar e tocar»: esta é a chave do seu sucesso planetário. Agora, a expressão do afeto e das emoções desempenha um papel fundamental nas atividades digitais: por isso, o Facebook surge como uma paisagem emocional, como um dos grandes dispositivos da nova «economia afetiva».

Estas relações afetivas seduzem muito particularmente os utilizadores que desejam obter «gostos» como sinais de reconhecimento pessoal. Segundo um estudo realizado pelo Kapersky Lab, muitos internautas utilizam a rede para se destacarem, recolherem um máximo de «likes», a fim de se tornarem populares junto dos outros; e três em cada dez homens reconhecem sentir-se afetados se uma pessoa que estimam não fizer um «like» naquilo que publicam. Houve quem dissesse que o Facebook era uma «utopia social», uma vez que esta rede social se baseia na «negação do inimigo» e no recalcamento da «dimensão conflitual da vida entre os homens» ([44]). No entanto, se é verdade que o Facebook assenta no «desaparecimento da distinção amigo/inimigo», não parece ser um espaço expurgado de lesões subjetivas, de riscos emocionais, e até uma forma de competição simbólica ligada à busca de reconhecimento. É que, no Facebook, os internautas procuram sair do anonimato, rivalizam em originalidade ou em humor e apresentam uma imagem lisonjeira de si mesmos a fim de obter o maior número possível de «likes», suscitar a atenção e o interesse, ser populares, tornar-se uma «minicelebridade». No Facebook, os insultos e as oposições não são admitidos ([45]): mas não deixa de ser um espaço de afetividade no qual se exercem jogos de competição simbólica, uma corrida à estima, à popularidade, à sociabilidade virtual.

O risco não é o confronto com os outros, mas o de ter poucos amigos, de não ter relevo, de não receber «likes» nem comentários positivos. Em contrapartida, estes permitem reforçar a autoestima, elevar o ego, assegurar o sujeito sobre o seu poder de sedução, a sua capacidade de captar a atenção dos outros, a afeção das pessoas que contam para si próprio ([46]). A força atrativa da rede não reside na sociabilidade afinitária e pacífica que propõe, mas num dispositivo suscetível de fornecer sinais de reconhecimento, marcas de estima e de admiração, gratificações simbólicas imediatas, que são fontes de satisfações narcísicas.

Ao mesmo tempo, as «emoções» funcionam como um novo recurso económico, com os dados digitais a tornarem-se o critério principal de valorização das empresas da nova economia. Assimilou-se assim a atividade digital destes utilizadores à noção de «digital labor» e de «affective labor» ([47]), o afeto a funcionar como capital das plataformas digitais e estas como máquinas de captação e de exploração dos dados pessoais íntimos ([48]). Daí a ideia de um «capitalismo afetivo», que, por meio de algoritmos de tratamento de dados, produz valor em benefício dos acionistas das plataformas.

Contudo, as ideias de «proletário afetivo», de «manipulação dos humores», de «operários do afeto» ([49]) estão longe de esgotar a questão das práticas afetivas do digital. Mesmo que haja exploração capitalista dos afetos pessoais, a ideia de trabalhador «explorado» não faz justiça a experiências em que os benefícios íntimos dos utilizadores da Internet triunfam largamente sobre a sua despossessão. A expressão das emoções tornou-se central na Internet, não devido aos incitamentos a interagir para fornecer dados, ou às manobras de manipulação das plataformas, mas como resposta à destabilização das personalidades, à incerteza crescente das identidades, ao desejo de ser integrado numa rede, às necessidades de gratificações rápidas e de ganhos narcísicos dos indivíduos. Os utilizadores da Internet são menos «dominados» pelos dispositivos do capitalismo afetivo do que agentes em busca de popularidade virtual, de reconhecimento, de autoexpressão. Se o sistema económico explora o íntimo, só o faz no plano de uma procura de relacionamento e de satisfações narcísicas exacerbada pela individualização extrema da sociedade hipermoderna.

A intimidade emocional

Os filmes e as ficções provocaram sempre as emoções do público do cinema e da televisão. No entanto, a partir dos anos 80–90, foram propostos novos espetáculos já não baseados na ficção, mas na exibição da intimidade de pessoas «reais». Os *reality-shows* exemplificam esta «televisão da intimidade» ([50]), da qual a emoção constitui o motor e a finalidade. Quer se trate da «emoção-ação» (a coragem de um «herói», por exemplo) ou da «emoção-afeto» (centrada nas confissões íntimas difíceis e nos psicodramas dos protagonistas), o *reality-show* é filmado e montado de maneira a emocionar o mais «eficazmente» possível o telespectador ([51]). As ações heroicas de uns quaisquer indivíduos são reconstituídas como num filme, com voz *off*, música, montagem ofegante, câmara lenta e efeitos de dramatização. Também há o grande plano sobre os rostos, as lágrimas, a dor dos convidados que, nos estúdios de televisão, testemunham os seus dramas pessoais, as suas dificuldades íntimas e relacionais. São artifícios de encenação regidos pela vontade de amplificar a emoção dos convidados, cujo espetáculo deve provocar, em princípio, a emoção do público. A palavra-chave do *reality-show* é a emoção; está no princípio do sucesso destes programas.

A ideia de *reality-show* tem qualquer coisa de enganador, pois este género televisivo centrado na vida emocional de «pessoas verdadeiras» é menos um universo real do que um espetáculo construído, dramatizado, encenado. É a intensidade espetacular que prima e explica o sucesso destes programas, e não apenas a atração da verdade. Ainda que a tele-intimidade volte as costas à ficção, às estrelas, às lantejoulas do *show-business*, não deixa de ser uma máquina de sedução-espetáculo: o capitalismo de sedução prossegue o seu trabalho de conquista do público ao mobilizar o recurso quase infinito constituído pela exposição da vida afetiva de toda a gente.

O mesmo se aplica aos jogos de telerrealidade, em que o elemento emocional está omnipresente através da competição em que estão envolvidos os candidatos. Estes exprimem os seus sentimentos, os seus medos, as suas alegrias, as suas invejas, as suas cóleras: vão ao «confessionário» para descrever a maneira como vivem os acontecimentos. Os protagonistas confessam-se, choram no ecrã e são escolhidos pela sua qualidade expressiva e emocional. Os *reality-shows*, tal como os *talk-shows*, são programas que visam gerar o aparecimento e a expressão da emoção. Durante muito tempo, o terreno das emoções foi a ficção: já não é assim com estes novos programas, pois os afetos são os de pessoas vulgares e não os das vedetas ou das estrelas. A atração que estes programas suscitam prende-se com o facto de apresentarem pessoas vulgares, «verdadeiras», que exprimem emoções «verdadeiras». Assim, uma das características da telerrealidade é o facto de mobilizar os artifícios do espetáculo televisivo (encenação, música, jogos) para obter emoção verdadeira de pessoas verdadeiras. Foi assim que conseguiu fazer da emoção individual um espetáculo de consumo e de entretenimento de massas.

VELOCIDADE E MOBILIDADE

Não são apenas as novidades que se aceleram: também se acelera o tempo que separa o desejo da sua realização. O capitalismo de consumo é a economia que trabalha continuamente para reduzir a distância entre as expectativas e a sua satisfação: criou uma «sociedade de satisfação imediata». O *self-service* libertou-nos da obrigação de esperar pela disponibilidade do vendedor. Todas as operações devem ser feitas mais depressa: levantamento de dinheiro, pagamento eletrónico, busca de informações, telecarregamento na Internet. Através do comércio eletrónico, as compras efetuam-se com um clique, em todos os lugares e a qualquer hora. Os ultracongelados e o forno de micro-ondas permitem preparar uma refeição em poucos minutos A restauração rápida conhece um sucesso crescente. As máquinas distribuidoras automáticas, os pontos de compra ultrarrápida de bilhetes de transporte, os serviços de 24 horas multiplicam-se nas grandes cidades. Aumentando a velocidade de sucessão das imagens no ecrã, podemos agora consumir em acelerado os filmes e as séries de televisão: com este *speed watching*, um episódio de 52 minutos é visto em 26 minutos. Em todo o mundo, os internautas mostram-se impacientes e já não toleram os *sites* lentos. Recentemente, a Google anunciou que iria privilegiar os *sites* rápidos fazendo-os beneficiar de posições elevadas nos resultados de busca. A aceleração dos processos de aquisição e de consumo tornou-se um dos grandes vetores da sedução comercial.

Estes dispositivos são geralmente apresentados como fenómenos sinónimos de antissedução na medida em que abolem o encanto do mistério, o espaço da falta, as delícias da espera. Esta observação é, sem dúvida, justa: já não vivemos numa cultura de formas rituais marcadas pela lentidão e pela paciência, mas numa sociedade de hipervelocidade dominada pela obsessão de ganhar tempo em todas as circunstâncias. No entanto, os dispositivos de aceleração têm em si mesmos algo de atrativo: a espera nula não deixa de ser uma forma de sedução. Atualmente, aquilo que é atraente para o hiperconsumidor, para o *homo numericus* e para o *digital native*, é aquilo que já não faz esperar, o que se obtém de imediato, aqui e agora. Desaparece um tipo de sedução e nasce outro que se baseia na velocidade, na instantaneidade, na imediatidade ([52]). O capitalismo de consumo conseguiu criar uma sedução de terceiro tipo, sem rituais nem formalismos, sem aura de mistério.

O CULTO DAS MARCAS

Toda a vida das sociedades em que reinam as condições modernas de produção se anuncia como uma acumulação imensa de logótipos. As imagens publicitárias invadem as paredes da cidade, as caixas de correio, os átrios de aeroporto, os sítios de Internet. Outrora discretos, os logótipos exibem-se agora de forma ostensiva nos bonés, nas *t-shirts*, nos óculos, nos ténis, nas malas e nas canetas. Os nomes de marca aparecem nas obras de arte contemporânea, nos romances, nos filmes e nas séries de televisão. Cada vez mais marcas, dantes presentes apenas nos circuitos da grande distribuição, abrem as suas próprias lojas físicas nos centros das grandes cidades. Onde quer que estejamos, é difícil escapar ao espetáculo das marcas. O capitalismo de sedução assinala-se pela omnipresença das marcas, algumas das quais acedem ao nível de mito e são objeto de um verdadeiro culto.

Vivemos na época em que a atração suscitada pelas marcas já não se circunscreve às elites sociais do Ocidente: exerce-se em todas as nações, em todas as camadas da população, em todas as idades. A sua força de sedução é demonstrada pelo desenvolvimento sem precedentes da contrafação, que cresce à escala planetária. O culto das marcas faz-se sentir em todos os países emergentes: agora, até os mais desfavorecidos conhecem e desejam comprar as marcas mais visíveis, as mais *cool*. Acabou-se a velha inibição das classes populares em relação às marcas de moda e de luxo; a alta gama já não é apenas para os que «estão no cimo», é para mim. Os jovens interessam-se menos pela moda do que pelos produtos com marca, e até vemos pais americanos que dão nomes de marcas aos filhos!

É fabuloso o destino da marca: desde há algumas décadas que a moda seduz menos do que a marca; a marca é e faz a moda. Os consumidores fantasiam menos com a moda do que com os logótipos. Não se compra umas calças de ganga, mas umas Diesel. Já não queremos um par de ténis, mas umas Nike ou Adidas. É a marca e já não a moda que acrescenta uma mais-valia simbólica aos próprios produtos. Aquilo que capta o desejo do hiperconsumidor é a marca, com a sua dimensão de imaginário, de sonho, de mito. O novo vetor de sedução é o logótipo.

Nesta nossa época, os jovens conhecem infinitamente melhor os nomes das marcas do que os da História ou da religião: são capazes de citar mais nomes de marcas do que de santos, escritores ou cientistas. Os compradores já não são apenas clientes, mas por vezes fãs e «embaixadores» que se exprimem nas redes sociais, que participam ativamente em blogues, fóruns e *sites* comunitários ligados ao universo da marca. As marcas são mais do que etiquetas de produto: objetos de desejo dos consumidores, as marcas constituem uma cultura, tornaram-se os novos fetiches da sociedade de hiperconsumo.

Um desencanto das marcas?

Ao mesmo tempo, é verdade que a omnipresença das marcas gera movimentos de hostilidade e de alergia, com muitas pessoas a acusarem a publicidade de ser uma fonte de poluição visual das cidades e dos nossos ecrãs. Além disso, desde o *crash* financeiro de 2008 que se regista uma diminuição da atratividade das marcas. Em 2013, o Baromètre Orange/Terrafemina revelou que 60 por cento dos internautas franceses já não tinham confiança nas marcas para os informarem ou aconselharem; 45 por cento consideravam que o nível de intrusão das marcas na sua vida privada era demasiado elevado. Estamos no momento em que as marcas são consideradas responsáveis por grande número de males: a omnimercantilização da vida, o endividamento excessivo das famílias, a dependência, a comida de plástico, a poluição, o cancro, a obesidade. Muitos consumidores declaram que as marcas já não os fazem sonhar, já não lhes dão vontade de comprar, rejeitam a ideia de pagar o excedente de preço ligado à marca, consideram que esta não é um elemento importante no momento da compra, isto porque não traz nenhum verdadeiro «suplemento».

Seja. Mas até onde vai este movimento de perda de sedução? Como validar a ideia de crise da relação com as marcas quando observamos a paixão crescente pelas marcas de luxo ou a multiplicação dos clubes de fãs? Entretanto, na investigação de *marketing*, vemos multiplicarem-se os estudos que têm por objeto o sentimento de amor pelas marcas. Na verdade, a atração das marcas declina menos do que se generaliza a todas as camadas sociais e a todas as categorias de produtos. Temos de admitir que, embora certas marcas estejam a perder a sua aura, outras, em contrapartida, são muito bem notadas e gozam de grande amor junto dos seus clientes: não há nenhum movimento geral de rejeição e de desencanto. Basta observar o estatuto da Apple, da Google, da Mercedes, dos automóveis de luxo para nos convencermos disso. Embora os grandes distribuidores alimentares suscitem a desconfiança dos consumidores, outras marcas (Picard, Amazon, Ikea, Yves Rocher, FNAC, Decathlon, Sephora, etc.) estão a sair-se bem, são consideradas atrativas e largamente aceites por todas as camadas etárias. A infidelidade crescente dos consumidores a respeito das marcas não é de modo algum sinónimo de perda de confiança generalizada.

Pensar que os consumidores, alertados para as armadilhas do *marketing*, estão a ficar racionais e a rejeitar o supérfluo é dar provas de grande ingenuidade. Numa sociedade órfã das grandes utopias coletivas, as marcas cumprem funções psicológicas e «terapêuticas» insubstituíveis: fazer-nos sonhar, evadirmo-nos do mundo que nos frusta e nos angustia, exorcizar a infelicidade dos dias. Três meses depois do sismo de Fukushima, as vendas das grandes marcas de luxo francesas no Japão recuperaram o seu nível anterior. Se uma catástrofe deste género não conseguiu reduzir a procura das marcas de luxo, não vemos bem o que, num futuro próximo, será capaz de as travar.

Não devemos explicar o poder de atração das marcas apenas pelas estratégias do *branding* e da distinção social. O que se afirma é menos a omnipotência do *marketing* do que a força dos valores hedonistas, estéticos e higiénicos. A este respeito, pelo menos nos nossos países, a sedução exercida pelas «grandes» marcas traduz menos a perpetuação das lutas simbólicas pela apropriação dos sinais distintivos do que o crescimento do consumismo emocional, a consagração do referencial da qualidade de vida, a difusão social das aspirações individualistas aos prazeres materiais da vida estetizada.

Se o eclipse do poder de atração das marcas não está na ordem do dia é também devido ao facto de o tropismo que geram não poder ser separado do estado de desorientação e de segurança dos compradores contemporâneos, das suas ansiedades estéticas e consumistas. A marca é aquilo que permite segurar o neoconsumidor perdido na hiperescolha comercial. A sedução exercida pelas marcas é uma resposta à profusão, à destradicionalização e à hiperindividualização do consumo. Quanto mais se diversifica a oferta comercial, mais se afirma a necessidade de etiquetas de certificação, de sinais e balizas de segurança. Quanto menos os estilos de vida dependem das tradições de classe, mais se impõe a necessidade de «guias» seguros. Quando a moda está balcanizada e fragmentada em estilos heterogéneos, a marca providencia pontos de referência, segurança psicológica e estética, mas também autovalorização aos consumidores «desnorteados» e desorientados. Por muito real que seja, a desconfiança em relação às marcas é menos intensa do que a confiança que dão aos consumidores. São fatores que deveriam assegurar ainda por muito tempo o reinado da sedução das marcas.

A ECONOMIA COLABORATIVA CONTRA O HIPERCONSUMO?

Não deixa de ser verdade que a época regista uma mudança de grande amplitude que, ao pôr em causa os princípios constitutivos da sociedade de consumo «clássica», destrutura a organização dos mercados, os modelos económicos, os serviços e as redes de distribuição tradicionais. Esta mudança coincide com a ascensão daquilo a que se chama a economia de consumo colaborativa, que remete para as novas formas de partilha, de troca e de aluguer por intermédio das plataformas digitais de relacionamento. A *sharing economy* desenvolve-se em todos os sectores de atividade e seduz cada vez mais consumidores: as redes de redistribuição (Leboncoin) estão em pleno desenvolvimento, os sistemas de partilha de automóvel (BlaBlaCar) multiplicam-se, bem como as práticas de aluguer entre particulares, a partilha de bens e as plataformas comunitárias de aluguer de alojamentos de particulares (Airbnb). São dispositivos e práticas que permitem contornar os canais comerciais tradicionais do mercado.

Fim do desejo de propriedade?

A economia colaborativa ou economia da partilha apresenta-se, desde logo, como um modelo económico que favorece o uso em detrimento da posse dos bens, como um modo de consumo menos centrado na propriedade do que no prazer, na experiência, na troca. Diversas sondagens podem confirmar esta ideia: 82 por cento dos Franceses aprovam a afirmação: «O importante é poder utilizar um produto, mais do que o possuir» (sondagem de 2013); nos Estados Unidos, quase um em cada dois condutores dos 18 aos 24 anos declara que o acesso à Internet é mais importante do que possuir um automóvel. Cada vez mais jovens privilegiam o acesso e os bens partilhados em detrimento da propriedade, que, dizem eles, já nada acrescenta à sua felicidade e ao seu bem-estar. Comprar menos, poupar mais, limitar o desperdício, reduzir o lixo, prolongar o tempo de vida dos produtos, mais alugar do que acumular os bens materiais, mais reutilizar ou reciclar do que pôr de lado antes do tempo: vivemos na época, dizem-nos, do declínio da cultura da propriedade.

Assim, o valor da partilha poderia suplantar o valor de transação: «partilhar é muito melhor do que comprar».

Os mercados cedem o lugar às redes, a propriedade torna-se menos importante que o uso funcional e hedonista, a busca do enriquecimento pessoal é suplantada pela busca da qualidade de vida sustentável: estas mudanças poderiam assim anunciar a morte da sedução hiperconsumista e até, para alguns, oferecer uma alternativa ao capitalismo ([53]).

É difícil contestar a mudança da relação com o consumo, pois a busca da utilização, do prazer, do bem-estar destrona agora a ostentação da posse. No entanto, será que isto autoriza a diagnosticar a perda de valor da propriedade? Não devemos ir neste sentido. A crise dos *subprimes* alimentou-se do desejo de ser proprietário da casa própria. Em França, quase metade dos inquilinos deseja aceder à propriedade num futuro próximo ([54]), e oito em cada dez franceses sonham possuir uma casa individual com jardim para alojar a família, constituir um património e enfrentar melhor o futuro. A oferta e a procura de luxo nunca foram tão grandes, o número de encomendas de iates novos ou em construção está em alta e o mercado da arte contemporânea supera recordes.

É verdade que as despesas com o telemóvel aumentam, enquanto os custos com o automóvel diminuem; também é verdade que se assiste à transformação simbólica do papel do automóvel entre os jovens das grandes cidades, tendo este perdido o prestígio que tinha há algumas décadas. Mas isto não elimina o desejo de adquirir um automóvel, nomeadamente por razões estritamente práticas entre os que habitam fora dos centros urbanos. E o sucesso da partilha de automóvel não deve ocultar o sucesso crescente da alta gama, dos SUV, *crossovers* e outros 4x4: totalizam atualmente 25 por cento das vendas de veículos novos em França e na Alemanha. A ideia da passagem da propriedade para o acesso é, em grande parte, ilusória: a sedução exercida pela propriedade está tudo menos caduca.

Fim do hiperconsumo?

Os estudos empíricos sobre o consumo colaborativo mostram que este assenta em diferentes tipos de motivações. Para todo um conjunto de indivíduos, o que atrai nesta lógica de utilização é a sua dimensão «comunitária» e relacional, as possibilidades que oferece de criar contactos sociais, de fazer novos conhecimentos de todos os géneros, de partilhar uma aventura «agradável» com outras pessoas. Para outros, mais radicais, o consumo colaborativo constitui uma forma de oposição e de resistência à cultura hiperconsumista, uma maneira de contornar os sistemas comerciais instituídos, uma forma de se libertarem da norma dominante de aquisição e de acumulação dos bens materiais e até de se inscreverem numa lógica de consumo sustentável e de decrescimento. O consumo colaborativo seduz certas categorias de pessoas porque é visto como uma forma de consumo alternativo que dá a sensação de uma vida menos normalizada, livre da «ditadura» materialista e consumista.

Não sejamos cegos. Na verdade, estas expectativas têm um peso baixo comparado com o das motivações económicas, individualistas e utilitaristas. Os estudos falam por si: 65 por cento dos Franceses declaram que a dimensão «poder de compra» é a principal razão que os leva a praticarem o consumo colaborativo ([55]). Para a maioria dos utilizadores, a paixão pelas plataformas baseadas no acesso resulta da oportunidade financeira que representam: pagar menos, otimizar as despesas num tempo em que os desejos são incessantemente atiçados, enquanto o poder de compra das famílias aumenta muito devagar. A diminuição do custo das despesas, a busca do melhor preço e do bom negócio, a otimização do poder de compra suplantam em muito as outras motivações, sejam ambientais ou sociais. E são até os indivíduos mais hiperconsumidores que se mostram mais envolvidos nas novas maneiras de satisfazer as necessidades ([56]).

É um erro profundo analisar o consumo colaborativo como um comportamento de rutura em relação à cultura de hiperconsumo: é tudo menos uma rejeição do consumismo ou um «contraconsumo». Aquilo que o adepto destes novos serviços procura é, em primeiro lugar, poder continuar a desfrutar de uma multiplicidade de bens e serviços quando os preços nos mercados «clássicos» são demasiado elevados para o orçamento disponível. Trata-se de concretizar o desejo de consumir gastando o menos possível por ato de compra, gastar cada vez menos para consumir mais, continuar a viver experiências emocionais variadas e recreativas (viagens, jogos, joias, produtos de linha castanha, etc.) pela procura ativa do «bom negócio» ou por um complemento de rendimentos (revenda de bens, alojamento na própria casa, mobilidade partilhada, compra de ocasião). No fim, o objetivo é não se privar de nada de «importante», apesar de um orçamento limitado ou reduzido, consumindo simplesmente mais barato, adotando práticas mais económicas, menos convencionais. Não um desconsumidor, mas um *smart shopper*, um comprador «inteligente». E até as plataformas de venda de produtos em segunda mão que não param de apresentar bons negócios contribuem, do mesmo modo, para intensificar os desejos de novidade, para alimentar a esperança de encontrar o que se deseja a um preço acessível, para perpetuar a sedução consumista ([57]). Não desafetação do hiperconsumo, mas, pelo contrário, a sua perseguição por outros meios.

CAPÍTULO VIII
A política ou a sedução falhada

Paralelamente à economia de consumo, a política nas democracias liberais constitui outro grande continente da sociedade de sedução. Não há dúvida de que a importância das estratégias de sedução no universo político não é uma realidade nova. Desde a Antiguidade que se sabe como a arte da retórica, os discursos aduladores e demagógicos são inerentes aos sistemas baseados no princípio eleitoral. Quando o poder não é adquirido pela força, pelo dinheiro ou pela nobreza, manifesta-se inevitavelmente todo um conjunto de efeitos de linguagem e de promessas para encantar o eleitor, adular as paixões coletivas menos realistas e, a fim de triunfar sobre os adversários, conquistar e conservar o poder.

No entanto, a partir de meados do século XX, o fenómeno ampliou-se de forma considerável: foi transposta uma nova etapa. As democracias assistiram ao nascimento e desenvolvimento daquilo a que se chama o Estado-espetáculo e a política-sedução ([1]). Ajudados pelos especialistas em imagem, os dirigentes aprendem a apresentar-se em palco como vedetas, a captar a atenção dos cidadãos por discursos simples e pequenas frases sonoras; cuidam da sua aparência, corrigem o rosto, exibem-se nos *talk-shows*, onde revelam os seus gostos e outras confidências pessoais. Nos comícios, os líderes sobem ao palco acompanhados de celebridades do *show-business* e do cinema. Enquanto o tom solene à antiga é substituído por um estilo direto e «natural», os políticos exprimem-se nas redes sociais por meio de micromensagens fragmentadas e descontínuas para atraírem a simpatia e tocarem diretamente o seu eleitorado. Nesta nova era da comunicação, as estratégias de sedução já não são pontuais, ligadas aos dotes particulares de um tribuno capaz de submeter uma assistência pela magia do discurso: tornaram-se consubstanciais ao regime da videopolítica.

Tudo é feito para chamar a atenção e captar os favores do povo. No entanto, nada é feito. Longe de brilhar, a política é objeto de cada vez mais desconfiança, de desconsideração, de suspeita por parte dos cidadãos. Enquanto a economia consumista demonstra cada vez mais o seu poder de atração junto dos consumidores, a política, por seu lado, surge como uma esfera marcada por uma sedução repulsiva ou negativa. Dois fenómenos opostos estruturam o nosso universo político: à medida que se generalizam as operações de charme a seu respeito, os cidadãos mostram-se cada vez mais desencantados em relação aos eleitos. Neste domínio, entrámos no reinado da sedução falhada.

DA PROPAGANDA AO MARKETING POLÍTICO

O crescimento do paradigma da sedução nas democracias liberais da segunda metade do século XX é geralmente associado à irrupção do meio da televisão. Na esteira de McLuhan, para quem «o meio é a mensagem», os mediólogos defendem a ideia de que foi a videosfera que engendrou o Estado sedutor ou publicitário, tal como, no passado, a grafosfera criou o Estado educador (²). Ao tornar-se o principal meio de informação dos cidadãos e o lugar privilegiado da expressão política, a televisão, pela própria natureza da sua imagem, obrigou os dirigentes a libertarem-se da sua imagem de superioridade simbólica, a transformarem por completo a sua linguagem e a sua maneira de se apresentar em público.

Como a televisão oferece imagens em direto e em grande plano, convida a criar presença política baseada no «contacto», na espontaneidade, na naturalidade. Já não símbolos imponentes que exprimem a altivez, a distância e a superioridade do poder, mas, muito pelo contrário, sinais de proximidade com os cidadãos. Foi assim que a televisão revolucionou totalmente o universo simbólico do espaço político. Dispondo de um tempo limitado de antena na televisão, os dirigentes têm de falar de forma simples, numa linguagem acessível, seduzir e não expor grandes cadeias de raciocínio nem explicações com números. Ameaçados pelo *zapping* do telespectador, os líderes políticos tiveram de abandonar as formas solenes do discurso político, de aprender a mostrar-se atraentes e a tocar os eleitores por meios que os aproximam destes. A função da imagem videocrática já não consiste em mostrar a grandeza do Estado e dos seus objetivos, mas em apresentar uma personalidade concreta, individualizada: a do político. Operador de desrritualização das imagens, a televisão banalizou e dessimbolizou a cena política: a ostentação tradicional da simbólica do Estado foi substituída pela telegenia, pela descontração, pelas operações de charme dos dirigentes políticos (³).

A importância fundamental do meio televisão é inegável. Está na origem da mudança formidável que se operou nos modos de expressão e de apresentação dos dirigentes e dos governantes. No entanto, o estrito determinismo tecnicista tem limites: o modo técnico de transmissão audiovisual não impulsionou, por si só, a revolução da comunicação política. Foi um conjunto de fatores, económicos e políticos, sociais e culturais, que esteve na origem da transformação radical das formas e das técnicas do estilo da comunicação política nas democracias representativas.

Sedução e mercado político

Nas democracias ocidentais, a política-sedução começa a sua aventura quando as técnicas do *marketing* (publicidade, sondagens, estudos de opinião, plano de comunicação, etc.) são mobilizadas ao serviço da comunicação dos dirigentes, ou seja, quando o cidadão é visto como um eleitor-consumidor que deve ser conquistado por imagens, discursos e *slogans* emotivos. Visando aumentar a notoriedade do dirigente, valorizar a sua imagem, criar diferença com os seus adversários, o *marketing* político importa para a esfera política as técnicas de sedução vindas da esfera comercial. É neste sentido que devemos ver o capitalismo de consumo como a base das democracias de sedução, nas quais a esfera política, concebida como um mercado competitivo, é remodelada por técnicas de comunicação inspiradas nos métodos da comunicação comercial. Existe política-sedução quando a imagem dos políticos tende a ser construída como «produtos» atraentes com o intuito de ganhar a simpatia e a aceitação dos eleitores.

Foi nos Estados Unidos que nasceu o *marketing* político. Nos anos 20–30, os partidos democrata e republicano começaram a recorrer aos serviços dos publicitários e dos especialistas em relações públicas. Em 1933, Roosevelt inaugurou na rádio as suas famosas «conversas à lareira» para explicar, numa linguagem direta, simples e natural, a sua ação ao povo americano. No entanto, a data mais marcante para os especialistas é a campanha presidencial de 1952, altamente mediatizada na televisão. É marcada, do lado do candidato Eisenhower, por um grande recurso às técnicas de comunicação do *marketing*: envio de comunicações por correio, simplificação da mensagem, criação de anúncios publicitários televisivos de 20 segundos assinados com o *slogan* «I like Ike», declinados num tom muito comercial, tudo coordenado por um gabinete de relações públicas. O novo reinado da sedução política concretiza-se com o aparecimento de novos atores no domínio da comunicação. Os partidos, os militantes, os homens dos aparelhos que estavam no centro do sistema da propaganda e que controlavam todos os seus elementos são substituídos pelos conselheiros de comunicação, pelos especialistas em imagem, pelos profissionais dos *media* e da publicidade. Abriu-se uma nova era comunicacional: a era da profissionalização e da racionalização das operações de sedução política.

Esta forma de comunicação política não parou de se intensificar, com os especialistas da televisão e os profissionais da Madison Avenue a intervirem sistematicamente nas campanhas eleitorais americanas, a aconselharem os candidatos e a produzirem anúncios publicitários: «Vendam os vossos candidatos como o mundo dos negócios vende os seus produtos», escreve em 1956 Leonard Hall, presidente do partido republicano ([4]). Em todas as democracias liberais, o novo espírito de comunicação, que utiliza os métodos publicitários e as sondagens de opinião, irá difundir-se para promover a imagem dos candidatos ([5]).

É claro que existem diferenças profundas entre o *marketing* comercial e o *marketing* político. O primeiro dirige-se ao consumidor, o segundo ao cidadão, sem que haja um objetivo económico. Dado que veicula valores, crenças e um sentido coletivo, um programa político não é um produto comercial. Ainda que os cidadãos ajam cada vez mais como consumidores, o comportamento do eleitor não é idêntico a um simples comportamento de compra. É por isso, e isto foi muitas vezes sublinhado, que não se pode «vender» um candidato como um «sabonete»: trata-se de criar adesão. Mas é verdade que, na comunicação dos partidos e dos políticos, são utilizados métodos marcados pelo espírito do *marketing*. As lógicas de gestão de marca foram transferidas do mundo comercial para o da *res publica*, e o objetivo é destacar uma personalidade, valorizar a imagem de um candidato, criar notoriedade e diferença. A era da sedução política triunfa quando os profissionais da comunicação «vendem» as políticas aos cidadãos vistos como consumidores de imagens.

A que se deve a instalação duradoura e generalizada do *marketing*, ainda que dotado de uma legitimidade quando muito discutível? O fenómeno deve ser relacionado com o novo contexto das democracias pluralistas, nas quais — e as grandes ideologias históricas já não garantem vitórias — as batalhas políticas tendem a ser vistas como confrontos entre dirigentes mais julgados pela sua imagem do que pelo conteúdo exato das suas propostas: atualmente, vota-se menos por um partido ou por um programa do que por uma pessoa. Nos nossos países, a escolha dos eleitores é largamente determinada pela personalidade do líder, pelo seu carácter, pela confiança que inspira, e não por posicionamentos ideológicos ou pela análise pormenorizada dos programas.

A importância crescente da imagem mediática dos dirigentes não é um puro efeito da videosfera: deve ser ligada a vários fenómenos de fundo. Em primeiro lugar, o eclipse do fascínio que era exercido pelas ideologias extremistas e a despolitização dos cidadãos. Em segundo, a personalização do poder, com os partidos a tornarem-se instrumentos ou trampolins ao serviço de um dirigente. Em terceiro, a individualização da escolha dos eleitores, para os quais o comportamento eleitoral é cada vez menos uma marca de identidade de classe ou de pertença socioprofissional e cada vez mais uma escolha pessoal ligada à confiança inspirada por um candidato ([6]). Em quarto, o declínio da fidelidade partidária, o forte aumento da volatilidade e da indecisão eleitoral. Agora, cada vez mais cidadãos mudam de intenção de voto ou de intenção de votar, e só tomam uma decisão no último momento. Para estes eleitores flutuantes e indecisos, a imagem individual dos candidatos desempenha um papel mais importante do que os seus projetos e propostas. A marketização da vida política deve-se tanto ao meio televisão quanto ao crescimento da individualização dos comportamentos políticos e eleitorais gerados pela sociedade individualista de sedução.

Assim, quanto menos os responsáveis políticos são portadores de visões ambiciosas do mundo, mais têm de comunicar, conquistar o espaço mediático, seduzir a opinião pública. Quanto menos os políticos têm o poder de dominar o curso das coisas, mais exibem a sua pessoa, mais se esforçam por gerir a sua imagem numa corrida sem fim à visibilidade mediática. As políticas de imagem triunfam quando a política já não faz sonhar: o desencanto político inaugurou a época do domínio da imagem mediática.

A importância da imagem pessoal dos dirigentes foi referenciada em finais dos anos 40. Numa obra famosa, David Riesman observa que, para um número crescente de eleitores, o magnetismo e o brilho pessoal, o *glamour* dos candidatos constituem um elemento decisivo. Estes cidadãos não votam em função das diretivas de partidos, mas pelo dirigente que lhes agrada, que lhes atrai, que lhes inspira simpatia graças às qualidades que apreciamos nos nossos amigos: sinceridade, cortesia, honestidade, benevolência. A política tende a tornar-se «um lugar onde a maneira de fazer as coisas e o espírito em que são feitas têm tanta importância como aquilo que é feito» ([7]).

Esta transformação não pode ser explicada mecanicamente pela irrupção da imagem televisiva: deve-se ao facto de o cidadão «abordar a política com uma atitude vinda da esfera do consumo», sublinha corretamente Riesman ([8]). Com efeito, o consumo promoveu uma nova cultura centrada no prazer, nos lazeres, no entretenimento, aquilo a que Martha Wolfenstein e Nathan Leites chamaram uma *fun morality*. Uma cultura hedonista em que as preferências, atrações e gostos pessoais desempenham um papel fundamental. Assim, tal como o consumidor escolhe em função daquilo que gosta e que lhe agrada, o cidadão vota no dirigente que o encanta, que o atrai, de quem aprecia as qualidades pessoais. Significa isto que o espírito do consumo habita agora os comportamentos do eleitor. O *marketing* político e o reinado técnico da televisão só puderam desempenhar o papel que inegavelmente desempenharam sobre um fundo de transformações ligadas ao capitalismo de consumo, da nova cultura de sedução que o constitui e pela qual a própria política se torna um objeto de consumo.

Após a «violação das massas»: a comunicação-sedução

Com o *marketing* político, impôs-se um tipo de comunicação política inédita, de natureza totalmente diferente da elaborada pelas propagandas de Estado. A propaganda à antiga é um tipo de discurso que impõe a partir do topo ideais, objetivos, uma visão ideológica sem levar em conta a sociedade. O objetivo não é agradar, alimentar as expectativas do povo, atrair a simpatia: é inculcar uma ideologia única, converter os cidadãos a uma verdade afirmada como absoluta a fim de erguer, nos regimes totalitários, um poder absoluto sobre a sociedade e um Estado social homogéneo, sem divisão social. Constitui uma expressão de ideologização extrema da comunicação política.

Conhecemos os efeitos desta ideologização total «em passo forçado». Ao amplificar as qualidades sobre-humanas do Führer ou do «Paizinho dos povos», ao glorificar o seu génio infalível, a propaganda totalitária desenvolveu, em relação a estes dirigentes, formas de fascínio, de veneração, de adulação sem precedentes, criou em torno deles uma aura carismática sem que, porém, fossem mobilizadas estratégias de sedução. A propaganda é tão pouco uma comunicação de sedução que se dirige até às crianças e aos jovens, recrutados pela escola, pelos lazeres e pelo desporto: o objetivo não é agradar, mas sim educar, moldar, programar um «homem novo» desde a mais tenra idade por meio de um trabalho de doutrinamento omnipresente. Centrada nos referenciais da nação ou da revolução, a propaganda doutrinária exalta o dever, o esquecimento de si, a grandeza do sacrifício em detrimento dos prazeres do presente e da felicidade privada: é o oposto absoluto das sereias da publicidade comercial. Os líderes totalitários encantaram as massas sem cortejarem o povo, sem política de sedução.

A comunicação-*marketing*, pelo contrário, leva em grande conta a opinião pública, nomeadamente recorrendo às sondagens. Trata-se de conhecer o estado da opinião, de dispor de dados numéricos sobre todos os sectores da opinião a fim de adaptar as mensagens aos alvos visados, aumentar a cotação do candidato junto das categorias onde obtém resultados fracos, corrigir pontos do programa em função das expectativas dos cidadãos. A uma comunicação que dita a partir de fora a verdade, o bem, o justo, sucede uma comunicação flexível, atenta às reações e às preferências dos diferentes sectores da sociedade civil. Com a comunicação-*marketing*, o objetivo já não é moldar totalmente a sociedade a partir do topo do Estado, mas adquirir notoriedade, criar uma imagem de marca, determinar a mensagem que «passa» melhor para vencer as eleições. Todos os meios são mobilizados para atrair a simpatia do corpo eleitoral, tendo em conta a expectativa dos eleitores e o posicionamento dos adversários.

A retórica dos discursos políticos também mudou profundamente. A propaganda totalitária é estruturada pela oposição amigos/inimigos, puros/impuros, desenvolve formas discursivas maniqueístas que exploram um registo lexical violento depreciativo, insultuoso, destinado a provocar o desprezo e o ódio ao adversário. Assinalemos entre outros, os «traidores aos interesses da revolução», os «vendidos», os «fidalgotes da burguesia», os «lacaios dos Americanos»: por meio de uma cascata de invetivas («víbora lúbrica», «os ratos viscosos», verme, carcaça), a linguagem totalitária visa anular o inimigo suscitando afetos negativos junto do povo ([9]). Recorrendo ao hiperbolismo da retórica odiosa, a propaganda tenta construir o inimigo absoluto de que a ordem totalitária necessita para afirmar o seu domínio.

Estamos no exato oposto desta linguagem típica da «violação das massas» ([10]). A esfera da comunicação política das democracias liberais testemunha um forte recuo da violência verbal, do rebaixamento, para não dizer banimento, das injúrias e outras formas paroxísticas da retórica agressiva. Vivemos na época do registo «soft», do «politicamente correto», que consiste em eliminar os termos portadores de depreciação e de discriminação social, em suavizar as formulações que ferem a sensibilidade de certas categorias ou de grupos de indivíduos identificados pela sua origem étnica, cultura, deficiência ou orientação sexual. O aspeto agressivo da linguagem política deu lugar ao eufemismo, à atenuação das expressões estigmatizantes e infamantes. Trata-se de se exprimir sem desagradar a ninguém, sem ferir ninguém: os insultos, os vocábulos que sugerem desprezo e indignidade são agora exceções ([11]). Ao extremismo da indústria do ódio que acompanhava a propaganda, sucede a valorização do respeito pelo indivíduo, da tolerância, da abertura ao diálogo. É claro que os ataques verbais não desapareceram, mas adaptam-se ao modelo da civilidade e da cortesia. Sob o efeito duplo do *marketing* político e da individualização dos costumes, é uma lógica de limitação dos excessos da violência verbal, de moderação e de eufemização que marca as estratégias simbólicas dos políticos.

A encenação do discurso e da gestualidade política também mudou de registo. Os dirigentes baniram o estilo agressivo e histérico: procuram mostrar-se próximos dos cidadãos, abertos, tolerantes, calorosos. Em vez das vociferações, das imprecações, temos atitudes tranquilas, discursos discretos, tecnocráticos e assépticos ([12]), uma linguagem lisa, uma espécie de «língua de algodão» (François-Bernard Huyghe). Em vez das poses combativas e dos olhos esbugalhados de um Hitler, temos os risos e os sorrisos como armas de sedução, que constroem uma imagem de si agradável e simpática. Os risos e sorrisos ([13]) não são todos da mesma natureza, mas um deles, o sorriso «ornamental» feito simplesmente para dar uma imagem agradável da pessoa, tornou-se quase um ritual de apresentação de si ([14]) nos *media* e, agora, com as *selfies*. A sociedade individualista consumista, o desaparecimento dos projetos revolucionários e o apaziguamento dos conflitos sociais e políticos, constitutivos da sociedade de sedução, desqualificaram a «persuasão pela força» e os apelos históricos à aniquilação do Outro. Trata-se de seduzir «suavemente», de se mostrar com um sorriso nos lábios, parecer convivial, aberto ao diálogo.

Os regimes totalitários orquestram uma coreografia política baseada na personificação extrema do poder. Através de cerimónias enormes, de retratos solenes e gigantes, a propaganda e as suas liturgias oferecem uma imagem grandiosa do chefe, Estaline, por exemplo, assimilado a um herói, um super-homem adornado de títulos grandiloquentes: «grande corifeu das ciências e das artes», «Pai das Nações», «Brilhante Génio da Humanidade». Enquanto a propaganda exalta as qualidades fora do normal do líder carismático, o *marketing* político em vigor nas democracias supermediatizadas procura apresentar uma proximidade direta do líder com o povo, dissolver a espécie de religiosidade laica, de transcendência imanente do Estado totalitário. Para isso, os dirigentes políticos exprimem-se sobre as coisas comuns da vida e, em certas circunstâncias, podem fazer piadas, brincar, usar o humor e a ironia para fazer rir. Já não a imagem sobre-humana do «pai perfeito» da nação, do chefe «infalível» que «sabe tudo» e que «nunca se engana» (Mussolini), mas a da familiaridade e do *show* claramente mais prosaico. O culto totalitário da personalidade instaura a distância com os outros mortais, uma distância «simplesmente astronómica» ([15]); a personalização da autoridade política nas democracias modernas, por seu lado, visa criar proximidade, dar a impressão de que os dirigentes são pessoas como as outras, sem diferença substancial com o comum dos mortais.

Foi assim que o *marketing* político levou ao extremo o processo moderno de emancipação da política em relação à religião iniciado no século XVIII. Desde esta época que a autoridade política deixou de se fundamentar no Além teológico, baseando-se, ao invés, na soberania profana dos homens. No entanto, até a uma data recente, a instância política continuou a preservar uma imagem de alteridade, uma distância simbólica, uma majestade hierárquica herdada dos seus laços milenares com o mundo celestial. Esta última forma de superioridade simbólica decorrente do universo sagrado foi abandonada pela sociedade da sedução ([16]). Os dirigentes políticos foram levados a abandonar todos os sinais de grandeza simbólica, a renunciar aos gestos, aos discursos que veiculavam uma imagem de verticalidade hierárquica e de distância desigual: o estilo igualitário democrático foi integrado no círculo da comunicação pública. Ao desqualificar as últimas formas de aura sagrada do poder, a sociedade da sedução, através do *marketing* político, secularizou por completo a cena política.

AS NOVAS ALAVANCAS DA SEDUÇÃO POLÍTICA

A abordagem *marketing* da política consiste em valorizar e vender mais uma personalidade do que uma visão do mundo. Foi nesta perspetiva que se desenvolveram, a partir dos anos 60, estratégias de exibição da vida privada dos políticos a fim de comover os corações. Kennedy deu o tiro de partida: diante dos jornalistas, declara que a sua mulher está grávida; aparece em família a fazer esqui aquático, vemo-lo com o filho aos ombros ou a brincar com os filhos na Sala Oval da Casa Branca. De Kennedy a Giscard d'Estaing, as operações de charme multiplicam-se, ilustrando os começos da vedetização dos dirigentes pela mediatização da sua vida privada, em oposição frontal à regra da «despersonalização republicana» que, até então, obrigava o líder a ser discreto sobre si mesmo, a «evitar mostrar-se demasiado e nunca parecer criar um movimento de opinião a seu favor» ([17]). Em França, Valéry Giscard d'Estaing exibe-se ao lado da sua filha mais nova, então com 13 anos. Seguem-se outras operações personalizadas (jantares em casa de cidadãos franceses, banhos de mar na Côte d'Azur, esqui em Courchevel, sessão de cinema nos Campos Elísios) que visam apresentar o presidente como um homem próximo das pessoas, a encarnar a juventude, a mudança e a modernidade. A política de sedução, centrada na mediatização da vida privada, começou assim a sua carreira histórica.

Mediatização da intimidade e «peopolização» da vida política

Com a perda de credibilidade da política, o desencanto dos cidadãos e a crise da representação democrática característica da nossa época, a exibição da vida privada dos políticos amplificou-se de tal maneira que invade as páginas de uma imprensa especializada (*VSD*, *Gala*, *Voici*, *Closer*, *Public*) e até está presente na imprensa dita séria. Aquilo que era pontual tornou-se banal, omnipresente nos programas de televisão e na imprensa cor-de-rosa. A lógica de exposição da vida privada sistematizou-se ao ponto de se tornar um exercício obrigatório, uma estratégia constitutiva do *marketing* político. Largamente adotada pela classe política, a mediatização da vida íntima impõe-se agora como um meio legítimo de comunicação pública e de sedução dos eleitores.

Hoje, a exposição da vida privada dos nossos representantes atinge os pícaros. Os seus divórcios, casamentos e casos amorosos aparecem nas primeiras páginas; vemos as elites políticas a discutir com os cidadãos comuns adotando a linguagem da rua, vemo-las na praia de fato de banho, a fazer turismo ou *jogging*, já não hesitam em exibir a sua vida familiar, os seus gostos e outros passatempos. Passámos do poder despersonificado ou desindividualizado para as imagens hiperindividualizadas dos dirigentes, para a «ego-política» que «mostra mais indivíduos do que instituições, que valoriza mais os recursos individuais do que os coletivos, que dá à singularidade tanta importância quanto à exemplaridade» ([18]). A isto chama-se a «peopolização» da vida política, que se manifesta não só por meio dos *talk-shows*, mas também de reportagens, fotografias, indiscrições sobre a vida privada, ainda que estas se façam com o acordo tácito ou negociado dos nossos representantes.

Com a publicitação do privado, a dinâmica de personificação ou de personalização do político entrou na era da singularidade individual. É verdade que a importância do papel da personalidade na política não data de hoje. No entanto, os traços atuais do fenómeno são absolutamente novos se comparados, em especial, com o que era o «culto da personalidade» nos regimes totalitários. Na Alemanha nazi, o culto em volta do Führer nada tem que ver com a sua pessoa individual: Hitler é essencialmente uma «personalidade comunitária» fundada para dirigir a nação, e a sua vontade confunde-se com a vontade geral ou com o próprio espírito da comunidade alemã. A personificação absoluta do poder ilustrada por Hitler é legitimada pela ideia de uma personalidade extra-individual capaz de exprimir, pelo seu discurso, a comunidade de todo um povo ([19]). Com o fenómeno da *peopolização*, estamos nos antípodas dessa personalização: apresenta-se agora na forma da singularidade pessoal.

Na raiz desta mudança está a formidável revolução individualista sustentada pela ascensão do capitalismo consumista. Esta caracteriza-se pelo esgotamento da fé no político, bem como pelo primado dos valores privados, da dimensão pessoal, da cultura de si. Vivemos num novo mundo político onde todas as grandes causas coletivas se abateram em benefício do indivíduo. O fenómeno *people* é o eco desta vasta remodelação social, cultural e ideológica que erigiu o indivíduo como valor e referência suprema. Quando as instituições e os programas políticos já não têm crédito, os indivíduos despolitizados avaliam o público pelo elemento privado, dão mais importância à personalidade individual do que ao institucional e deixam de separar estas duas ordens ([20]). Neste contexto, os valores da honestidade, da proximidade, da «simpatia», do calor humano e da personalidade individual desempenham um papel determinante para muitos cidadãos. Exibindo-se pessoalmente, os políticos mais não fizeram do que seguir a configuração social hiperindividualista criada pelo desvanecimento da fronteira entre esfera privada e esfera pública.

Embora a «peopolização» da cena pública seja manifestamente uma estratégia política, isto não deve ocultar o facto de ser também uma fonte de gratificações subjetivas para os representantes democráticos. Além da instrumentalização política da imagem mediática, como não ver que também há o prazer da mediatização de si, o gozo narcísico de «aparecer na televisão», de ser valorizado, «vedetizado»? Neste plano, não há qualquer motivo para pensar que os políticos tenham uma natureza diferente das pessoas comuns, que aspiram agora à celebridade: segundo um estudo, cerca de quatro milhões de Americanos declaram que vir a ser famoso é o seu principal objetivo na vida ([21]). Com o avanço do processo de individualização, o gosto, o júbilo narcísico da celebridade, o sonho de ser visto e reconhecido tornaram-se aspirações partilhadas por cada vez mais pessoas. «É tão bom ser famoso», exclamava Steevy ao sair do Loft*: temos todas as razões

---

* Steevy foi um dos participantes do primeiro programa de telerrealidade *Loft Story* transmitido na televisão francesa em 2001. [N. do T.]

para pensar que muitas das nossas elites dirigentes partilham este sentimento. Quanto menos grandes ideias têm os políticos, mais procuram ganhar alta visibilidade e mais receiam estar na obscuridade. Quando as grandes ambições de mudar o mundo desaparecem, fica a magia da celebridade, que permite desfrutar o prazer de se dar a ver, de se mostrar, sentir o prazer narcísico da vedetização da sua pessoa. Isto porque a visibilidade social muda a perceção de si, aumenta o sentimento do valor pessoal, alimenta o ego e a autoestima: é um instrumento de autossedução que intensifica o sentimento de existir e de ser «importante». As operações da *peopolização* não só permitem seduzir os eleitores como também seduzem os próprios políticos.

Relooking

Na era do grande jogo da sedução política em que é preciso criar um laço afetivo com a opinião para ser eleito, não nos devemos admirar com a importância que adquiriu a aparência física dos candidatos, que se tornou um pleno instrumento de comunicação. Mais do que nunca, os nossos representantes cuidam da sua imagem exterior, que pode desempenhar um papel significativo na escolha dos eleitores. O estilo, a aparência, o *look* geral são agora objeto de todas as atenções e mobilizam os talentos dos conselheiros de imagem pessoal, pois a aparência exterior pode constituir um trunfo para seduzir os cidadãos e ganhar as eleições, nomeadamente pela escolha dos eleitores mais indecisos. As estrelas de cinema e as manequins das passarelas da moda já não são as únicas a «trabalhar» a sua imagem para cuidar da aparência: os eleitos das democracias seguiram-lhes os passos.

Após o desenvolvimento das investigações sobre as motivações dos consumidores e do público, consolidou-se a ideia de que a «comunicação implícita» ou não verbal tinha mais peso do que a «comunicação verbal». Segundo estes estudos, a comunicação não passa apenas pelos conteúdos das ideias, mas também pelos jogos da aparência: postura, roupa, cabelo, gestos, olhar, voz. Vivemos numa altura em que, sob o efeito conjugado dos processos de mediatização, de despolitização e de hiperindividualização, o poder da imagem pessoal aumentou claramente: basta um pormenor «problemático» para que os cidadãos-consumidores se afastem da mensagem. Nestas condições, é impossível ignorar a dimensão da aparência. Tanto mais que, nas revistas e nas redes sociais, os estilos dos políticos são permanentemente escrutinados, descodificados e criticados. Por isso, o novo papel desempenhado pelos conselheiros de imagem e pelas práticas de *relooking* a que se entregam os políticos.

São muitos os líderes que procuram melhorar a sua imagem, alterando a sua aparência em termos de vestuário e até o físico. François Mitterrand acertou os dentes, Jean-Marie Le Pen substituiu a sua pala por um olho artificial, Silvio Berlusconi recorreu a um *lifting* do rosto e pôs implantes capilares, Jacques Chirac recorreu ao bronzeamento artificial, Dilma Rousseff submeteu-se a várias operações de cirurgia estética. Para ganhar em telegenia, muitos políticos entregam-se ao *relooking*, mudam de óculos e de penteado, fazem dietas de emagrecimento, adotam novos estilos de vestuário. Na era da sedução soberana, os responsáveis políticos não devem parecer «totós», «demasiado velhos» ou demasiado «desalinhados».

Não há dúvida de que a aparência exterior dos políticos nunca foi vista como uma coisa secundária. Hoje, passa-se o mesmo, ainda que os políticos finjam desinteressar-se por

A POLÍTICA OU A SEDUÇÃO FALHADA | 299

isso. Todos dizem que a aparência é a menor das suas preocupações, que se interessam muito pouco pela sua aparência e pela sua imagem exterior. A única coisa que interessa é a seriedade da política. Quanto mais são os conselheiros de imagem e as práticas de *relooking*, mais os políticos fingem estar a milhas dessas questões fúteis. Na era da sedução omnipresente, o discurso politicamente correto nega a importância da aparência.

Outra mudança merece ser assinalada. Nas sociedades anteriores à modernidade, a aparência do soberano era tudo menos supérflua e não dependia das decisões ou dos desejos pessoais. As roupas, as coroas, as joias sumptuosas e os gestos eram signos que traduziam visualmente a soberania, ampliavam a grandeza e a força real, simbolizavam a superioridade absoluta do poder em relação à sociedade. Todos estes rituais de marcas ostentatórias eram intangíveis e impunham-se de maneira codificada como «fórmulas de majestade», emblemas do domínio e da diferença simbólica do Estado. No universo da sociedade hierárquica, o que fazia sentido não era a aparência corporal individual, mas a afirmação dos símbolos obrigatórios da distância e da alteridade do poder.

Hoje, tudo isto mudou. Nas nossas democracias, os signos da aparência já não têm a tarefa de simbolizar o brilho do poder e a sua majestade altamente eminente. No entanto, esta dessimbolização não significa a ausência de qualquer dimensão expressiva. Simplesmente, individualizou-se e tornou-se psicológica. Como o excesso de peso é hoje associado à negligência e à indolência, François Hollande decidiu, antes das eleições de 2012, submeter-se a uma dieta para se tornar elegante e exprimir assim a sua força de vontade. Sinal que traduz o carácter pessoal, a aparência impõe-se também como uma estratégia de sedução usada pelos especialistas de imagem e comunicação. Quanto mais desrritualizada é a aparência individual, tornando-se uma questão de decisão pessoal, mais aumenta o poder dos profissionais da sedução. Quanto mais o acento é colocado na personalidade, mais se afirma o imperativo de modificar e otimizar a aparência, de dinamizar a imagem, de não deixar nada ao acaso, de mostrar que se é «moderno». A hipermediatização da vida política e a personalização crescente das escolhas individuais conduziram à promoção das práticas do *relooking*, da sedução gerida e estetizada como instrumento de comunicação e de marketização dos dirigentes.

A política da compaixão

Sob o reinado do *marketing* político, afirma-se um valor ignorado na era da propaganda: o relacional, a compaixão, a empatia. A propaganda totalitária visava criar adulação ou veneração, celebrando a glória do grande guia; este tipo de mobilização emocional já não está em vigor. Já não se trata de fascinar as massas com mitos grandiosos e figuras carismáticas, mas de apresentar uma imagem próxima, sensível, afetiva: tudo menos aparecer como um líder calculista e sem coração. A capacidade de gerar compaixão tornou-se um elemento «obrigatório» da boa imagem dos políticos. Nos Estados Unidos, onde a maioria dos eleitores declara que a capacidade de compaixão dos candidatos é mais importante do que a sua inteligência e a sua capacidade de análise, muitos estrategas de comunicação consideram que é a empatia que faz ganhar eleições. É preciso dar provas de empatia para tocar os eleitores. Se a nova comunicação política leva em conta a aparência, requer ainda mais a empatia dos dirigentes em relação aos cidadãos que sofrem.

Em França, Nicolas Sarkozy ilustrou muitas vezes esta nova maneira de comunicar e de governar. Em múltiplas ocasiões — salvamento das enfermeiras búlgaras, libertação de Ingrid Betancourt, pessoas doentes com Alzheimer, etc. —, o presidente esforçou-se por exibir a imagem de um governante compassivo, empenhado na ajuda aos que sofrem. É verdade que não são operações de charme, mas o objetivo final não é muito diferente: valorizar-se, apresentar uma imagem positiva, fazer-se amar, em particular demonstrando solicitude e proximidade emocional. Nas democracias marcadas pela crise da representação política, agradar não basta; é preciso tocar os cidadãos por um «zelo compassivo» ([22]) e discursos sensíveis, mostrar-se próximo dos eleitores, comovê-los manifestando empatia para com as vítimas e os que sofrem.

Em cada catástrofe de dimensão coletiva, em cada desgraça que enluta parte do país, os governantes devem dirigir-se aos locais, dizer as palavras certas, estar presentes, exprimir o seu apoio às vítimas, dar mostras de atenção e de sensibilidade. Em suma, o acompanhamento compassivo funciona como um exercício incontornável, uma figura imposta da comunicação política, um novo rito laico considerado positivo para a imagem do poder. Vivemos numa altura em que o poder associado apenas à competência é sinónimo de distância, de altivez, de falta de empatia. Para oferecer uma boa imagem, o dirigente tem de poder mostrar que é capaz de ouvir as «pessoas», de estar atento às suas dificuldades particulares.

Foi a partir de finais dos anos 90 que esta política dos afetos se instalou nos nossos países. E isto em resposta às novas reivindicações e expectativas dos cidadãos em termos de reconhecimento, de respeito e de atenção, fortemente promovidas pela dinâmica de hiperindividualização da sociedade. De tal maneira que a intervenção compassiva surge menos como uma autodeterminação política do que como uma obrigação ditada pela nova sensibilidade coletiva. Agora, tornou-se quase impossível não entrar no jogo da proximidade empática e da retórica compassiva: deste modo, os políticos mostram-se menos agentes do que «executantes» de um desejo social. Neste quadro, manifestar compaixão a grupos particulares e a indivíduos não é propriamente o mesmo que falar de uma política positiva de sedução, mas antes uma estratégia «negativa» que visa sobretudo não *desagradar* aos eleitores, impedir que a própria quota de popularidade não diminua.

É uma política de proximidade que, por certo, permite ganhar alguns pontos nos barómetros de popularidade, mas não construir uma imagem positiva duradoura. Embora a «política da presença» dê uma legitimidade democrática aos dirigentes que, na nossa época, têm grande falta dela ([23]), duvidamos que o benefício que daí retiram seja substancial e, sobretudo, perene. É inegável que se desenha uma nova figura da legitimidade, mas os seus efeitos são frágeis, pois estão ligados a operações descontínuas, a uma política pontual. É verdade que o responsável político parece «humano», mas, neste caso, não propõe nada de ambicioso para a reforma da coletividade, não cria instrumentos com futuro, não traça novos caminhos. Mostrar-se humano não constitui nem uma política nem o estofo de um grande dirigente. A opinião pública pode deixar-se enganar pelo teatro dos bons sentimentos, mas durante quanto tempo?

A *atração antipoliticamente correta*

Observemos ainda que os últimos tempos têm testemunhado, nos Estados Unidos, a irrupção de um fenómeno inédito em matéria de comunicação política. Com efeito, a campanha presidencial americana de 2016 foi marcado por uma «retórica incendiária», pela violência verbal, pelas grosserias, pelas invetivas, que quebraram os usos e costumes de Washington, os códigos de cortesia em vigor na vida política tradicional. Segundo os cálculos do *New York Times*, desde 2015, Donald Trump publicou no Twitter 282 insultos contra pessoas, grupos minoritários, mulheres e meios de comunicação social. Nos antípodas das lantejoulas do *star-system* e do estilo cordial preconizado pelos especialistas do *marketing* político, Trump jogou a carta do antipoliticamente correto, de uma comunicação 2.0 composta de ameaças e excessos verbais. Uma rutura de registo que levou as *popstars* a declinarem o convite para atuar na sua investidura.

No entanto, a campanha explosiva de Donald Trump não deixou de ser um espetáculo, um espetáculo brutal, vulgar, mas, por isso mesmo, um «grande» espetáculo que conseguiu seduzir um eleitorado branco e idoso, pouco educado, modesto, amargo, hostil às elites económicas, políticas e culturais. Apresentador de um *reality-show*, Trump criou um novo tipo de espetáculo político baseado em insultos, provocações e declarações enganadoras. Em 1987, Tony Schwartz, coautor com Trump do *bestseller The Art of the Deal*, conceptualizou este estilo específico de enunciação com o nome «hipérbole verídica». Três anos depois, o magnata do imobiliário explicava na *Playboy*: «Sei o que se vende e o que as pessoas querem. Jogo com as fantasias das pessoas. A isto chamo hipérbole verídica. É uma forma inocente de exageração — e uma técnica de promoção muito eficaz.» ([24]) O Trump Show baseia-se na provocação, nas declarações exageradas e ofensivas: é uma das chaves do seu sucesso, sobretudo junto dos «pequenos brancos». Já não uma comunicação amável e moderada, mas declarações tempestuosas, palavras de ordem mordazes, que, largamente cobertas pelos *media*, constituíram uma publicidade eficaz em benefício do candidato. Espetáculo da «pós-verdade», retórica negativa e violenta, discursos insultuosos: foi assim inaugurada a era do espetáculo populista, dos ataques *ad hominem*, dos discursos de exclusão e machistas.

É verdade que esta eleição, como muitas outras nas democracias liberais contemporâneas, foi marcada pela falta de entusiasmo dos eleitores e pelo papel importante desempenhado pelos votos «contra». No entanto, apesar de tudo, convenceu e conquistou segmentos inteiros do eleitorado: conseguiu fazer-se amar por aqueles que se consideravam vítimas dos jogos políticos. Quanto mais o futuro presidente quebrava os tabus da vida política e as normas de civilidade, mais atraía os esquecidos da política, alimentando o ressentimento em relação às minorias étnicas, às elites e aos seus discursos politicamente corretos. Longe de serem elementos repulsivos, a brutalidade, a xenofobia e a grosseria foram sinais atrativos para os perdedores do neoliberalismo, que as viam como marcas de reconhecimento dos seus problemas, sinais de proximidade a seu respeito. Apresentando-se como um não político profissional e fazendo declarações descomedidas, longe de tudo o que era praticado em matéria de discurso político, conseguiu atrair a simpatia de uma parte do eleitorado.

«Ele não faz parte do sistema, compreende-nos, diz as coisas como são»: Trump conseguiu agradar não por meio de mensagens sedutoras e encantadoras, mas apresentando uma imagem de *bad boy* fora das regras, declarando guerra ao «sistema», desprezando os códigos civilizados que prevaleciam no universo político e mediático. O carisma de Trump não se baseia no virtuosismo do seu discurso: assenta em discursos pouco estruturados, numa retórica publicitária composta de fórmulas chocantes e grosseiras, que exprimem um hiperindividualismo narcísico e agressivo. Trump ou a sedução das paixões negativas, a sedução de um iconoclasmo hiperpersonalizado e descomplexado.

Será o canto do cisne da sedução descontraída e da sua comunicação encantadora? Será a retórica anti-elite o princípio de um longo ciclo de comunicação vulgar e insultuosa? Este cenário está longe de ser certo, pois o eleitorado que está na base deste sucesso — em particular os homens brancos com mais de 45 anos, de baixa escolaridade e movidos pelo medo da desqualificação — não constituirá para sempre uma maioria eleitoral ([25]). Nestas condições, nos Estados Unidos, temos motivos para pensar que a lógica da comunicação empática e suave tem mais hipóteses de voltar a ser a norma do que de desaparecer. Seja como for, nasceu uma nova forma de atração política, que prolonga a lógica do Estado-espetáculo por meio de estratégias *hard*, antagónicas às do *marketing* da comunicação política encantadora.

A POLÍTICA NA ERA DO ENTRETENIMENTO MEDIÁTICO

O capitalismo de sedução não só subverteu a relação dos cidadãos com a *res publica*, como também contribuiu para transformar a retórica dos discursos políticos e as formas de apresentação e de tratamento da política na televisão. Este aspeto do problema é central na medida em que a própria televisão, que se tornou o principal vetor de informação em matéria política, participa de maneira decisiva na construção da visão dos cidadãos.

Desde que nasceu, o Estado manifestou-se sempre por meio de signos cerimoniais, faustos, rituais enfáticos para abrilhantar a sua superioridade, a sua diferença em relação a toda a coletividade. Não há instância política sem simbólica do poder, distância, alteridade do poder soberano. Até a era democrática moderna conservou as marcas da diferença simbólica do Estado; em toda a parte, o Estado republicano esforça-se por solenizar a soberania política, instaurar liturgias capazes de criar o espetáculo da autoridade dotada de uma aura de grandeza.

O espetáculo da proximidade

Neste plano, a transformação ocorrida nas nossas sociedades é considerável. Perfila-se realmente uma nova era simbólica das democracias, pois a figura do político perdeu o seu lustre antigo. Nesta mudança de registo simbólico do político, a televisão desempenhou um papel fundamental.

Nos primeiros tempos da televisão, o discurso político continuava a ser feito num quadro solene; o tratamento da coisa pública acompanhava-se de um tom extremamente deferente e reverencial. Esta é a mudança mais imediatamente observável: à posição altiva da instância política sucedeu uma comunicação de proximidade, uma relação sem grande distância. Os ministros e os estadistas são entrevistados de maneira descontraída, sem formalismo nem rigidez protocolar. Um mundo separa a entrevista deferente do general de Gaulle por Michel Droit da desenvoltura de Yves Mourousi sentado num canto da mesa a entrevistar François Mitterrand, perguntando-lhe se é um presidente «moderno». A majestade da autoridade pública desapareceu em proveito de um modo de comunicação relacional, interativa, direta.

Com o desaparecimento do monopólio televisivo do Estado, a multiplicação das cadeias e as alternâncias da direita e da esquerda no poder, acabou a época da televisão reverencial em relação aos governantes. As cenografias que visavam apresentar uma autoridade inacessível e impessoal já não estão na ordem do dia: agora, no pequeno ecrã, é preciso ser reativo, próximo, acessível. O contacto substituiu o ênfase; o direto substituiu a distância; a solenidade cedeu o lugar à proximidade. A época da sedução mediapolítica baseia-se no eclipse da distância, no desaparecimento das cenografias cerimoniais: elimina os ouros e as pompas da República, os rituais do domínio simbólico, os sinais da superioridade hierárquica do Estado. À encenação ostentatória do poder, sucedem operações de sedução do público. Já não impor respeito, mas captar a atenção do maior número possível de telespectadores pelas vias democráticas da proximidade e do espetáculo despido de formalismos.

A política como corrida de cavalos

Para além das entrevistas, todo o tratamento audiovisual da política entrou no registo da sedução. Os imperativos da audiência e do espetáculo transformaram os discursos, os modos de apresentação da vida política. Como é preciso captar a atenção do público e fazer subir as audiências, o que é privilegiado no universo concorrencial das cadeias de televisão é o espetacular e o anedótico, as frases pequenas, os efeitos de anúncio, os furos jornalísticos. Em toda a parte, os telejornais destacam os acontecimentos espetaculares em detrimento dos acontecimentos mais importantes, mas menos sensacionais e mais difíceis de explicar. Aquilo que o pequeno ecrã procura mostrar não é tanto a realidade política, mas antes um espetáculo de televisão capaz de «ganhar» audiência.

Submetida ao imperativo das audiências, a informação televisiva privilegia um tratamento atrativo, sensacionalista, por vezes aliciante. Nos telejornais, o destaque da informação é organizado em função das expectativas emocionais dos consumidores. Por ocasião de atentados terroristas, em particular, tudo é usado para comover o público, amplificar o impacto emocional do acontecimento: dá-se a prioridade aos testemunhos das vítimas, à expressão das angústias e do sofrimento. É o tempo da hipermediatização das emoções, da preponderância da emoção sobre a informação, do espetáculo sobre a análise.

Ao mesmo tempo, no pequeno ecrã, a política tende a construir-se mais como um espaço de confronto entre candidatos ao poder do que como um espaço de governo e de gestão dos assuntos públicos. Os jornalistas apresentam cada vez mais a vida política como uma luta entre concorrentes por cargos, dando mais destaque aos ataques pessoais e às provocações de uns e outros do que às questões políticas nacionais. Os debates políticos na televisão são assimilados a duelos, a «justas de gladiadores» (Michel Rocard): em 1989, no debate que opôs Jean-Marie Le Pen a Bernard Tapie, o jornalista Paul Amar chegou a colocar dois pares de luvas de boxe vermelhas na mesa entre os dois homens.

A utilização das sondagens vai no mesmo sentido. Agora, as sondagens sobre as intenções de voto inundam os espaços mediáticos, aparecem na primeira página dos jornais e abrem os telejornais. Em particular, nas campanhas eleitorais, manifesta-se a *horse-race reporting*, cujo tratamento mediático as assimila a «corridas de cavalos». Uma parte importante da cobertura mediática das eleições consiste em anunciar, através dos números das sondagens, que partido vai à frente na corrida, quem são os candidatos melhor colocados, quem são os que estão na cauda, quem são os que têm mais hipótese de vencer. Por ocasião do referendo dinamarquês sobre o Euro em 2000, mais de um terço de todas as notícias imprimidas e televisionadas estavam ligadas a sondagens de opinião; quase 70 por cento de todas as notícias sobre as eleições presidenciais americanas de 2000 incidiam sobre questões de «avanço» e «atraso» dos candidatos nas sondagens ([26]).

Se as sondagens prevalecem largamente sobre a apresentação dos programas e ocupam uma posição cada vez mais destacada nos *media* é porque impedem que as campanhas pareçam mornas, criam um clima de animação, de movimento e de incerteza no desenrolar da competição. Enquanto a análise pormenorizada das questões eleitorais suscita um interesse limitado, os «barómetros eleitorais» apresentam um carácter especial, um *suspense* cativante. Compreende-se por que é que, na televisão, a vida política tende a assemelhar-se a uma «campanha permanente» face à qual a opinião pública é incessantemente auscultada e medida. Na era da sedução soberana, já não se concebe a vida política sem as técnicas suscetíveis de a tornar atraente e distrativa.

Esta avalancha de sondagens contribui para alterar as estruturas elementares da perceção da vida política. Através dos movimentos de subida e descida das quotas de popularidade dos dirigentes, as sondagens fornecem uma imagem distrativa do combate político assimilado ao *agon* desportivo ou a um confronto de pessoas ([27]). Nestas condições, a vida política é vista como um jogo, uma série televisa, um folhetim que põe em cena «caracteres», confrontos, dramas, reviravoltas, ambições pessoais. Enquanto a cena política se transforma em jogo de desempenho e em *suspense*, as sondagens encorajam uma visão fílmica da política. À religião do político sucede o *thriller* da competição democrática ou a comédia do jogo do vencedor e do perdedor. Ao privilegiar a dimensão espetacular constituída pela *horse-race* e pela apresentação das táticas e das estratégias de comunicação dos candidatos, a sociedade da sedução, através da informação televisiva, baseia-se numa plena «dessacralização» da *res publica*.

Infoentretenimento

O reinado da sedução soberana também se lê no aparecimento de novos programas (variedades, *talk-shows*) que misturam entretenimento e política. O tiro de partida é dado nos anos 80, com os políticos convidados a aparecem pela primeira vez em programas de variedades. Nestas, vimos Lionel Jospin cantar «As Folhas Mortas», Jacques Chirac a ser entrevistado por uma marioneta, Jack Lang a retomar um *sketch* de Guy Bedos e de Sophie Daumier. A política entrou na era do entretenimento mediático.

Esta tendência amplificou-se. A partir do ano 2000, como mostrou Aurélien Le Foulgoc, a maioria das aparições dos responsáveis políticos em França não ocorre em programas dedicados à política, mas em programas do género de *talk-shows* conduzidos por apresentadores que dão a prioridade ao divertimento, ao humor, ao espetáculo lúdico ([28]). Assim, os responsáveis políticos aparecem regularmente no magazine de Michel Drucker, *Vivement dimanche*, mas também nos diferentes *talk-shows* apresentados por Thierry Ardisson, Marc-Olivier Fogiel, Karl Zéro ou Laurent Ruquier. Os programas de entretenimento tornaram-se os locais principais da representação política televisiva. Neste quadro, o discurso político passou do posicionamento sério para o registo descontraído, lúdico e humorístico: entrámos na era do infoentretenimento.

O que impressiona logo nestes *talk-shows* é o forte contraste que mostram com os programas políticos tradicionais. Conduzidos por animadores e não por jornalistas, estes programas optam pela descontração das modalidades de apresentação e de expressão: relaxamento do vestuário, por vezes tratamento dos convidados por tu, vocabulário descontraído, diálogos na forma de perguntas e respostas rápidas, tom familiar, perguntas desestabilizadoras e provocadoras dos animadores, registo de ironia e de humor, jogo de sarcasmos, piadas e outras brincadeiras ([29]). Reunindo num mesmo estúdio personalidades vindas de universos heterogéneos, políticos, cantores, humoristas, desportistas, manequins, estes programas são organizados de maneira a que os discursos estritamente políticos sejam abandonados ou marginalizados em proveito da emoção, do privado, da vida pessoal: os holofotes incidem sobre o espetáculo da conversa relaxada e recreativa ([30]).

Nestes espaços híbridos que esbatem a distinção entre informação e entretenimento, os atores políticos falam da sua vida privada, da sua família, dos seus gostos, dos seus divertimentos. Quando a política se torna entretenimento e este namora com a política, já não é a argumentação política que predomina, mas o desempenho individual dos representantes, o espetáculo que apresentam, a prestação mediática que oferecem em situação de desestabilização ou de provocação. A personagem pública apaga-se face à pessoa privada, de quem se ajuíza o estilo pessoal, a capacidade de se mostrar engraçado, a aptidão para se rir de si próprio, para se adaptar a uma conversa que foge às normas clássicas da entrevista política. Tudo é feito para anular o discurso público institucionalizado, frio e impessoal.

Centrados na personalidade e no «homem que se esconde por detrás do político», estes programas procuram a proximidade com o público, o contacto, o divertimento, o imprevisto. São aspetos que contribuem para eliminar os rituais de distância e de solenidade, para pôr em pé de igualdade os políticos e os outros convidados, para privilegiar a expressão da experiência pessoal em detrimento do discurso político. Esforçando-se por dissolver a heterogeneidade e a superioridade do espaço público, os *talk-shows* são programas de sedução que funcionam como instrumentos de eliminação do formalismo e da sacralização da cena política.

Para captar o interesse do telespectador-consumidor, a televisão tem de inovar, surpreender, encontrar continuamente novas fórmulas de programas que correspondam aos gostos neofílicos e pós-convencionalistas da época. Este objetivo é alcançado pelos *talk-shows*, na medida em que obrigam os políticos a abandonar o estilo sério, abstrato, impessoal do homem público em proveito de uma imagem mais próxima, mais calorosa e singular da sua pessoa. A sedução soberana baseia-se no esbatimento das fronteiras, na espetacularização da esfera pública, na psicologização e na personalização da comunicação política.

Com o infoentretenimento, afirma-se uma nova figura da sedução soberana. Por um lado, é para atrair o público entediado que a televisão cria programas explosivos, provocadores, «fora da caixa» em relação aos que eram tradicionalmente reservados à política. Por outro, é para oferecerem uma imagem simpática de si próprios, para se mostrarem humanos, iguais aos eleitores, que os políticos aceitam jogar a carta do pessoal, da emoção, da proximidade. E isto como meio de autopromoção eleitoral, instrumento para seduzir os que sentem indiferença em relação à política.

Uma desnaturalização da vida pública?

Estes dispositivos de sedução mediática foram objeto de numerosas críticas ([31]). Os programas de *infotainment* foram criticados por tornarem o cidadão apático, por desnaturalizarem e degradarem o sentido da vida pública, por esbaterem as distinções público/privado, por tornarem superficial a política ao darem mais importância à forma do que ao conteúdo. Esta hibridização dos géneros leva a privilegiar o sensacional à custa da análise séria e argumentada, a impedir que os indivíduos situem as informações recebidas no quadro de um sistema de referências claro e organizado. Os mais pessimistas afirmam que, ao transformarem os cidadãos em espectadores, os *talk-shows* contribuem para minar as próprias fundações da política em democracia.

Será isto mesmo verdade? Contra as abordagens por vezes apocalíticas da televisão, alguns investigadores mostram que a espetacularização mediática não se opõe necessariamente à informação dos cidadãos. Assim, as *soft news*, porque atraentes, permitem «fazer passar» certas informações sérias, mais abstratas e difíceis. E ainda que estes programas sejam ligeiros, nada indica que a informação política difundida não seja exata ou precisa ([32]). Em contradição com a opinião comum e de muitos investigadores, certos estudos demonstram que é possível desenvolver uma argumentação de qualidade mesmo no quadro de um programa de entretenimento como um *talk-show*, geralmente considerado nos antípodas do exercício da argumentação rigorosa ([33]). Embora seja pouco contestável que os programas de variedades não favorecem o investimento militante, permitem que as pessoas refratárias à política encontrem neles um certo interesse e adquiram assim informações que lhes sejam úteis para forjar as suas convicções e orientar as suas escolhas eleitorais ([34]).

Nem tudo é indigno no reinado da sedução e no eclipse da posição altiva do político.

O ENCANTO PERDIDO DA POLÍTICA

É verdade que as operações de charme mediapolítico são omnipresentes. Mas com que efeitos? Neste plano, o balanço é claro: quanto mais os responsáveis políticos se esforçam por seduzir os eleitores, menos atraentes são os partidos e mais se multiplicam os sinais de desilusão, de deceção, de suspeição em relação à coisa pública.

O fenómeno é novo. Com efeito, vivemos numa época em que, sem dúvida pela primeira vez desde o século XVIII, a política já não faz sonhar: o encanto que a envolvia evaporou-se. A atração que exerceu durante tanto tempo desapareceu: a sua aura é apenas uma recordação vagamente nostálgica. Largamente descredibilizada, a política acompanha-se hoje infinitamente de mais desencanto do que de impulsos entusiastas.

O *universo encantado da política*

Um fenómeno paradoxal, desde há muito identificado e objeto de diversas interpretações, caracterizou a primeira fase das sociedades modernas. Embora estruturadas pelos processos de secularização, de racionalização e de desencanto do mundo, as sociedades modernas foram o teatro de novas formas de «religiosidade»: as «religiões seculares», as religiões políticas intramundanas que, apresentando-se como racionais, científicas, não religiosas, recriaram novos absolutos, dogmas, ídolos, que resultaram em adesões e adulações incondicionais. A Revolução, a Ditadura do Proletariado, o Homem Novo, o Comunismo, a Nação, a Raça — referenciais coletivos que provocaram os maiores fervores ao exercerem uma espécie de poder mágico. Ao prometerem o advento de um mundo terrestre livre das servidões e dos males sociais, as ideologias extremistas da modernidade exerceram uma força de atração incrível sobre os intelectuais, as elites e as massas. De tal maneira que a dinâmica de desencanto foi contrabalançada por uma sedução política tão intensa que conduziu milhões de homens a viverem e a morrerem pelos novos ídolos seculares, a adularem causas e líderes, a sacrificarem a sua vida privada, a renunciarem à sua liberdade individual. A «jaula de ferro» cara a Max Weber não impediu que categorias inteiras da população consumissem paixões políticas.

Com a sua formidável aura de poder, a ideia de revolução galvanizou os militantes de diferentes áreas e teve um impacto considerável sobre as imaginações e os sonhos políticos. Adquirindo um novo teor a partir dos anos 1880, a ideia revolucionária e a atração que suscita conheceram os seus melhores dias no século XX, depois daquilo a que François Furet chamou «o encanto universal de Outubro» ([35]). Dado que retoma e reanima a ideia de revolução inaugurada pela Revolução Francesa, o acontecimento russo teve um impacto considerável nas imaginações e nos sonhos políticos. A ideologia revolucionária conseguiu subjugar os espíritos modernos porque abria a perspetiva inebriante de uma transformação completa da sociedade, de uma ação política todo-poderosa capaz de «partir a história em duas», de construir deliberadamente o futuro, de mudar todos os aspetos da existência coletiva. Formidável máquina de promover a política, o ideal revolucionário alimenta a ambição de rutura com as trevas do passado, com as formas de alienação económica, religiosa e social. A revolução alimenta o sonho de uma época radicalmente nova na história. Para os militantes marxistas, o projeto comunista é tanto mais mágico porquanto se apresenta como «científico», inscrevendo-se na própria dinâmica das leis da história. Com a modernidade, manifestou-se a magia do imaginário da ação revolucionária, que confere aos homens a ilusão de um domínio total sobre o seu destino.

O ideal comunista não foi o único que galvanizou as massas. As ideologias nacionalistas também deram provas da sua capacidade mobilizadora das paixões humanas. Em primeiro lugar na altura da Primeira Guerra Mundial e, depois, no período entre as duas guerras. Entretanto, neste período histórico, a própria direita adotou a ideia revolucionária. Já não através da temática da luta de classes, mas do culto da nação, outra figura da religiosidade secular moderna. A ideologia fascista é uma ideologia revolucionária e o nazismo pôde reivindicar a etiqueta de revolução nacional. Como sabemos, estes nacionalismos exacerbados exerceram a sua atração tanto sobre os intelectuais como sobre as massas populares: provocaram entusiasmos patrióticos de um fervor extraordinário.

Sedução contra revolução

Este longo ciclo de paixões ideológicas iniciado no século XVIII está encerrado. Desde a viragem dos anos 70–80 que a magia do verbo revolucionário deixou de funcionar. Os megadiscursos ideológicos que encheram de entusiasmo as gerações do passado perderam o essencial do seu poder atrativo, deixaram de provocar o fervor das elites e das massas. Já nenhum grande mito político é capaz de fazer sonhar e de alimentar a esperança num futuro substancialmente diferente do presente. Já ninguém fica fascinado pela ideia comunista, pela «luta final» ou pela perspetiva da «Grande Noite». O progresso dá medo, «mudar a vida» é visto como uma palavra de ordem de outra época, pois a capacidade da política para revolucionar a sociedade perdeu toda a credibilidade. A era da hipermodernidade coincide com o desvanecimento das visões grandiosas do futuro e dos projetos políticos «prometeicos»: vivemos no tempo da falência das religiões políticas da modernidade.

Associa-se frequentemente o desmoronamento do magnetismo ideológico moderno às duas guerras mundiais, ao horror dos totalitarismos, às «desilusões do progresso». No entanto, por muito terríveis que sejam, estes fenómenos históricos não podem explicar por si mesmos o desvanecimento da fé nas ideologias sacrificiais e nas utopias historicistas. É que, se os factos são teimosos, as crenças ainda o são mais: percebemos e interpretamos sempre «o que acontece» em função do nosso próprio quadro ideológico. Neste sentido, terá havido outra coisa, para além do conhecimento das tragédias modernas, que provocou a desafetação das ideologias políticas heroicas. Na verdade, esta só ocorreu sustentada pelo advento de uma nova configuração de valores e de finalidades, que triunfaram precisamente graças ao capitalismo de sedução. A ruína das ideologias políticas é menos o resultado da repulsa provocada pelas provações trágicas da história moderna do que da força de atração exercida pelos novos modelos subpolíticos do bem-estar e do consumismo hedonista.

A este respeito, o poder do capitalismo de sedução prende-se com o facto de ter conseguido desqualificar os objetivos futuristas da História em benefício dos prazeres individualistas do presente. Com o advento do capitalismo consumista, os ideais hedonistas e presentistas privaram as doutrinas faustianas da História da sua antiga força atrativa. Quando já nada é mais importante do que viver melhor aqui e agora, as ideologias sacrificiais do futuro perdem inevitavelmente a sua antiga legitimidade. As escatologias modernas e as mitologias políticas hercúleas foram derrotadas pela sedução presentista do consumo, dos lazeres, da felicidade privada. Foi principalmente o capitalismo de consumo que, ao provocar a individualização desabrida das condições de vida e da relação com os valores, destruiu a magia das ideologias hiperpolíticas da modernidade ([36]).

A *vaga da despolitização*

Com a morte das mitologias messiânicas e a dinâmica de individualização das expectativas e dos modos de vida, surgiram transformações profundas na relação dos cidadãos com as instituições que os governam, bem como na sua maneira de participar na vida democrática. A partir dos anos 80, uma profunda desilusão e uma forte vaga de distanciamento dos cidadãos em relação à política difundiram-se pela maioria dos países ditos desenvolvidos, não poupando nenhum segmento da sociedade: a participação eleitoral é diminuta, uma proporção crescente de cidadãos desinteressa-se dos programas dos partidos e não confia em nenhuma formação política para dirigir o país.

Ao mesmo tempo, assiste-se a uma forte queda do número de aderentes dos partidos e dos sindicatos, e cada vez menos cidadãos se definem politicamente por identificação a um partido. Grande parte do fervor passional que animava o militantismo evaporou-se. A devoção absoluta a uma causa, o espírito de disciplina absoluta, o empenho total, a relegação da vida pessoal para o segundo plano, o altruísmo — todas estas atitudes parecem pertencer a outro tempo. Com o desaparecimento da fé no domínio político do futuro, o militantismo «de corpo e alma» já não atrai, já não é capaz de dar um sentido global à existência. O envolvimento político era considerado, pelos militantes, o elemento mais importante da vida: quem é que ainda partilha esta fé? A política foi desalojada do centro da afirmação identitária dos indivíduos.

Assim, as democracias liberais são testemunhas de uma larga corrente de despolitização. A privatização extrema substituiu a politização extrema: neste novo contexto, já não se trata de viver para a nação ou para a revolução proletária, nada conta mais do que a realização, o desfrute das coisas de que se gosta, ter sucesso na vida profissional e pessoal. Como veremos mais à frente, este fenómeno não é sinónimo de ausência de interesse pela vida política. Simplesmente, aquilo que possuía uma grande força de atração tornou-se um polo sem conteúdo sensível e por vezes até negativo. A oferta política deixou de ser um vetor de sedução para os indivíduos hipermodernos maciçamente atraídos por outros encantos: o sucesso profissional, o dinheiro, os prazeres da vida privada e consumista, os lazeres, o desenvolvimento pessoal. A economia da sedução venceu em todos os tabuleiros: conseguiu arruinar as ideologias revolucionárias, fez entrar o espírito do capitalismo em todos os domínios, converteu as almas ao etos individualista dos interesses individuais e dos prazeres privados. O compromisso maximalista nas grandes causas foi substituído pela busca da maximização dos direitos, dos prazeres e dos interesses pessoais.

Desconfiança e desamor

Na altura do nascimento do capitalismo de consumo, a época continuava a ser marcada pelo prestígio do universo político. Nas democracias do pós-guerra, dominava a ideia de que o Estado detinha o poder de intervir nos mercados e de corrigir os seus resultados no interesse geral. Em França, o movimento gaullista era animado pela fé profunda num projeto nacional de grande dimensão realizado pelo Estado. Os anos 60 vibravam de entusiasmo revolucionário e libertário: o credo «tudo é político» florescia no seio da galáxia contestatária. Numa altura em que a vaga de privatização dos indivíduos já estava em pleno crescimento, Mitterrand venceu as eleições de 1981 ao prometer de forma rimbaudiana «mudar a vida». Apesar do avanço da cultura consumista, a crença na capacidade do Estado para mudar o rumo das coisas continuava a ter uma força de atração simbólica certamente diminuída, mas real.

Este universo centrado na política já não é o nosso e, neste plano, mudámos radicalmente de mundo. Desde há cerca de 30 anos que a perda de confiança nos políticos está em alta em todos os países ocidentais e, em muitos casos, alcança máximos históricos. Vivemos numa altura em que os Franceses consideram os seus representantes «corruptos» e declaram não confiar nos partidos políticos, no governo, nem sequer na Assembleia Nacional, na instituição presidencial ou na União Europeia. Domina a ideia de que os nossos representantes não têm voz, só estão interessados na sua reeleição e são incapazes de resolver os problemas fundamentais do momento. Os cidadãos já não se reconhecem naqueles que os representam. Face a esta vaga de desconfiança política, a única conclusão é a de um enorme fiasco das estratégias de sedução política. Se falamos do Estado sedutor, devemos sublinhar com insistência o fracasso ou a impotência das suas operações de charme, o declínio da atratividade da política. E ainda que alguns políticos consigam criar correntes episódicas de entusiasmo, isto não deve esconder o facto importante de o mundo político funcionar hoje como uma máquina largamente *antissedutora* ([37]).

Prova disto é o forte avanço do abstencionismo de protesto, o crescimento do voto em branco ([38]), bem como o aumento dos votos de rejeição em detrimento dos votos de adesão. Hoje, cada vez mais cidadãos votam mais «contra» do que «por» um candidato ou um programa. É um voto que já não traduz a adesão a um partido, mas a vontade de eliminação de um projeto ou de uma equipa dirigente. Este avanço de uma «politização negativa», para retomar a expressão de Jean-Louis Missika, é o sinal de um sistema político incapaz de criar confiança, de fazer vibrar as cordas sensíveis, de seduzir os cidadãos.

A isto acrescenta-se o aumento dos votos voláteis, indecisos, efetuados no último momento: nas eleições presidenciais francesas de 2002, 39 por cento dos eleitores fizeram a sua escolha no próprio dia da eleição ou nos dois ou três dias que a precederam. Cada vez mais eleitores declaram-se indecisos, pouco certos da sua escolha final, e só se resolvem no último minuto. Esta incerteza e perplexidade dos cidadãos não traduzem apenas um afastamento das filiações partidárias, mas também a nova relação desencantada com a democracia, bem como o fraco poder de atratividade dos projetos políticos.

A campanha presidencial de 2017 registou, de outra maneira, os efeitos desta falta de sedução. Ninguém ignora que esta campanha se caracterizou por um debate político largamente coberto pela predominância das questões éticas e judiciais. Durante este período, através do «Penelope Gate»*, o tribunal da moral e as reviravoltas judiciárias abafaram as posições e as questões políticas: um caso ético ocupou e invadiu a cena política mediática. Dia após dia, só se falava de torpeza, falta de moral, trapaça, desvio de fundos públicos, vigarice, falsificação e uso de falsificações. O registo moral deu o tom à campanha eleitoral: já não paixões e desejos políticos, mas lições de moral, acusações em nome da moralidade, apelos à moralização da vida pública. De todos os lados é martelada a ideia de que o grande imperativo é ter responsáveis políticos «corretos», honestos e irrepreensíveis ([39]). É claro que estas exigências são legítimas. No entanto, mostram-se claramente incapazes de suscitar desejo e entusiasmo político. Quando o grande assunto se torna a exemplaridade moral dos homens públicos, a política deixa de fazer sonhar. O triunfo do referencial moralista, o primado das exigências virtuosistas dos cidadãos a respeito dos líderes mais não fazem do que fornecer uma nova ilustração do desaparecimento da magia da ordem política. Não há um desinteresse marcado da coisa pública, mas uma situação na qual o que capta mais a atenção dos cidadãos (a transparência, a moralidade dos atores políticos) já não consegue fazer vibrar os corações, produzir sonho e desejo.

A política ainda pode fazer sonhar?

É verdade que nem todas as figuras sedutoras desertaram da cena política das democracias. De Kennedy a Trudeau,

---

* O «Penelope Gate», também conhecido por Caso Fillon, foi um caso político e judiciário que veio à luz durante as presidenciais francesas de 2017. O caso dizia respeito a suspeitas de empregos fictícios de Penelope Fillon, esposa de François Fillon, que era então o candidato da direita e do centro. [N. do T.]

de Blair a Obama ou a Emmanuel Macron, não faltam líderes de charme que exerceram uma verdadeira força de atração pelo seu físico encantador, a sua juventude ou o seu dinamismo. Trudeaumania, obamania, macronmania: em certos momentos, alguns líderes conseguem provocar o fervor popular, atrair a simpatia e a afeção dos cidadãos ([40]). Contudo, esta magia só tem um tempo: desaparece geralmente face à prova dolorosa das realidades mais prosaicas e mostra-se incapaz de criar uma verdadeira «comunidade emocional» (Weber). O estado de graça de que beneficiam os governantes recentemente eleitos é passageiro e não faz recuarem de modo algum as paixões e os interesses individualistas. A este respeito, os impulsos de exaltação que se apoderam dos cidadãos democráticos já nada têm que ver com a adoração quase religiosa dos «guias supremos» da era totalitária. Nas nossas sociedades, a sedução política assemelha-se a uma paixão de moda: não tem ideologia, nem horizonte histórico, sem grande rutura com os valores do presente. O fã, os crachás e os «gostos» nas páginas do Facebook substituíram as práticas do militante disciplinado que se submete incondicionalmente às ordens do líder carismático venerado. Na era hipermoderna, o carisma político exibe uma sedução instável, fugaz, frágil, o que é demonstrado pela queda por vezes brutal das quotas de confiança medidas pelas sondagens.

Acabou a época em que a política era portadora de esperança histórica desmesurada: já não há partidos políticos capazes de subjugar e de fazer sonhar. Os partidos de governo já não inspiram confiança aos cidadãos. Os programas ecológicos respondem às angústias ligadas à degradação do meio ambiente e aos desejos de proteção das populações. A extrema-direita obtém cada vez mais sucessos eleitorais ao agitar o espetro da imigração e da globalização liberal.

A sedução exercida pela extrema-esquerda populista em certas frações da população deve-se menos ao conteúdo dos projetos do que à retórica, ao estilo, à imagem dos líderes. Os jovens com menos de 25 anos exprimem uma forte desaprovação do campo político instituído: tanto na extrema-esquerda como na extrema-direita, o voto deles é de protesto, antissistema, anti-elite ([41]). Globalmente, as promessas eleitorais não encontram mais do que um forte ceticismo desiludido. Hoje em dia, aquilo que desperta os sonhos da maioria das pessoas já não são as utopias políticas, mas as «pequenas» utopias, o sucesso da vida profissional, os projetos pessoais e familiares para ter uma vida melhor. Acabaram-se os ideais dominantes e as ideologias maximalistas da primeira modernidade: a ruína das ideocracias abriu o campo da sedução hiperindividualista e pós-política.

Este eclipse do êxtase da política deve ser também associado ao triunfo do liberalismo, cujo um dos efeitos é o aumento do ceticismo em relação à governamentalidade do mundo. Com a globalização liberal, entrámos num mundo onde se desvaneceu a fé no poder do Estado para dirigir o todo coletivo. Neste contexto de supremacia economicista, domina o sentimento de que o poder público é cada vez menos capaz de mudar a sociedade, de ser o chefe de orquestra do futuro coletivo. A impotência pública face às forças da globalização constitui uma espécie de ácido que corrói a força de atração da política.

Não há dúvida que o desencanto político coloca problemas sérios às democracias representativas. Associado à desordem social e económica, bem como às inquietações suscitadas pela globalização liberal, alimenta os populismos de direita e de esquerda, os discursos demagógicos que, não sem sucesso, seduzem muitos eleitores com promessas enganadoras e soluções milagrosas. Em toda a parte crescem as rejeições dos estrangeiros e das elites da política, os apelos ao encerramento das fronteiras nacionais, as *fake news* que perturbam o jogo eleitoral: o quadro é, por certo, pouco agradável. É sombrio, mas menos dramático do que aquilo que dizem os observadores mais pessimistas. Na verdade, as democracias ocidentais não estão à beira do precipício; estão até numa situação muito mais sólida do que estavam no período entre as duas guerras. O Estado de direito e o liberalismo político desenvolvem-se graças ao controlo constitucional, à disseminação dos mecanismos de poder, às autoridades reguladoras independentes. Quanto menor é o investimento passional no espaço público, mais as democracias assistem ao reforço dos contrapoderes, do cuidado com os processos e com a transparência, do primado dos direitos humanos. Nos nossos países, o ideal democrático destronou os seus inimigos: os seus princípios de fundo já não são contestados.

A isto acrescenta-se o facto de a erosão da confiança dos cidadãos nos dirigentes e nas instituições políticas não ser sinónimo de desinvestimento proibitivo e de passividade dos cidadãos. O interesse dos cidadãos europeus pela vida pública até parece estar em alta, como atestam o crescimento das exigências dirigidas às instituições políticas e os níveis elevados de audiência dos telejornais. Através da televisão, da rádio, dos jornais e, agora, da Internet ([42]), os cidadãos informam-se mais hoje do que no passado. Este interesse pela política é também demonstrado pelas mobilizações 2.0, pelas formas de expressão na Internet, pelas intervenções dos cidadãos, pelos protestos e petições *online*, debates, discussões nos blogues, redes sociais e portais. São fenómenos que assinalam uma participação na vida democrática certamente mais ativa do que antes.

Há menos uma falta de interesse do que um interesse circunstancial: prova disso é o facto da intermitência eleitoral, em que cada vez mais cidadãos depositam o seu boletim de voto apenas em função da importância que atribuem ao escrutínio. Não um distanciamento radical, mas uma participação seletiva; os cidadãos só vão às urnas quando têm vontade de o fazer. As pessoas já não votam por que se deve votar, mas quando se sentem motivadas para isso e quando lhes apetece: o dever universal de cidadania foi destronado por uma lógica individualista de vontade e atração.

Embora já não haja envolvimento à antiga, a época assiste ao desenvolvimento de novas formas de mobilização e de atividades políticas que se realizam fora dos partidos. Em toda a parte, multiplicam-se as ações marcadas por modos de intervenção mais direta, mais visada, sem objetivo geral nem vontade de tomar o poder político. Enquanto se regista um recuo da participação na vida democrática pelo processo eleitoral, novas formas de envolvimento e de intervenção cidadã (participação em manifestações, assinatura de petições, expressão na Internet, envolvimento na vida associativa, «democracia de proximidade») ganham terreno ([43]). A despolitização hipermoderna deve ser entendida de forma relativa, pois as democracias atuais são testemunhas de grande número de atividades políticas «não convencionais», fragmentadas, disseminadas, baseadas em particular na vigilância, no controlo, no protesto, na pressão sobre os eleitos, na rejeição pontual das decisões e das medidas tomadas pelo Estado; observa-se a ascensão dos contrapoderes, que desenha uma espécie de contrapolítica, de «politização negativa» ([44]).

Estas formas de ação democrática são reais, mas de modo nenhum conseguem dar novo encanto ao domínio político. Como o poderiam fazer se são, sobretudo, expressões sociais de desconfiança, maneiras de vigiar, de impedir, de fazer pressão, e não de conceber um futuro capaz de fazer sonhar?

Figuras de uma «política negativa», estas ações que emanam da sociedade civil exprimem menos escolhas de futuro do que medos, recusas, rejeições pontuais. Vigiar os poderes instalados (fóruns sociais, ONG, observatórios, democracia eletrónica, agências de auditoria, lançamento de alertas, etc.), fazer anular projetos governamentais por meio de mobilizações coletivas — combates que, privados de uma visão global e de um grande desígnio, não têm nenhum carácter mágico. Dado que assentam na especialização, na revelação, no controlo, na rejeição seletiva, na judicialização da política, as ações «negativas» características da «contrademocracia» são desprovidas de aura, de mitologia galvanizadora, de brilho simbólico. Sem a ideia de revolução e privadas de guias proféticos, estas novas atividades democráticas são de natureza reativa, protetora, defensiva: daí a sua incapacidade de recriar uma visão encantada da ação e do envolvimento políticos. O défice de sedução da coisa pública estende-se às novas formas de ação democrática.

CAPÍTULO IX
A situação descontraída da educação

A expansão hipermoderna do princípio de sedução manifesta-se muito para além das esferas económicas e políticas: também se lê no domínio fundamental da educação das crianças e dos jovens em geral. Neste plano, desde há meio século que as sociedades liberais assistem a uma transformação considerável: esquematizada ao extremo, traduz-se na desqualificação do modelo educativo autoritário e coercivo e na sua substituição por um modelo afetivo ou psicológico centrado na brandura compreensiva e no objetivo da felicidade imediata da criança. Já não obrigar, punir, impor regras estritas, mas obter a adesão da criança sem recorrer a meios repressivos. Foi neste contexto de permissividade, e por vezes de laxismo parental, que a educação rigorista cedeu progressivamente o lugar a uma «sedução» em que o desenvolvimento e a autonomia da criança se impõem como a grande prioridade dos adultos.

OS PAIS E O DESENVOLVIMENTO DA CRIANÇA

Na primeira modernidade, uma boa educação consistia em exigir disciplina e obediência estrita da criança. A autoridade parental era evidente e tinha a missão de levar a criança a ter comportamentos adaptados às regras da vida social. O ideal que se procurava era que as crianças fossem «bem--educadas», ou seja «bem-comportadas», corretas, obedientes, submetidas à autoridade dos pais. Enquanto os castigos corporais eram frequentes e legítimos, a autoridade parental era um princípio indiscutível e inegociável. A cultura moderna do indivíduo acompanhou-se, até aos anos 60–70, de um sistema educativo autoritário-rigorista que, baseado na interdição e na punição, via como detestável o princípio da livre expressão e da satisfação imediata dos desejos da criança.

Este modelo deixou de existir. Desapareceu em proveito de normas relacionais e psicológicas que valorizam a compreensão, a escuta, o diálogo, a relação com a criança. Com a deslegitimação do princípio de coerção e a importância prioritária reconhecida ao desenvolvimento das crianças, os pais apostam cada vez mais na sedução para levarem a criança a fazer aquilo que julgam ser bom para ela. Às ameaças de castigo e às injunções severas, sucederam as práticas da atenção, as relações de igual para igual, um tom encantador, uma retórica psicoafetiva pontuada aqui e ali por expressões dengosas e carinhosas («meu querido», «meu coração», «meu amor»...).

Na época da «criança-rei» objeto de todas as solicitudes dos pais, estes dizem cada vez mais frequentemente «amo-te» aos filhos. É um estilo ou um tom amoroso que, segundo o pedopsiquiatra Daniel Marcelli, se exerce de três maneiras diferentes. Em primeiro lugar, as declarações de amor permanentes, como «amo-te, meu querido, é para o teu bem». Depois, a prosódia amorosa utilizada quando um dos pais precisa de obter alguma coisa: «Vá lá, meu coração, faz isso por mim.» Por último, a chantagem: «Se fizeres isto, terás aquilo...». A criança é assim cada vez mais educada «num clima permanente de sedução, ao ponto de parecer legítimo perguntar se a sedução não se terá tornado no princípio educativo básico» ([1]).

O diagnóstico é inegavelmente correto. No entanto, limita demasiado o alcance da lógica de sedução, pois esta afirma-se muito para além das palavras encantadoras dos pais. Por muito significativa que seja, a nova retórica afetiva não traduz o essencial da mudança, que coincide com a formidável ascensão dos valores liberais e hedonistas na maneira de educar as crianças. Não são apenas as maneiras de expressão que revelam o aparecimento do princípio de sedução, mas também, de forma mais ampla, o próprio modo de educação, as maneiras gerais de estar e de viver em família. Nas nossas sociedades, já não se trata de obrigar ou forçar as crianças, mas de ouvir as suas exigências, dar-lhes a maior felicidade possível multiplicando as ocasiões de prazer. À educação rigorista ou repressiva, sucede uma educação de tipo liberal e hedonista que se esforça por responder aos desejos da criança, por satisfazer tanto quanto possível as suas expectativas de prazer. Acima de tudo, o que importa é que a criança seja feliz e contente, aqui e agora. É a desqualificação do paradigma punitivo, a consagração do modelo relacional, tolerante e hedonista: este é o fulcro da transformação que institui a situação descontraída da educação.

Deste ponto de vista, a educação-sedução constitui uma mutação cultural de primeiro plano que, ao derrubar os antigos dispositivos disciplinares, afeta todos os aspetos da relação entre pais e filhos. Com a centralidade do referencial prazer surgiu uma educação propriamente sedutora, porque plena de atenção e de solicitude para com as crianças. Tal como as estratégias de sedução entre adultos procuram suscitar prazer no outro cobiçado, que se torna objeto de todas as atenções (embelezamento de si, discurso encantador, palavras aduladoras, presentes), as novas vias da educação visam colocar a criança no centro, valorizá-la, dar-lhe prazer, responder às suas expectativas e aos seus desejos. No passado, as crianças eram educadas «de forma dura» para as disciplinar e preparar para as dificuldades da vida; atualmente, nada é mais importante do que encantar a vida dos «pequenos». Já não a Lei do Pai, fonte de frustração, mas a ordem sedutora do prazer erigido em princípio educativo.

Neste contexto, a maioria dos pais afirma, ainda antes do sucesso escolar, durante muito tempo visto como a sua principal preocupação, o pleno desenvolvimento dos filhos como o objetivo prioritário. São reconhecidos o direito à singularidade, as preferências pessoais, a importância do prazer, as experiências que agradam à criança. Já não disciplinar o desejo e ditar o que se deve fazer, mas dar o máximo de satisfações, dando atenção àquilo de que a criança gosta: o universo da imposição estrita das regras é substituído pelo da sedução dos prazeres.

Acabou a época em que os gostos da criança eram pouco levados em conta. Já não se obriga uma criança a «acabar de comer». A maneira de se vestir, de decorar o seu quarto é decidida, pelo menos em parte, pela criança a partir de certa idade. Com o seu dinheiro de bolso, pode comprar o que prefere. E muitas decisões de compra da família são tomadas pelas crianças ou por acordo comum. A maioria dos pais busca o consenso com a criança na decisão de compra. No que diz respeito a jogos, brinquedos, roupas, calçado, equipamento escolar, saídas, atividades extraescolares, as decisões são geralmente tomadas em comum. Em nome da educação para a autonomia e da legitimidade do prazer, os gostos, as expectativas e os desejos da criança são cada vez mais levados em consideração pelos pais. Trata-se de fazer de maneira a que a criança viva num universo quotidiano que a encante, que a atraia e que lhe agrade. A ordem da sedução soberana conquistou o campo da educação.

Identifica-se muitas vezes hedonismo cultural e permissividade educativa. É um erro, pois, ainda que a relação entre estes dois domínios seja real, o primeiro não conduz necessariamente à segunda. A permissividade é inegavelmente favorecida pela nossa cultura do prazer, mas não é a sua única faceta. O hedonismo não implica necessariamente a permissividade sem limites nem interdições: limita-se a estimular e a valorizar os momentos de prazer, o que é diferente. Neste sentido, a educação sob o signo da sedução nem sempre é sinónimo de permissividade ou de laxismo: reduz o mais possível as medidas autoritárias e coercivas em proveito das experiências de prazer da criança a fim de, tanto quanto possível, a fazerem feliz no presente.

Neste contexto, mostrar-se severo, punir, impor limites tornou-se altamente problemático para os pais, pois temem, ao darem mostras de autoridade em relação ao filho, poder entravar o desenvolvimento da sua personalidade, limitar as suas potencialidades, impedir a sua autonomização, fragilizar a sua autoestima. E, sobretudo, fazê-lo infeliz. De tal maneira que frustrar a criança parece insuportável para certos pais, que se esforçam por evitar qualquer falta, fazem tudo para que a criança não sinta aborrecimento, tristeza ou frustração. Vivemos numa altura em que não mimar os filhos culpabiliza os pais. Daqui resultam crianças a quem nada se recusa, meninos mimados, sobrecarregados de brinquedos, inundados de presentes no Natal, nos aniversários e noutras ocasiões.

Não há dúvida de que este modelo que favorece as ocasiões de prazer seduz a criança, mas também os pais, que, assim, se desculpabilizam de não estarem em suficientemente presentes e sentem-se contentes com a ideia de fazer os filhos felizes. Cobrir a criança de presentes, oferecer-lhes tudo o que desejam e ainda mais: este modelo exerce uma força de atração porque possibilita o prazer maravilhado de ver ou imaginar os filhos satisfeitos. Embora a generosidade excessiva dos novos pais não possa ser separada da força atrativa do modelo consumista, que associa felicidade e despesa em produtos comerciais, também se alimenta da forte atração que constitui a experiência de dar felicidade àqueles que amamos, aos nossos queridos bebés.

Além disso, numa época marcada pelo aumento do número de divórcios e das famílias monoparentais, o pai ou mãe só que se ocupa da criança tende a culpar a sua disponibilidade insuficiente. Diz para si próprio: «Só cá estou eu para a amar, não posso ralhar com ela.» A angústia interior dos pais em relação a uma criança que eles julgam em parte abandonada por causa do divórcio leva-os a aceitarem tudo dela, a privilegiarem os momentos de prazer, a substituírem a coerção pela sedução das satisfações renovadas. Querem apagar a ferida do divórcio, oferecendo à criança tudo o que a atrai, tentando agradar-lhe acariciando o seu desejo «no sentido do pelo». No novo dispositivo educativo, o princípio de sedução traduz-se por mais presentes e menos regras, um máximo de satisfações por um mínimo de coerções e sanções.

O medo de ser rejeitado pelos filhos

A educação sedutora também tem que ver com a ansiedade dos pais que, acima de tudo, receiam perder a afeção dos filhos. Segundo uma sondagem de 2008 realizada pelo Ifop, 36 por cento dos pais de crianças dos cinco aos doze anos de idade temem um conflito com os filhos e ser rejeitados por eles. Dantes, os pais queriam ser prontamente obedecidos sem, aparentemente, ficarem aterrorizados com as consequências da sua severidade sobre os sentimentos dos filhos a seu respeito. Este tempo já passou: na civilização da sedução, os pais querem ser amados a qualquer custo. Temendo ser odiados pelos filhos, já não dizem «não», não lhes ralham, não os contrariam, e cedem a todas as suas vontades: procuram agradar-lhes permitindo-lhes tudo ou quase tudo. A educação baseada na repressão e na frustração é substituída por relações afetivas invasivas. Na raiz da ascensão das relações de sedução que os pais mantêm com os filhos está o medo obsessivo do desamor filial.

Este medo é amplificado quando os pais são divorciados. Em muitos casos, o pai que não tem a guarda do filho receia desagradar-lhe ao mostrar-se severo. Entrando numa espécie de «corrida ao amor», cede mais facilmente aos caprichos do filho ou dá-lhe mais presentes com medo de que a criança deixe de querer ir a sua casa. O desejo de vingança de um dos pais também pode levar a satisfazer todas as exigências da criança, sobretudo as recusadas pelo outro pai ou mãe: dizendo sim a tudo, espera tornar-se o «preferido» em relação ao outro pai, que, ao mostrar-se mais estrito, ousa suscitar a frustração do «menino» ou do adolescente.

A idolatria dos bebés

Se os pais adotam atitudes de sedução a respeito dos filhos, estes são mais do que nunca atractores emocionais. A começar pelo bebé, cuja extrema vulnerabilidade e o olhar puro, inocente, interrogador, totalmente oferecido ao outro, derretem os pais ([2]). É claro que esta sedução do pequeno ser não nasceu ontem, mas intensificou-se e generalizou-se fortemente por várias razões.

Em primeiro lugar, por causa da forte redução do número de filhos por casal e, portanto, do declínio das famílias numerosas: é neste contexto que a criança pode impor-se como o centro de todas as atenções parentais. Em segundo, porque a criança tornou-se «o filho do desejo» ([3]), ou seja, objeto de uma escolha, de uma atitude que já não tem qualquer relação com a fecundidade nem com o desejo de transmitir um património ou de perpetuar um nome ou uma linhagem. A criança é desejada para ser ela mesma enquanto ser absolutamente único, singular, e apenas com o desígnio de ser feliz e autónoma. A isto acrescenta-se a maior instabilidade dos casais e a insegurança emocional assim gerada. Daqui pode resultar a intensificação das relações afetivas, com a criança a representar, para certos pais, o único laço emocional desinteressado e capaz de durar toda a vida: «Amá-lo-ei sempre e ele, pelo menos, amar-me-á sempre».

Por último, o fenómeno está ligado ao novo olhar que a nossa cultura lança sobre a criança, que, segundo as análises de Françoise Dolto, não é um ser primitivo nem um adulto em miniatura, mas uma pessoa em parte inteira. Não um simples objeto de cuidados, mas um ser de linguagem com quem se deve falar porque dispõe de faculdades de compreensão, de relação, de comunicação emocional e afetiva: um bebé maravilhosamente sobredotado ao qual se atribuem todas as perfeições. Daí o facto de tantos pais ficarem apaixonados, enfeitiçados com o seu bebé. Daí o fascínio que acompanha aquilo a que Freud chamava «Sua Majestade, o Bebé» ([4]) e a emergência da nossa idolatria dos bebés, que mais não é do que uma das manifestações do reinado emocional da sedução soberana.

Uma manipulação das crianças?

Foi após o Maio de 68 que se difundiu o novo paradigma educativo, impulsionado, por um lado, pelo desenvolvimento da «cultura psi» e, por outro, pelo espírito anticonvencionalista, antiautoritário e libertário da época. E hoje? Manifestamente, o referencial psicológico continua a reger a relação entre pais e filhos. Em contrapartida, a cultura libertária ficou para trás. O famoso lema «é proibido proibir» perdeu o seu poder de atração.

Agora, as páginas das revistas, os programas de televisão e as estantes das livrarias são invadidos pela questão da autoridade parental estilhaçada, da criança-rei e da criança tirana, fonte de sofrimentos e de dificuldades permanentes para os pais. Em toda a parte, exprimem-se os sentimentos de culpa e de impotência dos pais, desesperando com a incapacidade de exercer qualquer autoridade sobre os filhos de todas as idades. Já não se sentindo justificados em recorrer à coerção, aterrorizados com a ideia de perder o amor dos filhos, dominados pelas reações emocionais, muitos pais mostram-se tão desarmados como esgotados, incapazes de resolver os conflitos com a sua progenitura. Com a sedução soberana a anexar o domínio educativo, começa a era dos pais desamparados e da criança problemática.

Ao mesmo tempo, psicólogos, psicanalistas e pedopsiquiatras repetem sem cessar: a educação sem coerção conduz a um impasse, aumenta as dificuldades de atenção e o absentismo escolar, favorece o desenvolvimento dos comportamentos de fuga e de agressividade, os distúrbios psiquiátricos, a recusa de obedecer às regras e às exigências dos adultos. Com a não educação constituída pelo laxismo parental ([5]), multiplicam-se a proporção das crianças que sofrem de hiperatividade, instáveis e irritáveis, e os comportamentos agressivos para com as pessoas e os bens de terceiros. A maneira liberal de educar as crianças sem regras nem limites, dando-lhes todo o poder e todo o prazer, aumenta-lhes desmesuradamente o narcisismo, priva-os dos limites simbólicos e dos recursos psicológicos necessários para sustentarem o confronto com o real, para suportarem a frustração, o fracasso e a adversidade ([6]).

Face aos perigos representados pelo laxismo educativo, são muitos os livros e os artigos que, esforçando-se por reabilitar a necessidade das regras e da autoridade, denunciam os comportamentos de sedução assimilados a uma manipulação da criança, uma estratégia de controlo desta pelos meios suaves da persuasão afetiva. Método subtil de controlo do outro, uma vez que dá uma ilusão de liberdade, a sedução confundir-se-ia assim com um instrumento de sujeição, «outra forma de barbárie que consiste em abusar da vulnerabilidade do outro, em enganá-lo», uma maneira de «comprar o seu consentimento por meio de diversas gratificações, recompensas, presentes, etc.» ([7]) Uma educação digna deste nome não é compatível com esta forma de engano e de domínio dissimulado.

Coloca-se a seguinte questão: será que o paradigma da sedução aplicado à esfera educativa é apenas astúcia, estratégia subtil de conquista do desejo da criança? Isto seria reduzir demasiado o que constitui a novidade profunda do modelo. Embora haja mimos, súplicas, implorações, formas doces e afetuosas, usadas para obter a adesão da criança, não se pode reduzir o paradigma da sedução a esta dimensão. Na medida em que implica a consideração do desejo da criança e a procura do seu desenvolvimento, o modelo de sedução não pode ser resumido aos discursos encantadores, ao tom suplicante e «gentil» dos pais. Designa, como vimos, o novo padrão educativo que, ao deslegitimar a educação autoritária e disciplinar, funciona com base na escuta dos desejos, na valorização da autonomia e dos prazeres individuais tendo em vista a realização das personalidades. Neste plano, a sedução não é astúcia, engano ou método de sujeição, mas sim o processo geral que, ao personalizar e psicologizar os métodos educativos, segue os princípios do universo democrático, individualista e hedonista. A este respeito, é pouco correto falar de «barbárie», sejam quais forem os estragos psicológicos e comportamentais que produz, que condenam não a sua essência, mas os seus excessos e as suas derivas.

Ainda que não haja dúvidas sobre os efeitos nocivos para o equilíbrio e a socialização da criança ligados à intrusão da sedução, os seus benefícios públicos e privados também não deixam dúvidas. Isto é reconhecido por Daniel Marcelli, que observa o facto de, hoje, as crianças serem menos inibidas, mais «abertas», curiosas, empreendedoras, do que as das gerações anteriores. Acrescente-se ainda que as transformações educativas de que falamos contribuíram, sem dúvida, para o recuo global da violência política e social nas sociedades democráticas liberais. Isto é alguma coisa. Não deitemos o bebé fora com a água do banho: o modelo pedagógico da sedução não deve ser totalmente erradicado, mas enquadrado e reorganizado.

Não deixa de ser verdade que, hoje, estamos mais atentos aos vícios do que às virtudes da sedução educativa. Esta mudança de olhar constitui a contrapartida do simples bom senso, pois como conceber uma educação digna desse nome sem uma parte de frustração, sem enquadramento nem interdições, sem imposição de normas e regras? Educar uma criança é ajudá-la a aprender a adiar a satisfação, a adaptar-se a um mundo que não é o do princípio de prazer. A ideia é esta: não é respondendo a todos os desejos exprimidos pela criança que se favorece o seu equilíbrio e o seu bem-estar emocional. Face à ordem sedutora, ergue-se a exigência de limitar a sua influência por uma autoridade parental que deve fixar limites aos desejos da criança.

Face aos danos psicológicos provocados pelo novo paradigma educativo, afirma-se a exigência de levar em conta outros parâmetros para além da autonomia e do prazer imediato, isto se quisermos estar à altura da formação de seres capazes de se autocontrolarem, de suportarem o princípio de realidade. No entanto, é desejável que esta viragem necessária não conduza à reanimação do autoritarismo à antiga. O princípio da educação para a autonomia individual não deve ser posto em causa: deve manter-se prioritário. Num mundo dominado pela individualização das condições de vida, o papel dos pais não pode consistir na imposição das suas ideias sobre todas as coisas: devem propor à criança várias atividades e lazeres que esta poderá depois escolher. No entanto, a autonomia da criança só se deve efetuar no quadro que os pais considerarem desejável. A formação para a autonomia, a descoberta das necessidades da criança, a atenção aos desejos, a negociação: todos estes princípios são positivos para o desenvolvimento da criança. Entre o autoritarismo e o «tudo sedução», é preciso procurar e desenvolver uma nova via: uma sedução «nos limites da razão», se assim se pode dizer. Não uma desqualificação do princípio de sedução, mas freios aos seus excessos quando resulta no reinado nocivo do «laisser-faire» integral e do prazer imediato.

A ESCOLA ATRATIVA

O universo escolar também assiste à revolução liberal da ordem sedutora. Surgido em inícios do século XX, o espírito da pedagogia moderna, inspirado em trabalhos de Piaget,

Montessori, Freinet, Cousinet e Dewey, erigiu-se progressivamente em ideologia dominante durante a segunda metade do século. Rejeitando a importância atribuída às obrigações e interdições, às exigências arbitrárias, aos exercícios repetitivos e aborrecidos, as correntes da Escola Nova preconizaram métodos baseados na espontaneidade da criança que permitiriam que esta aprendesse de maneira ativa, lúdica e atrativa. Em nome do respeito pela personalidade da criança, da sua autonomia, do seu pleno desenvolvimento, são banidas as coerções escolares tradicionais, as diferentes formas de pressão que são fontes de frustração, de fracassos e de mal-estar. O princípio de sedução substitui o princípio da inculcação autoritária dos saberes e das normas culturais.

É claro que há diferenças notáveis nas diferentes correntes. Os mais radicais, como A. S. Neill, rejeitam qualquer forma de autoridade, de disciplina, de direção ou de programa imposto; na escola de Summerhill, os desejos das crianças devem ser respeitados, têm toda a liberdade de ir ou não às aulas, decidem sozinhas o que devem aprender, os professores só intervêm a pedido dos próprios alunos. O único objetivo é que as crianças sejam felizes, que se desenvolvam, que possam fazer o que lhes agrada, brincar como quiserem, escolher livremente as suas aulas. Esta liberdade radicalmente individualista criará a vontade, a motivação, o prazer de aprender. Ninguém deve forçar uma criança a adquirir saberes; basta esperar o tempo que for preciso para que o desejo de aprender apareça por si mesmo: «Eliminem a autoridade. Permitam que a criança seja ela mesma. Não fiquem ao pé dela. Não lhe deem sermões. Não procurem educá-la. Não a obriguem a fazer nada» ([8]). Este método libertário e antiautoritário representa a forma extrema do princípio de sedução aplicado à escola e à pedagogia.

Outros militantes da Escola Nova, menos otimistas em relação à natureza fundamentalmente dinâmica da criança e do seu desejo espontâneo de aprender, propuseram métodos ativos para suscitar a motivação dos alunos, o gosto de adquirir os saberes considerados necessários para o seu desenvolvimento pessoal, bem como para o seu sucesso escolar e profissional. Célestin Freinet, como muitos outros, não parou de repetir: obrigar uma criança a aprender cria desagrado. O método bom e eficaz consiste em suscitar o apetite dos alimentos intelectuais: «Qualquer método que pretenda obrigar um cavalo sem sede a beber é mau. Qualquer método que abra o apetite de saber e aguce a necessidade de trabalho é bom» (Freinet). Constituição livre de grupos, escolha do trabalho pelo próprio grupo (Cousinet), liberdade de escolher as atividades, pedagogia do «trabalho verdadeiro» (correspondência, jornal escolar, oficinas de teatro, estudos de campo), promoção da descoberta, pedagogia diferenciada, «escola à medida» (Clarapède), respeito pelo ritmo individual de aprendizagem de cada criança (Montessori, Freinet): a Escola Nova quer inventar atividades escolares que impeçam o aborrecimento, estimulem a motivação, criem o prazer de aprender e, assim, o desenvolvimento da autonomia da criança. A imposição autoritária de normas coletivas maçadoras é substituída por métodos ativos, lúdicos, atrativos, capazes de estimular o desejo de aprender. O ensino é invadido pelo imperativo de sedução, que deverá transformar a escola repressiva em espaços de lazer e de liberdade.

Através da Escola Nova, eclode uma espécie de revolução copernicana da avaliação e do sentido da sedução. Longe de ser sinónimo de manipulação, de logro, de «arte de enganar» (Vauvenargues), o princípio de sedução, encarnado nos métodos ativos e personalizados da pedagogia moderna, é apresentado como aquilo que permite desenvolver a alegria de aprender, a autonomia subjetiva, a responsabilidade individual e cidadã. A arte de agradar às crianças por meio de pedagogias atrativas está agora ao serviço das paixões ricas e positivas, da emancipação e do desenvolvimento dos sujeitos. Existe finalmente uma boa sedução, uma sedução educativa, libertadora e democrática, uma vez que favorece a autonomia por meio de atividades individualizadas que motivam e agradam à criança. No combate contra os dispositivos da educação coletiva, instalou-se uma grande figura da sedução soberana moderna, dotada de valor positivo.

Miséria escolar da sedução?

Durante muito tempo associados ao progresso, à liberdade e à democracia, os princípios da Escola Nova começaram a ser objeto de críticas vigorosas a partir dos anos 80 ([9]). Eram o símbolo da emancipação e apresentados como o fruto das ciências da educação; passaram então a ser vistos como a expressão de uma ideologia mistificadora cujo efeito é a falha da escola e o fracasso educativo. A título de provas avança-se a «descida do nível» e as taxas impressionantes de alunos do 6.º ano (10 a 15 por cento) incapazes de ler ou de compreender um texto, o número considerável de alunos (120 000) que saem todos os anos do sistema escolar sem nenhum diploma e a crise da autoridade dos professores, que, já não sendo respeitados, enfrentam todos os dias problemas de falta de atenção, incultura, disciplina e, mais recentemente, violência.

Esta crise escolar é associada à ideologia moderna que privilegia a criatividade do aluno em detrimento da transmissão da herança, a autoexpressão em vez do mérito e do esforço, o entretenimento à custa dos controlos disciplinares.

Em nome do «desenvolvimento da criança», o aluno foi colocado «no centro do sistema educativo», desqualificando assim o imperativo do trabalho e o respeito pelas autoridades. Estamos numa altura em que começam aparecer os estragos das pedagogias sedutoras (educação pelo jogo, espontaneidade, autoexpressão) cujo efeito é a tendência para a perpetuação das desigualdades sociais, a ruína das aprendizagens de base e, de um modo mais geral, o encerramento da criança naquilo que ela é, em vez de a ajudar a «crescer» e a sair da sua condição inicial ([10]).

Não devemos designar «a cultura de 68» como a fonte direta dos males sofridos pela escola contemporânea. As novas pedagogias «expressivas» impuseram-se, mais geralmente, devido ao desenvolvimento de uma cultura consumista e hiperindividualista que difundiu as normas hedonistas da vida no presente, da satisfação dos desejos, da autorrealização. Foi por isso que se desvalorizaram os enquadramentos tradicionais, as imposições disciplinares, as formas de «adestramento» consideradas incompatíveis com o ideal do desenvolvimento pessoal. O sucesso social dos princípios da educação moderna, da escola ou da família é inseparável da expansão da sociedade de sedução, consumista-hedonista-psicológica-individualista.

A verdade é que acabou o entusiasmo em relação aos métodos modernos da educação. Multiplicam-se os artigos e os livros que acusam o pedagogismo inovador de ter renunciado a todas as exigências culturais e provocado assim uma verdadeira falência da escola. Centrados no «saber-ser» e na criatividade dos alunos, os novos métodos pedagógicos tiveram como efeito a desculturação maciça da juventude devido à eliminação das aulas, da transmissão sistemática dos conhecimentos disciplinares. Instituída como «lugar de vida», a escola já não é mais do que um espaço dominado por atividades pedagógicas que adulam os gostos espontâneos dos alunos: nunca se deve aborrecer, contradizer ou repetir. A escola de imposição do saber é assim substituída por uma escola centrada na «criança-rei», nas atividades lúdicas e distrativas, na rejeição dos exercícios de repetição e de memorização, no culto do presente, que põe ao mesmo nível as matérias básicas e as atividades recreativas, as grandes obras do património cultural e os temas de atualidade tratados pelos *media*. Por isso a vaga crescente de jovens aculturados, privados não só dos conhecimentos fundamentais (ler, escrever, contar), mas também das referências das humanidades clássicas. O ensino pervertido pelo domínio do princípio de sedução: esta é a origem da «derrota do pensamento», da diminuição geral dos níveis, da falência da escola hipermoderna, que condena as novas gerações à incultura, à pobreza cognitiva e cultural.

Serão estas afirmações catastróficas sobre a perda das referências e o empobrecimento cultural dos jovens o anúncio do começo de uma restauração da educação disciplinar? Poder-se-á imaginar o eclipse do princípio de sedução na esfera da escola? E seria isto desejável? Desde logo, não devemos idealizar em excesso os méritos da escola antiga. Afinal de contas, o facto de a escola do passado ensinar as obras clássicas e a moral não impediu as carnificinas das duas guerras mundiais, a deliquescência das democracias liberais, a Shoah, o Goulag. Diz-se que a nossa escola produz jovens incapazes de pensar por si mesmos. No entanto, a escola do passado conseguia formar melhor o espírito crítico quando os partidos, as igrejas e as grandes ideologias políticas enquadravam mais diretamente as consciências? As grandes obras da tradição humanista literária eram ensinadas, mas, ao mesmo tempo, a sedução das ideologias revolucionárias e nacionalistas exercia-se com tal força que precipitaram a

Europa e o mundo no abismo da guerra, do racismo institucionalizado e dos totalitarismos. Por si só, estas considerações levam-nos a relativizar os méritos da escola do passado. Longe de mim a ideia de colocar num pedestal um certo pedagogismo cujos danos culturais são demasiado manifestos. Mas nem tudo se deve atirar fora. É notável que os discursos pessimistas ou «decadentistas» sobre a escola se apoiem tão pouco nos números. Como justificar a ideia de diminuição da população escolarizada se não levarmos em conta a complexidade estatística do fenómeno? Como dar crédito à afirmação geral da «redução do nível» quando os licenciados são duas vezes mais numerosos do que há 30 anos? É verdade que mais de 120 000 jovens deixam todos os anos a escola sem terem obtido um diploma, mas, ao mesmo tempo, há cada vez mais Franceses licenciados. Por falta de parâmetros comuns, os dados científicos não permitem avaliar a evolução do nível dos alunos a longo prazo.

Em contrapartida, a mais curto prazo, muitos estudos mostram que, desde há 20 anos, as competências linguísticas (leitura, ortografia, vocabulário, sintaxe) e matemáticas dos alunos estão em baixa. Testes realizados em 2013 revelam que um em cada dez jovens é incapaz de efetuar os cálculos mais simples e compreende mal ou nada o que lê. Segundo um estudo internacional Pisa, realizado na OCDE, mais de 20 por cento dos jovens de 15 anos revelam dificuldades de leitura. Assim, assiste-se menos à diminuição do nível dos alunos médios do que ao agravamento das dificuldades entre os alunos mais fracos. Aquilo que é significativo da nossa época e em particular da França é a acentuação da distância existente entre os alunos com melhores resultados e os que obtêm os resultados mais medíocres. Este desfasamento é sustentado por uma influência crescente dos meios de origem dos alunos. Nas escolas situadas em zonas de educação

prioritária, a aquisição de competências básicas é mais deficiente: cerca de um terço dos alunos destas escolas apresenta dificuldades em relação à escrita, contra um quarto há dez anos. Este fenómeno explica o recuo da França no estudo internacional Pisa sobre as competências dos alunos de 15 anos. A França está agora em 25.º em matemática e em 26.º em ciências numa lista de 65 países, e ocupa o 18.º lugar nos 34 países membros da OCDE. Se levássemos em conta apenas os resultados dos alunos vindos dos meios mais desfavorecidos, a França estaria no 33.º lugar. No entanto, contando apenas os alunos dos meios favorecidos, a França estaria no primeiro quarto da classificação, ou seja, em 13.º.
É inegável que alguns saberes primários não são dominados por uma proporção minoritária, mas crescente dos alunos. O fracasso das pedagogias modernas, neste plano, é flagrante, pois não permitem nem a aquisição das competências escolares elementares nem a redução das desigualdades sociais e da influência do meio de origem sobre os alunos. Apesar dos seus declarados objetivos democráticos, o pedagogismo baseado no princípio de sedução continua a ter efeitos profundamente desiguais. Mas não impede o sucesso de alguns, em particular daqueles que têm pais com expectativas elevadas em matéria de educação e de sucesso escolar; é fatal para os outros, que, sem apoio educativo familiar, são cada vez mais candidatos ao fracasso e ao abandono escolar. As novas pedagogias não têm, por si próprias, força para contrariar os efeitos globais da cultura descontraída, para reduzir a força das heranças socioculturais e das desigualdades que lhes estão associadas.

É evidente que as novas pedagogias não são uma panaceia, pois mostram-se incapazes de honrar a sua promessa de democratização. Fomos demasiado longe na eliminação dos métodos tradicionais de transmissão que são necessários para a aprendizagem da leitura e da escrita, para adquirir os mecanismos necessários ao bom exercício do pensamento. No entanto, isto não justifica os apelos ao regresso da escola de outrora. Além disso, o ensino atrativo não produz sistematicamente efeitos negativos na relação com a cultura. Prova disso são os bons índices de leitura dos alunos do ensino primário. É um fenómeno que, sem dúvida, não podemos separar das práticas pedagógicas que, ao atribuírem um lugar importante aos textos de literatura jovem, favorecem uma atitude de leitura-prazer. Graças a métodos pedagógicos atraentes, os alunos adquirem o gosto de ler. É no ensino secundário, quando se exige um modo de leitura elevado, difícil, centrado nas obras literárias do património, que se afunda a leitura de livros ([11]). Deste modo, os métodos pedagógicos atrativos não são sempre e sistematicamente a ilustração do horror cultural denunciado pelos adversários da educação contemporânea. Não são os métodos atrativos enquanto tais que devemos combater, mas os seus excessos, quando se elimina qualquer forma de transmissão explícita com as suas aprendizagens necessariamente exigentes.

Sejam quais forem os efeitos indesejáveis dos métodos ativos, o regresso às pedagogias antigas não é desejável nem realista. Como ter saudades do autoritarismo escolar de outrora? Como sentir nostalgia pela escola do passado, com o aborrecimento que a acompanhava, as suas aprendizagens «de cor», o estudo das línguas antigas e não das línguas faladas pelos contemporâneos, mais a língua de Dante do que o italiano de hoje? O acesso às obras-primas do passado não é a única via para levar os alunos a acederem ao pensamento crítico e racional. Quando a escola se baseia em métodos marcados pelo selo do distrativo, falha em fazer adquirir corretamente as bases da cultura escrita nas crianças vindas dos meios populares. Não é uma razão suficiente para que ignore soberbamente as transformações culturais do presente, com os *media* a fazerem parte integrante do universo dos alunos. Deve erguer algumas pontes entre a cultura mediática e a cultura escolar.

Os métodos ativos não devem ser levados ao pelourinho: também são meios para combater o aborrecimento escolar, estimular o gosto de aprender, oferecer um quadro de reflexão motivante. É insensato querer desconectar totalmente a escola da cultura digital e mediática atual, mas é inadmissível dizer, como Clarapède, que o trabalho escolar deve «assumir muito naturalmente a forma do jogo»: aprender não é jogar ou brincar. A aquisição dos saberes abstratos e cultivados exige necessariamente esforços perseverantes, disciplina intelectual, repetição, exercícios geralmente fastidiosos. Nem tudo deve ser lúdico e atrativo: o trabalho difícil, metódico e organizado dos alunos é necessário para transmitir o património dos saberes e desenvolver as capacidades de inteleção de todos. Neste sentido, a escola não deve seguir os princípios de sedução que funcionam no universo mediático. Mas se deve criar um mundo «diferente», este não deve instituir um fosso absoluto, intransponível, entre a escola e as normas culturais e os fluxos de informação do presente. A época espera de nós uma nova síntese que deve levar em conta aquilo que existe de positivo nos métodos diretivos de outrora, baseados no trabalho metódico, combinando-o com o que há de melhor nos métodos atrativos de hoje.

EDUCAÇÃO E FASCÍNIO DIGITAL

Se, no século XX, os métodos das pedagogias ativas convenceram um número crescente de professores, no século XXI, são as técnicas do digital que geram um entusiasmo sem precedentes. Com efeito, é num tom quase de idolatria que hoje se enaltece a influência das novas tecnologias sobre a educação dos jovens. Estas, diz-se, permitem uma melhor motivação dos alunos, aprendizagens com maior desempenho, um reforço da relação entre o professor e o aluno, uma maior confiança mútua entre os alunos, a diminuição das desigualdades, o recuo do insucesso escolar. Publicam-se *bestsellers* que anunciam numa euforia maravilhada o advento de um mundo dominado pela autoeducação fora de qualquer instituição, o acesso direto e livre ao saber. Graças ao mundo ligado, anuncia-se uma nova educação feliz, livre das hierarquias, dos pesos e das servidões do passado. Está em marcha uma revolução radical do universo da educação, trazida por pedagogias digitais adaptadas a cada aluno, um modo de aprender sem ritmos impostos nem conteúdos obrigatórios. Por outras palavras, a solução milagrosa para os problemas seculares da escola está agora nas nossas mãos: trata-se da utilização geral das TIC (Tecnologias de Informação e Comunicação). Uma nova magia apoderou-se da época: a do complexo digital-educativo.

O que seduz irresistivelmente na Internet é que a aquisição do saber parece poder prescindir o esforço, o maçador, a lentidão: temos a sensação de ter o mundo à nossa disposição. Na Internet, a busca de informação adquiriu o carácter de um borboleteio, de um jogo de descoberta simples e divertido: o saber, já, quando quero, como quero e que mais se pareça com um jogo. Ao oferecer uma quantidade enorme de dados acessíveis com um simples clique, em toda a parte, em qualquer instante, a Internet criou a ilusão de uma «gaia ciência», mesmo que nos antípodas da enaltecida por Nietzsche. Ao contrário do ensino «clássico» hierarquizado, o universo da Internet apresenta-se como uma nuvem de saberes destruturados em que cada um caminha livremente, sem progresso imposto e metódico. Ao peso da aquisição tradicional dos saberes, sucede uma aprendizagem «informal», fragmentada e descontínua, que permite menos submissão ao discurso do mestre, mais interatividade e autonomia dos alunos que se tornam assim «agentes das suas próprias aprendizagens». Nas redes digitais, existem atividades livres, aleatórias, não lineares, um prazer da descoberta elementar antinómica com o carácter diretivo das aulas clássicas e os mecanismos mobilizados pela leitura de textos imprimidos. Daí a irresistível força de atração da Internet.

Os turiferários mais otimistas das novas tecnologias consideram que estas podem constituir a base de uma reinvenção completa das maneiras de aprender e de ensinar. É a utopia da «sociedade descolarizada» já imaginada por Ivan Illich, revitalizada, reerguida, possibilitada pelos milagres da informação em rede. Porquê programas, atos de transmissão, exercícios fastidiosos de memorização e até professores quando, hoje, todo o saber é imediatamente acessível na Rede? «Que transmitir? O saber? Este está em toda a parte, no Ecrã, disponível, objetivado. Transmiti-lo a todos? Agora, todo o saber está acessível a todos. Como transmiti-lo? Pronto, está feito. [...] De certa maneira, é sempre e em toda a parte transmitido», escreve Michel Serres ([12]). Para que serve a obra educativa, as aquisições lentas e fastidiosas das disciplinas, os dispositivos institucionais da transmissão, quando as bases de dados digitais são capazes de nos fornecer imediatamente todo o saber de que necessitamos? As novas tecnologias de informação e comunicação relançaram o sonho encantado de uma educação sem obrigação, sem instituição nem rotina maçadora.

É ingénuo deixarmo-nos encantar por análises deste tipo. Embora as tecnologias digitais sejam portadoras de promessas, não deixam de apresentar alguns perigos. Diversos estudos alertam para os efeitos negativos da utilização intensiva da Internet sobre as capacidades cognitivas dos alunos. Segundo um relatório da OCDE, «os melhores desempenhos em matemática e em leitura observam-se geralmente nos alunos com um grau médio de utilização dos computadores. Esta conclusão leva a pensar que uma utilização excessiva dos computadores poderá ter um impacto negativo sobre os desempenhos escolares» ([13]). De resto, se a Internet é uma ferramenta didática assim tão mágica e revolucionária, onde estão os génios que criou? E, neste caso, por que é que muitos estudos nacionais e internacionais mostram um declínio dos saberes académicos e culturais dos jovens ([14])?

É um grande erro julgar que os *media* digitais abrem totalmente as portas da inteligência, da cultura e da reflexão. De facto, na Internet, os miúdos e as miúdas interessam-se muito pouco pelo saber, e as suas atividades digitais consistem essencialmente em trocar mensagens com os amigos, jogar jogos *online*, ouvir música, ver vídeos, visitar *sites* comerciais, desportivos ou de entretenimento. São inúmeros os professores que se sentem desolados por não conseguirem pôr os seus alunos a ler romances e textos longos. Além disso, longe de aperfeiçoar os mecanismos de aprendizagem e de memorização, o famoso *multitasking* tende mais a alterá-los ([15]). Segundo vários estudos resumidos por Nicholas Carr, a leitura em *zapping* no computador coloca em perigo a nossa capacidade de concentração e de atenção profunda, mergulha-nos num estado permanente de distração, que conduz a um pensamento superficial e ao declínio das capacidades intelectuais ([16]). Trabalhos empíricos mostraram que a leitura *online* e com ligações tendia mais a deteriorar a compreensão dos textos do que a melhorá-la; afinal, a leitura linear permite obter melhores resultados de compreensão do que a leitura de hipertextos. Estar mergulhado numa profusão de dados caóticos, não hierarquizados, produz mais dispersão do que reflexão, mais desorientação do que compreensão profunda se o indivíduo não dispuser de saberes básicos e de uma formação com rigor intelectual.

Temos de concluir que o uso intensivo da Internet não rima necessariamente com prática inteligente, autorreflexiva e crítica: a explosão da prática do «copiar-colar» nos estudantes é um bom exemplo disso. Embora o poder de atração da Internet seja inegável, também é verdade que o seu uso está longe de ser sempre portador de um progresso da aprendizagem, da argumentação e da formação com rigor intelectual.

Sem subestimar estes aspetos negativos, não se justifica negar os benefícios que os *media* digitais podem trazer ao processo educativo. Como diz N. Catherine Hayles, o problema não reside na «hiperatenção» ao ecrã e na hiperleitura enquanto tais, mas na falta de «atenção profunda», que não resulta apenas da utilização dos *media* digitais ([17]). De uma forma mais geral, muitos estudos pedagógicos mostram que as tecnologias digitais têm efeitos positivos no que diz respeito à mobilização dos alunos, à motivação para o trabalho, ao seu seguimento, à abertura da escola ao mundo. São trunfos que, porém, exigem um bom domínio da cultura escrita e uma educação para a Internet.

Neste contexto, não podemos aceitar as ideias extremas que visam desligar a escola da Internet. No entanto, os meios digitais não podem substituir uma pedagogia exigente nem os seus treinos repetidos. Isto porque a informação, tão facilmente acessível graças aos instrumentos eletrónicos, não é sinónimo de conhecimento dominado. A ausência desta diferenciação é tão falsa quanto nefasta para a educação das crianças e dos jovens em geral. Formar, educar, conhecer, nada disto pode ser feito com as atividades divertidas do surf digital. A este respeito, não podemos abandonar a escola clássica, a única capaz de fornecer os conhecimentos básicos para saber ler, escrever, contar, exprimir-se corretamente, argumentar, expor com correção e rigor as ideias. Não enterremos demasiado depressa as práticas metódicas de aprendizagem, que, baseadas na repetição, na memorização, na transmissão das referências fundamentais, são tão indispensáveis como o eram no passado ([18]). A liberdade do espírito e a formação das mentes «bem feitas» exigem a perpetuação de alguns métodos clássicos «estritos», mais necessários que nunca numa época de excrescência dos dados e de dispersão «googlizada». É ilusório pensar que as navegações na Internet estão à altura desta exigência e que são capazes de assegurar a aprendizagem do rigor intelectual, bem como o domínio das normas da expressão oral e escrita.

CAPÍTULO X
Sedução, manipulação, alienação

Desde meados do século XX, a sociedade da sedução industrializada e mediática nunca mais parou de provocar acusações profundas, torrentes de denúncias e de reprovações. Os pensadores críticos acusaram-na de agravar o egoísmo humano, de arruinar a via sensível, moral e intelectual, de criar um mundo de insignificância e de ilusões, de uniformizar os gostos e os pensamentos em todo o planeta. Enorme máquina de fabricar alienação e dependência, a sociedade da sedução faz a vida democrática e a vida do espírito correrem grandes perigos, impossibilita a felicidade e desvia os homens do belo e do bem. Prometendo o paraíso dos prazeres materiais, é estigmatizada como um sistema infernal que ameaça a ecosfera e orquestra, a uma escala imensa, as frustrações, as insatisfações e as desilusões da maioria das pessoas. Quanto mais a existência quotidiana é estruturada pela sedução comercial e mediática, mais se multiplicam as críticas a seu respeito. A sedução feita mundo pode ser muito desejada, mas continua a ser assimilada a uma ação maléfica, a uma espécie de obra satânica cujas tentações nos desviam irremediavelmente dos caminhos da vida boa. Na esteira de uma longa tradição ascética judaico-cristã, a sedução generalizada continua a ser pensada como uma atividade profundamente nefasta.

ADESTRAMENTO OU SEDUÇÃO

Sistema que assenta num estímulo constante dos desejos, o capitalismo de sedução foi muito cedo assimilado a uma megamáquina de adestramento e de domínio social ao serviço do lucro das empresas. Para os pensadores críticos e marxistas, por detrás das imagens sorridentes da publicidade e das técnicas sedutoras da promoção das vendas, está um imenso trabalho de controlo social, de «engenharia do consenso», que impõe uma cultura que responde às exigências da ordem capitalista produtiva.

Controlar a procura

Com efeito, em inícios do século xx, surge um trabalho específico de «domesticação» das necessidades. Nos anos 20, os capitães da indústria transformam-se em «capitães da consciência», ambicionando substituir os costumes antigos, os estilos de vida rurais e particularistas, a cultura moderna e homogénea da despesa e da compra de novidades. A fim de se escoar regularmente a produção em série possibilitada pelo maquinismo industrial e pela organização taylorista do trabalho, desenvolveu-se a ideia de que era preciso aumentar o poder de compra dos consumidores, de lhes fazer abandonar o espírito de poupança, criar o desejo sistemático de comprar. Em suma, «consumatizar» os trabalhadores, desviando-os dos seus antigos costumes e hábitos de vida.

Os industriais tomaram consciência de que, para poderem escoar a produção industrial em massa, não bastava agir eficazmente sobre as coisas materiais, mas que também era necessário controlar a economia psicológica, influenciar os comportamentos humanos, criar um novo regime de desejos, estimular continuamente as necessidades do público ([1]). A este respeito, as operações de sedução usadas pelo capitalismo de consumo podem ser assimiladas a meios que permitem a inculcação social de um modo de vida assente na aquisição incessante de produtos comerciais, na compra do supérfluo e não do necessário, no pressuposto de que tudo o que é novo é «superior» ao antigo. De tal maneira que a sedução usada pelo reino comercial mais não seria do que um processo de «adestramento» e de obrigação ao consumo.

Esta domesticação dos consumidores é pensada como um trabalho de programação, de controlo, de condicionamento em massa da procura: nos anos 60, Galbraith apresenta o seu primeiro modelo clássico com a teoria da «fieira invertida». Nos novos sistemas industriais, já não basta produzir mercadorias, deixando que as compras se efetuem em função da fantasia, do gosto e do acaso: tornou-se necessário dirigir os consumidores não pela coerção, mas convencendo-os a comprarem os produtos industriais colocados no mercado e, assim, controlar e criar a própria procura ([2]). Para este fabrico psicotécnico da procura, são mobilizados o *marketing*, a publicidade, as estratégias de venda, as relações públicas baseadas nos «estudos de motivação», a psicologia, a psicanálise e as investigações em ciências sociais. Num livro marcante, Vance Packard apresentou estas novas técnicas comerciais como operações de «manipulação profunda» da personalidade humana: nesta perspetiva, seduzir os consumidores significa condicioná-los, moldar-lhes o espírito, explorar as fraquezas humanas jogando com os fatores emotivos e psicológicos de que o indivíduo não tem consciência ([3]).

Assim, já não se trata de ajustar a oferta à procura, mas a procura à oferta, condicionando o consumidor, retirando-lhe o poder de decisão para o transferir para a empresa por meio das técnicas modernas de persuasão, entre as quais a publicidade desempenha um papel central. Ao criar as próprias necessidades que o aparelho produtivo visa satisfazer, o capitalismo de sedução não se caracteriza apenas por um processo de racionalização dos modos de vida e da economia, mas também se confunde com uma máquina de controlo integral do mercado e do inconsciente dos consumidores.

Um marketing tentacular

Em comparação com os anos 60, o «peso» do *marketing* no fabrico social das necessidades ampliou-se fortemente. A panóplia dos meios de sedução não para de crescer: patrocínio, mecenato, comunicação nos locais de venda, *marketing* relacional, comunicação em eventos, *neuromarketing*, *marketing* móvel, publicidade *online*, ligações patrocinadas; as empresas dispõem agora de uma variedade sem precedentes de ferramentas e canais para conhecer os consumidores, tocar-lhes, agir sobre a sua vontade de compra. No reinado tentador do capitalismo consumista, o *marketing* é um poder cada vez mais eficaz, que, apoiando-se numa quantidade enorme de conhecimentos sobre os consumidores, é capaz de «construir uma visão de 360 graus» de cada cliente e dos seus comportamentos.

As ferramentas de persuasão comercial mais recentes, o *web marketing* e o Big Data permitem fazer recomendações personalizadas levando em conta as preferências, as necessidades e as especificidades de cada pessoa. Utilizando os dados pessoais retirados das consultas na Internet, o *marketing one-to-one* ou individualizado dirige-se automaticamente, graças ao poder dos algoritmos, das mensagens e das ofertas personalizadas, aos clientes potenciais. Com a revolução digital, a sedução comercial entrou na era dos dados de *marketing* capazes de antecipar as intenções de compra e as necessidades dos consumidores. A era digital assiste à ascensão dos algoritmos de recomendação individualizada, dos modelos preditivos da ação de compra: vivemos na época da sedução automatizada, que leva à otimização da eficácia do *marketing* através da captação ultraconcentrada dos consumidores. Este poder dos algoritmos preditivos revela-se cada vez mais eficaz: 40 por cento das vendas na Amazon devem-se ao seu motor de recomendações e 75 por cento dos programas vistos no Netflix devem-se às suas recomendações personalizadas.

Uma omnipotência invisível

Face ao crescimento do poder das estratégias comerciais, erguem-se algumas vozes que alertam para o advento de um certo «fascismo cultural», portador de uma nova forma de controlo de tipo «orwelliano» ([4]) capaz de se apoderar do espaço mental e cultural. Recordemos que, nos anos 60 e 1970, os teóricos críticos já haviam diagnosticado o advento de um «totalitarismo adocicado» (André Gorz), de uma sociedade «terrorista e super-repressiva» (Henri Lefebvre), de um «condicionamento totalitário» (Herbert Marcuse). Hoje, outros continuam a alertar para a instalação de um novo Deus (o mercado) cuja omnipotente «mão de ferro» se mostra capaz de produzir seres «totalmente telecomandados» enquanto se julgam absolutamente livres (⁵). Como vemos, a questão não passou de modo algum para o segundo plano. Terá o capitalismo de sedução realmente o poder de se tornar plenamente o senhor da procura? Será o consumidor apenas uma marioneta manipulada pelas manobras da sedução comercial?

Não há dúvida de que os métodos, os instrumentos e os canais de *marketing* não param de se aperfeiçoar. Mas com que resultados gerais? Temos de constatar que a maioria dos lançamentos de novos produtos fracassa no primeiro ano da sua colocação no mercado. Nos Estados Unidos, cerca de 30 000 novos produtos de grande consumo são introduzidos todos os anos no mercado. Segundo um estudo publicado em 2006, nos últimos 25 anos, entre 70 e 90 por cento desses produtos não conseguiram motivar os consumidores e foram retirados do mercado no mesmo ano do seu lançamento (⁶). A história das grandes marcas comerciais é pontuada de grandes fracassos de *marketing* (⁷), isto apesar de enormes campanhas de publicidade. Nem as marcas mais sólidas estão ao abrigo do declínio: seja qual for a dimensão dos orçamentos afetos à sua comunicação, não escapam aos fenómenos de desamor e de desafetação por vezes rápidos. É evidente que o poder não é superpoder: é menos um poder irresistível de manipulação que se afirma do que a impotência do *marketing* para controlar totalmente os gostos e os comportamentos dos consumidores.

Os milhares de milhões de dólares investidos não podem esconder a ineficácia manifesta de muitas ações de *marketing*. Incapaz de moldar à-vontade os gostos e os comportamentos, o poder do *marketing* tem limitações. Seria ridículo negar o poder de influência do *marketing*: no entanto, a sua omnipotência é uma realidade invisível. Dado que demasiados fatores entram em jogo no comportamento dos consumidores para se prever com rigor a natureza das suas reações, a eficácia do *marketing* é sempre incerta. Seja qual for a força dos seus meios, continua a ser muitas vezes um sedutor infeliz que se debate com o enigma ineliminável dos gostos humanos.

O verdadeiro poder do *marketing* não consiste no domínio total dos gostos de cada pessoa, mas sim em amplificar a força dos valores consumistas, fabricar uma cultura em que tudo se compra e se vende, onde até as experiências individuais mais elementares (falar, ouvir, correr, jogar, dormir, decansar...) são comercializadas. O poder do *marketing* reside neste contributo para a mercantilização generalizada da vida, para a colonização pelo mercado de partes inteiras da vida social e individual. No entanto, ainda que o seu poder sobre a organização global da vida de consumo seja imenso, é muito mais fraco no que diz respeito à existência individual, em que cada ato de compra que efetuamos é sempre indissociável de escolhas e gostos subjetivos. A influência global do *marketing* sobre os modos de vida continua a aumentar, mesmo quando se mostra capaz de controlar, em pormenor, os comportamentos individuais de consumo. Não devendo desagradar aos defensores da tese do controlo total exercido pelo mercado, este não faz desaparecer a dimensão da escolha pessoal, a capacidade de selecionar, entre as solicitações comerciais, o que corresponde aos gostos individuais.

O fenómeno é paradoxal. Por um lado, o *marketing* detém um poder de intrusão e de previsão crescente. Por outro, a diversificação da oferta comercial e as ferramentas digitais conferem um novo poder aos consumidores, o de arbitrarem as suas compras informando-se, comunicando uns com os outros, comparando os preços. Poder do *marketing* capaz de fabricar totalmente um consumidor passivo, uma marioneta impotente e sem defesa? Não é o que observavamos com as correntes contemporâneas de desconfiança e de desfidelização em relação às marcas, o aumento das compras inteligentes, o recurso crescente ao mercado da ocasião, a procura de bons planos, o uso de comparadores de preços na Internet. O desenvolvimento da economia colaborativa e dos *sites* de pequenos anúncios entre particulares também faz recuar o modelo do consumidor passivo, com cada indivíduo a tornar-se cada vez mais revendedor dos seus próprios bens, um operador de mercado.

A aquisição de produtos contrafeitos ([8]) também conduz ao abandono do esquema do consumidor controlado, guiado e manipulado. Se o fenómeno traduz a força atrativa das grandes marcas, também convida a rejeitar o refrão do consumidor vítima passiva das estratégias comerciais. Com efeito, certos indivíduos compram esses produtos com pleno conhecimento de causa, tornando-se assim cúmplices da contrafação: veem a compra de contrafação como um jogo engraçado, uma compra inteligente, uma forma de vingança sobre as grandes marcas e as multinacionais, uma maneira de as provocar, de as desafiar, de frustrar as suas estratégias de lucro ([9]).

Sob o pretenso «fascismo das marcas», o poder dos consumidores aumenta. Quanto maior é o poder atrativo das marcas, mais se afirma a autonomia do consumidor, uma autonomia não no sentido metafísico do termo, absoluta, mas uma autonomia relativa que permite recuo, iniciativas, um poder de escolha. A força de sedução do *marketing* é indubitável: no entanto, quanto mais as marcas investem na comunicação, mais os consumidores confiam nas diferentes formas de viralidade (recomendações de amigos, boca em boca, fóruns *online*, redes sociais). A omnipotência do *marketing* é um mito, pois o neoconsumidor informado e nómada dispõe de uma latitude acrescida para fazer as suas escolhas entre os muitos bens oferecidos pelo mercado.

Um marketing *totalitário*?

Os críticos do *branding* fustigam as ambições totalitárias do capitalismo, acusado de fazer a colonização total dos espíritos e dos imaginários. Diga-se desde já que esta assimilação do capitalismo de sedução ao projeto «fascista» é inadmissível. A ambição totalitária consistia em edificar uma sociedade unificada, destituída de qualquer antagonismo e de divisão, em matéria de classes, de interesses, de saber ou de crenças. No princípio da obra totalitária está a obsessão política com a unidade, a totalidade, a identidade do poder e do povo, do indivíduo e do coletivo. O totalitarismo organiza-se em torno do princípio da homogeneidade do povo, eliminando sistematicamente todos os pontos de oposição, de divergência e de contradição. É esta visão do povo sem divisão interna que funda o poder total e monolítico do partido, a apropriação pelo Estado da ordem do político, do jurídico, do conhecimento e da arte ([10]).

Não é manifestamente um projeto semelhante que habita o capitalismo de sedução, que, pelo contrário, constrói um universo pluralista, concorrencial, que assenta na diversidade dos interesses e das normas. Não tendo desígnio global, as marcas não procuram governar as crenças religiosas e políticas, dizer a verdade do mundo e da História, difundir as mesmas normas, controlar totalmente a organização coletiva e os comportamentos individuais. Têm como únicos objetivos atrair os consumidores, conquistar novos mercados, ter lucros, apoiando-se na diversidade dos gostos, nas aspirações ao bem-estar e aos prazeres consumistas.

O exemplo da questão alimentar bastará para ilustrar a maneira como os mercados consumistas geram pluralismo normativo. Com efeito, vivemos num estado de «cacofonia alimentar» em que se manifesta uma pletora de injunções contraditórias, uma inflação de critérios dissonantes: médicos, morais, ecológicos, identitários, hedonistas e estéticos ([11]). Não há objetivos de unidade, de unanimidade, de totalidade. É um mosaico de propostas e de pressões heterogéneas que, de resto, suscita mais a reflexividade e a ansiedade alimentares do que a formatação totalitária das consciências.

Enquanto o Estado totalitário funciona com base no terror, o capitalismo consumista joga com a sedução ao solicitar os desejos de viver melhor no presente. E ainda que seja verdade que as marcas já não hesitam em apoderar-se de valores tendo em vista a sua comunicação, estes são unanimistas (ambiente, direitos humanos, tolerância, pluralismo), vindos dos costumes e da sociedade civil e já não impostos «despoticamente» a partir de fora. Seja qual for o seu poder de intrusão no quotidiano e a sua capacidade de transformar os modos de vida, o capitalismo de sedução não encontra o seu modelo no domínio totalitário e no seu poder desmesurado. A sedução das marcas utiliza um poder cujo objetivo, afinal, é modesto se comparado com a ambição demiúrgica reivindicada pelos partidos totalitários. Ainda que o capitalismo dê cada vez mais provas da sua capacidade de mudar a vida, e até nos mínimos pormenores das experiências quotidianas, este poder crescente acompanha-se de normas pluralistas, de desenquadramento coletivo, de uma maior latitude individual.

ENGANO, VIGARICE E SEDUÇÃO

O capitalismo de sedução trouxe o bem-estar em massa, bem como o aumento das possibilidades de escolhas individuais. No entanto, há um reverso da medalha. É que, ao mesmo tempo, os mercados livres e concorrenciais não param de promover produtos inúteis, por vezes nefastos, que só servem o interesse das empresas. Em nome da satisfação imediata dos consumidores, os mercados exploram as nossas fraquezas, enganam-nos, «vigarizam-nos», levando-nos a comprar por preços altos aquilo de que realmente não precisamos e que não tem nenhum verdadeiro benefício: através das suas ofertas tentadoras, conseguem vender-nos aquilo que não queremos realmente. Para manter uma tentação permanente, o capitalismo consumista recorre inevitavelmente ao engano e à manipulação dos consumidores: é o sistema que fabrica, em grande escala e em toda a parte, «mercados de tolos» ([12]).

Um capitalismo vigarista

O universo radioso da «abundância» esconde, na verdade, um universo de abusos enganadores e de manipulação que leva os indivíduos a fazerem o que é bom para a empresa, mas mau para eles. No sistema de mercado livre, os enganos, as dissimulações e as manipulações são tão omnipresentes quanto sistemáticos. A pressão concorrencial leva inevitavelmente as empresas a praticarem enganos e vigarices: longe de serem acidentais ou periféricos, são, segundo George Akerlof e Robert Shiller, intrínsecos às economias liberais. Enquanto as empresas proclamam os seus princípios éticos e rivalizam em declarações de transparência e de boa cidadania, a economia de sedução aproveita todas as oportunidades para distorcer os julgamentos dos consumidores e enganá-los.

Nos mercados concorrenciais, são inúmeros os meios utilizados pelas empresas para vender, fazer gastar, agir sobre a vontade de compra dos consumidores: informações enganadoras, tarifas demasiado caras, artigos aditivos, manipulação dos controlos antipoluição (escândalo da Volkswagen), maus créditos bancários. Os mercados de tolos abrangem todos os sectores — *slot-machines*, álcool, funerais, tabaco, comida de plástico, automóveis, medicamentos, etc. — com os efeitos deploráveis que conhecemos. A lista destes é longa: obesidade, adições, doença coronária, endividamento excessivo das famílias, dificuldade em aguentar o fim do mês. Assim, a economia do logro desempenha um papel considerável tanto na vida de cada pessoa como no funcionamento dos mercados ([13]).

A publicidade: entre potência e impotência

Das ferramentas de manipulação comercial, uma das mais frequentemente denunciadas é, sem dúvida, a publicidade. Pelos seus *slogans* enganadores e as suas imagens atrativas, a publicidade é acusada de vender produtos inúteis ou perigosos, de criar necessidades fictícias, de dirigir ao pormenor as práticas dos consumidores, de conduzir às compras enfraquecendo as capacidades de resistência. Estas críticas, formuladas nos anos 60, continuam atuais numa altura em que os investimentos publicitários à escala mundial continuam a crescer ([14]) e em que a comunicação publicitária inunda os espaços públicos e privados. Lendo os críticos do *branding* contemporâneo, o poder pernicioso e tentador da publicidade, maior do que nunca, não para de crescer como um cancro.

O poder publicitário sobre os consumidores é real. Poder de dar a conhecer as marcas e os seus produtos, por certo. Mas também poder de transformar até a relação das pessoas com os seus corpos. São inúmeros os protestos femininos contra a «tirania da beleza» provocada pelas marcas de cosméticos, pelas revistas de moda e pelas silhuetas das *top models*. Desta pressão resulta a insatisfação cada vez maior das mulheres em relação à sua aparência, a obsessão com a magreza e a juventude, a multiplicação das dietas. Poder também dos anúncios das marcas alimentares e da sua influência sobre as preferências e os comportamentos alimentares das crianças. Enquanto aumenta a proporção de crianças obesas, são cada vez mais estigmatizados os anúncios televisivos, acusados de serem demasiado incisivos e de promoverem junto dos mais jovens o consumo de produtos particularmente ricos em açúcar e gordura.

Pelos seus discursos laudatórios e pelas suas imagens deslumbrantes, a publicidade também procura e consegue, sem dúvida, influenciar os consumidores. Mas isto não basta para assimilá-la a uma força capaz de transformar o consumidor numa marioneta teleguiada. Na verdade, nenhuma campanha publicitária é capaz de incitar um indivíduo a comprar uma categoria de produtos que não correspondam aos seus gostos. Os orçamentos enormes de promoção nunca conseguirão convencer as pessoas que não gostam de filmes de ficção científica a irem vê-los ao cinema. Se o consumidor pode ser enganado uma vez, isto raramente acontece uma segunda vez. A sedução publicitária tem poderes, mas não os que lhes são normalmente atribuídos.

Em matéria de relação com o consumo, existem os mais variados comportamentos que mostram os limites do poder publicitário. Embora seja verdade que certos consumidores cedem irresistivelmente às seduções publicitárias e se atiram às últimas novidades, outros, em contrapartida, só compram em função do orçamento que fixaram, comparam os preços e as ofertas, informam-se, procuram o «bom negócio», rejeitam as marcas, decidem em função da qualidade dos produtos e não da imagem de marca. Dado que os efeitos da publicidade sobre os consumidores são extremamente variáveis, não se pode assimilá-la a um Leviatã omnipotente, em particular quando os compradores se mostram cada vez mais desconfiados, voláteis e infiéis.

Mesmo sob o fogo do bombardeamento publicitário, o consumidor não é um fantoche manipulado e indefeso. Nem absolutamente indiferente aos seus encantos nem sem poder de recusar, dispõe sempre de uma capacidade de escolha, de manobra, de indeterminação que pode ser mais ou menos forte em função dos indivíduos e das situações. Neste sentido, a publicidade funciona menos como um poder de manipulação perfeita do que como uma forma de sedução relativa que não destrói nem a parte irracional presente em todos nós, nem a imprevisibilidade e a autorregulação individual. Tudo menos uma força atrativa sem limites.

Prova disso são também as reações negativas que gera. Vivemos numa altura em que, um pouco em todo o mundo ocidental, a publicidade enfrenta uma vaga de hostilidade por parte dos consumidores que recusam ver o espaço público e privado «poluído» pelas imagens comerciais. O *zapping* da publicidade na televisão é uma prática generalizada; os prospetos que invadem as caixas de correio provocam irritação; os programas de bloqueio de publicidade instalados nos computadores e nos telemóveis multiplicam-se. Nas nossas sociedades, muitas operações comerciais destinadas a seduzir o público são vistas como intrusivas e agressivas. Suscitando rejeição e diversos protestos, as operações de *marketing* são menos associadas ao encanto da sedução do que a um Big Brother que recorre a manobras perniciosas. Assim, o fracasso da sedução progride ao mesmo tempo que o domínio crescente das marcas: o mínimo que se pode dizer é que a publicidade não consegue exercer uma sedução irresistível por causa da hostilidade que suscita e, sobretudo, pela indiferença de um grande público.

Publicidade e cumplicidade

Manipular é dissimular, mentir, enganar. Corresponde isto à comunicação publicitária? São muitos os exemplos de marcas que mentiram deliberadamente aos consumidores por meio de campanhas publicitárias que continham alegações falsas ou de natureza a induzir em erro. O laço entre a publicidade e a mentira é tão forte que, em toda a parte, as nações industrializadas dotaram-se de leis que preveem multas para as práticas comerciais enganadoras.

No entanto, quando não há «alegações, indicações ou apresentações falsas ou de natureza a induzir em erro», ainda se poderá falar de vigarice, de manipulação dos afetos e das emoções? Incitar por meio de imagens atrativas é manipular? Podemos duvidar disso, pois o discurso publicitário não esconde a sua natureza publicitária, que visa essencialmente a valorização da imagem dos produtos e das marcas. A especificidade da publicidade está no facto de se apresentar explicitamente como publicidade, ou seja, de destacar marcas. No entanto, no que diz respeito aos anúncios ditos enganadores, ninguém é realmente enganado, pois sabe-se que se trata de publicidade cujo objetivo é apresentar da melhor forma possível as qualidades de um produto ou de uma marca. A comunicação publicitária embeleza, «maquilha», elogia ao extremo, procura seduzir, mas não é enganadora.

Tanto mais que, para captar a atenção do público, a publicidade contemporânea explora com frequência os recursos do espetacular, do humor absurdo, do *pastiche*, da ironia, do piscar de olhos: são dimensões que, ao instaurarem uma relação de conivência, de proximidade, de cumplicidade com os consumidores, criam o sentimento de não se ser enganado com o que a publicidade apresenta.

Como falar de vigarice quando a publicidade brinca consigo própria e com o público, quando recorre à autoparódia, à ironia, ao duplo sentido? Nestes casos, toda a gente compreende que se trata de uma brincadeira e ninguém é enganado. Onde está a manipulação quando a marca de calçado Eram afirma: «O fotógrafo pediu uma fortuna. A manequim está sob o efeito de antidepressivos. O estilista parece ser gay. Tudo isto por botas de 49,90 euros.» Ou quando os macacos da Omo gozam com os anúncios de lixívias? A ideia de manipulação não é justificada quando a publicidade já não fala realmente do produto, quando renuncia a demonstrar as suas vantagens. Num anúncio, um elefante nada numa lagoa, depois rouba uma garrafa de Coca-Cola a uma mulher, deixando-lhe alguns amendoins como pagamento. Aqui, só temos o lúdico, o espetáculo, a conivência. Já não se trata de persuadir pela argumentação nem de encantar por imagens idealizadas ou modelos identificadores: trata-se apenas de divertir, surpreender, partilhar um espírito, criar uma relação de cumplicidade. Ninguém é enganado ou vigarizado: o público é apenas seduzido por um espetáculo recreativo e imaginativo decorrente do processo de «heroicização» do produto. Já não é o prazer de ser cortejado ou adulado que faz a sedução publicitária ([15]), mas o humor, o engraçado, o inesperado, o espetacular.

Marketing de manipulação ou marketing de sedução?

O *marketing* redobra constantemente o engenho para atrair os consumidores. *Marketing* sensorial, *marketing* tribal, *retromarketing*, *marketing* das redes, uma multidão de estratégias, em particular desde os anos 90, são utilizadas para estimular os sentidos e provocar os impulsos de compra.

Já não se trata apenas de lançar vagas de mensagens publicitárias, mas de providenciar experiências intensas de consumo, mergulhar o consumidor em universos espetaculares ou extravagantes, criar ambientes e decorações extraordinárias, solicitar os sentidos através da música, dos odores, das cores, das sensações táteis e gustativas. O objetivo consiste em estimular o consumo fazendo viver emoções, experiências polissensoriais, capazes de reduzir o aspeto racional da compra em proveito da dimensão hedonista.

São muitas as críticas que se erguem contra a dimensão manipuladora do *marketing* experiencial que visa imergir os consumidores em experiências extraordinárias ou inesquecíveis. Através destes consumos (EuroDisney, praias e parques de lazer simulados...), os indivíduos são, de facto, despojados de si mesmos, desapropriados da sua vida pessoal, porque estas experiências se realizam em quadros integralmente programados, balizados, predeterminados. O mesmo acontece com a hiperteatralização das lojas com o intuito de tornar recreativa a «corveia» das compras. Os *marketers* e os fornecedores de experiências «mágicas» fariam assim os indivíduos perder o seu livre-arbítrio, oferecendo-lhes experiências pré-empacotadas, artificiais, despersonalizantes. Nesta perspetiva de análise, o *marketing* experiencial é apenas um instrumento sofisticado de alienação dos consumidores, de controlo, de manipulação dos seus desejos e dos seus pontos fracos.

É difícil negar a parte de manipulação veiculada por certas estratégias sensoriais comerciais. O que há de ético quando, por exemplo, se propaga numa padaria um odor de pão fresco para dar a sensação de que está a sair do forno, enquanto se trata de pão industrial, inodoro e fabricado longe da loja? Ou quando se espalha um odor a couro nos assentos de napa, ou aromas artificiais de frutas maduras sobre frutas que anda não amadureceram? Nestes casos, a operação de sedução é claramente um engano.

No entanto, embora os odores marinhos espalhados em certas bancadas de peixaria não garantam a frescura do peixe e ainda que alguns processos extremos sejam pouco defensáveis, isto não significa que o *marketing* experiencial seja sempre sinónimo de sobremanipulação do consumidor. Longe de ser uma vítima ingénua e passiva, o consumidor não é enganado, não ignora a natureza comercial destes contextos espetaculares e sensoriais: entra no jogo, «faz um filme», joga com os dispositivos propostos pelas marcas. O consumidor não é enganado: faz-se cúmplice do espetáculo comercial a fim de animar o seu quotidiano e de sentir prazer. No consumo experiencial, devemos ver menos uma manipulação do que um «comprometimento» tácito do consumir, que não é enganado com o que lhe é proposto ([16]), mas que tem um prazer particular em deixar-se enganar pela ilusão e pelo espetáculo, que oferecem sempre um encanto que dificilmente lhe disputa a realidade.

Tornar as compras atrativas, valorizar o que se vende, suscitar o desejo de compra com o surpreendente, o extravagante e o agradável: isto tem que ver com a sedução e não propriamente com a manipulação. No seu princípio, este processo de estetização nada tem de novo, tal como as fortes críticas que suscita. Estes processos acompanharam sempre as técnicas que visam seduzir, e, sem termos de recuar aos oradores antigos, já se criticava os jesuítas da Contrarreforma por só construírem fachadas deslumbrantes para fazerem os fregueses entrar nas igrejas, e por pintarem céus ilusórios e difundirem incensos para os obrigarem a ficar. O horror da sedução precedeu o horror económico. É claro que há casos em que o trabalho de sedução resvala para a manipulação pura e simples. Quando há engano e vigarice, a operação de manipulação é indiscutível. Nos outros casos, a questão fica em aberto. A não ser que se queira coroar a austeridade e o tédio, nem toda a sedução é manipulação.

SEDUÇÃO OU DESINDIVIDUALIZAÇÃO?

Nada é mais banal do que levar para o pelourinho a uniformização planetária e a despersonalização dos indivíduos provocadas pelo desenvolvimento das técnicas industriais de sedução. A ideia é repetida até à exaustão pelos pensadores críticos: a autonomia individual pode ser celebrada, mas, na verdade, todas as pessoas são semelhantes, veem os mesmos programas, ouvem a mesma música, compram as mesmas marcas, visitam os mesmos sítios turísticos. Condicionados pela máquina consumista, os indivíduos têm mais do que nunca necessidade de fazer o mesmo que os outros, de seguir os comportamentos e os gostos dos outros. É a homogeneização planetária dos produtos e dos comportamentos, dos gostos e dos estilos de vida.

Diz-se que vivemos no tempo da sincronização das consciências e da anulação das singularidades subjetivas. Ao submeter as vidas a um condicionamento infernal, o capitalismo de sedução fabrica rebanhos de carneiros consumidores, consciências gregárias, «clones» despersonalizados, privados das suas capacidades subjetivas de refletir e sentir. Os indivíduos já não pensam, já não sentem por si mesmos, submetidos que estão às produções estandardizadas do mercado. A individualidade dos seres é um logro: em toda a parte, o que avança é o Nós, o «conformismo generalizado» (Castoriadis), o desvanecimento das singularidades mentais e sensíveis.

Esta visão apocalítica da sedução-mundo parece-me um forte contrassenso. Embora seja inegável que os mesmos produtos, as mesmas marcas, as mesmas séries televisivas estão disponíveis em todo o planeta, isto não significa de modo algum o advento de um universo sem diferenciação. Isto porque, ao mesmo tempo, nunca a produção industrial foi tão marcada pela diversidade, e nunca os consumidores tiveram de exercer as suas escolhas entre uma oferta tão grande de variações de produtos, filmes, músicas, romances, destinos turísticos, cozinhas ou *designs* de produtos. Além disso, a dissolução das culturas de classe, tal como as novas tecnologias de comunicação e a multiplicação dos canais de *mass media* provocaram uma individualização crescente das práticas quotidianas e da relação com o consumo comercial. Já passou o tempo em que todo um país via no mesmo momento o mesmo programa de televisão. Vivemos no tempo da personalização dos usos, da diversificação dos percursos e dos horários, do crescimento dos comportamentos *à la carte*, que favorecem uma apropriação mais pessoal ou desalinhada da oferta comercial e mediática. Aquilo que se afirma não são os rebanhos uniformes de consumidores, mas sim a dessincronização das práticas, uma maior latitude na organização da vida individual.

É um erro grave diagnosticar o crescimento de rebanhos humanos hipermassificados, de uma «sociedade de insetos» composta de clones intermutáveis, de consumidores em série que só existem como células sem consciência ([17]). A realidade não se assemelha de modo algum a este inferno povoado de seres estúpidos, sem cérebro, privados da capacidade de pensar porque telecomandados pelo mercado. Vivemos num tempo em que os consumidores são menos «hipnotizados» ou programados pelo mercado do que estrategas e agentes reflexivos. Num universo de oferta pletórica, o hiperconsumidor é levado a fazer escolhas, a comparar, a informar--se antes de efetuar uma compra. Tudo o que era vivido na rotina dos dias e na evidência dos modos de vida recua em proveito de atitudes que implicam saberes, atividades cognitivas, escolhas individuais. O que avança não é a dessubjetivação ou a desindividualização, mas sim uma espécie de «cogito consumista», um comprador reflexivo, inquieto em relação às suas escolhas, permanentemente levado a informar-se, a mudar os seus hábitos de vida, a «consciencializar-se». Paradoxalmente, o cosmos da sedução comercial é menos contemporâneo da deliquescência da subjetividade do que o desenvolvimento das consciências refletidas.

Não há dúvida que a sociedade de sedução fabrica homogeneidade, mas também cria heterogeneidade, diversidade, individualização no domínio das práticas e dos gostos. Os grandes aglomerados urbanos são semelhantes em todo o mundo, mas os interiores testemunham estéticas plurais, ecléticas, muito mais variadas ou dissonantes do que nas sociedades tradicionais ou até nas sociedades conformistas da primeira modernidade. As diferenças entre as sociedades reduzem-se, mas a diferenciação dos indivíduos e dos modos de vida acentua-se a grande velocidade. A hiperescolha oferecida pelo mercado e o eclipse dos enquadramentos de classe engendram uma maior personalização dos gostos, das maneiras de viver e de diversão. Não são os rebanhos ou as hipermassas que dão o tom das sociedades de sedução, mas a heterogeneidade crescente das práticas e das preferências, as variações pessoais, a individualização dos gostos e das atitudes.

Sedução ou autoaniquilação?

Segundo os críticos da sedução-mundo, o processo de desindividualização significa não só a estandardização das vidas, mas também o empobrecimento da experiência estética dos consumidores, o défice do sentir, a aniquilação das faculdades afetivas e sensíveis. Por isso, a sociedade da sedução produziria, após a proletarização do trabalhador, a proletarização do consumidor agora condenado a uma existência dessingularizada, sem sabor, sem saber-viver. Bernard Stiegler caricaturou a tese da alienação hipermoderna do sentir. Dado que a sedução comercial orienta milhões de pessoas para os mesmos produtos e programas, o indivíduo desaparece enquanto singularidade. Quando o Eu já não passa de um Nós gregário, já não pode amar-se a si mesmo nem amar os outros: assim, o capitalismo de sedução conduz a uma quase insensibilidade e à anulação da nossa energia libidinal, do nosso potencial narcísico. Isto acompanha-se necessariamente de um imenso sofrimento, da perda de autoestima, de um défice do prazer, da extenuação do desejo. É assim que a sedução industrializada tende a engendrar anestesia e depressão, autoaniquilação, desagrado em relação à sociedade consumista e «autoaversão» ([18]).

Ficamos confusos face a este argumento vazio e tão soberbamente indiferente aos dados empíricos mais visíveis: que importa o real, desde que estejamos ébrios com o radicalismo conceptual! Embora muitos factos possam sustentar a tese da miséria simbólica e do empobrecimento estético contemporâneo (vida quotidiana à pressa, *zapping*, vulgaridade das imagens e dos programas, *fast food*, «telelixo»), não são os únicos em causa. Ao mesmo tempo, a época é marcada pela proliferação de todos os géneros de experiências estéticas: *design*, música, espetáculos, jogos, concertos, viagens, gosto pelas paisagens, decoração da casa e do corpo, gastronomia, exposições, museus. A este respeito, assistimos menos à «proletarização» dos consumidores do que a um aumento geral do gosto, à multiplicação das experiências e dos desejos estéticos da maioria das pessoas. O universo da sedução do *marketing* não é uma máquina de guerra que tende a aniquilar o sentir: contribui para criar um hiperconsumidor estético com uma sede inextinguível de sensações, de «impressões inúteis» (Paul Valéry), de experiências sempre renovadas. Os prazeres estéticos não declinam: tendem a generalizar-se no quotidiano de todos.

Ninguém pode negar que, nas nossas sociedades, as manifestações de mal-estar e de dificuldades na vida são inúmeras: as pessoas queixam-se da vida que têm, estão muitas vezes deprimidas, ansiosas, e são geralmente muito críticas em relação à sociedade em que vivem. Mas a que se deve isto? O que autoriza a dizer que o capitalismo tentador gera a extenuação do desejo, a perda da autoestima, o «reinado generalizado do desagrado» ([19])? O mínimo que se pode dizer é que não é realmente esta a descrição oferecida pelos fãs das marcas, pela excitação dos saldos, pela frequência dos centros comerciais, pela febre das viagens e das saídas. É preciso ser cego para diagnosticar a perda de apetência do consumidor, bem como a «proliferação dos fenómenos de rejeição». Estes fenómenos só dizem respeito a frações de «desconsumidores» ou a alguns apóstolos da «frugalidade feliz». Para a imensa maioria da população, observa-se claramente o contrário. *Tablets*, *smartphones*, música, modas, videojogos, séries televisivas, turismo, restaurantes, bem-estar doméstico: não assistimos a um desinvestimento generalizado, mas ao crescimento constante da aspiração a consumir, a desfrutar incessantemente de novas experiências. A ordem sedutora industrializada não precipita de modo algum a «redução da energia libidinal», uma vez que o capitalismo hiperconsumista mostra cada vez mais a sua capacidade de relançar os desejos de compra com as suas novidades industriais e culturais. O capitalismo de sedução produz o desejo do sempre novo, e não a paragem da líbido consumista.

Diz-se que a sedução consumista se torna insípida, sensaborona, imunda. Isto está muito longe da experiência comum dos consumidores, que, pelo contrário, são maciçamente atraídos pelas férias, pelos lazeres, por todos os géneros de novidades comerciais. Esta teoria ignora as realidades tal como são vividas: não passa de uma expressão de desagrado daquilo que é mercantil, comercial, comum à maioria das pessoas.

O que nos faz sofrer não são as tecnologias sedutoras da *aisthesis* e o fetichismo comercial, mas as dificuldades crescentes da vida profissional, da vida íntima, da relação com o outro. É preciso muita cegueira para associar as dificuldades da vida ao alegado condicionamento integral dos afetos pelas sereias do *marketing*. A autoestima é menos ferida pelas relações desindividualizadas com as coisas do que pelo mundo do trabalho, onde as despromoções e a perda de emprego são remetidas para a responsabilidade de cada um. Daqui resulta o medo de não estar à altura das exigências da empresa, sentimentos crescentes de humilhação e de depressão, a amargura de pouco contar enquanto pessoa. Comprar um produto industrial estandardizado e ver os mesmos programas que milhões de pessoas têm um efeito nulo em comparação com o tédio do trabalho, com os conflitos da vida profissional e íntima. O modo de ser do Nós gregário não anula de maneira nenhuma o narcisismo, muito simplesmente porque nunca é sentido como tal: é muito mais aquilo que vivemos de forma muito pessoal, muito singular, que está na raiz das nossas desilusões e insatisfações profundas.

SEDUÇÃO E FRUSTRAÇÃO

Desde há meio século que nada é mais banal do que assimilar o capitalismo de sedução a uma imensa máquina de frustração. Os críticos das economias de consumo proclamam-no de forma incessante. O império da sedução comercial mais não é do que um maquinismo que cria estruturalmente falta e insatisfação. Num sistema baseado na tentação constante e na criação perpétua de novas necessidades, os indivíduos estão condenados a viver num estado de frustração crónica, de satisfação sempre insatisfeita. Assim que uma necessidade é satisfeita, surgem outras que nos conduzem a um sentimento permanente de privação. De tal maneira que, sob as sereias alegres da sedução consumista, se aprofunda o abismo da insatisfação de todos.

Além disso, no universo hiperconsumista, há um desfasamento enorme entre aquilo que se pode realmente comprar e a oferta de produtos e serviços de alta gama. Os filmes e as séries de televisão reforçam os valores materialistas, exibindo modos de vida a que os menos afortunados não têm acesso. Estamos condenados a sentir a frustração de poder desfrutar apenas de bens «médios», a sonhar com um inacessível encenado pelos *media* enquanto vivemos na banalidade. É assim que a economia da sedução engendra uma frustração tão constante quanto insuperável.

Uma frustração insuperável?

Frustração infinita, insuperável? Será isto mesmo verdade? Todos temos esta experiência: é frequente apreciar plenamente aquilo que vivemos e que possuímos sem sofrer uma falta insuportável, sem sentir o desejo lancinante do inacessível. Andar com um automóvel modesto ou passar férias num parque de campismo «de baixo custo» não condena necessariamente a uma experiência de desolação. A felicidade das férias e do turismo é perfeitamente possível, mesmo tendo a consciência de que não desfrutamos das coisas mais belas e mais dispendiosas. Sem ser um produto de luxo, um presente recebido pode dar grande alegria se nos agradar e se tiver sido dado por uma pessoa de quem gostamos. Deste ponto de vista, não é verdade que a dinâmica de sobretensão das necessidades e a «sede do infinito» tornem o presente eternamente frustrante. As frustrações materiais existem, mas não são sistematicamente dramáticas ou catastróficas.

Tal como uma mulher pode ser seduzida por um homem que não é um Adónis ou um génio, e da mesma maneira que um homem pode sucumbir aos encantos de uma mulher que não é um modelo de beleza, todos podemos apreciar o momento que vivemos por nós próprios, mesmo que na sua relatividade «objetiva». Embora seja verdade que desejamos sempre mais, isto não impossibilita os momentos de encantamento provocados por realidades presentes e que não são superlativas. O poder da sedução comercial tem limites, mas o poder da sedução do mundo e dos seres tais como são é ilimitado. É esta experiência da sedução que impede que a sociedade da tentação se assemelhe ao inferno do tonel das Danaides.

Uma frustração crescente

Não deixa de ser verdade que, devido ao contexto económico atual, a dimensão «infeliz» do consumo afirma-se com maior relevo, e isto não só entre os «excluídos», mas também nas classes médias. Hoje, os problemas dos fins de mês difíceis abrangem uma parte muito grande dos indivíduos e das famílias: mais de três em cada cinco Franceses declaram ultrapassar o seu descoberto autorizado uma vez por ano e 28 por cento estão a descoberto todos os meses. Nos Estados

Unidos, 50 por cento das pessoas questionadas responderam recentemente que não conseguiriam garantir a quantia de 2000 dólares se tivessem uma urgência no mês seguinte. Em 2010, nos Estados Unidos, a família mediana (em idade ativa) dispunha de menos de um mês de rendimento líquido numa conta corrente ou a prazo. Na Grã-Bretanha, entre os assalariados, as despesas da última semana do mês são 18 por cento inferiores às do início do mês. Algumas estimativas dizem que 20 por cento dos Americanos conhecerão a ruína ou a falência pessoal durante a sua vida [20]. «O senhor transformou as pessoas em máquinas incansáveis de felicidade», disse o presidente Hoover a Edward Bernays em 1928: estamos agora longe disso, num tempo marcado por uma grande escala de sobreendividamento, pela inquietação da falta de dinheiro e pelos fins do mês difíceis.

Por causa do baixo crescimento, os salários estagnam, enquanto as necessidades continuam a aumentar com grande rapidez. Neste contexto, o peso das despesas obrigatórias ou fixas aumenta: entre 2001 e 2006, passaram de 50 para 70 por cento nas famílias mais modestas. Face as estas limitações orçamentais, muitos consumidores têm cada vez menos a possibilidade de comprar o que lhes dá prazer e cada vez mais o sentimento de terem de se limitar às despesas mais essenciais. A este respeito, não é a satisfação completa e imediata que dá o tom da época, mas o sentimento de sofrer uma degradação do nível de vida. É cada vez maior o fosso entre os desejos de consumo sempre crescentes e os meios disponíveis para os satisfazer, entre as aspirações consumistas e o poder de compra. A consequência disto, para os indivíduos muito envolvidos na corrida ao consumo, é um sentimento de frustração crescente [21].

Para se adaptarem ao abrandamento do crescimento do poder de compra, as famílias reduzem os orçamentos afetos aos bens duradouros e as despesas relacionadas com as «compras por prazer». Ao mesmo tempo, multiplicam-se os comportamentos de «compra inteligente»: os consumidores procuram os melhores preços, os saldos e as promoções, utilizam cupões de desconto, fazem trocas, compram mais produtos de ocasião do que coisas novas, otimizam as suas despesas graças aos comparadores de preços na Internet, deslocam-se em carros partilhados, alojam-se em casas de particulares, revendem presentes recebidos ([22]). Em toda a parte, interessa gastar menos, encontrar o bom negócio, fazer poupanças, calcular para juntar as «duas pontas»: o capitalismo de sedução acompanha-se menos de euforia do que de uma acentuação das preocupações materiais quotidianas. Embora reduza a grande miséria e as frustrações abismais, engendra insatisfações materiais crónicas, certamente menos extremas, mas mais gerais e mais repetidas.

SEDUÇÃO E INFANTILIZAÇÃO

Os efeitos da sedução consumista são muito visíveis para além dos limites da esfera económica. Progride a ideia de que o capitalismo tardio edificou uma nova cultura cuja principal característica consiste em infantilizar os adultos através do culto dos prazeres imediatos, materialistas e narcísicos. Substituindo a ética ascética do protestantismo, o etos pueril hipermoderno incita a permanecer eternamente jovem, a comprar produtos giros concebidos para a juventude, a obter satisfações imediatas, sem esforço nem complicações: cada vez mais, os jovens e os adultos são levados a preferir «o fácil ao difícil, o simples ao complexo e o rápido ao lento» ([23]). É assim que dominam cada vez mais os gostos dos adolescentes, o superficial e o anedótico, o insignificante e o pueril. Vivemos no tempo da infantilização da cultura, da regressão infantil da população adulta, da comercialização da puerilização. São inúmeros os sinais que ilustram esta dinâmica. Os adultos gastam à toa, deambulam pelas ruas de trotineta, vestem-se como jovens com o Mickey na *t-shirt*, passam o tempo a fazer *zapping* na televisão, usam as mesmas mensagens instantâneas, jogam videojogos. Toda a gente quer parecer jovem. No entanto, e por muito inegáveis que sejam, estes factos não justificam a tese da regressão infantil dos indivíduos. Falar de infantilização do consumidor é estigmatizar uma fase do capitalismo da qual a nossa época se afasta cada vez mais graças à revolução digital e à medicalização dos hábitos de vida. A era do consumo passivo, «hipnótico» ou «espetacular» (Debord) ficou para trás. Cada vez mais, os consumidores informam-se na Internet, visitam *sites* comparadores, procuram «bons planos», mostram-se atentos aos preços. A nossa época é menos marcada pelos consumidores infantilizados do que pelos consumidores que refletem antes de comprar e que procuram otimizar os limites de preço e de tempo ligados às compras.

A organização dos lazeres e das férias acompanha-se de buscas de informações e de oportunidades na Internet. O hiperconsumidor não se tornou o comprador impulsivo que nos é retratado e que procura apenas a facilidade e a simplicidade: realiza todo um conjunto de tarefas que mobilizam conhecimentos. Tende a tornar-se um perito, um «prosumer», o coprodutor daquilo que consome ([24]). Dado que comprar implica agora atualização dos conhecimentos, informações, comparação, escolhas «esclarecidas», não é tanto a puerilidade que se distingue, mas sim o desenvolvimento de uma atividade reflexiva de massas que mobiliza atividades cognitivas.

Será que a cultura consumista se afirma na despreocupação e na impulsividade irrefletida? A época vê acentuarem-se as preocupações relativas à saúde e às doenças, o consumo excessivo de medicamentos, os comportamentos de prevenção, os exames médicos. Do mesmo modo, multiplicam-se as medicinas suaves e alternativas, os gestos tendo em vista o bem-estar, a procura de alimentos de qualidade, o gosto pelos produtos biológicos e saudáveis, as práticas de meditação e de relaxamento. A este respeito, o que triunfa é menos o etos infantil do que a busca de qualidade de vida. Em toda a parte, recua a organização tradicionalista dos hábitos de vida em proveito de uma relação com o consumo que se tornou problemática, exigente e preocupante. Ainda que haja um domínio do consumidor optimizador, assiste-se em paralelo ao surgimento de um consumidor de tipo ético ou responsável, disposto a pagar mais por artigos que preservam o ambiente, produtos fabricados no próprio país ou vindos do comércio justo. Longe de se impor como um etos generalizado, a despreocupação não para de recuar. A sociedade da sedução em nada impede o forte aumento dos medos e das inquietações relacionados com o corpo e a saúde. Por detrás do adolescente despreocupado, está um consumidor vigilante e ansioso. Menos uma cultura infantilista do que uma cultura de prevenção e de sensibilização para os riscos, de «conservação da saúde» e de autovigilância.

ALIENAÇÃO, DEPENDÊNCIA OU SEDUÇÃO?

Durante os anos 60, a alienação afirmou-se como o conceito essencial das teorias que denunciavam a «sociedade administrada», o consumismo e os *mass media*. Da escola de Francoforte aos situacionistas, a problemática da alienação impôs-se com o objetivo de fazer uma crítica radical da «sociedade da abundância» cuja uma das principais consequências era a generalização dos processos de despossessão de si. Primeiro ligado à relação com o outro (Rousseau), depois com a religião (Feuerbach) e com o trabalho (Marx), o conceito de alienação alargou-se ao consumo. Acusado de tornar o homem estranho a si próprio pela acumulação de pseudonecessidades e pela difusão dos estereótipos da cultura de massa, o capitalismo de sedução era denunciado como sistema de subjugação e de separação completa, que se confunde com a «negação da vida», a perda de si, o «fabrico concreto da alienação» ([25]).

A partir dos anos 70 e, sobretudo, dos anos 80, as críticas filosóficas do conceito de alienação, bem como o aparecimento de novas problemáticas do indivíduo, conduziram ao eclipse desta importante problemática. No entanto, embora o conceito já não esteja na ordem do dia, não deixou de estar no centro das análises críticas.

A dependência das compras

Novos tempos, novas conceptualizações: já não se fala muito de «tragédia» ou de «maldição» da sociedade de consumo, mas de dependência em relação a esta. Nesta perspetiva, o capitalismo de sedução mais não é do que um sistema que, através do culto fetichista do mercado e da solicitação permanente dos impulsos de compra, se revela estruturalmente aditivo, fazendo os consumidores caírem no estádio da compulsão toxicodependente. Assim, já não são apenas os alcoólicos e os fumadores que sofrem de dependência, mas sim todos os consumidores. Vivemos numa sociedade de dependência maciça, em que a tentação consumista se confunde com a criação de uma grande forma patológica do desejo, uma dependência geral das novidades comerciais.

Não há dúvida que os fenómenos aditivos são tão reais quanto numerosos: vítimas da moda, viciados nas marcas e nos videojogos ([26]), obesidade, compulsões de compra, são manifestações bem conhecidas. Mas isto não basta para assimilar a sedução consumista a uma dependência generalizada. Como o capitalismo de sedução se esforça menos por fixar o desejo do que por desterritorializá-lo, o hiperconsumismo, ao contrário da dependência, implica a mudança constante de objetos. No sistema consumista, o indivíduo não é dependente de um «objeto» fixo, deseja sempre coisas novas, experiências e emoções perpetuamente renovadas. Poderá tratar-se de uma dependência da própria novidade? Mas a grande maioria das pessoas não sofre de compulsão de compra, ou seja, de «impulso irresistível para realizar um ato irracional». Lembremos apenas que as compras sem controlo só afetam uma proporção muito reduzida da população: segundo diversos estudos, a prevalência das compras compulsivas varia entre 1,1 e 4 por cento da população geral ([27]).

Não é por gostarmos de ver filmes novos que somos dependentes do cinema. Gostar da novidade pode ser uma dependência, mas não necessariamente. Como falar de comportamento de dependência se não há compulsão, vergonha de si, culpa, sentimento de servidão, perda de autonomia? Ainda que o hiperconsumismo multiplique os fenómenos compulsivos, não é verdade que a dependência das compras seja «a própria sociedade de mercado em grande plano, a imagem perfeita do etos que a define» ([28]). A tentação não é sinónimo de dependência.

Se a ordem consumista fosse estruturalmente aditiva, toda a população, sobretudo na Europa, estaria sobreendividada: não é o que se observa. A poupança dos Europeus seria nula: o que não acontece ([29]). É verdade que o sistema procura produzir um consumidor segundo o modelo do dependente. E há muitas manifestações de dependência em relação ao *smartphone*, à televisão, aos videojogos ou às marcas. Mas isto não autoriza a diagnosticar uma época em que toda a população estaria irresistivelmente condenada aos comportamentos aditivos. De facto, a maioria dos consumidores mostra-se perfeitamente capaz de resistir aos impulsos de compra ou às tentações das marcas, e isto sem passar por um sofrimento intolerável. Os consumidores calculam e distinguem as coisas: sabem reduzir os seus orçamentos de despesas, fazem poupanças, afetam uma parte não negligenciável dos seus rendimentos a uma poupança de prevenção. O universo do hiperconsumo suscita certamente inquietações e ansiedades; mas isto não basta para ver nele um estado generalizado de «toxicomania sem droga».

Um mundo estranho a si próprio?

Foi neste contexto de frenesim consumista que o conceito de alienação fez um regresso significativo ao campo da teoria crítica da modernidade tardia. Esta reabilitação conceptual merece uma análise especial, pois a sociedade da sedução está aí profundamente envolvida.

Para analisar esta nova aventura do conceito, partirei da análise proposta por Hartmut Rosa. Segundo este autor, as novas formas de alienação devem-se fundamentalmente ao processo de hiperaceleração social típico da nossa época. Com efeito, esta dinâmica temporal cria episódios de vida sem ressonância pessoal, níveis de prazer extremamente baixos, o sentimento cada vez mais generalizado de que não paramos de fazer voluntariamente coisas que, na verdade, não queremos fazer. O sentimento de autoalienação remete para o facto de vivermos num mundo em velocidade desenfreada que se torna cada vez mais estranho para nós, impenetrável, insatisfatório porque sem verdadeira possibilidade de apropriação pessoal. Possuímos cada vez mais livros ou DVD, mas não temos tempo de os «digerir»; surfamos rapidamente nas páginas de Internet sem nada ler até ao fim; fazemos *zapping* de tudo; passamos horas a ver televisão sem termos realmente prazer nisso; já não passamos tempo a aprender porque este processo é demasiado cronófago; sentimo-nos impotentes face à complexidade dos objetos tecnológicos cujos modelos estão em mudança contínua. De tal maneira que, cada vez mais, estamos condenados a viver experiências «dessensualizadas», a deambular por «não lugares», a fazer aquilo que realmente não queremos fazer. Este é o «sentimento visceral de alienação» que os indivíduos têm «necessariamente» na sociedade de aceleração ([30]).

Muitos destes factos são inegavelmente verdadeiros. No entanto, estão longe de constituir toda a experiência vivida na sociedade da sedução. Ainda que as análises de Rosa não tenham um tom apocalítico, retêm do nosso cosmos apenas as patologias, os sofrimentos que as acompanham, a «dessensualização», os défices de prazer, a alienação em relação às coisas, ao tempo, ao espaço, às ações. Nunca é levada em conta a dimensão hedonista, sensualista, lúdica, que também marca o nosso quotidiano. Em conformidade com a tradição crítica, só o negativo merece análise e é apresentado como a verdade do presente; os dispositivos de sedução só provocam pseudo-satisfações e uma perda de autonomia individual.

Esta não é a nossa realidade, cujos contornos são mais contrastados. Se excetuarmos os atos compulsivos, os consumidores raramente têm o sentimento de fazer o que não querem. Escolhem as mobílias que lhes agradam, o filme que querem ver, o destino das suas férias, o restaurante onde jantam, a música que ouvem, a roupa que usam. É verdade que nem tudo o que é vivido nestes domínios se acompanha de prazeres intensos e há muitas desilusões: mas em que sentido constitui isto necessariamente uma experiência alienante? Ficar pouco satisfeito com um programa de televisão não equivale a uma experiência de vida alienada. Só o excesso de tempo passado em frente à televisão e a impossibilidade de a desligar são sinónimos de alienação, e não os prazeres imperfeitos, médios ou pequenos fornecidos pelo pequeno ecrã. Tomando como modelo os prazeres intensos, a teoria só pode apresentar a face negativa da experiência do mundo vivido.

Será que os objetos se tornam estranhos a nós próprios por causa da sua tecnicidade complexa e da sua obsolescência? Não é o que vemos na relação com o *smartphone*, marcada, pelo contrário, pela extrema familiaridade, pela sua presença em todos os lugares e em todos os momentos, pelo seu subinvestimento subjetivo, pela impossibilidade de nos separarmos dele. É verdade que nos separamos cada vez mais facilmente das «coisas», mas isto não significa que nos sejam estranhas, desinteriorizadas. Gostamos delas apenas durante um breve tempo e substituímo-las sem remorso. Não é a familiaridade longa à antiga nem um sentimento de alienação que dominam a nossa relação com as coisas, mas uma relação de sedução efémera.

Onde é que se observa o colapso das experiências sensíveis? Os factos observáveis são claramente menos categóricos. A sociedade da sedução é contemporânea do gosto crescente pela decoração da casa, pelas iluminações que criam ambientes, pelos objetos *vintage*; em toda a parte, aumentam os desejos por paisagens, a paixão pelas viagens e pela descoberta da beleza diversa do mundo. Como falar de um desaparecimento das experiências sensitivas quando vemos o sucesso dos spas, dos banhos turcos, dos *jacuzzi*, das massagens, das ginásticas suaves, dos desportos de neve, mas também dos prazeres do luxo, da gastronomia, dos vinhos de qualidade? Longe de serem eternamente desiludidos e de se sentirem «perdidos», os neoconsumidores sabem perfeitamente desfrutar dos «prazeres do dia a dia», dos prazeres oferecidos pela sociedade de tentação generalizada. O adeus ao corpo não se observa: a erotização da sexualidade é mais palpável do que o seu eclipse. Tudo menos o desvanecimento das experiências tácteis e estéticas. Quanto mais se impõe o cibermundo, mais se afirma uma cultura que valoriza a sensualização, a erotização, a estetização das experiências.

A unidade e a dispersão

Também se avança a ideia de que a sociedade de hiperaceleração, por meio de atividades (consumo de televisão, surf na Internet, videojogos, compras) sem relação com todo o indivíduo, incita a viver de maneira «descontextualizada» e descontínua. Estes momentos dispersos têm a particularidade de se autoanularem, de desaparecerem sem deixar rasto na nossa memória. São, de alguma forma, exteriores a nós próprios. Daí uma alienação cada vez mais marcada em relação ao tempo: dado que são «episódios isolados» que não se integram na continuidade da existência, são-nos *estrangeiros*, compondo assim novas formas da vida alienada ou autoalienada ([31]). Acerca deste ponto, Hartmut Rosa retoma a tese cara a Walter Benjamin segundo a qual nos tornamos cada vez mais ricos em episódios de experiência, mas cada vez mais pobres em experiências comunicáveis; uma queda da experiência que Benjamin qualifica como «barbárie» ([32]).

Na época da sedução industrializada e dos ritmos de vida desenfreados, não paramos de acumular experiências, mas são raras as que deixam vestígios em nós e que estão realmente ligadas à nossa história ou à nossa identidade pessoal. Assim, «estamos cada vez mais separados ou desligados dos tempos e espaços da nossa vida, das nossas ações e das nossas experiências», e até da relação com os outros com quem «se torna estruturalmente improvável estabelecer uma relação» ([33]).

Não há dúvida que testemunhamos o crescimento de uma sociabilidade dominada por laços de fraca intensidade e intimidade: em particular, as interações realizadas nas redes sociais deixam poucos «traços memoriais», são muito rapidamente esquecidas, têm pouco sentido profundo para nós, não estão integradas na totalidade da nossa vida. Mas como é que estes «laços fracos» constituem uma forma de alienação? Embora, com efeito, não sejam profundos, também não nos são «estrangeiros», pois muitos internautas esperam sinais de reconhecimento e de valorização dos membros das suas redes. Este tipo de laços frágeis, mas numerosos também se pode revelar útil na procura de um emprego. Os «laços fracos» que se multiplicam a grande velocidade não substituem nem eliminam os «laços fortes» tradicionais: instituem uma forma de vida relacional da qual não se espera mais do que aquilo que pode dar.

Nada é mais redutor do que pensar as relações interpessoais contemporâneas sob o signo do declínio, da perda, da destruição da «autenticidade» comunicacional. As redes, a comunicação virtual, não fazem desaparecer as relações «profundas»; criam novas formas de sociabilidade que não se reduzem às relações cara-a-cara, diversificam e individualizam as maneiras de manter relações com os outros, possibilitam novas formas de interações sociais com graus de implicação por nós escolhidos.

De uma forma mais geral, o que autoriza a ver estes momentos «desconectados» do eu profundo como experiências de despossessão subjetiva? O ponto a sublinhar é que, no seu aspeto teórico, este esquema baseia-se num moralismo envergonhado. A assimilação das atividades disseminadas a experiências de alienação significa, com efeito, que são intrinsecamente «más» porque dispersas, heterogéneas, incompatíveis com os ideais de autonomia individual e de vida boa que só a unidade do eu, a autoconstrução organizada e unitária da pessoa podem permitir realizar. Contudo, isto é omitir tudo o que dão à existência individual, a saber, momentos de descompressão, de relaxamento que toda a sociedade deve ter. Na verdade, esta «parte maldita», não séria, é uma necessidade antropológica; permite «respirar», esquecer as preocupações da vida e o peso das responsabilidades individuais. Estas atividades fazem parte das vias do combate do leve contra o pesado presente em todas as sociedades humanas, das quais o riso, as brincadeiras, as festas, os jogos, as facécias e as farsas oferecem manifestações bem conhecidas. Podemos lamentar o excesso e diversas formas da vida consumista, mas uma das funções que cumpre — a evasão — é humanamente justificada e universal. No plano antropológico, não se trata de uma lógica de alienação ou de despossessão, mas de um processo ineliminável de aligeiramento pontual dos constrangimentos da vida. O que constitui a vida alienada não é a dispersão consumista, mas o encerramento compulsivo, a imersão profunda no círculo fechado deste universo.

MAL-ESTAR NA CIVILIZAÇÃO SEDUTORA

Desdiabolizar a sociedade da sedução não equivale a negar os seus efeitos pesadamente patogénicos. São patentes.

Só que os prismas conceptuais tradicionalmente mobilizados para denunciar o seu reinado ficam à superfície da obra específica da era do agradar e tocar generalizados. Todas as abordagens críticas denunciam nela processos de mutilação ou de empobrecimento das subjetividades sem verem que constitui antes de tudo uma configuração histórica produtora de uma nova forma de individualização e de organização da subjetividade. Ao mudar perpetuamente os modos de vida e ao incitar aos prazeres do presente, a sociedade da sedução abriu uma nova etapa do processo de individualização consubstancial à modernidade, fez nascer um novo tipo de individualismo, autocentrado, hipertrofiado, a que, a este título, podemos chamar «narcísico».

Ao individualismo limitado da primeira modernidade sucedeu um individualismo total, libertado do sentimento de obrigação em relação aos ideais e às instituições coletivas, um individualismo narcísico que existe para si só, virado para a realização de si só e para a otimização dos seus prazeres e interesses. Enquanto o primeiro individualismo era um individualismo de emancipação, o segundo é um individualismo de autorrealização. Não há dúvida que a autoestima é uma invariável antropológica, mas, até a uma data recente, ninguém contestava a existência de princípios superiores, aos quais teríamos imperativamente de obedecer. Já não é assim: o eu tornou-se a referência suprema, o referencial central que comanda as aspirações, as apreciações e as ações dos indivíduos. Hoje, o que é visto como maior ou mais prioritário do que o eu e o seu desenvolvimento? Agora, a autorrealização está acima de todas as considerações coletivas. As regras sociais e os valores derradeiros não caducaram, mas a relação com estes alterou-se: assistimos à individualização ou à subjetivização da relação com o todo coletivo. Cada indivíduo afirma-se como o legislador da sua vida, que reporta apenas a si próprio, um operador em *self-service* focado apenas no eu.

Assim, na época do narcisismo hipermoderno, o eu tornou-se centro de gravidade da existência, polo hegemónico de referência, «medida de todas as coisas»: a prioridade é dada à realização dos nossos desejos, àquilo que nos toca e que nos seduz individualmente. Nada conta mais do que aquilo que bonifica as experiências do eu, que permite a autorrealização, que dá satisfações subjetivas. De tal maneira que a regra do agradar e tocar vai muito para além de um princípio de organização do nosso mundo social: surge como a regra de conduta predominante dos indivíduos que só se visam a si próprios. Narciso dos tempos hipermodernos que não é seduzido apenas por si mesmo: dirige-se em função daquilo que o seduz, escolhe em função daquilo que o atrai, que lhe dá satisfações, independentemente de qualquer sentimento de dívida ou de obrigação para com o exterior. No quadro da cultura neonarcísica, a sedução impõe-se como o princípio diretor das existências individuais.

Há que referir que esta figura concreta do individualismo nada tem que ver com um narcisismo eufórico, uma individualidade plenamente reconciliada consigo mesma, um si em posse total de si próprio. A realidade é tão cruel quanto paradoxal, e a sociedade da sedução está na origem de uma vaga crescente de desordens, de insegurança interior, de desequilíbrios psíquicos e comportamentais. Ao arruinar os últimos resquícios da tradição, ao eliminar a influência dos enquadramentos coletivos, ao consagrar um modo educativo permissivo, a sociedade da sedução enfraqueceu as defesas internas dos indivíduos e, assim acentuou-lhes a insegurança psíquica, os sentimentos de fracasso pessoal, as crises subjetivas e interpessoais, as frustrações e os mal-estares existenciais. Reduzido apenas às suas forças e já não beneficiando do apoio fornecido pela integração e pela socialização à antiga, o indivíduo está cada vez menos preparado para superar as frustrações inevitáveis da existência. Aquilo que a sociedade da sedução engendra não é tanto a estandardização, a dessingularização, a infantilização dos seres, mas mais a fragilização ou a vulnerabilização psicológica dos indivíduos.

Privada da segurança identitária tradicional e dos apoios comunitários de outrora, a individualidade narcísica está cada vez mais desarmada interiormente. Prova disto é a multiplicação das tentativas de suicídio, a frequência dos estados ansiosos e depressivos, a alta taxa de toxicodependência, o aumento dos pedidos de apoio psiquiátrico, o consumo excessivo de psicotrópicos. Quanto mais o indivíduo possui a livre determinação de si próprio, mais parece psicologicamente instável, frágil, vulnerável, e mais se multiplicam as formas de autoalienação (dependência, obesidade, depressão). Embora o universo da sedução generalizada reduza a violência da conflitualidade coletiva, intensifica a desorientação subjetiva, as feridas e os conflitos interpessoais. O cosmos sedutor fabrica menos alienação pela economia do que uma «nova economia psíquica» ([34]) dominada pela debilidade das instâncias ideais e pela fragilidade subjetiva.

CAPÍTULO XI
Amanhã: que sociedade da sedução?

Que futuro se oferece à sociedade da sedução generalizada? Para onde vai ela? À escala da longa duração, será um modelo viável de sociedade? A questão tornou-se premente, pois os desafios que se lhe erguem e os perigos que enfrenta são imensos.

Cinco séries de fenómenos, de natureza muito diferente, surgem como ameaças frontais para o futuro da sociedade da sedução. Em primeiro lugar, os perigos ecológicos e a degradação acelerada dos grandes equilíbrios da biosfera. Em segundo, a nova situação económica e social que engendra um desemprego em massa, o crescimento do trabalho precário, o recuo dos programas sociais e a degradação ou a estagnação do nível de vida. Em terceiro, a eclosão da violência terrorista, bem como as novas atitudes misóginas e fundamentalistas. Em quarto, a multiplicação das técnicas de vigilância, cada vez mais sofisticadas e sistemáticas, que fazem ressurgir o espetro do Big Brother em versão digital. Em quinto, o futuro do pensamento racional, da vida da cultura e do espírito. São desafios que ameaçam a desejabilidade, a vitalidade, para não dizer a própria existência do estádio sedutor da sociedade liberal.

Desenha-se um quadro geral impressionante: as ofertas atrativas abundam, as incitações à felicidade e os convites ao prazer proliferam e, cúmulo da ironia, o nosso quotidiano parece cada vez mais difícil de sustentar, inospitaleiro, cheio de grandes riscos para o futuro. Quanto mais se multiplicam as ofensivas de charme provenientes do mundo mediático e comercial, mais a nossa época parece sem alma, gananciosa, a orientar-se cegamente para o abismo. O espírito do tempo é menos caracterizado pelo encanto radioso do que pelo peso, pela desilusão e pelo terror.

Ainda que alguns falem de «reencantamento» do mundo, outros, em maior número, veem o futuro sob o signo das catástrofes ecológicas, sociais e subjetivas cada vez mais dramáticas. Para os mais pessimistas, não há dúvidas: no fim, o filme da sedução soberana será um filme de catástrofe. Daí estas questões: terá a sociedade da sedução meios para se prolongar ainda durante muito tempo? Que futuro a aguarda? Terá o reinado da sedução soberana sido apenas um breve parêntesis no percurso das sociedades modernas?

A ECOLOGIA CONTRA A SEDUÇÃO COMERCIAL?

As críticas dirigidas ao capitalismo de sedução não se limitam às insatisfações e frustrações ligadas à «abundância»: são apontadas centralmente as ameaças cataclísmicas que faz pesar sobre o futuro da humanidade e do planeta Terra. Indiferente ao futuro planetário, voltado para os prazeres privados e para a busca do lucro imediato, o capitalismo atrativo é estigmatizado como poder de apocalipse que, por detrás da fachada do entretenimento e do bem-estar, precipita a humanidade para o abismo.

Enquanto se multiplicam os gritos de alarme a respeito do aquecimento global, o «superconsumo ecológico global» não para de se acentuar, e as grandes economias superam largamente as capacidades da Terra para se regenerar. Por isso os apelos à mudança dos nossos modos de produção e de consumo. Contra o desperdício erigido em sistema, ergue-se a exigência de combater a obsolescência programada dos produtos, de desenvolver as energias renováveis, de descarbonizar a economia e reduzir a pegada ecológica. Para escapar ao desastre ecológico, é preciso substituir a economia de sedução irresponsável por uma economia sóbria em carbono e em recursos naturais, uma «economia circular» ou virtuosa, diminuindo drasticamente os impactos negativos sobre o ambiente.

O casamento da sedução e do sustentável

Os efeitos do paradigma ecológico sobre os modos de produção já começam a ser significativos. Ainda que a parte das energias renováveis na produção de eletricidade continue a ser fraca, está a aumentar: hoje, o número de equipamentos solares e eólicos duplica todos os anos. O Conselho Europeu para as Energias Renováveis (EREC) calcula que, daqui a 2030, cerca de 45 por cento do consumo energético da UE possa vir de fontes renováveis. Ao mesmo tempo, no futuro, os materiais serão mais reciclados e os produtos industriais mais económicos, mais leves e mais ecológicos.

Mas quem é que acredita que estes imperativos provocarão o recuo das ofertas atrativas das empresas? O advento do automóvel híbrido ou elétrico está em marcha: não deverá deixar de apresentar um *design* atrativo para convencer os compradores. À medida que se impõem modos de produção mais económicos em materiais e energia, as mudanças de modelos aceleram, e os computadores e os telefones, para tomar apenas estes dois exemplos, são renovados cada vez mais depressa. Para cortejarem os clientes, os industriais gastam mais do que nunca em *marketing*, *design* e comunicação. Nada leva a prever o recuo destas estratégias inseparáveis do universo concorrencial. Num futuro previsível, é pouco provável que os imperativos ecológicos tenham o poder de acabar com ou mesmo de fazer declinar as vias sedutoras da conquista do mercado.

Multiplicam-se os equipamentos domóticos que reduzem o consumo energético das habitações. Presente na lei sobre a transição energética, a obsolescência programada tornou-se recentemente, em França, um delito passível de prisão. Está a desenvolver-se a ecoarquitetura neutra em carbono, cujo objetivo é a redução das necessidades energéticas dos edifícios, a utilização de energias alternativas e de materiais ecológicos: começam-se a construir edifícios de energia positiva, que produzem mais energia do que a que consomem. No entanto, nenhuma destas revoluções implica o abandono do paradigma estético e da busca do encanto das aparências. A obrigação de agradar aos compradores é consubstancial às economias liberais de consumo. Embora o avanço na direção de uma economia mais respeitosa do ambiente seja inegavelmente irresistível, não anuncia de modo algum a superação do capitalismo de sedução, pois a ordem da concorrência comercial exige a atração dos consumidores.

O «*design* sustentável» pretende limitar a pegada ecológica, produzir sem poluir, economizar materiais e energia. Estamos no tempo dos materiais naturais, dos eco-objetos, dos produtos recicláveis, do biológico e do *design* sustentável. Neste sentido, as normas ambientais conduzem a modos de produção e de conceção mais virtuosos em termos de impacto sobre o ambiente. No entanto, o que se prefigura não parece ser uma saída do cosmos da sedução, mas antes uma economia que conjuga prazer estético e normas ecológicas. Vivemos numa altura em que o capitalismo tenta criar uma aliança inédita entre frivolidade consumista e responsabilidade planetária, uma síntese entre *design* e desenvolvimento sustentável, renovação estética e ecologia, criação de moda e responsabilidade verde. O futuro é a hibridização do ecológico e da sedução.

Num mundo baseado na concorrência económica, é ingénuo pensar que as normas ecológicas terão o poder de decapitar a economia do efémero e da captação dos desejos. O universo hipermoderno dos mercados consumistas conduz inevitavelmente a inovar, a propor coisas novas, a renovar incessantemente a oferta e, para se diferenciar dos concorrentes, estimular as vendas, conquistar novas partes do mercado. A este respeito, o advento da era pós-carbono e da transição ecológica não deverá acabar com o imperativo comercial de agradar e tocar os consumidores.

Embora o desenvolvimento das energias renováveis esteja em curso, o desaparecimento ou até o abrandamento da obsolescência dos produtos não faz parte dos cenários prováveis do futuro. Nas economias altamente concorrenciais, os industriais têm de criar continuamente novos produtos e suscitar o desejo de compra dos consumidores: o mesmo acontecerá no futuro. É verdade que a lei pode remediar certos excessos, nomeadamente a obsolescência incorporada na conceção. Mas que obsolescência se deverá interditar? A questão é complexa: não será necessariamente mais ecológico conservar durante o máximo de tempo possível os objetos do quotidiano? Isto está longe de ser sempre verdade, em particular quando novos produtos permitem progressos em matéria de consumo de energia, de água ou de emissões de poluentes. O consumo de eletricidade e de água dos «grandes aparelhos domésticos» foi reduzido em média para metade no espaço de 20 anos. Neste caso, a substituição rápida dos aparelhos antigos parece um meio que permite reduzir e não aumentar o impacto ambiental ([1]).

Nestas condições, tudo leva a pensar que o referencial ecológico não conduzirá ao fim da dinâmica da obsolescência dos produtos. Acrescento que, paradoxalmente, se deveria produzir o contrário. O que fomenta a exigência da proteção da ecosfera se não a aceleração das pesquisas tendo em vista novas técnicas que permitam consumir menos energia e matéria? Paradoxalmente, os desafios energéticos e ecológicos poderiam constituir um novo motor de aceleração da renovação dos objetos do quotidiano. Apesar da força dos valores ecológicos, a exigência do «sempre novo» não vai acabar.

O mesmo acontece com a obsolescência psicológica ou simbólica relativa à queda em desuso ou à desclassificação prematura dos objetos pela moda, pelo *design* ou pela publicidade. Não há dúvida que a nossa época assiste à afirmação de um «*design* sustentável», que se dedica a conceber produtos recicláveis, eco-objetos que respeitam a ecosfera. No entanto, a questão da pegada ambiental não conduz, para já, ao abrandamento do ritmo das mudanças estilísticas e das modas. Observa-se claramente o inverso. Ao mesmo tempo que aumentam os perigos ecológicos, acelera-se a renovação dos modelos de automóveis, telefones, mobílias, roupa ou equipamentos desportivos. Mais do que nunca, o domínio do estilo está condenado à mudança rápida: os *designs* dos produtos mudam mais depressa do que nunca; à moda bianual «clássica» sucedem a *fast fashion* e a inovação constante; e no domínio comercial, as lojas efémeras vão de vento em popa. Culto da durabilidade ecológica, escalada do efémero: por agora, nada anuncia a superação da sedução da novidade.

O sistema da moda está presente no Ocidente desde o século XIV: tudo leva a pensar que a cultura ecológica não irá fazer diminuir o gosto e o trabalho de renovação permanente das formas, dos estilos e das modas. Numa época de liberalismo estético e de multiplicação dos estilos, é inimaginável que o *sustainable design* possa assemelhar-se a um *design* puramente funcional e racional: este modelo que teve o seu tempo de glória já não é o nosso. O que se anuncia não é o recuo da obsolescência psicológica, mas a inflação do domínio estético, a generalização do imperativo do estilo nas indústrias do consumo. Assim é o capitalismo de sedução, que não vende apenas valor de uso, mas estilo, *cool*, charme. Se o desenvolvimento de um «modo de produção sustentável» tem poucas hipóteses de acabar com o «modo de produção estética» é porque a competitividade das empresas assenta cada vez mais em vantagens concorrenciais qualitativas e imateriais, estéticas e simbólicas.

A ILUSÃO DO PÓS-CONSUMISMO

As ameaças que pesam sobre a ecosfera também conduziram à valorização de novas atitudes face à espiral hiperconsumista. Como não podemos esperar a salvação da reconversão do aparelho produtivo, é urgente a libertação da toxicodependência do consumo. Assim, é necessário aprender não só a produzir de outro modo, mas também a consumir de maneira diferente. É neste contexto que vemos as correntes mais radicais apelarem ao decrescimento, ao pós-desenvolvimento, à «simplicidade voluntária».

Denunciando a corrida louca ao «ter mais», os defensores da «frugalidade feliz» preconizam o «menos e o melhor», menos velocidade, menos desperdício. Procura-se uma nova salvação num estilo de vida livre da obsessão consumista, numa «sobriedade feliz» (Pierre Rabhi) baseada na autolimitação das necessidades. O ideal consiste em viver possuindo menos coisas, mas tendo mais ligações humanas e sociais. Devemos proceder a uma mudança completa de valores e de modelo de sociedade se quisermos escapar às catástrofes ecológicas e aos impasses do desenvolvimento infinito. A tentação perigosa das coisas deve ser substituída pela sedução feliz do equilíbrio e da relação social.

A questão que devemos colocar é a seguinte: em que medida o ideal da sobriedade feliz tem hipóteses de se impor como modelo alternativo global para a humanidade? Será credível pensar que possa seduzir mais do que uma pequena parte dos consumidores do planeta? A meu ver, a resposta é um claro «não». O cenário mais provável não é a universalização do etos da «frugalidade feliz», mas a sua manutenção no seio de uma extrema minoria da população. Isto por três razões fundamentais.

Em primeiro lugar, porque o ideal de sobriedade choca fortemente com as aspirações da imensa maioria dos indivíduos aos prazeres materiais. É verdade que não faltam as críticas dirigidas ao excesso de consumo, ao supérfluo, às «falsas necessidades». No entanto, cerca de 80 por cento dos Franceses aprovam esta ideia: «consumir, poder comprar o que dá prazer, contribui fortemente para a felicidade» (sondagem ObSoCo 2015). Na era hipermoderna, adoramos detestar o consumo, enquanto desfrutamos dele quotidianamente e sem deixar de protestar contra a redução do poder de compra. É por isso que diversos estudos mostram que o modelo do pós-crescimento teria grande dificuldade em assegurar maior felicidade aos consumidores. É que, se é verdade que a lógica do «sempre mais» aplicada ao consumo nem sempre torna as pessoas mais felizes, também é verdade que a redução do poder de compra provoca uma insatisfação e uma insegurança persistentes ([2]).

A segunda razão tem que ver com o facto de o consumismo não ser um puro efeito mecânico de operações de *marketing*. As suas raízes são profundas, estruturais, na medida em que se relaciona com o estado social democrático que, inseparável do processo de destradicionalização, engendra a sede neofílica, o «mal do infinito» (Durkheim), «a paixão do bem-estar material» (Tocqueville). Baudelaire já observava o laço estreito que unia a modernidade ao transitório, ao fugaz, à moda. Tocqueville sublinhava «a necessidade contínua do novo» entre os homens democratas que precisam «do inesperado e do novo», «emoções vivas e rápidas... que os retiram logo de si mesmos» ([3]). E «o amor pelo bem-estar mostra-se aí com uma paixão tenaz, exclusiva, universal» ([4]). Durkheim falou da força da «paixão do infinito» específica das sociedades modernas individualistas: livres do jugo da tradição, os apetites já não têm limites, os indivíduos já não se contentam com a sua sorte e «sonham com o impossível», têm «sede de coisas novas, de prazeres ignorados, de sensações inominadas, mas que perdem todo o seu sabor quando são conhecidas». Em todas as camadas da sociedade, «as cobiças são excitadas sem que saibam onde se colocar definitivamente» ([5]). Como a paixão moderna pelas novidades se enraíza no estado social democrático-individualista, tudo leva a pensar que a paixão neofílica e os prazeres da vida material não estão prestes a desaparecer. Seria preciso ser muito ingénuo para acreditar que o ideal da «frugalidade feliz» é capaz de provocar o declínio da atração das novidades comerciais.

Uma terceira razão deve ser sublinhada. Tem que ver com a natureza do sistema económico, que assenta na inovação perpétua. Ao desenvolver uma oferta prolífera de produtos variados e sempre novos, mas também celebrando os valores materialistas e hedonistas, o capitalismo de sedução criou um consumidor insaciável de novidades. Não há nenhum motivo para pensar que esta dinâmica de inovação consubstancial ao capitalismo não se prolongue e, com ela, o consumidor insaciável. Nem os imperativos ecológicos nem a utopia da simplicidade voluntária acabarão com a atratividade consumista. No futuro, nas sociedades hipermodernas consumistas e destradicionalizadas, os indivíduos, ávidos de sensações renovadas, não deixarão de desejar os produtos da oferta comercial.

No entanto, é verdade que assistimos ao desenvolvimento de novas atitudes de consumo: alugar em vez de comprar, consertar em vez de atirar fora, comer alimentos biológicos, adotar meios de transporte ecológicos, optar pelo consumo ecológico e o consumo colaborativo, mostrar-se cético em relação ao consumo como via de acesso à felicidade. Contudo, por muito significativos que sejam, estes fenómenos não acabarão com o tropismo neofílico. Em toda a parte, as compras *online* aumentam, o turismo nacional e internacional cresce de ano para ano, o mercado dos cruzeiros está em pleno desenvolvimento, os consumos de séries televisivas e de músicas batem recordes, os fãs dos videojogos multiplicam-se, a utilização dos parques recreativos está em alta. O prazer de fazer compras e os centros comerciais recreativos e fornecedores de estímulos sensoriais e emocionais não estão em declínio. Numa época em que «ter prazer» se tornou um comportamento legítimo, o cenário mais provável será termos maior preocupação com o consumo sustentável, mas, ao mesmo tempo, mais consumo de lazeres, jogos, moda, viagens, músicas, filmes, concertos, restaurantes, festivais, cuidados com o corpo. O advento de uma cultura pós-consumista não faz parte dos cenários prováveis do futuro próximo.

Na verdade, nunca se compraram tantos bens materiais, produtos eletrónicos, artigos para a casa e decoração. E mesmo que o consumo de bens manufacturados viesse a decrescer, como imaginar um movimento de recuo no domínio do consumo de medicamentos, consultas, análises e exames médicos? E na ordem do consumo ligado à saúde psíquica? Sobre um pano de fundo de luta contra o mal-estar, a nossa época assiste ao sucesso crescente das terapias psicológicas, mas também dos livros e dos cursos de expansão da consciência e de «desanuviamento». Em toda a parte, multiplicam-se os gurus, os mentores, as conferências e as sessões psíquicas assentes em técnicas variadas. Agora, nem o «desenvolvimento pessoal» escapa ao etos consumista.

Não há dúvida de que não veremos em breve o desaparecimento da sedução consumista. As ofertas comerciais materiais e culturais providenciam prazeres fáceis e frequentes, aligeiram o peso do quotidiano, «fazem elevar o moral», fazem esquecer as preocupações da vida ordinária, funcionam como meios de consolo, preenchem o vazio existencial, compensam as frustrações, as desilusões e os sentimentos de incompletude. Não vemos o que poderia, num futuro próximo e para a maioria das pessoas, dar tantos benefícios hedonistas e «terapêuticos» exigindo tão poucos esforços. São razões que deverão impedir durante muito tempo o advento de uma cultura frugal pós-consumista.

A denúncia do sistema parece-me um impasse não só por ser irrealista, mas também porque recusa reconhecer a face positiva do fenómeno, que, embora desagrade às belas almas, também existe. Nem tudo é horror e desolação. Ainda que a economia de sedução conduza à mercantilização excessiva da vida, às satisfações frívolas e fúteis, temos de admitir que também permite satisfazer muitas necessidades fundamentais: estar informado, comunicar, viajar, ser tratado, viver melhor em termos materiais. Nem tudo no capitalismo consumista deve ser condenado: a diversidade dos modelos de vida, o bem-estar material, o entretenimento, os jogos, a oferta hedonista, nenhum destes fenómenos é em si mesmo indigno. Os problemas ecológicos e humanos criados pela sociedade de sedução são tão imensos quanto inquietantes, mas não justificam a diabolização de que é alvo.

Dizer que não haverá, em matéria de apetite consumista, «Grande Noite» não significa que «tudo esteja decidido» e que nada há a fazer para corrigir os seus excessos e as suas derivas. A este respeito, não é o fim do consumo que se deseja, mas sim «consumir melhor», ou seja, uma relação mais qualitativa com os gastos comerciais. Em vez de estigmatizar o consumo «em bloco», devemos procurar os meios capazes de fazer recuar os modos de consumo «negativo» (febre de compras, compulsão, dependência) e avançar os consumos qualitativos. O que se deve denunciar não é o capitalismo consumista, mas uma sociedade que não se organiza suficientemente em função das dimensões mais ricas da vida humana. Devemos trabalhar não tanto para promover um modo de vida frugal, mas mais para reduzir a influência excessiva do etos consumista sobre os desejos, as expectativas, as aspirações dos indivíduos. O capitalismo de sedução não deve ser abolido, mas enriquecido por outras vias que não a imediatidade consumista: o que se deve mudar é menos a sociedade do prazer do que a sua excrescência, que desvia as pessoas do sentido do esforço, do pensamento, da criação, das atividades que implicam a criação de sentido.

SEDUÇÃO NEGRA

Embora, a longo prazo, as degradações da ecosfera constituam certamente o desafio mais importante que as nossas sociedades enfrentam, a curto prazo é a violência terrorista que se mostra como o fenómeno mais diretamente contrário aos princípios organizadores da sedução-mundo. Homicídios em massa, jiadismo, atentados cegos: estas agressões assassinas suscitam uma enorme reação de repulsa nas populações assustadas e aterrorizadas. É aqui que se acaba o universo da sedução, substituído por uma sociedade em estado de choque e de emergência.

Atração fatal

Ainda que o terrorismo islamista choque de frente com os princípios da sociedade da sedução, temos de admitir que não deixa de estar dotado de um poder de atração extraordinário junto de alguns jovens educados no consumismo hedonista e mediático. É um tal poder atrativo que leva jovens radicalizados a sacrificarem-se pela sua causa, a morrerem como mártires, a cometerem atentados contra os seus próprios países. À sedução das religiões seculares da modernidade sucedeu a da «religiosidade mortífera» (Farhad Khosrokhavar) constituída pelo islamismo jiadista. É assim que, paralelamente à sedução «festiva», se exerce hoje, sobre certos jovens e ainda que a uma escala muito reduzida, um poder atrativo de natureza totalmente diferente, o fascínio enorme da jiade, dos atentados-suicidas e das operações de martírio. Esta é a face negra da sedução soberana dos tempos hipermodernos.

Entre os nativos dos países ocidentais, a tentação da jiade é um fenómeno geracional que abrange adolescentes e jovens adultos de uma faixa etária entre os 15 e os 29 anos. O facto notável é que estes jovens radicalizados podem pertencer a todas as categorias sociais. Assim, ao contrário do que por vezes se diz, não é a exclusão económica que constitui o terreno da radicalização violenta. No seu estudo, David Thomson mostra que, entre os Franceses que foram combater pelo Estado Islâmico, todos os meios sociais estão representados ([6]). Na situação presente, o jiadismo atrai perfis de indivíduos muito diversificados: aos jovens muçulmanos descontentes dos subúrbios, juntam-se cada vez mais convertidos (de 35 a 40 por cento), estudantes, licenciados, raparigas e jovens sem quaisquer antecedentes criminais. Temos de concluir que o fascínio exercido pelo extremismo islâmico não é específico de nenhuma categoria social em particular.

Não há ligação entre a pobreza e o ativismo terrorista. Por conseguinte, o que leva os jovens a abraçarem a causa da jiade no Ocidente? Certos observadores sublinharam de forma muito superficial o papel desempenhado pela sociedade da imagem e pela busca da fama mediática. Mohamed Merah filmava todas as suas execuções com uma câmara de vídeo, Mehdi Nemmouche desejava que um dos episódios do programa *Faites entrer l'accusé* lhe fosse dedicado. Saïd Kouachi escreve este SMS a Amedy Coulibaly: «Reconheceste-nos? Viste-nos na televisão?» A lógica do *star-system* consubstancial à sociedade da sedução apoderou-se até do espírito dos assassinos fanatizados: «Os autores do massacre reclamam sobretudo parte da atenção pública que só um ato muito mediatizado pode oferecer [...] os assassinos não são mensageiros de uma guerra de civilização nem de uma quarta guerra mundial. São simples criminosos em busca de glória. São assassinos da sociedade do espetáculo», diz Peter Sloterdijk ([7]).

De forma mais fundamental, segundo Olivier Roy, o que seduz os jovens jiadistas no Ocidente não é nem a teologia, nem a xaria, nem a busca de uma utopia, mas sim o radicalismo em si mesmo, o da violência extrema, de matar e morrer em busca do prazer da omnipotência. Na base da tentação da jiade estaria o fascínio niilista da violência, da morte, da destruição pura ([8]). Os vídeos de propaganda que mostram defenestrações, degolações e decapitações de reféns não significam apenas uma política de terror destinada a atingir a opinião pública ocidental: demonstram uma atração pela crueldade, pela morte e pela ultraviolência. Nos últimos momentos da sua vida, Mohamed Merah declara: «Amo a morte como vocês amam a vida.» Assim, segundo uma expressão que fez sensação, «não é o islamismo que se radicaliza, é o radicalismo que se islamiza» (Olivier Roy).

Contudo, como sublinha Scott Atran, os jovens jiadistas não se consideram de modo algum «niilistas» ([9]). Afirmam, precisamente, querer combater o niilismo do Ocidente, o seu vazio espiritual, o seu individualismo, o seu consumismo depreciador de todo o valor, nos antípodas da lei de Deus. As razões invocadas para justificar os atos terroristas não são secundárias; não podemos vê-las como o revestimento contingente de uma paixão mortífera que seria mais profunda. Não escondem um radicalismo niilista originário, são aquilo que conduz os homens a aderirem às ideias extremistas, a mostrarem-se insensíveis a qualquer sistema de valores concorrente, a aderirem de forma incondicional a certas crenças ([10]). O fanatismo jiadista alimenta-se de ideias religiosas a que os adeptos aderem de maneira absoluta, incitando-os a morrer por elas, a rescindir todas as formas de apego à existência. Ao serviço da glória de Alá, impulsionada pelo amor a Deus, esta glorificação da morte é fundamentalmente de essência sacrificial e, por isso, está em oposição frontal com o nosso universo governado pela racionalidade instrumental, pelos direitos individuais e pelos valores privados, hedonistas e consumistas.

É assim que, por um lado, o jiadismo constitui um modo de existência de tipo essencialmente anti-individualista. Morrer pelo reino de Deus, fazer-se explodir, está nos antípodas do individualismo contemporâneo, que se baseia na rejeição de todas as éticas sacrificiais. Neste sistema em que já nada está vazio de sentido, as crenças escapam ao livre exame individual e a organização dos dias é dominada por valores ultrarrigoristas, regras estritas que prescrevem até ao último pormenor todos os aspetos da vida, sejam familiares, religiosos, de vestuário, alimentares, relacionais ou outros.

No entanto, por outro lado, este tipo de compromisso tem a marca da forte dinâmica de individualização característica da nossa época. Este militantismo extremo já nada tem de tradicionalista, pois está privado da antiga evidência social do religioso: baseia-se em conhecimentos teológicos mínimos, uma «santa ignorância» adquirida com rapidez, por vezes na Internet ([11]). A adesão dos jovens adeptos resulta mais profundamente de uma motivação pessoal, de uma afirmação estritamente individual, o que é testemunhado exemplarmente pelos jiadistas convertidos há pouco tempo. Marcel Gauchet destacou a aparente contradição do fenómeno: os jovens são tentados pelo radicalismo islâmico porque este «permite que existam como indivíduos enquanto se negam como indivíduos» ([12]).

A submissão voluntária dos neojiadistas a regras fundamentalistas e sacrificiais não deixa de ter benefícios psicológicos e identitários: escapar à desorientação e às dúvidas que são o lote de indivíduos que existem no seio do cosmos liberal individualista, viver com referências estruturantes, inscrever-se numa comunidade, ligar-se a uma tradição transnacional, pertencer à comunidade dos eleitos, adquirir uma estabilidade psíquica tranquilizadora.

Além disso, o jiadista adquire um estatuto glorioso e autoestima. Muitos jiadistas europeus de origens magrebinas tiveram um percurso de pequena delinquência (roubo, tráfico de droga) e serviram penas de cadeia. Estão em rutura com as suas famílias, estão mal integrados na comunidade muçulmana, não frequentam a mesquita do bairro, não falam árabe, não sabem orar, não se interessam pelas questões teológicas. Os seus pais não lhes transmitiram nada do islão, têm um conhecimento religioso muito limitado e participam pouco na vida religiosa comunitária: estão largamente desislamizados e «desterritorializados». São fenómenos anómicos que exprimem um individualismo de tipo negativo ([13]), inseparável da autodesvalorização, da insegurança identitária e narcísica. O indivíduo negativo vê-se como um ser insignificante, sem valor nem interesse: sofre de uma imagem desnarcisada de si mesmo. Ao abraçar uma causa sagrada, estes jovens transformam o ódio de si próprios em ódio ao mundo ocidental, adquirem intimamente uma dignidade moral que até então não tinham, bem como um sentimento de orgulho, de superioridade em relação aos não crentes. Por esta via, encontram uma maneira de «renascer» para a vida («born again»), de substituir o autodesprezo por uma autovalorização. Funcionando como um instrumento de purificação dos pecados e de redenção individual, o jiadismo seduz alguns jovens porque lhes confere um sentido pleno à existência, bem como o sentimento de ser alguém importante, um herói com um destino glorioso ([14]).

A radicalização armada também seduz os adolescentes e os jovens adultos do Ocidente porque responde ao desejo de uma vida diferente, mais palpitante. Através de uma visão idealizada ou «romântica» da jiade, esta surge como um meio de escapar à banalidade dos dias e à ausência de objetivos interessantes. A sede de aventura, a promessa de um destino glorioso, a necessidade de uma causa capaz de dar sentido a uma vida vazia e monótona desempenham um papel não negligenciável no poder atrativo do terrorismo islamita. Face ao vazio «ideológico» da sociedade liberal da sedução, o sonho jiadista alimenta-se da atração da aventura e do risco capazes de suscitar uma intensidade de existir. Apesar de tudo o que a opõe ao individualismo liberal, a tentação jiadista não deixa de estar relacionada com a ascensão do individualismo experiencial ávido de emoções e sensações fortes.

Jiadismo e sociedade da sedução

Outros laços unem o terrorismo à sociedade da sedução. Exemplo disto são as maneiras de comunicar utilizadas. Embora o Estado Islâmico exprima um ódio visceral à civilização ocidental «corrupta», isto não o impede de utilizar nos seus vídeos de propaganda difundidos nas redes sociais formas de encenação retiradas dos *westerns*, dos filmes de terror hollywoodescos e do universo dos videojogos. Efeitos especiais, trucagens, montagem ultrarrápida, imagens em alta definição, músicas exaltantes, grandes planos, imagens em câmara lenta e em acelerado: a estética do cinema americano de grande espetáculo é mobilizada para aterrorizar o inimigo, mas também para encorajar os jovens a aderirem à jiade, suscitar vocações terroristas, incitar a atos de terrorismo no centro das sociedades liberais. Com este «terrorismo publicitário» que «confere *glamour*» à barbárie, dando-lhe uma dimensão mítica ([15]), o Daesh apropria-se daquilo que rejeita. Tendo em vista os seus fins, instrumentaliza as estratégias mediáticas inventadas pela sociedade do entretenimento e da satisfação imediata. Com o «Daeshwood» ([16]), trata-se de apresentar uma imagem «cool» da ação jiadista, eletrizar os simpatizantes, criar entusiasmo através dos códigos cenográficos da sociedade do espetáculo que, virados contra ela própria, se transformam em armas de destruição maciça.

Esta forma de comunicação na Internet está ao serviço da propaganda do Estado Islâmico e dos seus objetivos de doutrinamento dos jovens. Contudo, a força das imagens e das mensagens de propaganda não explica por si só a tentação jiadista. Em termos mais profundos, este fenómeno, na Europa, é indissociável do desenvolvimento da sociedade da sedução, que, ao dar prioridade à felicidade privada e aos prazeres materialistas, provocou o enfraquecimento do poder regulador das instituições coletivas, a dissolução dos enquadramentos sociais tradicionais, a «desutopização» do mundo contemporâneo. Se a poderosa vaga de individualização resultante do desaparecimento dos modos de socialização estruturante é portadora de autonomia das pessoas, também se acompanha, ao mesmo tempo, de fragilidades identitárias, de uma nova insegurança psicológica, pois os indivíduos estão privados dos apoios do coletivo e entregues a si mesmos para conduzirem e construírem a sua existência. Daí o aumento das necessidades de referências simbólicas estruturantes e de integração comunitária. De forma paroxística, a causa jiadista fornece os meios para isto: baseando-se num «Nós» estruturado pela religiosidade fundamentalista, o jovem jiadista acede a uma identidade pessoal e religiosa que lhe confere segurança, pode escapar ao sentimento de isolamento e, em certos casos, a tendências depressivas, a uma visão pessimista da vida ([17]).

É muito provável que a sedução negra não desapareça tão depressa. E isto porque a desagregação hiperindividualista faz aumentar as patologias da insuficiência de si, os ressentimentos, as buscas de revalorização identitária e de experiências extremas entre os jovens. É assim que ao fascínio jiadista se junta o fascínio dos atentados sem ligação com o terrorismo, as carnificinas em massa, os *school shootings* e outros ataques suicidários. Entre 2013 e 2015, nos Estados

Unidos, os tiroteios em massa fizeram 1250 mortos e mais de 3000 feridos; entre janeiro e outubro de 2015, ocorreram 294 tiroteios em massa, que provocaram 380 mortos: segundo o *Washington Post*, não passam mais de oito dias seguidos sem que ocorra um destes *mass shootings*. Estes tiroteios assassinos e suicidários irão certamente continuar a fascinar as singularidades destabilizadas e niilistas da sociedade da sedução.

A SOCIEDADE DA SEDUÇÃO VIGIADA

A fim de lutar contra as ameaças de atentados terroristas, as nossas sociedades intensificaram consideravelmente as medidas de segurança e os sistemas de vigilância. Desde os atentados de 11 de Setembro de 2001 e da guerra contra o terrorismo que se seguiu, os Estados Unidos e, depois, os Estados europeus, não pararam de reforçar os dispositivos de vigilância das pessoas e das comunicações. Com o Patriot Act, surgiram medidas como a detenção sem acusação nem limite de tempo dos estrangeiros suspeitos de terrorismo no campo de Guantánamo, a constituição de listas de pessoas de risco, a vigilância de mensagens eletrónicas na Internet ou a escuta de conversas telefónicas sem autorização prévia da justiça.

Na sua luta antiterrorista, a Europa seguiu a mesma via. Em França, a vigilância dos internautas escapa a qualquer procedimento judicial, estando sob o controlo direto do Estado. Em toda a parte, são implementadas medidas de controlo eletrónico dos fluxos migratórios, bem como a generalização do visto biométrico dos passageiros nos aeroportos. E multiplicam-se os aumentos da duração de conservação dos dados recolhidos sobre os indivíduos, bem como as câmaras de videovigilância.

Nos locais físicos do território, o aeroporto representa uma das figuras mais emblemáticas da sociedade hipervigiada. Nos aeroportos, implementam-se dispositivos de segurança reforçada: patrulhas de militares, aumento da sensibilidade dos pórticos de deteção de objetos metálicos, revista aleatória dos passageiros, sistemas de alarme anti-intrusão, controlo de segurança dos perímetros, câmaras de vigilância em breve ligadas às tecnologias de reconhecimento facial.

No entanto, os terminais parecem cada vez mais imensos centros comerciais repletos de uma grande variedade de lojas, bares e restaurantes. Hoje, os aeroportos devem ser atrativos e luxuosos, com arquiteturas originais e acabamentos interiores elegantes. Em toda a parte, aumentam as superfícies destinadas às lojas e aos serviços; para onde quer que se olhe, vemos anúncios publicitários, as marcas prestigiadas, as etiquetas da moda e do luxo internacional: o aeroporto tornou-se um local importante do comércio, que oferece os produtos e os serviços atrativos das grandes cidades. É um lugar altamente paradoxal, marcado pela justaposição do hipercontrolo securitário e da tentação consumista.

As *fan zones* também ilustram a lógica paradoxal da sociedade da sedução hipervigiada. Instaladas nos centros das grandes cidades a fim de permitirem que os adeptos se reúnam e sigam os jogos de futebol no ecrã gigante, estes espaços estão organizados tendo em vista o conforto e o prazer do público, com animações, palcos para concertos, *stands* de comida e de bebida. Ao mesmo tempo, desde os atentados terroristas, a questão da segurança nas *fan zones* tornou-se altamente sensível. Os dispositivos de segurança foram consideravelmente reforçados: revista cuidada à entrada, espaço totalmente fechado, interdição de sacos no interior, patrulhas policiais, recurso a empresas de segurança privada, sistema de videovigilância. Agora, a sedução quente do ambiente, da festa e dos concertos é feita sob proteção e vigilância máximas.

Contudo, o terrorismo está longe de constituir o único fator que favorece o advento da sociedade de vigilância generalizada. Desde as revelações de Edward Snowden que sabemos que o FBI e a NSA recolheram, desde 2007, dados de carácter pessoal de milhões de cidadãos nos Estados Unidos e noutros países do mundo, fossem ou não suspeitos. Instituições políticas e económicas, bem como cerca de 30 chefes de Estados e de governo também foram colocados sob escuta. A quantidade de dados digitais recolhidos e armazenados pelos Estados Unidos é astronómica: só no mês de março de 2013, o programa de vigilância informática Prism permitiu intercetar e analisar mais de 125 mil milhões de metadados telefónicos e 90 mil milhões de metadados digitais. De amplitude sem precedentes, esta cibervigilância, que se realiza sem operações físicas no espaço, baseia-se nas redes digitalizadas e na capacidade de tratamento algorítmico.

Acrescentemos que a ciberespionagem constitui apenas uma componente de um fenómeno muito maior de recolha informacional maciça («Collect it all»). Com a digitalização exponencial das nossas sociedades e os progressos da miniaturização, os meios de vigilância aperfeiçoaram-se consideravelmente. Satélites de geolocalização, aplicações em telemóveis, *chips* eletrónicos, objetos conectados, sensores, tudo tecnologias que permitem que os pais «sigam os filhos», rastrear os indivíduos em todas as suas ações, vigiar os dados de saúde dos utilizadores e dos pacientes com doenças crónicas, capturar todos os fluxos urbanos (*smart cities*), transmitir as informações relativas ao *habitat* («casa conectada»). A época hipermoderna é contemporânea de uma vigilância constante, global e totalizante, que resulta num «data panoptismo» ([18]), num *data mining* capaz de antecipar tendências ainda pouco discerníveis. Vivemos no tempo da vigilância em massa, dos poderes preditivos decorrentes de operações algorítmicas, que se aplicam aos domínios dos seguros, do *marketing*, da gestão das cidades, da saúde e da segurança pública.

Na época dos sistemas computacionais e do Big Data, a ideia de vigilância ganha um novo significado. À vigilância à maneira antiga, policial, física, securitária, que visa indivíduos «perigosos», acrescentam-se agora as operações de tratamento de dados pessoais recolhidos das navegações de todos na Internet. Esta neovigilância já não é de tipo securitário e tem um objetivo comercial. Afirma-se assim o *data marketing*, com a «governamentalidade algorítmica» ([19]) a funcionar de maneira ininterrupta e com o nosso próprio consentimento. O novo domínio estatístico não exerce coerção, não submete a injunções despóticas: chega até, com os algoritmos de recomendação utilizados pelas grandes plataformas de venda na Internet, a seduzir os consumidores, apresentando de maneira automatizada e instantânea aquilo que corresponde melhor aos desejos idiossincráticos de cada pessoa.

Não se trata nem de um Big Brother policial e omnipotente, nem do domínio disciplinar e coercivo específico das «instituições completas e austeras» (Foucault), mas de uma vigilância de terceiro tipo, desmaterializada, desverticalizada, banalizada, que se efetua a partir das práticas expressivas, lúdicas e hedonistas de todos os indivíduos: compras, viagens, música, publicações no Facebook, mensagens de texto, *tweets*. Chegámos ao momento em que as operações de vigilância global não fazem recuar o universo da sedução, em que os indivíduos sabem que são seguidos e geolocalizados e continuam a realizar as suas práticas digitais distrativas e comunicacionais. Paradoxalmente, a sociedade da sedução não é antinómica com a nova sociedade da vigilância: é uma das suas condições de desenvolvimento. Quanto mais se multiplicam as atividades quotidianas ligadas à sedução-mundo, mais se reforça o poder da vigilância de dados.

ENTRETER OU ESTUPIDIFICAR?

Se a sociedade da sedução é acusada de frustrar os indivíduos, também é acusada de precipitar a ruína da cultura e da vida do espírito. Esta crítica não data de hoje: nos anos 40, Adorno e Horkheimer já lançavam flechas contra a indústria cultural, que «não deixa nenhuma dimensão para a imaginação e reflexão dos espectadores». O resultado não é só o controlo das consciências, o conformismo e a aceitação da ordem social, mas também uma «depravação da cultura», fonte de «estupidificação» [20] em massa.

A sedução estupidifica?

As críticas inicialmente dirigidas ao cinema e à publicidade alargam-se à televisão, acusada de instaurar a ditadura do entretenimento, de «esvaziar» as cabeças por intermédio de programas aliciadores e debilitantes («telelixo»), frivolidades, conversas inócuas e insignificantes. A informação, por seu lado, recorre à simplificação e ao sensacionalismo: as explicações complexas são banidas em benefício de comentários rápidos e de um tratamento emocional da atualidade. De uma forma ainda mais geral, é todo o capitalismo cultural que, por meio dos videojogos, das BD, do cinema de Hollywood, dos parques temáticos e das revistas de celebridades, produz lazeres e espetáculos concebidos para a distração em detrimento da reflexão. Neste sentido, a sociedade da sedução mais não faria do que acentuar a tendência do espírito democrático para «não pensar», já sublinhada por Tocqueville ([21]).

A isto acrescenta-se a Internet, acusada de colocar em perigo a vida intelectual, as capacidades de reflexão e de concentração, a faculdade de compreender textos longos e complexos. Coloca-se a questão: será que o Google afeta negativamente as nossas capacidades cognitivas ([22])? As inquietações e os alertas multiplicam-se: há um momento a partir do qual a superabundância dos dados mata a atividade reflexiva; deixamos de refletir, deambulamos, acumulamos informações sem que estas sejam colocadas em perspetiva. Como tudo deve ser encontrado com um clique, torna-se cada vez mais difícil fazer um esforço constante para aceder ao saber. Assim, a força de atração exercida pela imediatidade digital poderia acentuar a deriva para um pensamento de tipo consumista, disperso, destruturado.

«Devastação espiritual», destruição maciça da cultura e do pensamento: estas são, para os seus adversários, as consequências gravíssimas da sociedade da sedução. Quando os programas culturais são relegados para o fim da noite, 43 por cento dos Franceses com mais de 15 anos veem televisão durante mais de 20 horas por semana, o número de «grandes leitores» diminui e o tempo dedicado à leitura, desde finais dos anos 80, está em declínio. Em França, a leitura não ocupa mais do que 4 por cento do tempo de lazer dos homens ativos e 7 por cento do das mulheres. Segundo a sondagem European School Survey Project on Alcohol and Other Drugs (Espad), a proporção dos jovens que nunca leem ou quase nunca leem passou, entre 2003 e 2015, de 53 para 61 por cento. Relatórios do National Endowment for the Arts (2007) indicam que os jovens leem mais documentos digitais, mas menos livros imprimidos, e, além disso, com maiores dificuldades de leitura.

De uma forma ainda mais geral, é a própria vida intelectual que perde o seu antigo prestígio. O «valor espírito» outrora celebrado por Valéry desmorona-se, enquanto triunfam os valores materialistas, a cultura empresarial, dos lazeres, do desporto, do entretenimento. Os debates de ideias na televisão seguem o modelo do entretenimento, de uma coisa rápida que exclui qualquer reflexão: a apresentação das ideias deve assemelhar-se a um espetáculo. Deve-se saber um pouco sobre tudo, sem esforço e de forma agradável, como mostra a multiplicação dos livros de divulgação, dos dicionários, dos «resumos», dos guias, dos textos mediáticos dedicados aos grandes filósofos. A relação com a vida intelectual é cada vez mais marcada pela perda de interesse por tudo o que não diga diretamente respeito às preocupações pessoais e às soluções para os problemas do quotidiano. A uma relação «desinteressada» e «abstrata» sucede uma relação consumista ou utilitarista com as coisas do espírito. As interrogações propriamente teóricas são suplantadas pela busca de soluções úteis para a vida prática, psicológica e relacional.

Que resta então da incandescência da vida intelectual que caracterizou a época da cultura contestatária? Nos anos 60 e 70, através das correntes estruturalistas, althusserianas, lacanianas, esquerdistas, desconstrutivistas, manifestou-se uma verdadeira *moda* da vida intelectual com as suas divas, as suas coquetarias estilísticas, as suas provocações sofisticadas, os seus excessos refinados ([23]). Embora portador de conformismo e animado pela vontade de deslumbrar, de impressionar o público por proezas de linguagem, um virtuosismo verbal, um radicalismo chique, este ciclo acompanhou-se de um brilho excecional da vida intelectual. Esta época está manifestamente acabada: neste domínio, já não temos vanguardas nem gurus ou fervor extático. O encanto iniciático e a magia libertadora que habitavam a vida intelectual evaporaram-se ([24]): o seu poder sedutor extinguiu-se. Esta perda de aura traduz o advento de um novo regime de pensamento, o seu momento *light*, que coincide com o declínio da força atrativa da razão teórica. À medida que se aperfeiçoa o arsenal da tentação mercantilizada, diminui o potencial de sedução da vida intelectual. O encanto perdeu-se, o estado de graça excecional de que beneficiavam as obras mais especulativas dissipou-se. É impossível escapar a esta conclusão: deixaram realmente de encantar os espíritos.

Ainda que o desencanto da vida do espírito constitua uma tendência forte da sociedade da sedução, não é a única: existe outra tendência. É que, ao mesmo tempo, a televisão informa o público, transmite dados que abrem a outros mundos, dá a ouvir pontos de vista diversos, dá a palavra a especialistas, a economistas e a universitários sobre todo um conjunto de questões. Foi a televisão, nomeadamente, que deu a descobrir a economia à sociedade francesa: presente diariamente nos discursos mediáticos, o vocabulário económico tornou-se uma linguagem corrente. Ainda que a rapidez da informação e a brevidade das análises não possam dar uma compreensão profunda dos acontecimentos, não se pode reduzir o efeito do tratamento mediático a um simples entretenimento e a uma «desinformação»: os *media* alteram as maneiras de apreender os acontecimentos. Simplificam, mas também, de certa maneira, complicam a nossa relação com o mundo. E se a informação não deve ser aborrecida, não deixa de inquietar e desestabilizar os indivíduos, perdidos num magma de dados díspares e em mudança constante.

Máquina de estupidificar? Temos de concluir que o hiperconsumismo não conseguiu abolir o questionamento humano nem a dissensão cultural. Muito pelo contrário, cada vez mais questões são objeto de debate. Contrariamente às teses do «homem unidimensional», as faculdades críticas e de oposição do homem estão bem vivas. Prova disto são as fortes controvérsias sobre a procriação artificial, as manipulações genéticas, a eutanásia, o aborto, o casamento *gay*, a adoção de crianças por homossexuais, o multiculturalismo. O encanto das sereias consumistas não impede de modo algum o desenvolvimento de conflitos de moral e de desacordos de fundo sobre as maneiras de viver em sociedade. Não é uma «sociedade fechada» (Marcuse) que se manifesta, mas uma cultura problemática, aberta, incerta.

Contudo, há muitos motivos para nos mostrarmos pessimistas em relação ao progresso do uso da razão. Programas televisivos de uma nulidade aflitiva, política da «pós-verdade», seitas, grupos esotéricos, teorias da conspiração, crescimento dos partidos populistas, despertar dos fundamentalismos religiosos, cruzada jiadista: o desaparecimento das ideologias extremistas e os progressos da escolarização não acabaram com as crenças ocultas, com os mitos conspirativos, com as demagogias políticas, com as diversas manipulações dos afetos e dos imaginários. A lição é séria: embora a sociedade da sedução contribua para o recuo das conflitualidades sociais paroxísticas, não conseguiu fazer recuarem as visões simplistas do mundo, as informações falsas, a credulidade das massas, as crenças ocultas, as atitudes impermeáveis às provas e aos argumentos racionais.

A sociedade da sedução não é evidentemente alheia a este fracasso do ideal iluminista. Ao destruir as formas de imposição coletiva e ao arruinar a fé nas grandes ideologias totalizantes, o cosmos sedutor provocou um desenquadramento hiperindividualista que é fonte de desordem, de desorientação e de angústias. Daí as exigências de sentido e o sucesso das explicações simplificadoras, das soluções milagrosas, dos demagogos para quem os factos objetivos têm menos importância que os apelos às emoções e às crenças pessoais: aquilo a que hoje se chama a política da «pós-verdade» ou «pós-factual». Não há dúvida de que o desprezo pelos factos e a retórica do *pathos* na ordem do discurso político nada têm de novo. Mas é notável que tenha sido a sociedade da descontração que preparou há muito, através do *branding*, da comunicação emocional e das políticas de imagem, o sucesso dos discursos ameaçadores da «pós-verdade». A este respeito, devemos ver nesta a última etapa e uma nova manifestação do reinado do «agradar e tocar», ainda que por meio de uma retórica particularmente agressiva.

Por muito inquietante que seja, esta radiografia não pode justificar as teses que defendem o advento de uma era de «não pensamento» ou de «pós-pensamento» (Giovanni Sartori), na qual o *homo sapiens* cede o lugar ao *homo videns* por causa do império das imagens televisivas e da sua capacidade para atrofiar as capacidades de abstração e de compreensão. Não percamos de vista que os indivíduos, por pouco estruturados que sejam, mostram-se ainda assim mais críticos do que nas sociedades de tradição, de religião ou nas dominadas pelas ideocracias da primeira modernidade. Com todos os seus vícios, as democracias liberais reconfiguradas pelas estratégias de sedução continuam a ser regimes pluralistas onde se exercem a liberdade de discussão, o confronto de ideias e de projetos, os debates contraditórios abertos a todos em muitas instâncias ([25]). Graças ao pluralismo político, à multiplicação dos pontos de vista apresentados nos *media* e postos à disposição de todos, à dissolução dos enquadramentos religiosos e ideológicos, à elevação do nível médio de escolaridade, mais indivíduos mostram-se capazes de exercer um livre exame e de ter um olhar crítico sobre o que observam.

Apesar da crise da desejabilidade da alta cultura e do triunfo da imagem, não se justifica fazer do eclipse do questionamento e da reflexão intelectual o signo da época. Embora o capitalismo encantador tenha acabado com a fé nas perspetivas revolucionárias pelo poder de atração das suas ofertas de prazer, não eliminou o espírito crítico nem o uso individualizado do entendimento.

Por conseguinte, não há catastrofismo, mas também não há triunfalismo, uma vez que proliferam os pensamentos caricaturais e preguiçosos, as manifestações de confusão e de credulidade dos espíritos. No entanto, o mais preocupante não é o défice das capacidades críticas, mas o desenvolvimento de modos de pensamento simplistas e rígidos, mais regidos pela emoção do que pela razão. O espírito crítico não é tudo: precisa também de ser acompanhado por uma reflexão lúcida e realista, de ser construído, refletido, corretamente alimentado e orientado. Sobre este ponto, temos de admitir que os efeitos da cultura da sedução estão longe de ser satisfatórios. Daí a urgência e a amplitude da tarefa que nos cabe, a de trabalhar para as transformações necessárias dos nossos sistemas educativos.

INOVAÇÃO, FORMAÇÃO E CRIAÇÃO

É evidente que o quadro geral apresentado pela nossa época não convida a um otimismo beato. De maneira que se impõem mudanças de fundo se quisermos evitar o pior e formar uma sociedade mais em conformidade com os ideais humanistas de paz civil e de realização do potencial dos indivíduos.

Inovação, ciência e paixão de empreender

Que fazer? O mundo mudou: já não é a época da «Grande Noite», das alternativas radicais que dividem a história. Face ao capitalismo, não dispomos de nenhuma solução de mudança credível, nenhum contra-modelo global. Não há outra salvação senão seguir as vias traçadas pela modernidade através das suas três invenções fundamentais — a tecnociência, o mercado, a individualização democrática —, das quais a sociedade da sedução representa um dos «produtos» contemporâneos. Face aos desafios planetários, ecológicos e demográficos, impõe-se certamente a exigência de um sistema produtivo que reduza os fluxos materiais e o seu impacto negativo no ambiente. No entanto, é ilusório pensar que faremos isso através da redução virtuosa das necessidades. Ao contrário do que afirmam os apóstolos destas correntes, não há outra solução senão aquela que eles estigmatizam, a saber, o desenvolvimento económico e a inovação tecnocientífica. Estes são os únicos meios efetivos capazes de responder aos desafios do mundo vindouro. Não há melhores vias do que o investimento na investigação e no desenvolvimento, na dinâmica da «destruição criadora», a única capaz de inventar novos modos de produção e de consumo. As soluções existem: devem ser procuradas no desenvolvimento da razão, da inteligência humana e artificial, da criatividade empresarial. Será a «inovação que salvará o mundo» ([26]).

Nesta via, há alguns sinais encorajadores. Cada vez mais jovens licenciados e até estudantes mostram-se tentados pela criação de empresas e lançam-se na criação de *start-ups*. Segundo uma sondagem Universum realizada junto de um milhão de estudantes em 54 países, 7,8 por cento dos jovens declaram querer ter a sua empresa. Segundo o Insee (Institut national de la statistique et des études économiques), mais de 550 000 novas empresas foram criadas em França em 2014: entre os seus criadores, mais de 8 por cento são jovens licenciados. A mudança em relação aos anos 60-70 é impressionante: atualmente, para muitos jovens, ser empreendedor é «fixe». É claro que o gosto de ganhar dinheiro não está ausente, mas esta não é a principal motivação. O que importa é a paixão pelo projeto, o gosto do risco, a vontade de independência e de liberdade, a possibilidade de poder gerir à-vontade o tempo passado a trabalhar. Para muitos jovens, criar a sua *start-up* é uma forma de aventura movida pela paixão da inovação e do desafio, por vezes pelo desejo de inventar um mundo mais respeitoso do ambiente, mais atento às necessidades reais dos indivíduos. Construir um mundo melhor, já não pela ação política, mas pela inovação empresarial, pela ação pragmática, pela produção de produtos sustentáveis e de qualidade. A paixão de empreender e de inovar constitui, neste sentido, um contrapeso feliz ao reinado da sedução-consumo invasiva.

Contudo, o culto desenfreado da empresa não deixa de ter novos problemas. Nos Estados Unidos, alguns criadores de empresas de altas tecnologias desenvolvem discursos centrados na ideia de que os estudos universitários representam uma perda de tempo e de dinheiro, um investimento inútil e até prejudicial porque a formação pós-secundária inculca o conformismo, limita os impulsos criativos, mina a independência de espírito, incita a não sair dos caminhos já percorridos. Como os cursos são medíocres e a inovação não se aprende nas aulas da faculdade, seria melhor abandonar os estudos longos para se tornar o mais depressa possível criador de uma *start-up* inovadora. Os adeptos do movimento *unshcooling* radicalizam esta posição ao não mandarem os filhos para a escola, deixando-os aprender livremente, como quiserem, nomeadamente por intermédio da Internet e do acesso gratuito a todos os saberes do mundo que ela permite. Devemo-nos preocupar com estas correntes que lançam o descrédito sobre o saber e o mundo educativo institucional. Uma das consequências do culto hegemónico da empresa é que os estudos, a investigação e as profissões científicas perdem cada vez mais prestígio e capacidade de atração: por isso, assistimos à «desafeição dos jovens em relação às ciências». As elites escolhem as carreiras da gestão e da finança, mais bem remuneradas e consideradas do que as dos laboratórios de investigação. Esta situação é tão inquietante quanto lamentável. Quanto mais a cultura empresarial é positiva e necessária, mais se torna nefasta quando desvaloriza tudo o que não seja comercial. Para corrigir a sociedade da sedução, temos imperativamente de voltar a dignificar o trabalho teórico, revalorizar a investigação e as profissões científicas.

De uma forma mais geral, devemo-nos opor a estas correntes porque a vida desejável não se reduz às empresas e aos negócios. Tal como funciona, a sociedade da sedução comercial não é aquilo que podemos esperar de melhor para o futuro da humanidade. Temos a responsabilidade de propor às gerações futuras novos horizontes, uma ambição superior, um modelo de vida para além dos negócios, do consumível infinito e do entretenimento perpétuo. Embora seja vão acreditar que, num futuro mais ou menos próximo, a sociedade da sedução possa ceder o lugar a um modelo de vida radicalmente diferente, é indispensável desenvolver alternativas à sua hegemonia, contrapesos à cultura do consumismo desenfreado, contrafogos capazes de ampliar os horizontes de vida e de oferecer perspetivas mais elevadas do que o mero lucro e o consumismo total. Entre estes contrapesos estão o saber, a cultura e a arte.

Para uma sociedade educadora global

Nada é mais importante para o futuro do que construir um mundo no qual seja reconhecida a prioridade central do domínio da inteligência, do espírito e, portanto, da formação dos indivíduos. Face à sociedade da sedução, temos de promover uma sociedade educadora, permanente e global. Esta não substituirá milagrosamente a outra, mas, pelo menos, poderá reduzir os seus inconvenientes e as suas derivas patogénicas. Para limitar os efeitos nocivos da sociedade do entretenimento, a melhor via é a mobilização educativa e a promoção de uma educação global ambiciosa.

Uma das grandes características da época hipermoderna é o novo lugar ocupado pelo conhecimento nas atividades de trabalho e no sistema económico. «Capitalismo cognitivo», «sociedade pós-industrial», «sociedade da informação», «sociedade do conhecimento», estes são alguns dos conceitos atualmente propostos para designar a mutação em curso. Em inícios dos anos 70, Daniel Bell sublinhava a passagem da sociedade industrial, baseada na produção, para a sociedade pós-industrial assente no conhecimento e na informação. A revolução das TIC e da Internet amplifica o peso do saber, que se torna o principal recurso da atividade económica. Chegámos ao momento em que o conhecimento se impõe como a principal força produtiva, a principal forma de capital e de trabalho. Por conseguinte, os agentes económicos devem possuir, no exercício das suas profissões, qualificações superiores. Para encontrar um lugar nesta sociedade, é cada vez mais importante deter um «capital de conhecimento», formação permanente, adquirir novas competências ao longo de toda a vida. Neste contexto, o papel da educação é mais do que nunca imperativo não só porque tem efeitos positivos sobre o progresso técnico, mas também porque constitui para os indivíduos o melhor instrumento para encontrar um lugar na sociedade, evitar o desemprego de longa duração, exercer uma atividade profissional mais rica e criativa.

Apostar na educação é, desde logo, promover uma escola ambiciosa capaz de elevar os recursos intelectuais, as capacidades de análise e de reflexão de todos, incluindo os filhos do povo. Para lutar contra o fracasso das aprendizagens iniciais, em particular no domínio da compreensão da escrita, precisamos, como diz Jean-Pierre Terrail, de uma «espécie de revolução copernicana», a saber, uma «pedagogia da ambição» que se oponha às derivas da escola atrativa (motivação, jogo, descobertas e livres iniciativas dos alunos) que se desenvolveu a partir dos anos 60–70. Para que todos os alunos acedam ao pensamento conceptual abstrato que lhes permite prosseguirem os estudos no secundário, temos o dever de implementar uma «escola da exigência intelectual» que assuma a austeridade das regras, os treinos repetidos, as aprendizagens maçadoras, os saberes abstratos e «cultivados» ([27]). A primeira forma de combate contra a hegemonia da cultura do agradar (jogo, prazer, liberdade, desenvolvimento imediato da criança) deve começar na escola através de dispositivos pedagógicos baseados no esforço e na disciplina intelectual de todos os alunos, de todos os meios sociais.

Criação e cultura

No entanto, a nossa ambição educativa supera o domínio das aquisições fundamentais e dos saberes técnicos e profissionais. Mais do que nunca, precisamos de uma educação «global» que inclua as «humanidades», a literatura, a história, a «cultura geral», pois estes polos constituem recursos necessários para a capacidade de autonomia dos indivíduos, o meio indispensável para se orientarem no magma das informações disponíveis na Internet, para elevar as capacidades reflexivas e críticas dos cidadãos.

Além do seu mérito para ajudarem a compreender o curso do mundo, as disciplinas de cultura geral podem permitir que os indivíduos se interessem por outras coisas que não os produtos comerciais e escapem à prisão consumista. A força atrativa dos produtos comerciais, mesmo que fúteis, não pode ser vista como uma abominação, pois a necessidade de recreação é inerente à condição humana. O lamentável é que seja por vezes tão predominante que acaba por impedir o desfruto de outros prazeres, de outras atividades. Não devemos criticar o hiperconsumo por produzir apenas prazeres inferiores e satisfações fracas. Isto não traduz a realidade vivida: como medir os prazeres, como compará-los? O que nos autoriza a dizer que há um prazer mais intenso em ouvir Ravel do que um qualquer cantor na moda? Devemos denunciar o fetichismo consumista por limitar demasiado o leque das fontes de atração. A formação global tem a função de mitigar não um défice de prazer, mas o défice em matéria de abertura dos gostos e dos interesses.

Esta é uma das grandes missões da sociedade educadora. A educação deve ser afirmada como uma força de oposição ao regime invasivo da sedução «fácil» e, ao mesmo tempo, como o instrumento que abre as vias para outros domínios atrativos relacionados com a cultura e a beleza artística. Deve permitir apreciar outros tipos de prazeres, que são providenciados tanto pelas argumentações racionais como pelas belezas estilísticas da arte e da literatura. Não existe apenas um registo do «agradar e tocar». Uma das missões da escola é favorecer o desenvolvimento de outras atrações que não as oferecidas pelos bens efémeros mediáticos e comerciais.

Contra a omnipresença destes, a escola honra-se ao fixar como objetivo a formação de indivíduos capazes de serem cativados por outra coisa que não as modas, os aparelhos eletrónicos, as séries de televisão ou os videojogos. Ao transmitir os elementos da nossa herança cultural secular, a escola e a educação global surgem como os agentes indispensáveis para abrir e enriquecer os prazeres que podem ser desfrutados pelos indivíduos.

Mas há mais. Por educação exigente, não devemos entender apenas o conjunto dos dispositivos que permitem a aquisição dos saberes necessários ao exercício do pensamento racional, da cidadania e de uma profissão. «Aprender» remete também para as atividades artísticas. Ao desenvolver o gosto da expressão por meio da pintura, do teatro, da música, da fotografia, do vídeo, da dança, constrói-se uma relação com a cultura capaz de limitar a tentação consumista. Quando se pinta, quando se escreve um livro, quando se toca música, há menos urgência de comprar os últimos produtos de marca: o desejo está noutro lado. Estar envolvido numa atividade criativa, seja ela qual for, faz recuar a tendência para atribuir um valor central à aquisição de bens materiais. Estimulando o gosto de *fazer*, trabalha-se para reduzir o poder de atração do consumismo «passivo». É por isso que a sociedade educadora deve redobrar os esforços em matéria de estimulação e de formação nas práticas culturais e artísticas. Assim, o encorajamento das ações criativas é uma das vias ricas de futuro para escapar à influência excessiva do consumível. Esta via não é moralista nem ascética, não exige qualquer renúncia: simplesmente, reduz o fetichismo consumista através do interesse numa atividade criativa.

A educação artística também não deve ser considerada uma disciplina secundária porque a nossa época regista um forte desenvolvimento dos gostos pela criação e pela expressão artística, de que é testemunha o aumento do número de artistas profissionais e o progresso espetacular das práticas artísticas amadoras: a *Pro-Am Revolution* ([28]). Enquanto se multiplicam os participantes de coros, 18 por cento dos Franceses de 15 anos e mais praticam música como amadores. Na pintura, a proporção dos amadores, em França, passou de 3 por cento para 10 por cento entre 1981 e 1997, e de 3 por cento para 6 por cento em relação à escrita. Atualmente, três em cada dez Franceses têm uma atividade artística contra 1,5 nos anos 70. Quase metade da população americana seguiu aulas de música, um terço fora da escola, e um quarto seguiu cursos diversos: pintura, artesanato, escrita. A sedução da arte entrou na era da prática democrática das massas.

Na cultura individualista, hedonista e «pós-materialista», os indivíduos, em muito maior número do que antes, aspiram a exprimir-se, a criar, a realizar coisas «ricas», estimulantes e pessoais ([29]). A prática artística atrai um número crescente de indivíduos porque é uma fonte de satisfação que o trabalho, geralmente sinónimo de monotonia, de falta de iniciativa, de sufoco da singularidade individual, não permite. Daí a sedução exercida pelas formas de autorrealização através de atividades mais ricas, criativas e pessoais, que permitem fazer alguma coisa de apaixonante e que valoriza os seres em relação a si mesmos e aos outros. A escola tem de levar em conta e responder a esta necessidade crescente de atividades criativas.

Assim, a resposta a dar à sedução comercial hipertrofiada apela à ativação dos recursos culturais e criativos. Não se fará progredir o gosto pela cultura com a mudança dos programas de televisão, com uma política ambiciosa em matéria de bibliotecas ou com a implementação de um «pass culture» oferecido a todos os jovens no dia em que atingem a maioridade. Não é por estas vias que se fará recuar as patologias do mercado sedutor, mas sim pela excelência das aprendizagens escolares, pela mobilização dos recursos intelectuais e culturais, pela formação artística. Não sonhemos: as ofertas do capitalismo cultural não mudarão de natureza enquanto estas encontrarem consumidores atraídos pela insignificância espetacular. O que poderá mudar o etos consumista? O recuo da «estupidificação em massa» passa por uma formação escolar e artística de qualidade. É nesta formação que a nossa época deve investir para que as sereias consumistas fiquem no lugar que lhes pertence.

Para abrir o leque dos domínios de sedução, precisamos de antídotos para a influência do hiperconsumo. A educação, a cultura, a arte, a criação em todas as suas formas são os seus elementos principais. Face ao poder da tentação consumista omnipresente, temos de criar contextos sociais capazes de favorecer o desenvolvimento de novos objetivos existenciais. Não serão os apelos idealistas a um qualquer «suplemento de alma» que trarão uma solução duradoura, mas sim um investimento maciço na educação e na cultura, bem como novos paradigmas pedagógicos capazes de suscitar todos os tipos de desejos criativos.

Não haverá uma revolução global anticonsumista: será longo o caminho para uma sociedade menos desequilibrada na qual o progresso não remeta apenas para o PIB, mas também para as pessoas vistas na sua globalidade. O ideal de desenvolvimento sustentável é nobre, mas não deve ser concebido exclusivamente como um novo modelo económico destinado a responder aos grandes problemas ambientais: deve ser visto como um objetivo humano. Tal como devemos operar progressivamente uma «transição ecológica», devemos usar tudo para operar uma «transição cultural» a fim de desenvolver uma ecologia do espírito. Enquanto o objetivo da ecologia industrial é limitar os impactos da indústria no ambiente, a ecologia do espírito tem como fim encontrar os meios culturais para limitar os danos do hiperconsumo nas vidas e nos potenciais humanos. Isto passa pela mobilização cultural, concebida como instrumento fundamental que permite desenvolver modos de vida mais «ricos», menos desequilibrados, menos concentrados no consumo. Não precisamos apenas de novas energias para um desenvolvimento sustentável, mas também de novas energias existenciais, de uma nova economia mental, de uma nova política cultural ao serviço do desenvolvimento pessoal dos indivíduos. Para preservar o equilíbrio dos ecossistemas, também é imperativo lutar contra os desequilíbrios existenciais provocados pelo consumismo excessivo. É preciso ver o investimento cultural como uma das grandes respostas a dar à excrescência consumidora. Não serão os ideais abstratos, as cruzadas morais ou um universo mediático mais «inteligente» que nos libertarão da unidimensionalidade consumista, mas sim os focos sedutores portadores de enriquecimento de si a longo prazo.

Ainda que a sociedade da sedução tal como funciona hoje não nos dê os meios de enfrentar de maneira satisfatória os desafios do futuro e, por isso, exija diferentes contrapesos, não há motivos para diabolizar o seu reinado. Não é um além radical desta sociedade que devemos construir, mas uma nova sociedade da sedução que, livre da hegemonia dos valores materialistas e presentistas, seja compatível com o esforço e o trabalho, a superação de si, a criação, a reflexão. A nossa responsabilidade é promover, em vez de uma sedução passiva, uma *sedução aumentada*, uma sedução que impulsione as paixões ricas e boas, as paixões que permitem o progresso de si, o enriquecimento das experiências e das faculdades humanas.

NOTAS

Introdução

[1] À exceção notável do fundamentalismo islâmico ou do salafismo, que erigem princípios radicalmente opostos aos da sedução soberana liberal.

[2] Gilles Lipovetsky, *L'Ère du vide*, Paris, Gallimard, 1983 (Folio essais, n.º 121). [*A Era do Vazio – Ensaios sobre o Individualismo Contemporâneo*, Edições 70, Lisboa, 2013.]

[3] Uma força atrativa que está longe de ser unânime, como mostra de forma clara o sucesso das correntes populistas, animadas precisamente pelo receio dos efeitos da globalização liberal.

[4] Gisèle Harrus-Révidi, *Qu'est-ce que la séduction?*, Paris, Payot & Rivages, 2010.

[5] Jean Baudrillard, «Les abîmes superficiels», *La Séduction*, Maurice Olender e Jacques Sojcher (org.), Paris, Aubier, 1980, p. 197.

[6] Considere-se o domínio da pintura: a este respeito, Malraux observa com razão que «um pintor não é, desde logo, um homem que gosta das figuras e das paisagens: é sobretudo um homem que gosta dos quadros», ou seja, que é seduzido pelos quadros. O desejo de pintar não se concebe sem a atração exercida pelos quadros.

[7] Neste sentido, poder-se-ia dizer que ser psicologicamente *velho* é já não estar em condições de ser seduzido por alguma coisa.

[8] Jacques Lacan, «Le stade du miroir como formateur de la fonction du Je», *Écrits*, Paris, Le Seuil, 1966, p. 94.

[9] Sigmund Freud, *Trois essais sur la théorie de la sexualité* (1905), Paris, Gallimard, col. Idées, 1962, p. 133 (Folio essais n.º 6).

[10] *Ibid.*, p. 134.

[11] Citado por Claire Christien-Prouêt, «Retour sur la séduction, la sexualité intantile et la psychanalyse», *La lettre de l'enfance et de l'adolescence*, n.º 54, 2003.

[12] «O enigma, aquele cuja força é inconsciente, é sedução por si mesmo», escreve Jean Laplanche, em *Nouveaux Fondements pour la psychanalyse. La Séduction originaire*, Paris, PUF, 1987, p. 126.

[13] Danielle Haase-Dubosc, «Des usages de la séduction selon Madeleine de Scudéry», *Séduction et sociétés*, Cécile Dauphin e Arlette Farge (org.), Paris, Le Seuil, 2001, pp. 45–52.

[14] Denis Diderot, *Pensées philosophiques* (1746), Adição aos *Pensées philosophiques*; *Lettre sur les aveugles*, Adições à *Lettre sur les aveugles*; *Supplément au voyage de Bougainville*, Paris, Garnier/Flammarion, 1972, p. 33.

PRIMEIRA PARTE

A SEDUÇÃO ERÓTICA

CAPÍTULO I

Da sedução restringida à sedução soberana

[1] Edward Evans-Pritchard, *La Femme dans les sociétés primitives*, Paris, PUF, 1971, p. 166.

[2] Marion Van Offelen, *Nomades du Niger*, com fotografias de Carol Beckwith, Paris, Chêne, 1983.

[3] Bronislaw Malinowski, *La Vie sexuelle des sauvages do nord-ouest de la Mélanésie* [1929], Paris, Payot, 1970, p. 198.

[4] *Ibid.*, p. 221.

[5] Jacqueline Pigeot, *Femmes galantes, femmes artistes dans le Japon ancient* (XIe–XIIe siècle), Paris, Gallimard, 2003).

[6] Jean-Jacques Rousseau, *Discours sur l'origine et les fondements de l'inégalité parmi les hommes*, Paris, Gallimard, col. Idées, p. 94 (Folio essais n.º 18).

[7] Luc Renaud, «Le tatouage féminin dans les sociétés anciennes et traditionnelles: beauté, sexualité et valeur sociale», 2008; artigo consultado *online*: https://hal.archives-ouvertes.fr/hal-00275248/document.

[8] Véronique Antomarchi, «Les tatouages inuit dans l'Arctique canadien», *Décors des corps*, Gilles Boëtsch, Dominique Chevé e Hélène Claudot-Hawad (org.), Aix-en-Provence, IREMAM, Paris, CNRS Éditions, 2010, p. 370.

[9] Catherine Alès, «Art corporel, savoir et engenderment chez les Yanomami», *ibid.*, p. 332.

[10] Claude Lévi-Strauss, *Anthropologie structural*, Paris, Plon, 1958, p. 282.

[11] Claude Lévi-Strauss, *Tristes tropiques* (1955), Paris, Plon, col. 10/18, 1962, p. 162.
[12] Claude Lévi-Strauss, *Entretiens avec Georges Charbonnier*, Paris, Plon, 1961, p. 115.
[13] Uma vontade de poder socialmente limitada, deve dizer-se, uma vez que as sociedades estruturadas pela tradição se esforçam por reconduzir incansavelmente os mesmos modelos herdados do passado sagrado e ancestral.
[14] Friedrich Nietzsche, *Œuvres philosophiques complètes*, tomo XIV: *Fragments posthumes (début 1888-début janvier 1889)*, Paris, Gallimard, 1977, p. 91.
[15] Friedrich Nietzsche, *La volonté de puissance*, tomo I, Paris, Gallimard, col. Tel n.º 259, 1995, p. 230.
[16] Claude Lévi-Strauss, *Tristes tropiques*, ibid., p. 162.
[17] Claude Gudin, *Une histoire naturelle de la séduction*, Paris, Seuil, col. Points-Science, 2003, pp. 134–135.
[18] Esta teoria é desenvolvida por Desmond Morris, *Le singe nu* (1968), Le Livre de Poche n.º 2752, pp. 97–98.
[19] Marian Vanhaeren e Francesco d'Errico, «L'émergence du corps paré. Objects corporels paléolithiques», *Civilisations*, n.º 59, 2011.
[20] Sobre esta abordagem, ver Jean Baudrillard, *De la séduction*, Paris, Galilée, 1979.
[21] Bronislaw Malinowski, *La Vie sexuelle des sauvages du nord-ouest de la Mélanésie*, op. cit., pp. 248–271.
[22] Anne-Christine Taylor, «Les masques de la mémoire. Essai sur la fonction des peintures corporelles jivaro», *L'Homme*, n.º 165, janeiro-março de 2003.
[23] Claudine Charbonnier, «La courtisane de Plaute à Ovide», *Bulletin de l'Association Guillaume Budé*, vol. 28, n.º 4, 1969, pp. 457–558.
[24] Nicole Loraux, «Aspasie, l'étrangère, l'intellectuelle», *Clio, Femmes, Genre, Histoire*, n.º 13, 2001, pp. 17–42.
[25] A propósito de Laís, Propércio escreve que «toda a Grécia suspirava à sua porta», citado por Claudine Charbonnier, art. cit., p. 460.
[26] Liza C. Dalby, *Geisha*, Payot & Rivages, 2003, p. 10.
[27] *Ibid.*, pp. 273–274.
[28] Thierry Lenain, «Les images-personnes et la religion de l'authenticité», em Ralph Dejoninck e Myriam Watthée-Delmotte (org.), *L'Idole dans l'imaginaire occidental*, Paris, Budapeste, Turim, L'Harmattan, 2005.
[29] Nathalie Heinich, *De la visibilité. Excellence et singularité en régime médiatique*, Paris, Gallimard, 2012, pp. 16–22.
[30] Thierry Lenain, *L'Idole dans l'imaginaire occidental*, op. cit., p. 320.

³¹ Frieda Graefe, «Marlene, Sternberg: Glamour, beauté née de la caméra», *Stars au féminin. Naissance, apogée et décadence du star system*, Gian Luca Farinelli e Jean-Loup Passek (org.), Paris, Centre Pompidou, 2000, p. 127.
³² Nathalie Heinich, *De la visibilité. Excelence et singularité en régime médiatique*, op. cit., pp. 369–373.
³³ Violette Morin, «Les Olympiens», *Communication*, vol. 2, n.º 1, 1963.
³⁴ Desmond Morris, *Le Singe nu*, op. cit., pp. 90–91.
³⁵ Pierre-Joseph Laurent, *Beautés imaginaires. Anthropologie du corps et de la parenté*, Lovaina, Academia Bruylant, 2010.
³⁶ *Ibid.*, p. 218.
³⁷ *Ibid.*, p. 403.
³⁸ *Ibid.*, pp. 216–222.
³⁹ Hua Cai, *Une société sans père ni mari: les Na de Chine*, Paris, PUF, 1997, pp. 151–162.
⁴⁰ Bronislaw Malinowski, *La Vie sexuelle des sauvages du nord-ouest de la Mélanésie*, op. cit., pp. 213–214.
⁴¹ Esta observação de Marjorie Shostak é citada por Pierre-Joseph Laurent, *Beautés imaginaires. Anthropologie du corps et de la parenté*, op. cit., p. 11.
⁴² Nelson Graburn e Pamela Stern, «Ce qui est bien est beau, Un regard sur la beauté chez les Inuit du Canada», *Terrain*, n.º 32, março de 1999; URL: http://terrain.revues.org/2728; DOI: 10.4000/terrain.2728.
⁴³ Pierre-Joseph Laurent, *Beautés imaginaires. Anthropologie du corps et de la parenté*, op. cit., p. 26.
⁴⁴ Claude Lévi-Strauss, *Les structures élémentaires de la parenté* (1949), Paris, Haia, Mouton, 1967, p. 134.
⁴⁵ Embora nascido nos meios da elite social, é nas classes populares que o casamento por amor aumenta mais depressa.
⁴⁶ De uma forma geral, os casais não reconhecem o papel de primeiro plano desempenhado pela atração física no sentimento amoroso. No entanto, temos todos os motivos para pensar que esta conta muito mais do que é afirmado pelos agentes. Cf. Jean-François Amadieu, *Le Poids des apparences. Beauté, amour et gloire*, Paris, Odile Jacob, 2002, pp. 83–90.
⁴⁷ Já no século XVII, Mademoiselle de Scudéry considerava que o casamento só podia escapar à «escravatura» associando-o de forma duradoura à sedução. Por isso, os conselhos que dá e que encontramos com frequência na imprensa feminina atual: «A mulher deve ser amante do seu marido e uma amante nunca deve ser a mulher do seu marido... Com efeito, uma mulher não deve deixar de ser galante em relação ao marido quando casa», citado por Danielle Haase-Dubosc, «Des usages de la séduction selon Madeleine de Scudéry», *Séduction et société*, op. cit., p. 52.

⁴⁸ O romance *O Zebra*, de Alexandre Jardin, baseia-se na temática do amor que exige uma sedução eternamente recomeçada.
⁴⁹ Edward Shorter, *Naissance de la famille moderne, XVIIIᵉ–XXᵉ siècle*, Paris, Le Seuil, 1977, pp. 192-193.
⁵⁰ Anne-Marie Sohn, *Du premier baiser à alcôve. La sexualité des Français au quotidien, 1850-1950*, Paris, Aubier, 1996, pp. 178-181.
⁵¹ Esta questão é desenvolvida no capítulo V («A sedução interdita»).

CAPÍTULO II
Cortejar, flirtar, engatar

¹ Edward Shorter, *Naissance de la famille moderne*, op. cit., p. 315.
² *Ibid.*, pp. 155-172.
³ Citado por Françoise Barret-Ducrocq, *L'amour sous Victoria. Sexualité et classes populaires à Londres au XIXᵉ siècle*, Paris, Plon, 1989, p. 130.
⁴ Jean-Louis Flandrin, *Le sexe et l'Occidental. Évolution des attitudes et des comportements*, Paris, Le Seuil, pp. 95 e 293-295.
⁵ Anne-Marie Sohn, «Les "relations filles-garçons": du chaperonnage à la mixité (1870-1970)», *Travail, genre et sociétés*, n.º 9, 2003.
⁶ Sobre estes pontos, ver Anne-Marie Sohn, *Du premier baiser à l'alcôve*, op. cit., pp. 163-178.
⁷ O desenvolvimento das ligações pré-nupciais, na III República, também ilustra uma dinâmica de emancipação dos corpos e dos espíritos, uma maior tolerância em relação aos «desvios amorosos», ainda que as classes superiores se mantenham muito apegadas ao ideal de virgindade feminina antes do casamento. Cf. Anne-Marie Sohn, *Du premier baiser à l'alcôve*, op. cit., pp. 224-238.
⁸ Fabienne Casta-Rosaz, *Histoire du flirt. Les jeux de l'innocence et de la perversité, 1870-1968*, Paris, Grasset, 2000.
⁹ Hugues Lagrange, *Les adolescentes, le sexe, l'amour. Itinéraires contrastés*, Paris, Syros, 1999, p. 17.
¹⁰ Ver capítulo III.
¹¹ Anne-Marie Sohn, *Du premier baiser à l'alcôve*, op. cit., p. 210.
¹² Sobre estes pontos, ver John Modell, *Into One's Own. From Youth to Adulthood in the United States, 1920-1975*, Berkeley, University of California Press, 1989.
¹³ Eva Illouz, *Les Sentiments du capitalism*, Paris, Le Seuil, 2006, p. 171.
¹⁴ Michel Houellebecq, *Extension du domaine de la lutte*, Paris, J'ai lu, 1998, p. 100.

¹⁵ Pascal Bruckner, *Le Paradox amoureux*, Paris, Librairie générale française, 2009, col. Le Livre de Poche, n.º 32065, p. 38.
¹⁶ Jean-Claude Kaufmann, *Sex@mour*, Paris, Librairie générale française, col. Le Livre de Poche, n.º 32289, pp. 123 e 184.
¹⁷ Gilles Lipovetsky, *La Troisième Femme*, Paris, Gallimard, 1997, pp. 30-40 e 62-67 (Folio essais n.º 472).

CAPÍTULO III
Do gesto à fala

¹ Pierre Clastres, *Chronique des Indiens Guayaki. Ce que savent les Aché, chasseurs nomades du Paraguay*, Paris, Plon, 1972, p. 172.
² Bronislaw Malinowski, *La Vie sexuelle des sauvages do nord-ouest de la Mélanésie*, op. cit., pp. 180-183, e, sobre os cortes eróticos, pp. 188-189.
³ Edward Evans-Pritchard, *La Femme dans les sociétés primitives*, op. cit., pp. 164-165.
⁴ Bronislaw Malinowski, *La Vie sexuelle des sauvages do nord-ouest de la Mélanésie*, op. cit., p. 185.
⁵ Cf. Pierre-Joseph Laurent, *Beautés imaginaires. Anthropologie du corps et de la parenté*, op. cit., p. 181.
⁶ Citado por Jean Claude Bologne, *Histoire de la conquête amoureuse. De l'Antiquité à nos jours*, Paris, Le Seuil, 2007, p. 131.
⁷ Jean-Louis Flandrin, *Les amours paysannes (XVIᵉ-XIXᵉ siècle)*, Paris, Gallimard, col. Follio histoire, n.º 53, 1993, pp. 243-246; Martine Segalen, *Mari et femme dans la société paysanne*, Paris, Flammarion, col. Champs, 1984, p. 22.
⁸ Edward Shorter, *Naissance de la famille moderne*, op. cit., pp. 175-178.
⁹ Martine Segalen, *Mari et femme dans la société paysanne*, op. cit., pp. 23-25.
¹⁰ Há exceções: no vale do Níger, quando uma rapariga está interessada num rapaz, faz-lhe chegar um prato de painço, que lhe é levado por uma intermediária. Se o rapaz desejar estabelecer uma relação amorosa, aceita a dádiva e deve oferecer, mais ou menos regularmente, uma série de presentes à noiva.
¹¹ Claude Lévi-Strauss, *Les structures élémentaires de la parenté*, op. cit., p. 135.
¹² *Ibid.*, pp. 134-35.
¹³ Em 1647, Jean Chapelain define a galantaria como arte de agradar e de «parecer bem junto das amantes por palavras estudadas»: é o discurso que constitui a sedução do homem galante. Ver Marine Roussillon,

«Amour chevaleresque, amour galante et discours politiques de l'amour dans Les Plaisirs de l'île enchantée (1664)», Littératures classiques n.º 69, Universidade de Paris III-Sorbonne Nouvelle, 2009.

[14] Marcel Detienne, Les Maîtres de vérité dans la Grèce archaïque, Paris, Maspero, 1967, pp. 62–67.

[15] Ovídio, A Arte de Amar, I, 270, 343.

[16] A importância atribuída às palavras ternurentas não exclui, em certos casos, o recurso muito mais «tradicional» à «força», pois «esta violência é agradável às mulheres: o que elas gostam de dar, muitas vezes, querem deixar apesar delas. Uma mulher, tomada à força bruscamente por um assalto amoroso, regozija-se disso: esta insolência é, para ela, um presente», A Arte de Amar, I, 673–675.

[17] Ibid., I, 29.

[18] Ibid., III, 113: «Dantes reinava uma simplicidade grosseira: agora, Roma resplandece de ouro.»

[19] Verena von der Heyden-Rynsch, La Passion de séduire. Une histoire de la galanterie en Europe, Paris, Gallimard, 2005, p. 59. O substantivo «galantaria» data do século XVI, mas o adjetivo «galante» aparece dois séculos antes. Ver Noémi Hepp, «La galanterie», Les Lieux de mémoire, tomo III, Paris, Gallimard, col. Quarto, 1997, p. 3705, nota 23.

[20] Alain Viala, La France galante. Essai historique sur une catégorie culturelle, de ses origines jusqu'à la Révolution, Paris, PUF, 2008.

[21] Citado por Jean-Michel Pelous, Amour précieux, amour galante (1654–1673). Essai sur la représentation de l'amour dans la littérature et la société mondaines, Paris, Klincksieck, 1980, p. 475.

[22] Danielle Haase-Dubosc, «Des usages de la séduction selon Madeleine de Scudéry», Séduction et société, op. cit., pp. 45–49.

[23] Jean-Michel Pelous, Amour précieux, amour galante, op. cit., p. 205.

[24] «Chamo alegre não àquilo que excita o riso, mas a um certo encanto, um ar agradável que se pode dar a todos os tipos de temas, até aos mais sérios», La Fontaine, Prefácio às Fábulas, 1666.

[25] Jean-Michel Pelous, Amour précieux, amour galante, op. cit., p. 46.

[26] Delphine Denis, «Conversation et enjouement au XVIIe siècle: l'exemple de Madeleine de Scudéry», Du goût, de la conversation et des femmes, Alain Montandon (org.), Clermond-Ferrand, Association des publications de la Faculté des lettres et sciences humaines, 1994, p. 119.

[27] Madeleine de Scudéry, Conversation sur divers sujets, Paris, Claude Barbin, 1680, t. I, p. 42.

[28] Carta LXIII.

[29] Alain Viala, «L'éloquence galante, une problématique», Images de soi dans le discours. La construction de l'ethos, Ruth Amossy (org.), Lausana, Delachaux et Niestlé, 1999, pp. 179–195.

[30] *De l'air galant et autres conversations. Pour une étude de l'archive galante*, Delphine Denis (org.), Paris, Honoré Champion, p. 53.
[31] Citado por Verena von der Heyden-Rynsch, *La passion de séduire. Une histoire de la galanterie en Europe, op. cit.* p. 136.
[32] Maurice Daumas, *La tendresse amoureuse, XVIe–XVIIIe siècles*, Paris, Perrin, 1996, p. 47.
[33] *Ibid.*, p. 63.
[34] *Ces bonnes lettres. Une correspondance familiale au XIXe siècle*, Cécile Dauphin, Pierrette Lebrun-Pézerat e Danièle Poublan (org.), Paris, Albin Michel, 1995, p. 142.
[35] Roland Barthes, *Fragments d'un discours amoureux*, Paris, Le Seuil, 1977, pp. 207–211.
[36] Pascal Bruckner e Alain Finkielkraut, *Le nouveau désordre amoureux*, Paris, Le Seuil, 1977, pp. 288–289.
[37] Serge Tisseron, «Une nouvelle culture», *Constructif*, n.º 12, 2005.
[38] Georg Simmel, «La sociabilité», *Sociologie et épistémologie*, Paris, PUF, 1981, p. 130.
[39] Georg Simmel, «Psychologie de la coquetterie» (1909), *Philosophie de l'amour*, Paris, Rivages, pp. 122 e 132.
[40] *Ibid.*, p. 136.
[41] Jean-Claude Kaufmann, *Sex@mour, op. cit.*, pp. 111–118.
[42] *A Arte de Amar*, Livro I.
[43] Sobre este ponto, permito-me remeter para a minha obra, *La Troisième Femme, op. cit.*
[44] A este respeito, Françoise Héritier sublinha a universalidade da «valência diferencial dos sexos», *Masculin/féminin*, Paris, Odile Jacob, 1996.
[45] Ao contrário desta leitura, Claude Habib analisa a galantaria francesa como uma «forma feliz da relação entre os sexos» cujos efeitos foram positivos para as mulheres em matéria de liberdades individuais, de igualdade, de miscigenação, de atenção e de delicadeza a respeito delas. Ver *Galanterie française*, Paris, Gallimard, 2006.

CAPÍTULO IV

O adorno ou a artialização dos corpos

[1] Gilles Boëtsch e Dorothée Guilhem, «Rituels de séduction», *Hermés, La Revue*, n.º 43, 2005, pp. 179–188.
[2] Este modelo teve a sua expressão mais «pura» nas formações sociais selvagens, mas muitos dos seus traços sobreviveram — pelo menos em certos meios sociais — nas «grandes civilizações» até uma data tardia.

³ Victor Leca, *L'art de plaire, d'aimer et de se faire aimer* (1929), citado por Jean Claude Bologne, *Histoire de la conquête amoureuse*, *op. cit.*, p. 17.

⁴ Marylène Patou-Mathis, *Préhistoire de la violence et de la guerre*, Paris, Odile Jacob, 2013.

⁵ Pierre Clastres, «Ethnologie des Indiens Guayaki. La vie sociale de la tribu», *L'Homme*, vol. 7, n.º 4, 1967, p. 17.

⁶ Alain Testart, *Avant l'histoire. L'évolution des sociétés de Lascaux à Carnac*, Paris, Gallimard, 2012, pp. 216–218.

⁷ Friedrich Nietzsche, *La Généalogie de la morale. Deuxième dissertation*, VIII, Paris, Gallimard, col. Idées, 1966. O filósofo da vontade de poder acrescenta que «não se encontrou um nível de civilização tão rudimentar onde não se observasse já alguma coisa da natureza dessas relações» (ou seja, relações entre credor e devedor), *ibid.*, p. 96.

⁸ Jacques Lizot, «À propos de la guerre. [Une réponse à N. A. Chagnon]», *Journal de la société des américanistes*, n.º 75, 1989, p. 105.

⁹ E também revolução musical, com o aparecimento dos primeiros instrumentos musicais no Paleolítico superior, por volta de 35 000 a.C.

¹⁰ Steven L. Kuhn e Mary C. Stiner, «Les parures au paléolithique. Enjeux cognitifs, démographiques et identitaires», *Diogène*, n.º 214, 2006.

¹¹ Sobre a relações da sedução com o modo de andar e o olhar, ver Dorothée Guilhem, «Incorporation de l'identité de genre chez les Peuls Djeneru du Mali», *Journal des anthropologues*, n.º 112–113, 2008.

¹² Marcel Mauss, *Manuel d'ethnographie*, Paris, Payot, 1967, p. 109.

¹³ *Ibid.*, pp. 96–100.

¹⁴ *Ibid.*, p. 99. Numa perspetiva semelhante, John Carl Flügel distingue o «adorno corporal», que molda ou manipula o próprio corpo, do «adorno externo», que acrescenta ao corpo roupas ou objetos ornamentais. Ver *Le rêveur nu. De la parure vestimentaire*, Paris, Aubier, 1982, p. 35. Uma tipologia mais recente é fornecida por Francesco Remotti, «Interventions esthétiques sur le corps», *Figures de l'humain. Les représentations de l'anthropologie*, Francis Affergan, Silvana Borutti, Claude Calame e Ugo Fabietti (org.), Paris, Éd. de l'EHESS, 2003, pp. 279–306.

¹⁵ Marcel Mauss, *Manuel d'ethnographie*, *op. cit.*, p. 100.

¹⁶ Claude Lévi-Strauss, *Tristes tropiques*, *ibid.*, p. 162.

¹⁷ Marcel Mauss, *Manuel d'ethnographie*, *op. cit.*, p. 96.

¹⁸ Sobre este conceito, ver Alain Roger, *Court traité du paysage*, Paris, Gallimard, 1997, pp. 16–20 (Folio essais n.º 625). Ver também, do mesmo autor, *Nus et paysages. Essai sur la fonction de l'art*, Paris, Aubier, 1978.

¹⁹ Véronique Antomarchi, «Les tatouages inuit dans l'Arctique canadien», *Décors des corps*, Gilles Boëtsch, Dominique Chevé, Hélène Claudot-Hawad (org.), Aix-en-Provence, IREMAM; Paris, CNRS Éditions, 2010, p. 370.

[20] Angela Fisher, *Africa Adorned*, Nova Iorque, Harry N. Abrams, 1984.
[21] Marcel Mauss, *Manuel d'ethnographie*, op. cit., p. 96.
[22] Igor de Garine, «Massa et Moussey: la question de l'embonpoint», *Autrement*, n.º 91, junho de 1987.
[23] Anne-Christine Taylor, «Les masques de la mémoire», *L'Homme*, n.º 165, 2003.
[24] Jean Baudrillard, *De la séduction*, Paris, Galilée, 1979, p. 10.
[25] Dorothée Guilhem, «Le charme féminin chez les Peuls Djeneri du Mali: un "objet" de la nature ou de la culture?», *Anthropologie et Sociétés*, vol. 32, 2008, pp. 11–17.
[26] Sobre a noção de agência, ver Alfred Gell, *L'art et ses agentes. Une théorie anthropologique*, Dijão, Les presses du réel, 2009.
[27] John Carl Flügel, *Le rêveur nu. De la parure vestimentaire*, op. cit., pp. 15 e 20.
[28] Hélène Claudot-Hawad, «Soigner, embellier, humaniser. Le bleuissement de la peau chez les Touaregs», *Décors des corps*, op. cit., pp. 321–329.
[29] Claude Lévi-Strauss, *Tristes tropiques*, op. cit., p. 162.
[30] Pierre Clastres, *Chronique des Indiens Guayaki. Ce que savent les Aché, chasseurs nomades du Paraguay*, Paris, Plon, 1972, pp. 165–166.
[31] Steven L. Kuhn e Mary C. Stiner, art. cit.
[32] *Ibid.*
[33] Nicholas J. Conard, «A female figurine from the basal Aurignacian of Hohle Fels Cave in southwestern Germany», *Nature*, n.º 459, 2009, pp. 248–252.
[34] Marian Vanhaeren e Francesco d'Errico, «L'émergence du corps paré. Objets corporels paléolithiques», *Civilisations*, n.º 59, 2011.
[35] Gil Bartholeyns, «L'homme au risque du vêtement. Un indice d'humanité dans la culture occidentale», *Adam et l'astragale. Essais d'anthropologie et d'histoire sur les limites de l'humain*, Gil Bartholeyns, Pierre-Olivier Dittmar, Thomas Golsenne, Misgav Har-Peled e Vincent Jolivet (org.), Paris, Éditions de la Maison des sciences de l'homme, 2009, pp. 99–136.
[36] A expressão figura no subtítulo do livro de Jared Diamond, *Le troisième chimpanzé. Essai sur l'évolution et l'avenir de l'animal humain*, Paris, Gallimard, 2000.
[37] André Leroi-Gourhan, *Le geste et la parole*, tomo II; *La mémoire et les rythmes*, Paris, Albin Michel, 1965, p. 189.
[38] Gil Bartholeyns, «Faire de l'anthropologie esthétique», *Civilisations*, vol. 59, n.º 2, 2011. No mesmo volume, Thomas Golsenne, «Généalogie de la parure. Du blason comme modèle sémiotique au tissu comme

modèle organique». Bertrand Prévost fala de uma «cosmética animal», em «Cosmique cosmétique. Pour une cosmologie de la parure», *Images Revues*, n.º 10, 2012; URL: http://imagesrevues.revues.org/2181.

[39] André Leroi-Gourhan, *Le geste et la parole*, op. cit., p. 189.

[40] *Ibid.*, p. 198.

[41] Claude Gudin, *Une histoire naturelle de la seduction*, op. cit., p. 111.

[42] Dominique Lestel, *Les origins animals de la culture*, Paris, Flammarion, 2001.

[43] Jean-Marie Schaeffer, *L'expérience esthétique*, Paris, Gallimard, 2015, pp. 251–275.

[44] Em 1966, Lévi-Strauss já observava: «A fronteira está a desvanecer-se. [...] Mas se se desvanece é porque há muito mais cultura na natureza do que se pensava, pelo contrário». Entrevista, *Cahiers de philosophie*, 1, *Anthropologie*, janeiro de 1966.

[45] Jean-Marie Vidal, «L'en-deçà du "stade du miroir": nature et culture de la pudeur et de la parure», *Communications*, vol. 46, n.º 1, 1987, p 11.

[46] Frans de Waal, *Le bon singe. Les bases naturelles de la morale*, Paris, Bayard, 1997, p. 91.

[47] Joëlle Proust, «L'animal intentionnel», *Terrain*, n.º 34, março de 2000.

[48] Gottfried Semper, *Du style et de l'architecture. Écrits, 1834–1869*, Marselha, Parenthèses, 2007, pp. 345–346.

[49] Georg Simmel, «Psychologie de la parure» (1908), *La Parure et autres essais*, Paris, Éditions de la Maison des sciences de l'homme, 1998, pp. 80–81.

[50] *Ibid.*, p. 81.

[51] António Damásio, *Le sentiment même de soi. Corps, émotions, conscience*, Paris, Odile Jacob, 1999. [*O Sentimento de Si: o corpo, a emoção e a neurobiologia da consciência*, Mem-Martins, Europa-América, 2000.]

[52] Jean-Jacques Rousseau, *Discours sur l'origine et les fondements de l'inégalité parmi les hommes*, em *Œuvres complètes*, tomo III, Paris, Gallimard, Bibliothèque de la Pléiade, 1964, segunda parte, p. 169.

[53] Marcel Mauss, *Manuel d'ethnographie*, op. cit., p. 109.

[54] Acrescentemos que só a espécie humana criou adornos cujo objetivo é dissimular integralmente os encantos atrativos do corpo natural (a burca, por exemplo).

[55] Patrick Tort, *Darwin et le darwinisme*, Paris, PUF, col. Que sais-je?, n.º 3738, 2014, pp. 55–57.

[56] Sobre o alcance filosófico destes conceitos, ver Alexandre Kojève, *Introduction à lecture de Hegel. Leçons sur la* Phénoménologie de l'esprit

professées de 1933 à 1939 à l'École des hautes études, Paris, Gallimard, 1947, pp. 502–505.

⁵⁷ Georg Wilhelm Friedrich Hegel, *Esthétique*, vol. I, Paris, Flammarion, col. Champs, p. 220.

⁵⁸ Claude Lévi-Strauss, *Anthropologie structural*, *op. cit.*, p. 285.

⁵⁹ Alain Roger, *Nus et paysages*, *op. cit.*, p. 42.

⁶⁰ *Ibid.*, p. 65.

⁶¹ Jean-Marie Schaeffer, *La fin de l'exception humaine*, Paris, Gallimard, 2007.

⁶² Maurice Godelier, *Métamorphoses de la parenté*, Paris, Flammarion, 2010, p. 593.

⁶³ Jean-Marie Vidal, art. cit., p. 13.

⁶⁴ Prefácio a Patrick Lemoine, *Séduire. Comment l'amour vient aux humains*, Paris, Laffont, 2004, p. 9.

⁶⁵ Aquilo que constitui o poder atractor destes sinais sexuais ostensivos não é, como pensava Darwin, a sua «beleza», o seu aspeto «agradável», mas a sua dimensão desvantajosa, que assinala a excelência dos genes do portador.

⁶⁶ Jacques Lacan, *Écrits*, *op. cit.*, p. 807.

⁶⁷ A questão da existência de uma «teoria do espírito» nos primatas não humanos, desenvolvida há mais de trinta anos, continua a ser objeto de debate, com muitos investigadores a recusarem reconhecer a capacidade dos animais para atribuírem aos que os rodeiam estados mentais (intenção, crença, etc.).

⁶⁸ No entanto, pode-se ter um certo prazer em receber cumprimentos, mesmo que duvidando ou estando consciente do seu carácter «exagerado».

CAPÍTULO V
A beleza tentadora

¹ Platão, *Phèdre*, Paris, Les Belles Lettres, 1961, 233a.

² Sobre este ponto, ver a minha obra *La Troisème Femme*, *op. cit.*, pp. 170–187.

³ Enquanto a gama de produtos masculinos não para de aumentar e de se diversificar, 70 por cento dos homens utilizam loções *after-shave*, 38 por cento aplicam diariamente um creme na cara e quase 20 por cento depilam-se. E 25 por cento da clientela da cirurgia estética é composta por homens.

⁴ Citado por Zygmunt Bauman, *La vie liquide*, Paris, Pluriel, 2013, p. 178.

⁵ Platão, *Gorgias*, Paris, Les Belles Lettres, 1966, 465b.

⁶ *Ibid.*, 464d.

[7] *Ibid.*, 465b.

[8] No concerto das reprovações dos cosméticos, a voz de Ovídio é uma exceção. Ainda que seja um artifício enganador, a maquilhagem é, aos olhos do poeta romano, uma prática positiva na medida em que permite às mulheres que não belas tornarem-se belas e às que têm traços belos conservá-los. A maquilhagem não tem nada de desprezível: é sinal de uma sociedade refinada, rica e bela.

[9] Jacques Derrida, *La dissémination*, Paris, Le Seuil, 1972, p. 163.

[10] Tertuliano, *La toilette des femmes*, introd., texto crítico, trad. e comentários de Marie Turcan, Paris, Le Cerf, 1971, p. 113.

[11] João Crisóstomo (século IV), citado por Bernard Grillet, *Les femmes et les fards dans l'Antiquité grecque*, Paris, CNRS, 1975, p. 148.

[12] Denis Diderot e Jean Le Rond d'Alembert, *Encyclopédie (1750–1765)*, artigo «Fard».

[13] Charles Baudelaire, «Éloge du maquillage» em *Le peintre de la vie moderne*, *Œuvres complètes*, vol. II, Paris, Gallimard, col. Bibliothèque de la Pléiade, 1951, p. 905. As citações que se seguem são extraídas deste texto famoso.

[14] Georges Bataille, *L'Érotisme* (1957), Paris, Union générale d'éditions, col. Le monde en 10/18, 1964, p. 158.

[15] Bruno Remaury, *Le beau sexe faible. Les images du corps féminin entre cosmétique et santé*, Paris, Grasset, 2000, p. 102.

[16] *Ibid.*, p. 103

[17] Acerca destes pontos, ver Stuart Ewen, *Conscience sous influence. Publicité et genèse de la société de consommation*, Paris, Aubier-Montaigne, 1983, pp. 56 e 164–178.

[18] Edgar Morin, *Les stars*, Paris, Le Seuil, col. Points Civilisation, 1972, p. 43.

[19] Gilles Deleuze, «L'image-mouvement», em *Cinéma I*, Paris, Èditions de Minuit, 1983, p. 125.

[20] *Ibid.*, p. 137.

[21] Roland Barthes, «Le visage de Garbo», *Mythologies*, Paris, Le Seuil, 1957, p. 77.

[22] Dominique Pasquier, *La Culture des sentiments. L'expérience télévisuelle des adolescentes*, Paris, Éditions de la Maison des sciences de l'homme, 1999, p. 143.

[23] Thomas F. Cash, Kathryn Dawson, Pamela Davis, Maria Bowen e Chris Galumbeck, «Effects of cosmetics use on the physical attractiveness and body image of American college women», *The Journal of Social Psychology*, vol. 129, 3, 1989. Ver também Jean Ann Graham e A. J. Jouhar, «The effects of cosmetics on person perception», *International Journal of Cosmetic Science*, 3, 1981, pp. 199–210.

²⁴ Um século depois, no seu *Ensaio Sobre o Gosto*, Montesquieu faz o elogio do «não sei quê», assimilado ao encanto da graça: «Por vezes, há nas pessoas ou nas coisas um encanto invisível, uma graça sobrenatural, que não se consegue definir e a que somos forçados chamar o "não sei quê"», *Œuvres complètes*, Paris, Le Seuil, 1964, p. 849.

²⁵ Citado por Pierre-Henri Simon, «La raison classique devant le "je ne sais quoi"», *Cahiers de l'Association internationale des études françaises*, vol. 11, n.º 1, 1959, p. 112.

²⁶ Citado por Danielle Haase-Dubosc, «Des usages de la séduction selon Madeleine de Scudéry», em *Séduction et société*, *op. cit.*, p. 57.

²⁷ Georges Vigarello, *Histoire de la beauté. Le corps et l'art d'embellir de la Renaissance à nos jours*, Paris, Le Seuil, 2004, pp. 67–73.

²⁸ Pierre Sansot, *La beauté m'insupporte*, Paris, Payot & Rivages, 2006.

²⁹ Gilles Lipovetsky, *La Troisième Femme*, *op. cit.*, pp. 136–144.

³⁰ Relatório do Institut Montaigne, *Un islam français est possible*, 2016.

³¹ A expressão é de Raphaël Liogier, que a utiliza a respeito do uso do véu integral. Ver *Le mythe de l'islamisation. Essai sur une obsession collective*, Paris, Le Seuil, col. Points, 2016, pp. 177–184.

³² Olivier Roy, *L'Islam mondialisé*, Paris, Le Seuil, 2004, pp. 136–137.

CAPÍTULO VI
O feitiço da moda

¹ Sobre o nascimento da moda no Ocidente em finais da Idade Média, ver Gilles Lipovetsky, *L'Empire de l'éphémère*, Paris, Gallimard, 1987 (cap. I); Folio essais n.º 170.

² Jacob Burckhardt, *La civilisation de la Renaissance en Italie*, Paris, Gonthier, col. Bibliothèque Médiations, vol. II, 1958, p. 70.

³ Diane Owen Hughes, «Les Modes», *Histoire des femmes en Occident*, tomo II: *Le Moyen Âge*, Christiane Klapisch-Zuber, Georges Duby e Michelle Perrot (org.), Paris, Perrin, 2002, p. 206.

⁴ M. de Fitelieu, *La Contre-Mode* (1642), citado por Louise Godard de Donville, *Signification de la mode sous Louis XIII*, Aix-en-Provence, Édisud, 1978, p. 152.

⁵ Sigmund Freud e Karl Abraham, *Correspondance (1907–1925)*, Paris, Gallimard, 2009, pp. 78–79.

⁶ Jean Stoetzel, *La Psychologie sociale*, Paris, Flammarion, 1963, p. 247.

⁷ Edward Sapir, «La mode», *Anthropologie*, vol. 1, Paris, Minuit, 1967, p. 165.

⁸ Isabelle Paresys, «Corps, apparences vestimentaires et identités en France à la Renaissance», *Apparence (s)*, 4, 2012; http://apparences.revues.org/1229.
⁹ Eugen Fink, *Le jeu comme symbole du monde*, Paris, Minuit, 1966, p. 229.
¹⁰ Citado por Isabelle Paresys, art. cit., § 14.
¹¹ As diferenças que existem são variações infinitas a partir de um mesmo motivo e no interior de uma mesma tradição.
¹² Jakob Burckhardt, *La civilisation de la Renaissance en Italie*, Paris, Gonthier, col. Bibliothèque Médiations, vol. I, 1958, p. 103. Ver também Françoise Piponnier, *Costume et vie sociale, la cour d'Anjou, xive–xve siècle*, Paris-Haia, Mouton & Co, 1970, bem como a tese de Sophie Jolivet, *Pour soi vétir honnétement à la cour de monseigneur le duque de Bourgogne. Costume et dispositif vestimentaire à la cour de Philippe le Bon de 1430 à 1455*, tese de doutoramento na Universidade de Borgonha, sob a orientação de Vincent Tabbagh, novembro de 2003.
¹³ Citado por Claude Cézan, *La mode, phénomène humain. Entretiens avec Annie Baumel, Marc Bohan, Primerose Bordier, André Bourin...*, Tolosa, Privat, 1967, p. 130.
¹⁴ Odile Blanc, *Parades et parures. L'invention du corps de mode à la fin du Moyen Âge*, Paris, Gallimard, 1997.

SEGUNDA PARTE
A SOCIEDADE DA SEDUÇÃO

¹ Nelson Graburn e Pamela Stern, «Ce qui est bien est beau. Un regard sur la beauté chez le Inuit du Canada», art. cit.; Roberte Hamayon, «Le "don amoreux" de la proie est l'autre face de la "chance" du chasseur sibérien", *Revue du Mauss*, n.º 36, 2010.
² Nietzsche interpretava a figura de Jesus como a ilustração da «sedução na sua forma mais sinistra e mais irresistível, a sedução que, por um desvio, conduziria a esses valores judaicos, a essas renovações do ideal». Ver *La Généalogie de la morale*, Primeira dissertação, VIII, Paris, Gallimard, col. Follio essais n.º 16.
³ Max Weber, *Économie et société*, tomo I: *Les catégories de la sociologie*, Paris, Plon, col. Agora, 1995, p. 326.
⁴ *Ibid.*, p. 326.
⁵ Sigmund Freud, «La création littéraire et le rêve éveillé» (1908), em *Essais de psychanalyse appliquée*, Paris, Gallimard, col. Idées, 1971, p. 81.
⁶ Michel Foucault, *Surveiller et punir*, Paris, Gallimard, 1975, p. 34 (col. Tel n.º 225). [*Vigiar e Punir*, trad. Pedro Elói Duarte, Ed. 70, Lisboa, 2013.]

[7] Emmanuelle Hénin, «Le plaisir des larmes, ou l'invention d'une *catharsis* galante», *Littératures classiques*, n.º 62, 2007, pp. 223-244. Ver também Tony Gheeraert, «La Catharsis impensable. La passion dans la théorie classique de la tragédie et sa mise en cause par les moralistes augustiniens», *Études Épistémè*, n.º 1, 2002, disponível em http://hal.archives-ouvertes.fr/hal-01246915.

CAPÍTULO VII
O capitalismo de sedução

[1] Gilles Lipovetsky, *Le Bonheur paradoxal. Essai sur la société d'hyperconsommation*, Paris, Gallimard, col. NRF Essais, 2006 (Folio essais n.º 512) [*A Felicidade Paradoxal. Ensaio Sobre a Sociedade do Hiperconsumo*, Ed. 70, Lisboa, 2010]. Ver também Philippe Moati, *La société malade de l'hyperconsommation*, Paris, Odile Jacob, 2016.
[2] Jean Baudrillard, *De la séduction*, op. cit., p. 242.
[3] Gisèle Harrus-Révidi, *Qu'est-ce que la séduction?*, op. cit., p. 152.
[4] Jean Baudrillard, *De la séduction*, op. cit., p. 243.
[5] Sobre o «capitalismo atencional», ver Yves Citton, *Pour une écologie de l'attention*, Paris, Le Seuil, 2014.
[6] Ver *L'Esthétisation du monde. Vivre à l'âge du capitalisme artiste*, com Jean Serroy, Paris, Gallimard, 2013 (Folio essais n.º 619).
[7] Frédéric Lordon, *La société des affects. Pour un structuralisme des passions*, Paris, Le Seuil, 2013.
[8] Daniel Cohen, *La Prospérité du vice. Une introduction (inquiète) à l'économie*, Paris, Albin Michel, 2009 (cap. XV).
[9] Para tomar apenas um exemplo significativo, indiquemos que 455 séries de televisão foram produzidas nos Estados Unidos só em 2016, ou seja, o dobro de há seis anos.
[10] Gilles Lipovetsky, *L'Empire de l'éphémère. La mode et son destin dans les sociétés modernes*, op. cit.
[11] Sigmund Freud, *Essais de psychanalyse*, Paris, Payot & Rivages, 2001, p. 45.
[12] Alvin Toffler, *Le choc du future*, Paris, Denoël, 1971 (cap. X).
[13] Zygmunt Bauman, *La société assiégée*, Rodez, Le Rouergue/Chambon, 2005, p. 216 (Paris, Hachette littératures, col. Pluriel sociologie, 2007).
[14] A revolução digital leva ao extremo esta lógica de fundo. Vejamos, em 2016, a Apple propunha 2,2 milhões de aplicações, uma oferta que aumentará para 5 milhões em 2020.
[15] Sobre esta conceptualização, ver Gilles Lipovetsky e Jean Serroy, *L'Écran global. Culture-médias et cinema à l'âge hypermoderne*, Paris, Le Seuil, 2007, pp. 36-46.

NOTAS | 453

[16] Jeremy Rifkin, *L'âge de l'accès. La révolution de la nouvelle économie*, Paris, La Découverte, 2000.

[17] Segundo a Organização Mundial do Turismo (OMT), o turismo tornou-se a primeira indústria do planeta, representando, em 2012, 9,1 por cento do PIB mundial. Em 2015, 1180 milhões de turistas internacionais viajaram pelo mundo.

[18] Os videojogos representam agora a primeira indústria cultural do mundo em termos de volume de negócios. Desde há vários anos que a indústria dos videojogos superou o mercado do cinema e da música reunidos. Oito em cada dez franceses já jogaram pelo menos uma vez videojogos nos últimos 12 meses, dedicando-lhes uma média de 13 horas por semana.

[19] Os parques de atrações e de lazeres atraem todos os anos um número crescente de visitantes; em 2015, os 25 maiores parques do mundo foram frequentados por cerca de 235 milhões de pessoas.

[20] B. Joseph Pine II e James H. Gilmore, *The experience economy: work is theatre and every business a stage*, Boston, Harvard Business School Press, 1999.

[21] Nicolas Riou, *Pub Fiction. Société postmoderne et nouvelles tendances publicitaires*, Paris, Éditions d'Organisation, 1999.

[22] Francis Bordat, «De la crise à la guerre: le spectacle cinématographique à l'âge d'or des studios», *Cent ans d'aller au cinema, Le spectacle cinématographique aus États-Unis, 1896–1995*, Francis Bordat e Michel Etcheverry (org.), Rennes, Presses universitaires de Rennes, 1995, p. 69.

[23] Neil Postman, *Se distraire à en mourir*, Paris, Flammarion, 1986, p. 119.

[24] Olivier Ferrand, «La société du divertissement médiatique», *Le Débat*, n.º 138, janeiro-fevereiro de 2006.

[25] Dominique Wolton, *Éloge du grand public. Une théorie critique de la télévision*, Paris, Flammarion, 1990, p. 13.

[26] Jean Baudrillard, *À l'ombre des majorités silencieuses ou la fin du social*, Paris, Utopie, 1978, p. 20.

[27] Eugen Fink, *La philosophie de Nietzsche*, Paris, Minuit, 1965, p. 229.

[28] Alain Cotta, *L'ivresse et la paresse*, Paris, Fayard, 1998, pp. 750–756.

[29] O que não impede o público, frente ao ecrã, de procurar consolidação do laço social, muito particularmente por ocasião de catástrofes ou de atentados terroristas. Neste último caso, tudo contribui para amplificar o impacto emocional do acontecimento: na informação, a prioridade é dada aos testemunhos das vítimas, à expressão das angústias e do sofrimento. E isto para sublinhar valores partilhados, unir a população em torno de valores e de emoções comuns, recriar a comunidade.

[30] A expressão é de Eva Illouz, *Les sentiments du capitalisme*, *op. cit.*, p. 18.

[31] Fabienne Martin Juchat, «Le capitalisme affectif: enjeux des pratiques de communication des organisations», *Communication organisationnelle, management et numérique*, Sylvie P. Alemanno (org.), Paris, L'Harmattan, 2014.

[32] Sobre a lógica estética da economia comercial, permito-me remeter para o livro escrito com Jean Serroy, *L'esthétisation du monde. Vivre à l'âge du capitalisme artiste*, *op. cit.* Retomarei aqui alguns elementos centrais.

[33] Harold Rosenberg, *La Dé-définition de l'art*, Nimes, Jacqueline Chambon, 1992.

[34] Kathleen Debevec e Jerome B. Kernan, «More evidence on the effects of a presenter's physical attractiveness. Some cognitive, affective, and behavioral consequences», *Advances in Consumer Research*, vol. 11, 1, 1984.

[35] Lynn R. Kahle e Pamela M. Homer, «Physical attractiveness of the celebrity endorser. A social adaptation perspective», *Journal of Consumer Research*, vol. 11, 4, 11 de março de 1985, pp. 954-961.

[36] Edgar Morin, *L'Esprit du temps. Essai sur la culture de masse*, Paris, Grasset, 1962, p. 167.

[37] Fabienne Martin-Juchat, «La dynamique de marchandisation de la communication affective», *Revue française des sciences de l'information et de la communication*, 5, 2014, URL: http://efsic.revues.org/1012.

[38] Aristóteles, *Les Politiques*, VIII, 5, 1340 b11-12, Paris, Garnier-Flammarion, 1993, p. 534.

[39] René Descartes, *Abrégé de musique*, Paris, PUF, 1987, p. 54.

[40] Jean-Jacques Rousseau, «L'origine de la mélodie», *Œuvres complètes*, tomo V, Paris, Gallimard, Bibliothèque de la Pléiade, 1995, p. 337.

[41] Theodor W. Adorno, *Le caractère fétiche dans la musique et la régression de l'écoute*, Paris, Allia, 2010.

[42] Morris B. Holbrook e Elizabeth C. Hirschman, «The Experiential Aspects of Consumption. Consumer Fantasies, Feelings, and Fun», *Journal of Consumer Research*, vol. 9, 2, 1982.

[43] Marc Gobé, *Emotional branding. How successful brands gain the irrational edge*, Roseville (Calif.), Prima Venture, 2002, p. 53.

[44] Jérôme Batout, «Le monde selon Facebook», *Le Débat*, n.º 163, janeiro-fevereiro de 2011.

[45] No Facebook, as pessoas «não se zangam, não discutem, amam-se», Alexandre des Isnards e Thomas Zuber, *Facebook m'a tuer*, Paris, NiL, 2011, p. 26.

[46] Bernard Formoso, *L'identidé reconsideré. Des mécanismes de base de l'identité à ses formes d'expression les plus actuelles*, Paris, L'Harmattan, 2011, p. 225.

NOTAS | 455

⁴⁷ Michael Hardt, «Affective Labor», *Boundary 2*, Duke University Press, vol. 26, n.º 2, 1999, pp. 89-100.

⁴⁸ Um estudo do Boston Consulting Group avalia em 315 mil milhões de euros o valor comercial dos dados pessoais e da identidade digital recolhidos pelos gigantes da Internet em 2011. O mercado europeu do Big Data poderá valer um bilião de euros em 2010.

⁴⁹ Julien Pierre e Camille Alloing, «Questionner le digital labor par le prisme des émotions: le capitalisme affectif como métadispositif?», maio de 2015; http://hal.archives-ouvertes.fr/hal-01171594.

⁵⁰ Dominique Mehl, *La télevision de l'intimité*, Paris, Le Seuil, 1996.

⁵¹ Yann Vallée, «*Reality-shows*, réalités télévisuelles et déréalisation», *Quaderni*, vol. 23, n.º 1, 1994.

⁵² Atração da velocidade que não exclui o sentimento largamente partilhado de viver num mundo estressante, devido à superaceleração, à superpressão e à superssolicitação que sofremos permanentemente.

⁵³ Jeremy Rifkin, *La nouvelle société du coût marginal zero. L'internet des objets, l'émergence des communaux collaboratifs et l'éclipse du capitalisme*, Arles, Actes Sud, col. Babel, 2014, pp. 337-380.

⁵⁴ CREDOC, Sondagem «Conditions de vie et aspirations des Français», junho de 2008.

⁵⁵ PIPAME, *Enjeux et perspectives de la consommation collaborative*, Ministério da Economia, da Indústria e do Digital, 2015, p. 217.

⁵⁶ Philippe Moati, *La société malade de l'hiperconsommation*, Odile Jacob, 2016, p. 53.

⁵⁷ Isabelle Robert, Anne-Sophie Binninger e Nacima Ourahmoune, «La consommation collaborative, le versant encore équivoque de l'économie de la fonctionnalité», *Écologie industrielle, économie de la fonctionnalité*, vol. 5, n.º 1, fevereiro de 2014, disponível no *site* Développement durable et territoires: http://developpementdurable.revues.org/10222.

CAPÍTULO VIII
A política ou a sedução falhada

¹ Roger-Gérard Schwartzenberg, *L'État spectacle. Essai sur et contre le star system en politique*, Paris, Le Livre de poche n.º 5077; Thierry Saussez, *Politique séduction. Comment les hommes politiques réussissent à vous plaire*, Paris, J. C. Lattès, 1986.

² Régis Debray, *L'État séducteur. Les revolutions médiologiques du pouvoir*, Paris, Gallimard, 1993 (Folio essais n.º 312).

³ Sobre a desteatralização e dessacralização do espaço político pela televisão, ver Régis Debray, *ibid*.

⁴ Citado por Roger-Gérard Schwartzenberg, *L'État spectacle. Essai sur et contre le star system en politique*, op. cit., p. 256.

⁵ Em França, após a campanha de Jean Lecanuet de 1965, foi com as eleições presidenciais de 1981 que se reconheceu plenamente o papel da comunicação publicitária nas campanhas eleitorais.

⁶ Bernard Manin, *Principes du gouvernement représentatif*, Paris, Calmann-Lévy, 1995, pp. 279-283.

⁷ David Riesman, *La foule solitaire* (1950), Paris, Arthaud, 1964, p. 257.

⁸ *Ibid.*, p. 257.

⁹ Alicja Kacprzak, «Le pathos négatif en tant que trait du discours politique totalitaire», *L'argumentation dans le discours politique*, n.º 10, 2013, disponível no *site* Argumentation et Analyse du Discours: http://aad.revues.org/1427.

¹⁰ Serguei Tchakhotine, *Le viol des foules par la propagande politique*, Paris, Gallimard, 1939 (col. Tel, n.º 217).

¹¹ Exceção exemplarmente ilustrada pela retórica de «soco» de Donald Trump, seguida, no debate de entre as duas voltas das presidenciais francesas de 2017, pela brutalidade lexical, pelas provocações, invetivas e ataques *ad hominem* de Marine Le Pen. A este respeito, o nosso momento marca uma descontinuidade completa em relação aos discursos modernistas, descontraídos e civilizados.

¹² Corinne Gobin, «Des principales caractéristiques du discours politique contemporain...», *Les langages de l'idéologie. Études pluridisciplinaires*, n.º 30, 2011, disponível no *site Semen*: http://sémen.revues.org/9018.

¹³ Estudos psicossociológicos mostram que os indivíduos são considerados mais atraentes quando sorriem. Também são considerados mais sociáveis, mais sinceros, mais inteligentes e mais positivos. Ver Harry T. Reis, Ilona Medougal Wilson, Carla Monestere, Stuart Bernstein, Kelly Clark, Edward Seidl, Michelle Franco, Ezia Gioioso, Lori Freeman e Kimberly Radoane, «What is smiling is beautiful and good», *European Journal of Social Psychology*, vol. 20, 3, 1990.

¹⁴ Marion Sandré, «Mimiques et politique. Analyse des rires et sourires dans le débat télévisé», *Les discours politiques. Approches interactionnistes et multimodales*, n.º 96, 2011, disponível no *site* Mots. Les langages du politique: http://mots.revues.org/20203.

¹⁵ Citado por Jean-Yves Dormagen, «Le Duce et l'état-major do fascisme: contribution à une sociologie de la domination charismatique», *Revue d'histoire moderne et contemporaine*, n.º 55, 2008, pp. 35-60.

¹⁶ Sobre o recuo do carácter hierárquico e simbólico do espaço público provocado pelos *media*, ver Marcel Gauchet, *Le nouveau monde*, tomo IV: *L'avènement de la démocratie*, Paris, Gallimard, 2017, pp. 346-350.

[17] Christian Delporte, «Quand la peopolisation des hommes politiques a-t-elle commencé? Le cas français», *Le Temps des médias*, n.º 10, 2008.
[18] Christian Le Bart, *L'ego-politique. Essai sur l'individualisation du champ politique*, Paris, Armand Colin, 2013, p. 8.
[19] Marcel Gauchet, *À l'épreuve des totalitarismes*, Paris, Gallimard, 2010, pp. 477–483 (Folio essais n.º 623).
[20] Sobre a mistura da vida privada e da vida pública, ver Guillaume Erner, *La souveraineté du people*, Paris, Gallimard, col. Le Débat, 2016, pp. 230-239.
[21] Citado por Nathalie Heinich, *De la visibilité. Excellence et singularité en régime médiatique*, Paris, Gallimard, 2012, p. 460.
[22] Myriam Revault d'Allones, «Le zèle compassionnel de Nicolas Sarkozy», *Esprit*, novembro de 2007.
[23] Pierre Rosanvallon, *La légitimité démocratique. Impartialité, réflexivité, proximité*, Paris, Le Seuil, 2008, pp. 267–317 (col. Points Essais n.º 641).
[24] Citado por Isabelle Hanne, «Donald Trump, l'affliction devenue réalité», *Libération*, 9 de novembro de 2016.
[25] Nos Estados Unidos, a população branca será minoritária por volta de 2050.
[26] Lionel Marquis, «Vox populi, mass médias et leaders politiques. Place des sondages dans la communication politique», *Sondages d'opinion et communication politique*, Cahiers du CEVIPOF, n.º 38, janeiro de 2005.
[27] Patrick Champagne, «Les sondages, le vote et la démocracie», *Actes de la recherche en sciences sociales*, vol. 109, n.º 1, 1995, p. 76.
[28] Aurélien Le Foulgoc, «1990–2002: une décennie de politique à la télévision française. Du politique au divertissement», *Réseaux*, n.º 118, 2003.
[29] Guy Lochard, «Le traitement humoristique des personnalités politiques dans les *Talk-Shows* français», *Questions de communication*, n.º 10, 2006.
[30] Érik Neveu, «De l'art (et du coût) d'éviter la politique. La démocratie du talk-show version française (Ardisson, Drucker, Fogiel)», *Réseaux*, n.º 118, 2003.
[31] Jay G. Blumler e Michael Gurevitch, *The Crisis of Public Communication*, Londres, Nova Iorque, Routledge, 1995; Anne-Marie Gingras, «Les nouvelles et les affaires publiques à Radio-Canada: stratégie, intérêt humain, mélange des genres et peopolisation de la politique», *Argument*, vol. 10, n.º 2, 2008; Érik Neveu, «Le chercheur et *l'infotainment*: sans peur, mais pas sans reproche. Quelques objections à la critique d'une imaginaire orthodoxie critique», *Réseaux*, n.º 118, 2003; Anne-Marie Gingras,

Médias et démocratie. Le grand malentendu, Quebeque, Presses de l'université du Québec, 2007.

[32] Matthew A. Baum e Angela S. Jamison, «The *Oprah* Effect. How Soft News Helps Inattentive Citizens Vote Consistently», *The Journal of Politics*, vol. 86, 4, 2006; Mathew A. Baum, «Talking the Vote: Why Presidential Candidates Hit the Talk Show Circuit», *American Journal of Political Science*, vol. 49, n.° 2, 2005.

[33] Véronique Nguyên-Duy e Suzanne Cotte, «Le discours politique dans les émissions d'information et de variétés: la campagne électorale provincial de 2003», Marcel Burger e Guylaine Martel (org.), *Argumentation et communication dans les médias*, Quebeque, Éditions Nota bene, 2005.

[34] Arnaud Mercier, *Télévision et politique*, Paris, La Documentation française, 2004.

[35] François Furet, *Le passé d'une illusion. Essai sur l'idée communiste au XXe siècle*, Paris, Robert Laffont, 1995 (cap. III).

[36] Processo de «dessacralização» que está longe de ser totalmente negativo, uma vez que a religiosidade moderna da política contribuiu centralmente para a ocorrência das tragédias da primeira metade do século XX. Não devemos ser nostálgicos dessa época em que o encantamento político serviu de base para o desencadeamento de uma barbárie sem precedentes.

[37] Na sondagem do CEVIPOF, publicada em 2016, 82 por cento dos Franceses têm uma visão negativa da política; 39 por cento declaram que esta lhes inspira desconfiança e 33 por cento dizem que lhes desagrada.

[38] Segundo uma sondagem realizada um mês antes da primeira volta das presidenciais francesas de 2017, 40 por cento das pessoas questionadas desejavam votar em branco se pudessem.

[39] 65 por cento dos Franceses consideram que a honestidade e a probidade são as qualidades mais importantes de um presidente da República.

[40] Sobre estas figuras encantadoras, ver Christian Delporte, *Une histoire de la séduction politique*, Paris, Flammarion, 2011. Com Emmanuel Macron, surge um novo tipo de figura de sedução que conjuga a proximidade glamorosa contemporânea com uma altivez «jupiteriana», renovando uma simbólica teatral herdada dos séculos monárquicos.

[41] Em finais de 2016, 87 por cento dos jovens sondados declaravam não ter confiança na política, e 99 por cento afirmavam que os que a praticam são corruptos.

[42] Atualmente, dois em cada três Americanos informam-se nas redes sociais.

[43] Pascal Perrineau (org.), *L'Engagement politique. Déclin ou mutation?*, Paris, Presses de la Fondation nationale des sciences politiques, 1994.

[44] Pierre Rosanvallon, *La contre-démocratie. La politique à l'âge de la défiance*, Paris, Le Seuil, 2006.

CAPÍTULO IX
A situação descontraída da educação

[1] Daniel Marcelli, *Le règne de la séduction. Un pouvoir sans autorité*, Paris, Albin Michel, 2012, p. 83.
[2] *Ibid.*, p. 59.
[3] Marcel Gauchet, «L'enfant du désir», *Le Débat*, n.º 132, 2004.
[4] Sigmund Freud, «Pour introduire le narcissisme», *La vie sexuelle*, Paris, PUF, 1969, p. 96.
[5] Numa sondagem do Ipsos publicada em outubro de 2011, 75 por cento dos pais confessam ser demasiado laxistas com os filhos. Uma grande maioria dos Franceses considera que os pais têm uma relação demasiado «amiga» (66 %) com os filhos, que são demasiado tolerantes (61 %) e insuficientemente severos (81 %).
[6] Ver os vários artigos da revista *Le Débat* dedicados à «Criança-problema», n.º 132, novembro-dezembro de 2004.
[7] Daniel Marcelli, *Le règne de la séduction. Un pouvoir sans autorité*, *op. cit.*, pp. 305 e 291.
[8] Alexander S. Neill, *Libres enfants de Summerhill*, Paris, Maspero, 1970, p. 260.
[9] Neil Postman, *Enseigner, c'est résister*, Paris, Le Centurion, 1979; Jean-Claude Milner, *De l'école*, Paris, Le Seuil, 1983; Alain Finkielkraut, *La Défaite de la pensée*, Paris, Gallimard, 1987; Allan D. Bloom, *The Closing of the American Mind. How Higher Education has Failed Democracy and Impoverished the Souls of Today's Students*, Nova Iorque, Simon & Schuster, 1987.
[10] Luc Ferry, *Lettre à tous ceux qui aiment l'école. Pour expliquer les reformes en cours*, Paris, Odile Jacob, 2003.
[11] Philippe Coulangeon, «Les geunes, la culture, l'école et les médias», texto disponível *online*: www.bibliotheques93.fr.
[12] Michel Serres, *Petite Poucette*, Paris, Le Pommier, 2012, p. 21.
[13] Citado por Philippe Danino e Christian Laval, «Construire l'école transparente?», publicado no *site* skhole.fr.
[14] Michel Desmurget, «Pauvre Poucette» disponível em www.sauv.net/pauvrepoucette.
[15] Michel Desmurget, art. cit.
[16] Nicholas G. Carr, *Internet rend'il bête? Réapprendre à lire et à penser dans un monde fragmenté*, Paris, Laffont, 2011.
[17] N. Catherine Hayles, *Lire et penser en millieux numériques. Attention, récits, technogenèse*, Grenoble, Édition littéraires et linguistiques de l'université de Grenoble, 2016, p. 141.
[18] Marie-Claude Blais, Marcel Gauchet e Dominique Ottavi, *Transmettre, apprendre*, Paris, Stock, 2014.

CAPÍTULO X
Sedução, manipulação, alienação

[1] Stuart Ewen, *Consciences sous influence*. *Publicité et genèse de la société de consommation*, Paris, Aubier-Montaigne, 1983.
[2] John Kenneth Galbraith, *Le Nouvel État industriel*. *Essai sur le système économique américain*, Paris, Gallimard, col. Tel, n.º 143, 1968, pp. 205-225.
[3] Vance Packard, *La persuasion clandestine*, Paris, Calman-Lévy, 1958, p. 13.
[4] Naomi Klein, *No Logo*. *La tyrannie des marques*, Montreal (Quebeque), Léméac; Arles, Actes Sud, 2001, pp. 168, 232, 342.
[5] Dany-Robert Dufour, *Le divin marché*. *La revolution culturelle libérale*, Paris, Gallimard, col. Folio essais n.º 562, 2012, p. 19.
[6] John T. Gourville, «Eager sellers and stony buyers. Understanding the psychology of new-product adoption», *Harvard Business Review*, vol. 84, n.º 6, junho de 2006.
[7] O fracasso do lançamento da New Coke em 1985 é famoso como exemplo de uma falha dos estudos de mercado. Para a conceção da receita deste produto, foram realizados quase 200 000 testes de preferências com um custo total de quatro milhões de dólares. O produto foi retirado do mercado depois de menos de seis meses de existência.
[8] Mais de um em cada três Franceses já se deixou tentar por este tipo de compra.
[9] Florence Krémer, Catherine Viot, André Le Roux e Ingrid Poncin, «Les consommateurs face à la contrefaçon: una comparaison entre Belges et Français», *Reflets et perspectives de la vie économique*, tomo XLVII, 2008, pp. 61-70.
[10] Claude Lefort, *Un homme en trop*. *Réflexions sur «L'Archipel du Goulag»*, Paris, Le Seuil, 1976, e *L'invention démocratique. Les limites de la domination totalitaire*, Paris, Fayard, 1981; Marcel Gauchet, *À l'épreuve des totalitarismes*, *op. cit.*, pp. 518-524.
[11] Claude Fischer, *L'homnivore. Le goût, la cuisine et le corps*, Paris, Le Seuil, 1993, pp. 213-216.
[12] George A. Akerlof e Robert J. Shiller, *Marchés de dupes. L'économie du mensonge et de la manipulation*, Paris, Odile Jacob, 2016 [*À Pesca de Tolos. A Economia da Manipulação e do Logro*, trad. Pedro Elói Duarte, Actual, Lisboa, 2015].
[13] *Ibid.*
[14] Em 2015, segundo a ZenithOtimedia, deverão elevar-se a 544 mil milhões de dólares.
[15] Daniel J. Boorstin, *L'Image*, Union générale d'éditions, col. 10/18, 1971, pp. 327-328.

NOTAS

[16] Bernard Cova e Véronique Cova, «L'expérience de consommation: de la manipulation à la compromission?», *Actes de troisièmes Journées normandes de la consommation*, Colloque «Société et Consommation», IREM, Ruão, 2004; Eric Rémy, «Contribution à la valorisation et à la critique consumériste de la notion d'expérience», *Actes de la 7ᵉ Journée de Recherche en Marketing de Bourgogne*, 2001.

[17] Bernard Stiegler, «La fourmilière. L'époque hyperindustrielle de la perte d'individuation», *L'individu hypermoderne*, Nicole Aubert (org.), Tolosa, Érès, 2004.

[18] Bernard Stiegler, *Aimer, s'aimer, nous aimer*, Paris, Galilée, 2003, p. 52.

[19] *Ibid.*, p. 60.

[20] Citado por George Akerlof e Shiller, *Marchés de dupes. L'économie du mensonge et de la manipulation, op. cit.*, p. 43.

[21] Philippe Moati, *La société malade de l'hyperconsommation*, Odile Jacob, 2016, pp. 65-77.

[22] Dominique Desjeux, «Du consommateur malin au consommateur contraente», *Le Monde*, 23 de outubro de 2012.

[23] Benjamin Barber, *Comment le capitalisme nous infantilize*, Paris, Fayard, 2007, p. 116.

[24] Marie-Anne Dujarier, *Le travail du consommateur. De MacDo à eBay: comment nous coproduisons ce que nous achetons*, Paris, La Découverte, 2008.

[25] Guy Debord, *La société du spectacle*, Paris, Éditions Champ libre, 1971.

[26] Calcula-se que mais de 8 por cento dos adolescentes dos 8 aos 18 anos apresentam sintomas de dependência dos videojogos.

[27] Jean Adès e Michel Lejoyeux, *La fièvre des achats*, Paris, Les Empêcheurs de penser en rond, 2002, pp. 79-80. Um estudo mais recente de 2006 revela uma proporção de 5,8 por cento de compradores compulsivos.

[28] Benjamin Barber, *Comment le capitalisme nous infantilise, op. cit.*, p. 330.

[29] Atualmente, a taxa de poupança média dos Franceses situa-se por volta dos 16 por cento e a dos Europeus por volta dos 12 por cento do seu rendimento disponível.

[30] Harmut Rosa, *Aliénation et accélération. Vers une théorie critique de la modernité tardive*, Paris, La Découverte, 2012 (cap. XIV).

[31] *Ibid.*, pp. 129-132.

[32] Walter Benjamin, «Expérience et pauvreté», *Œuvres*, tomo II, Paris, Gallimard, col. Follio essais n.º 373, 2000, pp. 364-372.

[33] Harmut Rosa, *Aliénation et accélération. Vers une théorie critique de la modernité tardive, op. cit.*, pp. 132-133.

[34] Segundo a expressão de Charles Melman, *L'Homme sans gravité. Jouir à tout prix*. Entretiens avec Jean-Pierre Lebrun, Paris, Denoël, 2005 (Follio essais n.º 453).

CAPÍTULO XI
Amanhã: que sociedade da sedução?

[1] Thomas Lombès e Bastien Poubeau, *Obsolescence programmée: mythes et realité*, Paris, Mines Paristech, Corps Technique de l'État, 2014, consultado *online*, pp. 134 e 143. Ver também Éric Vidalenc e Laurent Meunier, «Obsolescence des produits», *Futuribles*, n.º 402, setembro de 2014.

[2] Claudia Senik, *L'économie du bonheur*, Paris, La République des idées, Le Seuil, 2014, pp. 83–84.

[3] Alexis de Tocqueville, *De la démocracie en Amérique*, in *Œuvres complètes*, tomo I, vol. 2, Paris, Gallimard, 1961, pp. 66 e 64.

[4] *Ibid.*, p. 138

[5] Émile Durkheim, *Le suicide*, Paris, PUF, 1979, pp. 287, 304 e 285.

[6] David Thomson, *Les Français jihadistes*, Paris, Les Arènes, 2014.

[7] Peter Sloterdijk, «La réponse des Français à ce crime est un prouesse», *Le Monde*, 12 de fevereiro de 2015.

[8] Olivier Roy «Le djihadisme est une révolte générationnelle et nihiliste», *Le Monde*, 24 de novembro de 2015.

[9] Scott Atran, «État islamique: l'illusion du sublime», *Cerveau & Psycho*, n.º 66, novembro-dezembro de 2014.

[10] Gérald Bronner, *La pensée extreme. Comment des hommes ordinaires deviennent des fanatiques*, Paris, Denoël, 2009.

[11] Olivier Roy, *La Sainte Ignorance. Le temps de la religion sans culture*, Paris, Le Seuil, 2008.

[12] Marcel Gauchet, «Les ressorts du fondamentalisme», *Le Débat*, n.º 185, 2015, p. 81.

[13] Sobre este conceito, ver Robert Castel, *Les métamorphoses de la question sociale. Una chronique du salariat*, Paris, Fayard, 1995.

[14] Farhad Khosrokhavar, *Quand Al-Qaïda parle. Témoignages derrière les barreaux*, Paris, Grasset, 2006; do mesmo autor, *Radicalisation*, Paris, Éditions de la Maison des sciences de l'homme, 2014.

[15] «La France peut-elle vaicre Daech sur le terrain de la guerre de l'information?», Rapport d'alerte, Christian Harbulot (org.), Paris, École de guerre économique, 2015, p. 89.

[16] Jonathan Nossiter, «Daeshwood ou l'esthétisation des vidéos islamistes», *Le Monde*, 20–21 de dezembro de 2015.

NOTAS | 463

[17] Kamaldeep Bhui, «La radicalisation relève de la santé publique», *Le Monde*, 14 de dezembro de 2015.

[18] Éric Sadin, *Surveillance globale. Enquête sur les nouvelles formes de contrôle*, Paris, Flammarion, 2009, e *La vie algorithmique. Critique de la raison numérique*, Paris, L'Échapée, 2015.

[19] Antoinette Rouvroy e Thomas Berns, «Le nouveau pouvoir statistique», *Multitudes*, n.º 40, 2010.

[20] Max Horkheimer e Theodor W. Adorno, *La dialectique de la raison. Fragments philosophiques* (1947), Paris, Gallimard, col. Tel n.º 82, 1983, pp. 135 e 153.

[21] Alexis de Tocqueville, *De la démocratie en Amérique*, op. cit., p. 19.

[22] Nicholas G. Carr, *Internet rend-il bête? Réapprendre à lire et à penser dans un monde fragmenté*, op. cit.

[23] Gilles Lipovetsky, «Le désenchantement de la pensée», *De quoi l'avenir intellectuel sera-t-il fait? Enquêtes 1980, 2010*, obra coletiva apresentada por Marcel Gauchet e Pierre Nora, Paris, Gallimard, col. Le Débat, 2010.

[24] Marie-Claude Blais, Marcel Gauchet e Dominique Ottavi, *Conditions de l'éducation*, Paris, Stock, 2008, pp. 83–88.

[25] A face positiva da sociedade da sedução não se reduz apenas a este aspeto. Contribui de forma decisiva para o apaziguamento das democracias, para a redução dos antagonismos mais violentos, para o progresso da tolerância. A título de exemplo, sublinhemos o facto de, apesar dos ataques terroristas que atingiram a França, assistirmos a uma redução muito visível dos ataques e das agressões contra os muçulmanos durante o mesmo período. As discriminações contra os muçulmanos são moeda corrente, mas o recuo dos atos antimuçulmanos não é menos notável. Cf. relatório de 2016 do Collectif contre l'islamophobie en France (CCIF).

[26] Nicolas Bouzou, *L'innovation sauvera le monde. Philosophie pour une planète pacifique, durable et prospère*, Paris, Plon, 2016.

[27] Jean-Pierre Terrail, *Pour une école de l'exigence intellectuelle. Changer de paradigme pédagogique*, Paris, La Dispute, 2016.

[28] Patrice Flichy, *Le Sacre de l'amateur. Sociologie des passions ordinaires à l'ère numérique*, Paris, Le Seuil, 2010.

[29] Segundo uma sondagem *Le Figaro Littéraire-OpinionWay* de 2009, mais de 1,4 milhões de Franceses redigiram um manuscrito, e um em cada três Franceses pensou em escrever um livro; quase 400 000 pessoas já enviaram o seu texto a uma editora. A época também regista o sucesso das oficinas de escrita.

ÍNDICE ONOMÁSTICO

ABRAHAM, Karl, 202
ADORNO, Theodor Wiesengrund, 420
AKERLOF, George A., 365
ALBERTI, Rafael, 219
AMAR, Paul, 308
ANACREONTE, 105
ANDRÉ LE CHAPELAIN, 101, 108
APOLLINAIRE, Wilhelm Apollinaris DE KOSTROWITSKY, conhecido por Guillaume, 61
ARDISSON, Thierry, 310
ARISTIPO DE CIRENE, 46
ARISTÓTELES, 221, 229, 261
ASPÁSIA DE MILETO, 46
ATRAN, Scott, 411

BALENCIAGA, Cristóbal, 213
BARTHES, Roland, 117
BATAILLE, Georges, 180
BAUDELAIRE, Charles, 26, 49, 154, 178–179, 191, 204, 244, 405
BAUDRILLARD, Jean, 140, 255
BAUMAN, Zygmunt, 245
BEATRIZ D'ESTE, 201
BEDOS, Guy, 310
BELL, Daniel, 430
BENJAMIN, Walter, 390
BENVENISTE, Émile, 203
BERLUSCONI, Silvio, 298
BERNAYS, Edward L., 381
BERNIS, Françoi Joachim de Pierre, cardeal de, 114

BETANCOURT PULECIO, Ingrid, 301
BLAIR, Anthony, conhecido por Tony, 323
BOILEAU, Nicolas, conhecido por BOILEAU-DESPRÉAUX, 228
BORROMINI, Francesco Castelli, 220
BOUCHER, François, 114
BOUHOURS, Dominique, 188–189
BOULAY, Steevy, 296
BOURGET, Paul, 75
BRANTÔME, Pierre DE BOURDEILLE, senhor de, 101, 204
BURCKHARDT, Jacob, 205

CARR, Nicholas G., 352
CASTIGLIONE, Baldassarre, 108–109
CASTORIADIS, Cornelius, 373
CÉZANNE, Paul, 258
CHALAYAN, Hussein, 213
CHANEL, Gabrielle, conhecida por Coco, 213
CHAPELAIN, Jean, 442 n 13
CHIRAC, Jacques, 298, 310
CRISÓSTOMO, S. João, 164
CÍCERO, 221–222
CLARAPÈDE, Édouard, 342, 349
CLASTRES, Pierre, 205
CORNEILLE, Pierre, 220, 228–229
COULIBALY, Amedy, 410
COURRÈGES, André, 213
COUSINET, Roger, 341–342
CYRULNIK, Boris, 156

Dante Alighieri, 348
Darwin, Charles, 37, 42, 56, 145, 448 *n* 65
Daumier, Sophie, 310
Dauphin, Cécile, 117
Debord, Guy, 383
Deleuze, Gilles, 184
Demeulemeester, Ann, 213
Descartes, René, 262
Deutsch, Helene, 25
Dewey, John, 341
Diamond, Jared, 446 *n* 36
Diderot, Denis, 26
Dietrich, Maria Madgalena, conhecida por Marlene, 184
Dolto, Françoise, 336
Droit, Michel, 306
Drucker, Michel, 310
Durkheim, Émile, 405

Eisenhower, Dwight David, 285
Elias, Norbert, 112, 128

Factor, Max (Maksymilian Faktorowicz), 184
Ferrand, Olivier, 254
Feuerbach, Ludwig, 385
Filénis, 105
Friné, 46
Ficino, Marsílio, 163
Fillon, Penelope («Penelope Gate»), 322
Fitelieu, senhor de Rodolphe e de Montour, M de, 201, 203
Fitzgerald, Ella, 23
Flandrin, Jean-Louis, 73
Flügel, John Carl, 141, 445 *n* 14
Fogiel, Marc-Olivier, 310
Foucault, Michel, 227, 419
Fragonard, Jean Honoré, 114
Freinet, Célestin, 341–342
Freud, Sigmund, 23, 202, 219, 244, 336
Furet, François, 315

Galbraith, John Kenneth, 357
Gauchet, Marcel, 412
Gaulle, Charles de, 306
Getz, Stanley, conhecido por Stan, 23
Girard, René, 24
Giscard d'Estaing, Jacinte, 293
Giscard d'Estaing, Valéry, 293
Gobé, Marc, 263
Godelier, Maurice, 139
Gorz, André, 359
Gourmont, Remy de, 149
Goya, Francisco de, 171
Gudin, Claude, 146

Habib, Claude, 444 *n* 45
Haendel, Georg Friedrich, 23
Hall, Leonard W., 285
Hayles, N. Catherine, 353
Hegel, Georg Wilhelm Friedrich, 27, 219
Heinich, Nathalie, 51
Héritier, Françoise, 444 *n* 44
Hirschman, Elizabeth, C., 262
Hitler, Adolfo, 291, 295
Holbrook, Morris B., 262
Hollande, François, 299
Hoover, Herbert Clark, 381
Horkheimer, Max, 420
Houellebecq, Michel, 94
Huyghe, François-Bernard, 291
Hipérides, 46

Íbico, 105
Illich, Ivan, 351
Illouz, Eva, 93

Jackson, Janet, 211
Jardin, Alexander, 441 *n* 48
Jesus Cristo, 251, 451 *n* 2
Jospin, Lionel, 310
Juvenal, 176

Kawakubo, Rei, 208
Kennedy, Jacqueline («Jackie»), 293

ÍNDICE ONOMÁSTICO

KENNEDY, John Fitzgerald, 293, 322
KENNEDY, Jr., John Fitzgerald («John-John»), 293
KHOSROKHAVAR, Farhad, 409
KOUACHI, Saïd, 410

LA FONTAINE, Jean de, 188, 228
LA MESNARDIÈRE, Hippolyte-Jules Pilet de, 229
LACAN, Jacques, 24, 158
LAÍS, 46, 439 n 25
LANG, Helmut, 213
LANG, Jack, 310
LAPLANCHE, Jean, 25, 438 n 2
LAURENT, Pierre-Joseph, 57, 60–62
BERNINI, Gian Lorenzo, conhecido por, 220
LE FOULGOC, Aurélien, 310
LE LAY, Patrick, 255
LE PEN, Jean-Marie, 298, 308
LE PEN, Marine, 456 n 11
LECANUET, Jean, 456 n 5
LEFEBVRE, Henri, 359
LEITES, Nathan, 288
LEJEALLE, Catherine, 89
LEROI-GOURHAN, André, 146
LÉVI-STRAUSS, Claude, 39, 103, 138, 141, 447 n 44
LIOGIER, Raphaël, 450 n 31
LOEWY, Raymond, 257
LUÍS XIV, 113

MACRON, Emmanuel, 323, 458 n 40
MALINOWSKI, Bronislaw, 37, 60
MALRAUX, André, 437 n 6
MARCELLI, Daniel, 330, 339
MARCUSE, Herbert, 359, 424
MARGIELA, Martin, 208, 213
MARX, Karl, 385
MAUPASSANT, Guy de, 126
MAUSS, Marcel, 137–139, 151
MCCARTNEY, Stella, 213

MCLENNAN, John Ferguson, 134
MCLUHAN, Herbert Marsall, 282
MELMAN, Charles, 462 n 34
MERAH, Mohamed, 410, 411
MISSIKA, Jean-Louis, 321
MITTERRAND, François, 298, 306, 320
MOLIÈRE, Jean-Baptiste Poquelin, conhecido por, 115, 228
MONROE, Norma Jean Baker ou Mortenson, conhecida por Marilyn, 184
MONTAIGNE, Michel Eyquem de, 55
MONTESQUIEU, Charles de Secondat, barão de La Brède e de, 113–114, 189, 247, 450 n 24
MONTESSORI, Maria, 341-342
MORIN, Edgar, 261
MORRIS, Desmond, 439 n 18
MOUROUSI, Yves, 306
MUSSOLINI, Benito, 292
MIRRINA, 46

NEIL, Alexander Sutherland, 341
NEMMOUCHE, Mehdi, 410
NIETZSCHE, Friedrich, 136, 350, 445 n 7, 451 n 2

OBAMA, Barack Hussein, 323
OVÍDIO, 85, 106–107, 122, 449 n 8

PACKARD, Vance, 357
PARADIS DE MONCRIF, François Augustin, 114
PATOU, Jean, 213
PÉRICLES, 46
PERRAULT, Charles, 110, 228

PIAGET, Jean, 340
PICKFORD, Gladys Mary Smith, conhecida por Mary, 184
PLATÃO, 22, 24, 158, 163, 175

POIRET, P., 212
POSTMAN, Neil, 253
PRAXITELES, 46
PRÉVOST, Bertrand, 447 n 38
PRÉVOST, Marcel, 77
PROPÉRCIO, 439 n 25
PROUST, Joëlle, 148

RABHI, Pierre, 404
RACINE, Jean, 228–229
RAMBOUILLET, Catherine de Vivonne, marquesa de, 109, 112
RAVEL, Maurice, 432
REMAURY, Bruno, 182
REMOTTI, Francesco, 445 n 14
RIESMAN, David, 287–288
ROBERTS, Kevin, 264
ROCARD, Michel, 308
ROOSEVELT, Franklin Delano, 284
ROSA, Hartmut, 387–388, 390
ROUSSEAU, Jean-Jacques, 26, 37, 150, 262, 385
ROUSSEFF, Dilma, 298
ROY, Olivier, 410, 411
RUQUIER, Laurent, 310

SADE, Donatien Alphonse François, conde de Sade, conhecimento por marquês de, 117
SAINT LAURENT, Yves, 207, 213
SANDER, Jil, 213
SAFO, 105
SARKOZY, Nicolas, 301
SARTORI, Giovanni, 425
SCHWARTZ, Tony, 303
SCUDÉRY, Madeleine, de, 26, 111, 113–114, 440 n 47
SÉGUÉLA, Jacques, 250
SEMPER, Gottfried, 148
SERRES, Michel, 351
SERROY, Jean, 239, 454 n 32
SHILLER, Robert J., 365

SHORTER, Edward, 66
SHOSTAK, Marjorie, 440 n 41
SIMMEL, Georg, 149
SIMÓNIDES DE CEOS, 45
SIMMONS, Raf, 213
SLOTERDIJK, Peter, 410
SNOWDEN, Edward, 418
SPENCER, Herbert, 134
ESTALINE, José, 292
STERNBERG, Josef von, 51
STIEGLER, Bernard, 376
STONE, Lawrence, 73

TAPIE, Bernard, 308
TARDE, Gabriel de, 201
TERRAIL, Jean-Pierre, 431
TERTULIANO, 117
TEÓDOTA, 46
THOMAS A KEMPIS, Thomas Hemerken, conhecido por, 163
THOMSON, David, 410
TOCQUEVILLE, Charles Alexis Henru Clérel de, 405, 421
TORT, Patrick, 154
TRUDEAU, Pierre Elliott, 322-323
TRUMP, Donald J., 303–305, 456 n 11

VALÉRY, Paul, 293, 377, 422
VAUVENARGUES, Luc de Clapiers, marquês de, 342
VIAN, Boris, 116
VIRILIO, Paul, 237
VOITURE, Vincent, 109

WAAL, Frans de, 148
WATTEAU, Antoine, 114
WEBER, Max, 218, 315, 323
WOLFENSTEIN, Martha, 288

ZAHAVI, Amotz, 157
ZÉRO, Karl, 310

ÍNDICE

Introdução

Desejo de agradar e sedução soberana	13
A extensão irresistível do domínio da sedução	16
Sociedade sedutora ou universo antissedutor?	19
Mudar de paradigma	21
A sedução criadora	27
Para uma sedução aumentada	28

PRIMEIRA PARTE
A SEDUÇÃO ERÓTICA

Capítulo I
Da sedução restringida à sedução soberana

Amplificar o poder de sedução	35
Festas, jogos e danças	35
A voz encantadora	36
Adornos e ornamentos	38
Magias	42
A sedução superlativa: heteras, gueixas e estrelas	44
Heteras e cortesãs	45
A gueixa como obra de arte viva	46
A estrela e o glamour	49

A sedução restringida 52
   O casamento tradicional ou a antissedução estrutural...... 53
   Do poder feminino à soberania masculina 57
Casamento por amor e sedução soberana 63
   Agradar-se, amar-se e casar-se 64
   Casamento e imperativo de sedução 66
   A sedução soberana e os seus inimigos 67

Capítulo II
Cortejar, flirtar, engatar

Flirte e convivência moderna 72
   A liberdade moderna de convivência 73
   A invenção do flirte 75
A sedução anticonvencional 80
   O engate 80
O hipermercado da sedução 85
   A explosão dos sites de encontros 86
   Engate máximo, ritual mínimo 87
Ciberengate *e consumismo* 89
   Sob a revolução das redes, a continuidade 93

Capítulo III
Do gesto à fala

No princípio era o gesto 98
   A corte silenciosa 99
   O presente amoroso 102
O modelo galante 104
   As palavras que acariciam 105
   O espírito cortês 107
   O estilo galante 109
Da corte sentimental à sedução relaxada 115
   A sedução pós-romântica 116
   A pós-coqueteria feminina 119

A galantaria tem futuro? 121
   Perpetuação da desigualdade sedutora 121
   Tato, delicadeza e ligeireza 125

Capítulo IV
O adorno e a artialização dos corpos

A artialização do corpo 134
   A sedução como ornamentação 137
   A divisão sexual das aparências 139
   Adornos e agência 140
   100 000 anos de sedução 142
O adorno e a exceção humana 144
   Adornos e amor-próprio 149
   Os nossos primos símios 151
   Sedução e poder humano de negação 153
Sinais honestos e sedução enganadora 157

Capítulo V
A beleza tentadora

A beleza sem limites 165
   Da beleza ambivalente à beleza positivada 166
   A consagração do direito de agradar 168
   A espiral das técnicas da beleza 169
   A sedução em qualquer idade 171
A consagração democrática da maquilhagem 174
   As condenações da maquilhagem 174
   A maquilhagem invisível 177
   A maquilhagem como arte 178
   A maquilhagem desculpabilizada 180
   Rosto, publicidade e cinema 183
   Sentir-se mais si próprio 185
O «não sei quê» e a sedução singular 187

A sedução interdita 191
Tirania da sedução? 195

Capítulo VI
O feitiço da moda

A atração da inconstância 200
   O artifício, o frívolo e o esplendor 202
A individualização da aparência 205
   O reinado do look 206
A erotização das aparências 208
O sexy 210
   O encanto do minimalismo 212

SEGUNDA PARTE
A SOCIEDADE DA SEDUÇÃO

Seduções extra-eróticas 217
A sedução em regime contínuo 223
«Agradar e tocar» 228

Capítulo VII
O capitalismo de sedução

A industrialização da sedução 232
Economia de mercado e conquista dos consumidores 237
A magia do novo e da variedade 243
   Retrato de Don Juan como consumidor 244
   Variedade, escolha e personalização 245
Lazeres e entretenimento 248
   Extensão do domínio do entretenimento 250
   Televisão e entretenimento 252
   A atração irresistível da preguiça 253
Estilização e erotização da mercadoria 256

ÍNDICE | 473

O *design* do mundo comercial 257
Arte destetizada e quotidianidade estilizada 258
Publicidade, beleza e erotismo 259
Marketing, ficções, redes sociais: o império da afetividade ... 261
 O marketing emocional 262
 As redes sociais como plataformas emocionais 264
 A intimidade emocional 268
Velocidade e mobilidade 270
O culto das marcas... 271
Um desencanto das marcas? 273
A economia colaborativa contra o hiperconsumo? 275
 Fim do desejo de propriedade? 276
 Fim do hiperconsumo? 278

Capítulo VIII
A política ou a sedução falhada

Da propaganda ao marketing político 282
 Sedução e mercado político 284
 Após a «violação das massas»: a comunicação-sedução ... 288
As novas alavancas da sedução política 293
 Mediatização da intimidade e «peopolização»
 da vida política 294
 Relooking 297
 A política da compaixão 300
 A atração antipoliticamente correta 302
A política na era do entretenimento mediático 305
 O espetáculo da proximidade 306
 A política como corrida de cavalos 307
 Infoentretenimento 310
 Uma desnaturalização da vida pública? 313
O encanto perdido da política 314
 O universo encantado da política 314
 Sedução contra revolução 316

A vaga da despolitização 318
Desconfiança e desamor 320
A política ainda pode fazer sonhar? 322

Capítulo IX
A situação descontraída da educação

Os pais e o desenvolvimento da criança 329
   O medo de ser rejeitado pelos filhos 334
   A idolatria dos bebés 335
   Uma manipulação das crianças? 337
A escola atrativa 340
   Miséria escolar da sedução? 343
Educação e fascínio digital 349

Capítulo X
Sedução, manipulação, alienação

Adestramento ou sedução? 356
   Controlar a procura 356
   Um marketing tentacular 358
   Uma omnipotência invisível 359
   Um marketing totalitário? 363
Engano, vigarice e sedução 364
   Um capitalismo vigarista 365
   A publicidade: entre potência e impotência 366
   Publicidade e cumplicidade 369
   Marketing de manipulação ou marketing de sedução? 370
Sedução ou desindividualização? 373
   Sedução ou autoaniquilação? 375
Sedução e frustração 378
   Uma frustração insuperável? 379
   Uma frustração crescente 380
Sedução e infantilização 382

ÍNDICE

Alienação, dependência ou sedução? 384
   A dependência das compras 385
   Um mundo estranho a si próprio? 387
   A unidade e a dispersão 390
Mal-estar na civilização sedutora 392

Capítulo XI
Amanhã: que sociedade da sedução?

A ecologia contra a sedução comercial? 398
   O casamento da sedução e do sustentável 399
A ilusão do pós-consumismo 403
Sedução negra 408
   Atração fatal 409
   Jiadismo e sociedade da sedução 414
A sociedade da sedução vigiada 416
Entreter ou estupidificar? 420
   A sedução estupidifica? 420
Inovação, formação e criação 426
   Inovação, ciência e paixão de empreender 427
   Para uma sociedade educadora global 430
   Criação e cultura 431

Notas 437

Índice onomástico 465